HOUZHIMIN LILUN YU DANGDAI ZHONGGUO WENHUA PIPING

后殖民理论与当代中国文化批评

章 辉 著

河南大学出版社

· 开封 ·

图书在版编目(CIP)数据

后殖民理论与当代中国文化批评/章辉著. —开封:河南大学出版社,2010.3

(国外文化理论研究丛书　主编　马驰)

ISBN 978-7-5649-0146-2

Ⅰ.①后…　Ⅱ.①章…　Ⅲ.①殖民主义—文学流派—研究②当代文学—文学评论—中国　Ⅳ.①I109.9 ②I206.7

中国版本图书馆 CIP 数据核字(2010)第 045424 号

责任编辑　李景奇

责任校对　木　子

封面设计　马　龙

出　版　河南大学出版社

地址:河南省开封市明伦街 85 号　　邮编:475001

电话:0378-2825001(营销部)　　网址:www.hupress.com

排　版　郑州市今日文教印制有限公司

印　刷　河南新华印刷集团有限公司

版　次　2010 年 7 月第 1 版　　**印　次**　2010 年 7 月第 1 次印刷

开　本　690mm×960mm　1/16　　**印　张**　24.25

字　数　349 千字　　**定　价**　40.00 元

目 录

下编　中国后殖民批评

绪　论

本书的内容为理论思潮的跨文化个案研究，即以西方后殖民理论在中国的旅行检视中国当代文化批评。展开这一研究需要做的工作，一是以西方后殖民经典文本呈现后殖民理论的基本含义和精神要旨；二是结合后殖民理论，从当代文化语境考察中国后殖民批评的理论逻辑和阐释局限；三是对中国当代文学理论和文化批评建设给予批判性提问和参与性思考。本书的研究对于中国学界正读后殖民理论，对于中国后殖民批评理论的建设，对于中国当代文化转型的思考，对于西方文论的中国化，对于当代中国文学理论和文化批评的发展都具有学理意义。

本书上编为后殖民元理论分析，下编以后殖民理论和中国当代政治文化语境为参照，考察中国当代后殖民批评。上编分为四章，前三章以后殖民理论代表性作家的代表性文本为焦点，解读后殖民理论的文化背景、思想资源、基本主张和逻辑矛盾；第四章讨论后殖民理论与民族主义和马克思主义的关系，力求多侧面把握后殖民理论的视阈。下编分为四章，分别选取第三世界文学理论、中华性、文论失语症、张艺谋电影评论等中国后殖民批评个案，分析中国后殖民批评产生的文化语境、理论逻辑和阐释限度，并以当代中国学界具有代表性的文学理论读本为例，探讨文学理论知识生产的困境和原则，最后，讨论中国后殖民批评理论建设的若干问题和发展趋向。

本书讨论的是后殖民理论及其中国效应的比较文化学问题。我认为，全球化时代的后殖民主义思潮可分为三个层次：后殖民文学以文学形式反映殖民主义统治下的第三世界生活，反抗西方文化对于第三世界民族文化的遮蔽和改写；后殖民批评以后殖民理论探视本土的诸如语言问题、教育问题、民族文化与文学等问题，致力于解决殖民统治遗留下来的具体问题，并以本土立场对抗西方文化霸权；后殖民理论是后殖民主义思潮的理论化，即以元理论的概念范畴的结构方式集中表达后殖民思潮的理论主旨。后殖民理论以后现代思想为资源，反写西方中心主义，为文化解殖和边缘文化权力的伸张提供理论表述和道义支持。后殖民理论批判一切话语霸权和等级制度，破除人文学术的真理幻象，提供文学批评的新视角，秉承解放、民主、正义等宏大理念，反对文化本质主义，关注边缘文化和沉默群体。后殖民理论对于文化阐释和文化再现问题，对于学科边界和学科建设的思考，对于纯粹知识和自由思想的产生，对于马克思主义的新发展，对于文化民族主义的再认识，对于现代性的重新发现，对于后现代语境中知识分子历史使命和社会角色的定位，对于文学理论知识和文学批评方法的更新等课题的研究都具有重要的理论启示意义。后殖民理论具有深刻的批判性和浓厚的人文情怀，但由于把视点放在文化上，后殖民理论回避了全球化时代的现实问题；后殖民理论倡导的多元化理论契合了资本集团的需要，其文化混杂的理论主张掩盖了新的不平等和奴役；由于坚持绝对的文化相对主义，后殖民理论否认现代性的普遍意义，导致第三世界的现代化和真正的解放不可能实现等等，这些理论盲点限制了后殖民理论的阐释效应。

后殖民理论输入中国后，基于其本身的逻辑可能性和当代中国的政治文化语境，中国学界产生了保守性的后殖民批评。中国后殖民批评把后殖民理论的对抗误认为中西文化对抗，把中西文化矛盾当做中国面临的最大威胁。因此，发掘不同于西方的第三世界文学与文化的本质，重构华夏中心的文化崛起的蓝图，创造不同于西方的文论体系等就是中国后殖民批评的基本主张，其根本缺陷，一是歪曲了后殖民理论的要义；二是失却了后殖民知识分子的伦理责任；三是错误地解读了当代中国文化的矛盾，延误了中国现代性进程。后殖民理论在西方是具有批判性的激进理论，在中国却演变成对外封闭的国家型话语。无视中国当下的文化矛盾，没有把后殖民理论的精神运用于中国文化结构的分析是中国后殖民批评的根本缺陷。在中国后殖民研究退潮之后，追溯后殖民理论的本源，清理中国后殖民批评的阐释逻辑和文化语境，这一课题对于全球化语境中的徘徊在十字路口的文化研究学科的发展，对于中国文化批评学科的创建，对于知识分子理性精神的回归等具有重要意义，而对这些意义的开敞正是本书的目标。

上　　编

后 殖 民 理 论

引论 后殖民理论相关概念释义

在进入研究之前，需理清几个相关概念的含义。后殖民主义论题的驳杂在一定程度上与概念的芜杂有关，而概念的芜杂又关系于历史的错杂。在后殖民主义概念群中，殖民、新殖民、后殖民文学、后殖民理论、后殖民批评、东方学、东方主义、西方主义等构成了相互区别又相互覆盖的意义域。

美国学者 H. L. 威林斯说："殖民是一个技术术语，在原初的意义上，仅仅用于描述人们迁移到世界其他地方并在那里展开新的定居生活的现象。"①在本来的意义上，殖民只是中性化的描述性词汇，与帝国主义无关，并没有霸权的含义。古希腊时期的殖民活动并不附带政治和经济控制，也没有文化优越感、种族主义等意识形态支撑。在欧洲殖民美洲的早期，移民的生活极其艰苦，澳大利亚的早期殖民者多是英国流放的犯人。但事物的发展总是变化的，到资本主义时期，殖民和领土扩张与黑人奴隶贸易，与资本积累以及对其他民族的奴役联系起来，殖民因而具有霸权即政治控制、经济剥削和文化渗透的含义。法国人类学家乔治·伯兰迪亚（Georges Balandier ）1963 年给殖民下的定义是："在种族及文化方面均有异于原住民的少数外来者，因种族（民族）及文化优越之名，强行支配在物质方面处于劣势的

① 巴特·穆尔-吉尔伯特等：《后殖民批评》，北京大学出版社 2001 年版，第 4 页。

多数原住民。"①《国际社会科学大百科全书》对殖民主义这样规定："现在殖民主义已经被认为与统治不同种族的人们有关联，这些不同种族的人们栖息于被来自帝国中心的大海所分割的土地；更为特别的是，这意味着受欧洲国家的直接政治控制或受那些由欧洲人所操纵之国家的直接政治控制，如美国或澳大利亚，统治其他种族的人们，特别是统治亚洲人与非洲人。"②殖民地可分为两种，按照玛斯威尔的说法，就是侨居者的殖民地（settler colonies）和被入侵的殖民地（invaded colonies）。③ 前者如美国、加拿大、新西兰、澳大利亚等，在这些殖民地，土地为欧洲人所占领，本土人被剥夺。白人的移植文明最终在政治上脱离宗主国而独立，同时又保留了西方的语言并创造了自己的新文化，但在文化上仍然与西方保持联系。这些国家一方面与原宗主国构成了复杂关系，但对本土土著又施行殖民控制。后者如印度或尼日利亚，这些国家的反殖民斗争是其现代历史以来的主要任务。殖民统治依靠的是武力以及强词夺理和标签定型，殖民主义与帝国主义相关，在近代，西方的帝国主义就表现为殖民主义。"帝国主义可以用来指一个国家以军事强权的形式，或以炫耀和象征的形式对另一地所施加的权威。它尤其指 19 世纪时欧洲那些单一民族国家的扩张。殖民主义则包括对帝国势力的巩固所作的努力，它表现为向其领地殖民，对资源的开发利用，以及对所占领地域中本土居民的行政管理等。"④但在经典马克思主义者那里，帝国主义一词并不是指宗主国与殖民地之间的联系，而是指各种帝国之间的相

---

① 许宝强、罗永生等：《解殖与民族主义》，中央编译出版社 2004 年版，第 238 页。

② 巴特·穆尔-吉尔伯特等：《后殖民批评》，北京大学出版社 2001 年版，第 4 页。

③ 比尔·阿希克洛夫特、嘉雷斯·格里菲斯、凯伦·蒂芬：《逆写帝国：后殖民文学的理论与实践》，台湾骆驼出版社 1998 年版，第 26 页。

④ 艾勒克·博埃默：《殖民与后殖民文学》，辽宁教育出版社 1998 年版，第 2 页。

互争夺。① 在世界现代史上，殖民就是帝国主义对第三世界民族的控制活动，同时第三世界反霸权反殖民的运动一刻也没有停止，这种运动一直持续到第二次世界大战结束，运动取得了新的进展，第三世界获得了政治独立，但西方殖民活动的影响远未消除，而新的霸权还以新的形式在继续。帝国主义主要是一种经济和政治行为，但也是一种文本行为，在这个意义上，"帝国主义指的是统治遥远土地的宗主中心的实践、理论和态度"②，一方面，帝国主义通过文本了解从而控制殖民地；另一方面，帝国也通过一系列文本，如日记、游记、报告、笔记、航海日志、文学想象、政府公文等对自身的权力进行构想和维护，文学则是这种合法性构想的一部分。文本并不仅仅是文本，它是一种象征，一种权力，一种符号编码，它参与了帝国统治，它行使帝国权力，这就是萨伊德的东方学论述的着眼点。

美国马克思主义批评家阿里夫·德里克说，后殖民主义一语出现在20世纪80年代的某个时候，但这个术语不是殖民地居民对自身与帝国主义交往的经历进行长期反思而积累的产物，而是连锁环境的产物，它使人们对过去和现在的殖民主义经历进行重新解读和重新阐释，而且命名不是发生在第三世界或本土居民中，而是在第一世界学术圈内。③ 作为对西方殖民第三世界进行文化反思的学说，后殖民理论不是产生于殖民地和本土居民中，而是产生于第一世界学术圈。这一点看似悖谬，但细看却有其自身的逻辑，其原因，一是对帝国主义殖民活动的批评在此前的西方即已存在。对殖民主义的批评最早可追溯帝国殖民之初，最著名的人物乃推马克思。马克思主义的继承者如布哈林、罗莎·卢森堡、列宁等人都批判过帝国主

① 张京媛等：《后殖民理论与文化批评》，北京大学出版社1999年版，第5页。

② 爱德华·W.萨伊德：《文化与帝国主义》，生活·读书·新知三联书店2003年版，第9页。

③ 阿里夫·德里克：《后革命氛围》，中国社会科学出版社1999年版，第90页。

义。第二次世界大战后，新的殖民主义批评在政治经济等各个领域展开，如世界体系理论、依附理论等。二是对殖民主义的文化批评可追溯到二战后的非洲批评家如赛萨尔等人。后殖民理论前驱之一的法依就是来自殖民地的本土居民。三是后殖民理论的主将萨伊德、斯皮瓦克和霍米·巴巴都来自被殖民的第三世界，又在西方学术圈从事反思批判殖民主义的学术活动。他们既有被殖民的民族身份认同，又有西方文化的学养，在多元化的学术圈内以后现代思想反思批判西方的文化霸权以及当代新的文化语境中的不平等现象，乃是顺理成章之事。

但这一说明仍然不能回避后殖民理论本身的定位困境，问题是，后殖民开始于何时？后殖民的概念内涵歧义纷纭，萨伊德甚至把后殖民追溯到古希腊时期西方与东方的关系，这样中世纪乃至中国唐朝对东亚文化的影响都可归于后殖民之列，这一概念的无限扩张在一定程度上导致其理论本身的困境。后殖民批评家艾贾兹·艾哈迈德说，后殖民“被弄得支离破碎，致使我们再也无法谈论确定性结构的确定性历史，诸如后殖民国家的结构、它在构成帝国主义和民族资本之间新的抗衡中所起的作用、新兴的但因民族不同而各异的劳动体制、司法和文化联合体等”①。正是如此，后殖民在中西学界引起诸多争议。美国学者大卫·斯普尔认为后殖民有两层含义，首先，后殖民是指传统殖民制度解体后出现的历史情境，是可以通过经验感知的现象，如新国旗的飘扬、新政体的出现。其次，后殖民是指取代殖民时代话语的努力，这既是理论运动，也是各种文化交错的新格局，这种新格局带来了新机遇，也带来了一些认同和表述危机。② 加拿大卡尔加里大学英文系教授帕米拉·麦考勒姆说，后殖民主义也逐渐用于指称20世纪末期的世界，在这个世界上，殖民化不再由19

① 罗钢、刘象愚等：《后殖民主义文化理论》，中国社会科学出版社1999年版，第263页。

② 许宝强、罗永生等：《解殖与民族主义》，中央编译出版社2004年版，第238～239页。

世纪的民族国家来领导而是让位于跨国公司，跨国公司利用其品牌制造出的诱人景象带来了日益呈现单维性的世界，光怪陆离的景象常常掩藏了过度的劳动剥削。① 埃拉·舒哈特认为，“后殖民性与后现代性相呼应，标志着当代的状态、情景、状况或时代。其前缀‘后’将其与一系列‘后’联在一起——后结构主义、后现代主义、后马克思主义、后女权主义、后解构主义等，都含有越界运动（a movement beyond）的意味。可是，这些‘后’大多指过时的哲学、美学及政治理论的新陈代谢，而后殖民则不仅意味着对反殖民的民族主义理论的超越，而且指特定历史时代的结束，即殖民主义与第三世界民族主义斗争时代的结束。在这个意义上，‘后殖民’的‘后’应该与另一类‘后’相联——‘后战争’、‘后冷战’，‘后革命’等，它们都强调某一正式日期下，旧的历史事件或时代结束了，新时期开始了。尽管分期问题以及一种时代理论与该时代实践的关系问题始终争执不休，在我看来，两类‘后’各自所指的侧重点还是明明白白：第一类指思想上的学科进展，第二类指历史本身的严格纪年。我认为，‘后殖民’概念中未曾揭示的哲学与历史目的论之间的张力部分地解释了这一术语固有的歧义。”②比尔·阿希克罗夫特和鲍尔·阿鲁瓦尼亚认为：“后殖民理论研究和发展欧洲征服对于被殖民地社会的文化和政治冲击的论述以及那些社会的反应。这一术语中的‘后’与其说意指‘殖民主义结束之后’，不如说是‘殖民主义开始之后’，因为帝国和被宰制社会的文化斗争持续到当前。后殖民理论关涉一系列文化战役：帝国语言对于殖民地社会的冲击；欧洲‘宏大叙事’比如历史和哲学的影响；殖民教育的结果和本质以及西方知识和殖民权力的关系。特别是，后殖民理论关系到殖民地社会的斗争：通过挪用宰制性的语言、话语和叙述夺回自我表现权；对于地理、历史、种族和种族划分的表

① 谢少波、王逢振等：《文化研究访谈录》，中国社会科学出版社 2003 年版，第 119 页。

② 阿里夫·德里克：《后革命氛围》，中国社会科学出版社 1999 年版，第 85～86 页。

达权；把本土现实表述给全球观众的自我阐释权。"[①]还有一种简便的规定，认为"后殖民性"是指"殖民地国家的人民以强力或以别的什么方式为自己争取历史主体地位的这样一种状况"。"后殖民"，"则是一种分期术语，指第二次世界大战以后这个时期"[②]。但是，这一按照时间追溯后殖民含义的思路带来诸多疑难。问题是，存在着整齐划一的后殖民状况吗？

斯图亚特·霍尔在《后殖民开始于何时：思考其限度》这篇文章中专门考察了后殖民这一术语的应用限度问题。霍尔在文章的开篇就问，后殖民开始于何时？这一术语该包括和排除了哪些东西？在它和其他术语比如殖民主义、新殖民主义、第三世界、帝国主义之间有什么样的看不见的分界线？霍尔认为，毫无疑问，在这一术语的广泛的有时是不合适的运用过程中，存在着某些均一化的倾向，一些重要的区别被忽视，这就弱化了这一术语的价值。霍尔问道，英国的"后殖民"与美国的同义吗？是否能够把美国称为"后殖民"？这一术语是否能够在一般的意义上用于澳大利亚这样的白人殖民地和印度？英国和加拿大、尼日利亚和牙买加的"后殖民"能够等同吗？住在家里和在法国的阿尔及利亚人、法国人和在阿尔及利亚定居的殖民者都是"后殖民"吗？霍尔指出，在这种批评中，这一术语的运用应该更为细致地区分其特殊性，应该避免粗糙的"普遍性"。霍尔说，更细致的工作，是去区分不同的社会和种族的形式：澳大利亚和加拿大是一边，尼日利亚、印度和牙买加可归于另一边，它们的后殖民的方式并不相同，但这并不意味着它们的后殖民在任何方式上都不相同。霍尔的观点是，"这一术语能够帮助我们的，是描述和认识全球关系中的从帝国时代到后独立或后殖民时刻的变化，它也能帮助我们认

---

① Bill Ashcroft and Pal Ahluwalia. *Edward Said*. London and New York: Routledge, 2001, p. 15.

② 艾勒克·博埃默:《殖民与后殖民文学》,辽宁教育出版社 1998 年版,第 4 页。

识在新的结合(conjuncture)中出现的权力的新的关系和位置。”①安妮·麦可林托克在《进步的天使》一文中也说,不同文化的政治状况受制于它们与欧洲殖民主义的时间距离。阿根廷已经摆脱西班牙殖民统治独立了一个半世纪,其后殖民状况不同于香港,巴西的后殖民性也不同于津巴布韦,她因此问道:“世界上大多数国家,能在理论上严格说来,有一个共同的过去,或一个共同的叫做‘后殖民状况’或‘后殖民性’的历史吗?”②德里克也提出疑问:“后殖民究竟始于何时?由于世界各地脱离殖民主义枷锁的时间跨度长达两个世纪(几乎与殖民主义历史相等),后殖民性怎么能作为历史分期的标志?……另一个非常重要的问题是,后殖民仅仅包括‘第三与第四世界文化’,还是范围更广?”③德里克认为,后殖民这个概念有多种含义,但其中三种特别重要,“(a)从字面意义上描述曾是殖民地的社会状况,这种用法中它具体有所指,比如‘后殖民社会’、‘后殖民知识分子’。不过,需要说明的是,这里所说的殖民地既包括以前归属于第三世界的那些地方,也包括像加拿大和澳大利亚这样通常与第一世界联系在一起的移居者的殖民地。(b)描述殖民主义之后的全球状况,这种用法中它的所指多少有些抽象而不那么具体,就其模糊性而言也与早期的一个术语——第三世界,不相上下,实际上它本来就是想要替代那个术语的。(c)描述论及上述状况的一种话语,这种话语是通过由这些状况产生的认识论和精神的方向来传达的。”④在接受中国学者王逢振和谢少波的访谈中,德里克说,后殖民主义的“后”也许是指

---

① Stuart Hall. “When Was ‘the Post-Colonial’? Thinking at the limit”. Diana Brydon. *Postcolonialism: Critical Concepts in Literary and Cultural Studies*. London and New York: Routledge, 2000, p. 241～242.

② Patrick Williams and Laura Chrisman, ed. *Colonial Discourse and Post-Colonial Theory: A Reader*. New York: Columbia University Press, 1994, p. 294.

③ 阿里夫·德里克:《后革命氛围》,中国社会科学出版社 1999 年版,第 87 页。

④ 阿里夫·德里克:《后革命氛围》,中国社会科学出版社 1999 年版,第 114 页。

在阅读殖民文本或事件时的某种策略，也许是指文学和艺术形式中的杂交性，也许是指殖民者与被殖民者遭遇后产生的某种混杂性身份。在其中任何一种情况下，处于优先地位的似乎都是区域性遭遇，而不是结构和整体性；是疆界的模糊，而不是整体边界的确定；是跨越边界的协商，而不是体现了本质的二元和多元对立；并且，这还是一种"非线性"的理解过去的方式。这里还强调文化自治的物质环境问题、作为权力的话语问题、身份的优先问题以及性别或种族优先于阶级的问题。① 由三位学者合著的《逆写帝国：后殖民文学的理论与实践》一书的看法则是："本书中所使用的后殖民(post-colonial)一词，却包括自殖民行动(colonization)开始到今日，所有被帝国化过程(imperial process)影响的文化。原因是肇始于欧洲的帝国主义侵略的整个历史过程，本身其实有着统一而连贯的关注。"②因此，非洲、澳洲、加拿大、加勒比海地区、印度、马来西亚、马耳他、新西兰、巴基斯坦、新加坡、南太平洋、斯里兰卡以及美国等地都归属于后殖民范畴。但这样一来，后殖民就成了从殖民到殖民后的一切，该定义看不出殖民前后有什么差别，也无法得知什么时候才不"后殖民"。把美国文学包括在后殖民范围内也难以让人信服，因为以美国在世界上的权力看，它已经是新的殖民者了。《后殖民研究：关键词》一书的三位作者给后殖民主义的定义是："后殖民主义研究殖民对文化和社会的影响。最早出现在二战后历史学家使用的'后殖民国家'一词中，'后殖民'显然有一个时间先后的意味，指后独立时期。然而，从20世纪70年代末，文学批评家开始用'后殖民'来讨论各种殖民的后果。"③因此，殖民与后殖民时期应该有所不同。殖民时期是殖民地

① 谢少波、王逢振等：《文化研究访谈录》，中国社会科学出版社2003年版，第23页。

② 比尔·阿希克洛夫特、嘉雷斯·格里菲斯、凯伦·蒂芬：《逆写帝国：后殖民文学的理论与实践》，台湾骆驼出版社1998年版，第1～2页。

③ Bill Ashcroft, Gareth Griffiths and Helen Tiffin. *Post-Colonial Studies: The Key Concepts*. London and New York: Routledge, 2002, p. 186.

在政治、经济、外交、社会文化方面被帝国所支配和控制，而后殖民则是指政治独立、领土完整的新时期。两个时期的不同是政治权利上的不同，但文化上则具有延续性，即文化帝国主义仍然存在，而后殖民理论就是关注这种跨文化关系的批评理论。如阿里夫·德里克(Arif Dirlik)所指出的，后殖民理论的理想就是颠覆中心与边缘对立的思维模式，让全球还原到其本来的多元和偶然中。沃里克·安德森(Warwick Anderson)对后殖民的复杂性比较明了，他指出，后殖民表明了一个非常有歧义的场所，它被用于指代一个时期(殖民之后)；一个区域(曾经是殖民地的地方)；一种对殖民主义的批评；对新建国家的意识形态支持；对西方知识与殖民计划合谋的证明；抑或揭露西方思想与实践中的深层的矛盾、焦虑和不稳定性。①哈利希·崔唯德(Harish Trivedi)的看法是，后殖民这一词有这么几层意思：(一)殖民主义结束以后的时期；(二)某种新的和殖民主义同谋的形式；(三)殖民主义的对立或者解决。② 另一种观点似乎更为可取："'后殖民'并非意味着'后独立'或'殖民主义之后'，因为这错误地表述了殖民过程的结束。后殖民主义，毋宁说，开始于殖民接触的第一时间，它是殖民主义所产生的对抗性话语。在这个意义上，后殖民书写有一个非常悠久的历史。但是，应该说，对于后殖民的强烈的理论兴趣与西方社会中后现代的兴起相一致，这也导致了两者之间的混杂和重叠。"③

后殖民这一概念的未确定导致了后殖民学科研究范围的歧义，比如，乔治·M.古基伯格(Georg M. Gugelberger)在《约翰·霍普金斯文学理论和批评指南》一书中，把后殖民文化研究的开端定位在

---

① Warwick Anderson. "Introduction: Postcolonial Technoscience". *Social Studies of Science*. Dec 2002, Vol. 32, p. 645～646.

② Diana Brydon. *Postcolonialism: Critical Concepts in Literary and Cultural Studies*. London and New York: Routledge, 2000, p. 4.

③ Bill Ashcroft, Gareth Griffiths and Helen Tiffin. *The Post-Colonial Studies Reader*. New York and London: Routledge, 1994, p. 117.

1952年左右。在《白色神话:历史书写和西方》中,罗伯特·杨认为,后殖民理论家必须把他们的注意力转向阿尔及利亚独立战争和黑格尔的主奴辩证法。虽然《逆写帝国:后殖民文学的理论与实践》一书认为,这一学科应回溯到殖民主义的开端,但实际上,它把19世纪晚期和20世纪70年代作为我们今天所说的后殖民批评产生的两个关键时期。《后殖民研究读本》把论题的开端设置在20世纪50年代。海伦·蒂芬(Helen Tiffin)说,后殖民的奠基性时刻被分散了,但经常被追溯到1964年的利兹会议,虽然去殖民的理论工作自1930年以来就有独具创造性的后殖民作家在做。艾贾兹·艾哈迈德认为,后殖民这一术语首次在20世纪70年代用于有关后殖民国家的经济论争中,大约在同时被应用于比较文学研究中;戴安娜·布莱顿认为,如果精确定义,把后殖民联系于解殖民和帝国主义的抵抗运动,这一概念的产生就更早了。①

从以上众多说法可见,西方学界对"后殖民"这一术语存在许多疑问。一是它错误地暗示,西方对于非西方国家统治和剥削的时代已经一去不复返。事实上,殖民主义虽然已经废弃,但西方资本帝国主义的控制却在全球继续蔓延。二是这一概念遮蔽了两种区分。假设"后殖民"指所有经历过帝国统治和殖民地化的国家,那么被移民者占领的殖民地与未被占领的殖民地的历史和形势之间的差异就会变得模糊不清。移民殖民地如美国、加拿大、澳大利亚、新西兰等,其与帝国的关系,其取得独立的方式,与非移民殖民地无法比拟。这些移民殖民地本身也存在着诸多差异。此外,非移民殖民地的历史发展轨迹和争取独立的斗争所呈现的形式也是千差万别的。② 后殖民的"后"既有"在某某之后"的意思,所以一种含义是"在殖民活动之后",但又有"反"的意思,就是"反对殖民活动本身",这在殖民活动之初就开始了。如果取与殖民相对的意义看,后殖民确实贯穿西方现

① Diana Brydon. *Postcolonialism: Critical Concepts in Literary and Cultural Studies*. London and New York: Routledge, 2000, p. 6.

② 瓦莱丽·肯尼迪:《萨伊德》,江苏人民出版社2006年版,第89页。

代历史，贯穿统一世界史以来的全球历史。正是在这个意义上，后殖民理论的前驱可以追溯到早期的法侬等人。但在狭义上，后殖民理论是指近期的对西方殖民东方的文化反思和殖民话语批判的理论思潮，其产生的背景是当今全球化时代的经济一体化导致的文化差异、文化冲突和文化认同等问题的兴起。在这个意义上，后殖民理论就比较明确。事实上，后殖民理论的思潮可以上溯到很久以前，但真正产生巨大影响也只是在萨伊德之后。

萨伊德等人的思想来源和理论焦点并非第三世界，其身份的复杂性导致其与第三世界关系的暧昧性，这样，他们是否能够代表第三世界就存在疑问。有人据此认为，后殖民理论与西方权威话语是共谋关系，《当代西方文学理论导读》的作者问："'后'是标志着在殖民主义之后的一种断裂，从而进入一个新建构的独立、自治的新阶段、新意识呢？还是仅仅标志着对殖民主义体制的一种继续和强化，因而可以理解为一种新殖民主义呢？"①很明显，当代的后殖民批评家与法侬和阿契贝等人不同，其思想遵循的是西方传统文化，其立场并非第三世界的反对西方。后殖民批评并不是反殖民批评，它不同于第三世界对资本主义全球化的批判。

后殖民理论的批评对象是文化帝国主义。文化帝国主义是 20 世纪 60 年代以后西方学者分析西方大国特别是美国与第三世界民族国家文化之间的关系的基本视角。第二次世界大战之后，原殖民地纷纷实现政治独立和民族自决，但西方帝国主义采取新霸权形式在政治经济方面对原殖民地实行控制。在政治上，他们扶持亲西方的政府；在经济上，通过援助、贷款和不平等贸易；在军事上，通过建立军事基地和共同防御体系，扶持傀儡政权，参与内政，从而实现对第三世界的新的控制，这就是新殖民主义，而文化帝国主义始终伴随西方对东方的殖民和控制活动。在殖民和新殖民时期，帝国主义在文化和意识形态上遮蔽、改写、矮化殖民地和第三世界的民族文化，

---

①　拉曼·塞尔登等：《当代西方文学理论导读》，北京大学出版社 2006 年版，第 278 页。

以西方文化价值观和普世主义占据殖民地文化领域，实现西方文化霸权的宰制。文化帝国主义就是文化殖民主义，后殖民理论对西方文化帝国主义的批判从西方殖民东方开始一直延续到当前的新殖民主义时期。新殖民主义一词最早出现于1961年。加纳领导人恩克鲁玛在1965年出版《新殖民主义：帝国主义的最后阶段》一书，他主张，新殖民主义的本质是，第三世界民族国家在理论上是独立的，有国际上认可的主权国家应用的所有外在条件，但实际上，它的经济系统和政治政策由外面的势力所主导，因此，独立根本就是个幌子。在加纳独立之后，恩克鲁玛发现，他有政治权力，但并没有取得经济的控制权。加纳的出口和进口贸易、银行业务、保险、运输和通信基本上都落在英国人手里，连本国外汇的主要来源可可，都紧紧套牢在国际融资、行销和加工处理的迷宫中。恩克鲁玛愤慨地说："新殖民主义是……帝国主义最糟糕的形式。对那些实行者而言，它代表一种无需负责的权力；对那些受苦的人而言，它是没有补偿的剥削。"①恩克鲁玛认为，在非洲，要获得抵抗新殖民主义的成功，非洲必须在经济上取得自由，在政治上能够团结联合。新殖民主义适合描述后殖民时期的第三世界状况。在这一时期，先前的主人依然以一种持续的经济霸权控制着以前的殖民地，由精英构成的民族统治阶级为了自己的利益，配合国际资本的需要来操作。有效的控制手段除了经济方面的如通过世界贸易组织、世界银行或国际货币基金组织进行剥削之外，在必要的时候，西方国家还诉诸军事打击。在新殖民主义时期，第三世界的国家主权实际上是虚假的，它们被国际资本主义所控制。因此，后殖民批评家罗伯特·杨认为，"后殖民"的"后"就是在殖民主义和帝国主义的直接统治之后，"后殖民是一个辩证性的观念，不但代表去殖民化的历史事实，以及坚决争取主权的成果，同时也代表国家和人民从此进入新的帝国主义的脉络——一种新的经济

① 罗伯特·杨：《后殖民主义：历史的导引》，台湾巨流图书有限公司2006年版，第45～47页。

宰制，有时还有政治的宰制”①。“后殖民情境一词注重后殖民国家必须在其中操作的全球系统所决定的经济、物质和文化的状况——这个全球系统严重偏向国际资本利益和七大工业国的利益。无论如何，后殖民情境仍标示出了后殖民世界在这样的状况下仍旧发出对抗的压力和能动性，证明若是没有结构性的力量加上本土、个人的经验，复杂地混合成特定的情形，就不会有后殖民的状况。”②罗伯特·杨指出，殖民主义、帝国主义、新殖民主义等词对压迫的政权和实践只采取一种批判的关系，但后殖民主义不是如此，它为实现跨国性社会正义的各种政治理想而争论、奉献；后殖民不但攻击现实中经济帝国主义的独霸，以及殖民主义和帝国主义的历史，同时也标榜行动主义，主张采取正面的政治位置和政治认同的新形式。全球性的社会不公需要后殖民的批判，许多去殖民国家中的内部殖民问题仍然严重，这也是后殖民关注的领域之一。

在中国学界，也有人认为，“后殖民（post-colonial，postcolonial）”的字面含义是“殖民之后”，指的是第二次世界大战后各个殖民地的独立，其次是意义的取代，即殖民主义已经被取代，不再存在。③ 这种说法有很多混乱的地方。西方殖民活动开始于新大陆的发现，东方学产生于西方殖民东方之始，而反殖反帝的文化批判活动与殖民主义同时发生。如果后殖民指的是对文化殖民的批判，那么，这种活动至少可以追溯到西方殖民东方的启蒙现代性时期。“意义的取代”的说法也有问题，它无法解释新殖民主义和文化帝国主义仍然存在这一事实。

后殖民这一概念众说纷纭，时空无所限定，这在一定程度上导致

---

① 罗伯特·杨：《后殖民主义：历史的导引》，台湾巨流图书有限公司 2006 年版，第 45 页。

② 罗伯特·杨：《后殖民主义：历史的导引》，台湾巨流图书有限公司 2006 年版，第 59 页。

③ 张京媛等：《后殖民理论与文化批评》（前言），北京大学出版社 1999 年版，第 1 页。

了讨论的芜杂。但我们根据现代以来的世界历史状况，结合后殖民理论家的意旨及其理论视阈，就不难把握后殖民的基本含义，从而展开论题。西方现代性的三百年历史就是殖民第三世界的历史，这一历史充满了殖民与反殖民的斗争，因此，后殖民理论不应该局限于当前的几个后殖民理论家，文化解殖问题也不只是现在才有的问题。后殖民理论关心的主要是国际间的文化宰制与反抗的问题，但在一个民族国家内部也存在权力与支配的问题，这种支配表现在经济的、政治的、社会的、家庭的、性别的、教育的各个领域，那么如何界定这种殖民？后殖民理论也不是只关心第三世界内部的文化殖民问题，政治的、性别的、种族的差异在第一世界也同样存在。在可见的未来，后殖民理论应随着时代的发展提出新的命题，但要始终关注文化与权力问题，文化政治性是其根本诉求。从这一角度，我们可以给后殖民关涉的诸多概念做一尝试性界定。殖民主义是指二战前西方帝国主义之于第三世界的经济上剥削、政治上控制、文化上渗透的宰制关系。新殖民主义则是指二战后，在殖民地独立运动之后，西方与第三世界的政治经济以及文化上的复杂关系。在此期间，第三世界看似在政治上独立了，但西方国家通过其他方式仍然控制第三世界的经济乃至政治。因此，从这个角度说，殖民主义并没有成为过去："如果殖民主义是在国际关系间获得经济和政治不平衡的一种方式，那么，毫无疑问，我们还没有完全超越殖民阶段。"①新殖民主义之"新"在于其政治经济控制是隐蔽的。后殖民与新殖民(neo-colonial)都是指现代第三世界政治独立后在实际上仍然处于附属地位的新状况，这一状况的存在要求我们对非殖民化保持警惕。后殖民理论是一种话语，它致力于解读东西文化关系，其主体产生于显性的殖民活动结束之后，其所指是对西方文化霸权的批判以及对文化平等的诉求。后殖民理论从文化上对殖民主义加以分析和批判，文化是其关注的焦点。

---

① Patrick Williams and Laura Chrisman, ed. *Colonial Discourse and Post-Colonial Theory* : *A Reader*. New York: Columbia University Press, 1994, p. 4.

讲清楚了后殖民这一关键概念，其他相关概念就比较容易了。萨伊德的东方主义论述以西方的东方学这一看似客观的知识体系为典型个案。东方主义在萨伊德那里有三种含义，概括说来是西方对东方的话语建构，它的主体是西方，客体是东方他者。在这个意义上，萨伊德的东方主义论述只是整个后殖民话语的一个部分。亨廷顿的文明冲突论是西方新的东方主义，他认为东方文明的崛起将会威胁到西方的安全，这种偏见必然激起包括中国在内的东方学者的反对。与东方主义相对，东方对西方的妖魔化或美化，则可称为西方主义。我国的西方主义可分为这么几种：一是主张全盘西化，从体到用都是西方的好，中华民族是劣等民族，黄河文明必然不如海洋文明，因而崇洋媚外。二是走向民族主义，民族的就是好的，西方的物质文明好，中国的精神文化好。三是坚持西方衰落论，三十年河东，三十年河西，21 世纪将是中华文明主宰世界的世纪，传统儒家文明能够拯救西方。西方主义其实是西方本质论，它不去分辨法国、美国、英国、德国、意大利、西班牙等文化的差异，而认为西方文化是一体的，没有差别的。在此，西方的历史被空间化，空间被凝固化。与东方主义一样，西方主义也是一种意识形态，因为，(一)西方主义饱含非理性情绪，它把盲目自大与妄自菲薄结为一体而不去现实地看问题；(二)西方主义把西方本质化、一体化，西方民族文化内部的差异及其历史发展被忽视；(三)西方主义缺乏对中国现实的清醒意识，因而缺乏解决问题的能力和方案。

后殖民主义在时间上可追溯到西方帝国主义初期，在空间上横跨欧美、非洲、澳大利亚、加勒比、东南亚等英语世界，是典型的全球化时代的学术思潮。从思维模式和研究论域看，后殖民主义思潮可分为三个层次：其一，是 20 世纪在非洲、加勒比、北美、澳大利亚等地区兴起的后殖民主义文学，它以文学艺术作品的形式反映殖民主义统治下的第三世界生活，批判帝国主义对非西方民族的殖民压迫，反抗西方文化对于第三世界民族文化的遮蔽和改写。其二，是以后殖民理论探视本土的诸如语言问题、教育问题、民族文化与文学等问题，致力于解决殖民统治遗留下来的具体问题，并以本土立场对抗西方的文化霸权。这类学术活动可称之为后殖民批评。由于面临不同的文化解殖任务,不同殖民地的后殖民批评所面临的问题具有相当大的差异性,比如澳大利亚和印度的后殖民批评的问题所指就有所不同,台湾和香港的后殖民批评也不一样。其三,是后殖民理论。后殖民理论是后殖民主义思潮的理论化,即以元理论的概念范畴的体系结构方式集中表达后殖民思潮的理论主旨,代表人物为萨伊德、霍米·巴巴、斯皮瓦克、艾哈迈德等人,后结构主义、西方马克思主义、女权主义等是其思想来源,阶级、民族、种族、性别等是其问题切入点。后殖民理论以后现代思想为资源,反写西方中心主义,为文化解殖和边缘文化权力的伸张提供理论表述和道义支持。这三个层次,一是感性的文学现象,二是具体的实践性问题,三是抽象的理论思辨,它们互为思想支援,构成了时间上跨越殖民历史、空间上散播东西方的全球化时代的学术大潮。

在讨论后殖民理论之前,需对后殖民文学略加论述,这一方面是因为后殖民理论是后殖民文学的理论化;另一方面在曾为半殖民地的中国,其现代文学与文化具有后殖民的典型特征。中国和西方、传统与现代的对立和斗争贯穿中国现代以来的历史,因此,讲述后殖民文学对于分析中国当代文学与文化批评具有重要意义。

从西方资本主义扩张以来的殖民与反殖民的历史看,文学可分为这么几种类型:第一是西方早期的移民文学。这种文学既延续又反抗其宗主国的语言文学,有人因此定其为后殖民主义文学的先驱。西方早期移民对于宗主国而言是被剥削者,他们要寻求自身的文化独立,但对于黑人和土著而言他们又是侵略者,这就使其文学与文化呈现复杂面貌。第二是非洲移民文学。非洲黑人被贩卖到北美、澳洲等地,他们在经济和政治上是被殖民者,对于土著而言他们又是移民,其文学具有种族主义和反殖民主义特征。第三是本土文学。殖民地的本土居民被西方殖民者所奴役,其文学可称为反殖民主义或后殖民主义文学。《逆写帝国:后殖民文学的理论与实践》的三位作者把美国文学包含在后殖民文学之列,他们的理由是,18 世纪后期,独特的美国文学出现,引出了有关文学与地方、文学与国籍、文学与传统等问题，新的文学成为美国立国文化的一部分。后殖民文学是在个别殖民地产生的，当个别殖民地从自己的文学传统和文学本土性角度看文学的时候，文学的后殖民性才出现，美国、澳大利亚和新西兰等国的欧洲侨居者也面临文化的本土性问题，在过去两个世纪的发展中，基于与其宗主国的类似关系，它们与各地的后殖民文学属于同一范式。但德里克不同意这一看法，认为把美国和澳大利亚这样以开拓者的殖民地起家的国家也描述为后殖民社会，忽视了它们身为第一世界的现状，也不顾它们本身就是其本土土著居民的殖民者这一事实。① 观点的差异来自殖民与后殖民状况的复杂性。后殖民文学的主体之一是移民殖民者，一方面移民殖民者是文化的迁徙者，另一方面他们又感到自己的文化传统与现实的新异的环境差异所导致的不协调。新的环境超越了他们的语言系统，他们感到自己所背负的传统文化造成了他们生存的无根状态。找到表达自己新的生存环境的语言，创造属于自己的新的移民文化，书写其殖民的艰辛历史，摆脱宗主国文化的羁绊，重新寻找阐释自己新生活的象征系统，完成其新的自我认同是其文学的主题，也是其文学后殖民性的表现。这些在早期的美国、20 世纪的加拿大、澳大利亚、新西兰等新移民国家的白人文化中表现明显，他们的文学呈现出西方语言、土著神话和本土意象的混杂色彩。但把美国文学纳入后殖民框架确实不妥，因为虽然美国的文学传统可以追溯到英国，甚至可以追溯到古希腊罗马这个西方文化之源，但后殖民文学应该指不同于西方文化的广大第三世界致力于对抗帝国殖民的文学书写。殖民的背后是政治经济霸权，文学基于其意识形态性是维护这些霸权的，这样在国际间处于附属地位的国家才是被殖民的。另外，考虑到美国在当今世界上的新霸权地位，把美国文学纳入后殖民范围更不合适。

一方面，西方国家对外移民和殖民，移民及其后裔与宗主国存在主奴关系；另一方面，这些移民又对本土居民进行压迫和劫掠。随着

① 阿里夫·德里克：《后革命氛围》，中国社会科学出版社 1999 年版，第 119 页。

移民所建国家经济地位的强大，他们必然要创造自己的新的文化和文学表述，但土著的文学和文化仍然处于被压抑状态。随着西方现代性向全球深入以及20世纪的马克思主义和殖民地独立运动的兴起，不同阶级、不同阶层、不同语言文化主体的文化发声及文化延续问题就凸显出来，它在文学上的表达就是后殖民文学。后殖民文学的对立项是殖民主义文学。殖民主义文学，“它专门指与殖民扩张相关的文字。总的来说，它是由欧洲殖民者为他们自己所写的，关于他们所占领的非欧洲领土上的事情。它含有一种帝国主义者的眼光”①。殖民主义文学充满了欧洲文化至上和帝国有理的观念。与《逆写帝国：后殖民文学的理论与实践》的作者稍有差异，英国学者博埃默的定义是：“殖民文学是一个更宽泛的术语，指那些有关殖民的想法、看法和经验的文字，那些主要由宗主国作家，但也包括西印度群岛和美洲的欧洲人后裔以及当地人在殖民时期所写的文字。”②博埃默把帝国本土以及帝国其他地区的文学都包括在殖民文学这一概念中，因为在强化帝国主宰世界的权势地位，在合理化帝国主义认识论方面，这些文学都起着重要作用。欧洲在军事政治经济上的强大使其在想象中把非西方他者化，殖民活动需要语言和文化想象，而文学作为文化符号之一，在加强固化着欧洲人关于自身的文化优越性的想象，从而赋予其权力去改变摧毁他者世界。戴安娜·布莱顿和海伦·蒂芬说：“在整个殖民主义领域，欧洲人的文本和他们的小说，犹如他们的枪一样起着决定性的作用。”③正是在文本和小说里，显示了欧洲人吞噬人类的野兽般的幻想。非殖民化不仅表现为政权的更迭，也表现为意义的重构，后殖民文学即为意义重构的形式之一。

① 艾勒克·博埃默：《殖民与后殖民文学》，辽宁教育出版社1998年版，第3页。

② 艾勒克·博埃默：《殖民与后殖民文学》，辽宁教育出版社1998年版，第2～3页。

③ 巴特·穆尔-吉尔伯特等：《后殖民批评》，北京大学出版社2001年版，第290页。

后殖民文学从被殖民者的视角出发，对殖民统治的文化经验、权力形式和等级制度进行彻底批判。后殖民文学，“是指对于殖民关系作批判性的考察的文学。它是以这样那样的方式抵制殖民主义视角的文字”①。

殖民文学与后殖民文学的关系非常复杂，一方面，殖民文学是帝国权力的象征者，是帝国殖民的共谋，但到殖民主义后期，帝国内部出现了人道主义者，本着平等、民主的观念，他们对帝国殖民进行反思和批评，但这些作家很难摆脱帝国主义意识形态，他们是在西方文化内有限度地批判而不是要根本推翻殖民统治。另一方面，后殖民主义作家以反讽等手法解构帝国主义意识形态，但其中的一些作家又认同西方的价值观，对本民族的前途很是迷茫，对帝国的统治存在矛盾心理。后殖民主义文学家模拟、变形、挪用殖民主义文学的艺术技巧，但这本身带来了一个矛盾，即他们发现自己在有意无意地支持那个曾经压迫他们的象征系统，这也构成了后殖民文学的一大困境。

帝国主义运作主要依靠政治和经济控制，但也依靠殖民主义文学对其合法性进行论证。同样，民族主义运动表现为以武力形式获得政治和经济的独立，但也需要文学书写其被抹去的历史，塑造被奴役者的自我形象以重新获得其尊严。从而，非殖民化与民族主义、后殖民主义文学、本土（native）、本土文化保护主义（nativist）等概念相关。文学既是帝国主义表现自身的媒介，也是被殖民者再现自身的工具。后殖民文学的意义并非只是表达被殖民的创伤经验，其根本目标是政治诉求。从文化权力视角研究后殖民文学和殖民主义文学的学理依据在于：“文化表征（cultural representations）在对别国实行殖民化过程和在后来从殖民者手中赢得独立的过程中，始终都占据着一个中心的位置。对一块领土或一个国家的控制，不仅是个行使政治或经济的权力问题；它还是一个掌握想象的领导权的问题。……殖民主义的或后殖民的文学并不只是说出了殖民者或民族主义

① 艾勒克·博埃默：《殖民与后殖民文学》，辽宁教育出版社 1998 年版，第 3 页。

者的想法，它们同时也起着使这些想法成行、对这些想法本身加以界定和进一步阐发的作用。”①后殖民文学采取混杂、模拟、重写等形式，创造不同于传统本土文学，也不同于西方殖民文学的新形式。解殖活动不仅仅是对土地的重新控制，而且是对自我的历史经验、自我的形象建构与自我阐释权的回归，文学在这里就有了广阔的天地。神话传说、民族史诗、民间文化、口头文学等都成为找回民族性的文学资源。文学对于民族解放具有重要意义。在文化解殖运动中，文学的作用表现在，一是通过感知想象共同体的命运以激发殖民地人民参与政治经济独立的斗争，“笔部队”具有强大的凝聚力；二是通过文化再现重新塑造被殖民者所扭曲的殖民地人民形象；三是发掘殖民地被压抑的文化，重新书写历史，把被殖民主义所中断的传统重新衔接起来；四是塑造新型的社会秩序，以服务于新的社会建设。

霍米·巴巴在谈到文学与民族主义的关系时说，文学对于民族主义的建构具有多重意义，其中之一是推动民族解放斗争。无论是印度、安哥拉，还是在非洲的其他地方或者是在加勒比海地区，在争取独立的斗争中，文学扮演了一个非常重要的角色，因为文学有一种团结人民的力量。文学团结人民，它将人民当做一个群体并对之发言，它用民族语言向他们发言。这当然是费希特的先驱性思想。文学之于民族主义的另一种方式不是那么志向远大，这就是用文学来建构民族正典，而这种正典又将其他少数派的声音排除在外。思考文学与民族主义的关系的第三种方式是将我们的注意力转向大学和研究院，这里的民族主义并不完全是民族主义，虽然从某种意义上说也是，但主要是民族在文学中的位置。大学是重要的，因为大学是年轻人接触、接受新思想的实验室，他们将带着这些新思想走向世界：在这种语境中，文学经常按照其民族起源在不同的系科得到界定和讲授。所以说，民族性，甚至民族主义，在某些时候建构了文学系，建

① 艾勒克·博埃默：《殖民与后殖民文学》，辽宁教育出版社 1998 年版，第 6 页。

构了作为一个整体的研究院。① 在殖民时期，能否以及在多大程度上运用西方殖民者的语言成为殖民地人民文明程度和欧化程度高低的标志，而在民族解放运动中，西方语言的运用反而被当做民族耻辱的标志，民族语言和地方方言成为民族表达自我的手段。但后殖民文学的情形非常复杂。后殖民文学的杂糅特点表现在，吸收西方现代派小说的技巧，把本民族的神话传统与西方现代小说相结合，纯粹的本土文化因而不再存在。在解殖的可能途径问题上，一些批评家主张恢复殖民前的语言和文化。他们认为，殖民是过渡的历史形态，政治和文化独立后，这一历史就可以被抹去。在非洲和印度，除了主张以地方英语为书写工具外，回到殖民前语言写作的呼声不断。如詹穆罕默德说："当我们用英语、法语、德语或其他主要的欧洲语言说话和写作时，我们是在向西方知识和政治霸权表示敬意。"②另一些人则反对这种意见，认为文化的融合是所有后殖民社会最有价值和不能避免的现象，这种混合正是其文化力量之源。解殖民的策略必须考虑这一事实，不能把解殖民化混淆为重构殖民前的现实。因此，选择本土语言还是地方英语写作是一个需要讨论的问题。③ 非洲后殖民批评家钦努阿·阿契贝认为，应该以英语作为新的民族语言，其原因一是尼日利亚存在着200多种地方语言。英语作为一种混合型的语言，有助于尼日利亚的民族统一。二是英语已经成为非洲人的语言，成为非洲人生活的一部分。④ 事实上，由于被许多后殖民国家所使用，所以多种民族文化已渗透英语之中，英语在使用中已经变形，已经被"征服"，成为人们表达自我的工具。纯粹本真的民族文化

---

① 生安锋：《后殖民性、全球化和文学的表述：霍米·巴巴访谈录》，载《南方文坛》2002年第6期。

② 罗钢、刘象愚等：《后殖民主义文化理论》，中国社会科学出版社1999年版，第357页。

③ 比尔·阿希克洛夫特、嘉雷斯·格里菲斯、凯伦·蒂芬：《逆写帝国：后殖民文学的理论与实践》，台湾骆驼出版社1998年版，第31～32页。

④ 艾勒克·博埃默：《殖民与后殖民文学》，辽宁教育出版社1998年版，第240页。

和语言表达已经不可能，本真的文化传统也没有现实的政治意义。后殖民主义作家之所以能够挪用、模拟殖民文学，乃由于他们是本土精英，他们是学习掌握殖民语言和文化的本土上层人士，这就使他们能够在两种文化中穿梭，同时也使他们的文化身份更为尴尬，他们既想回归本土文化又想学习西方文化，这就使后殖民文学具有混杂特征。相比西方的现代化，殖民地的本土文化确实是传统的落后的，这就使后殖民作家对本土文化产生矛盾态度。身处西方的后殖民作家的文化政治身份就更为复杂，他们似乎构造了文化多元化的美好图景，但是，有论者认为，这些作家与他们的第三世界国家的联系是比喻性的，之所以关心第三世界是因为后者给他们提供了艺术意象，"他们只不过是参加到了让西方人更好地观察他者，从而更好地了解他们自己的那个过程之中而已"①。这里就存在一个如美籍华裔作家群中的自我殖民化现象，即展示东方的奇观以在西方自我标界，但其作品本身却成为西方猎奇的消费品。这些作家在本土具有某种文化优越感，在西方却处于边缘地位，而真正关心第三世界文化的民族主义者的作品在西方却不那么受人注意。因此，身居中心者的文化多元化的说辞很可能只是维护自我身份的装饰性修辞。后殖民文学本是服务于民族斗争的具有政治使命的文学，但从民族主义文学到流散写作，其后殖民的政治性正在消失，因此，有人认为："把一种漂流不居的文学界定为后殖民文学的顶点，的确反映了一个本来有着自觉的政治意识的悠久的传统在一步步地蜕变萎缩。"②这一点也表现在后殖民理论家身上，斯皮瓦克承认印度对她没有政治上的要求，印度只是她晋身西方的护照。后殖民批评家克瓦米·安东尼·阿皮亚（Kwame Anthony Appiah）说："后殖民性是这样一些人的状况，我们或许可以不客气地称他们为买办知识阶层：他们是一群作家和思

---

① 艾勒克·博埃默：《殖民与后殖民文学》，辽宁教育出版社 1998 年版，第 274 页。

② 艾勒克·博埃默：《殖民与后殖民文学》，辽宁教育出版社 1998 年版，第 275 页。

想家，为数相当少，一副西方派头，受过西方训教，忙着在边缘地带促成西方资本主义文化商品的买卖。”①后殖民移民是一种身份，后殖民作家利用这种身份游走于两种文化之间刚好可以获得自己想要的东西。真正能够利用移民所提供的两种文化碰撞所产生的文化身份的复杂和多视角的便利对东西文化进行批判性审视的有良知的知识分子要算萨伊德了。移民身份只是提供了便利的可能性条件，是否能够利用之以获得文化审视的广阔视野，移民状态是否真正扩展了个人的审美经验则具有相当大的个体差异性。全球化语境似乎给后殖民写作以新的契机：后殖民早期的民族主义写作变成流散写作，作家的多重视角、文化经验似乎更为丰富，但事情并不那么令人乐观，因为后殖民时代基于政治经济上的原因呈现的其实是新殖民本质，流散作家的多重视角也可能仅仅只是个人生存的一个有利条件，而不是文学创作和批评的有益契机。如何在西方中心避免自我殖民化和东方主义，如何利用边缘视角和双重身份审视东西方文化，如何让多种文化在碰撞中融合创造新的文化，如何面对西方现代性，如何走出传统创造现代是后殖民时期文化的重要主题，也是全球化时代后殖民作家需要认真思考的问题。

后殖民文化无可避免地是混杂的，后殖民研究要检视欧洲与殖民地的维系所依赖的文化编码，对欧洲小说的重写与重读是后殖民文学书写和文学批评的重要工作。后殖民文学研究认为：“首先，地方英语种类的存在，意谓标准英语的概念已被爆去。同样道理，后殖民文学的存在本身，完全地损害着以单一文化伪装作源起中心的地方英语文学研究计划。其次，作为该解中心化的进一步启示，中央英语经典被极端地缩减为国际地方英语研究的新范例之中。留下来的

---

① 布鲁斯·罗宾斯：《现世主义，精英主义，进步，以及其它超越常规的理论：论爱德华·赛义德的“归航”》（“赛义德”又作“萨伊德”，本书作者用后者），载《外国文学》1999 年第 6 期。

传统经典作品,也许反映着极端的修改与再阅读。"①这样,后殖民文学研究完全颠覆了传统的经典英语文学研究的模式。晚近的后殖民作家受全球化迁徙的影响,更具有文化杂糅和流散写作的特征。许多后殖民作家出生在过去的殖民地,居住在西方大都市,以西方语言写作,但其主题往往是第三世界的政治和文化。后殖民文学的杂交性已远远走出民族文化本真性的幻象,成为全球化风景中的典型符号。后殖民文学是殖民地文化解殖的重要组成部分。"解殖民化(decolonization)就是指揭示和解除各种形式的殖民权力的过程,包括解除那些隐在的制度和文化力量,它们在殖民地国家获得政治独立之后仍然维系了它们的殖民权力。"②解殖民的策略在文学上的表现首先主要是语言,即以本土的变形的英语颠覆传统标准英语;其次是主题改写,比如对《鲁滨孙漂流记》等帝国经典文本的改写,以及历史的重写,如站在被殖民视角书写自己的历史。后殖民主义文化批评的主题之一是对西方文学经典做新的反帝国主义阅读。比如鲁滨孙一直被认为是一个探险英雄,一个资产阶级上升阶段征服世界的值得正面肯定的形象,但有论者认为,从反殖民主义视野看,鲁滨孙是一个凶手和剥削者。这些都颠覆了帝国主义的价值观和历史观。

除了第三世界的民族文化复兴运动外,宗主国学者对帝国文学的批判性研究以及战后时期宗主国学界对摆脱殖民统治的国家文化的研究,比如英国学者对英联邦文学的研究,也是后殖民理论产生的文化根源。但英国学者对英联邦文学的研究并不是着眼于其民族性地方性,而是寻求其普遍性人类性,寻找地方英语文学与英国文学传统的关联。可以想见这种视角是由英国批评家的宗主国地位决定的。应该说,这只是构成了后殖民批评的语境,还不是真正的后殖民批评,它不是寻找地方英语文学的独特本性以及对帝国意识形态的

---

① 比尔·阿希克洛夫特、嘉雷斯·格里菲斯、凯伦·蒂芬:《逆写帝国:后殖民文学的理论与实践》,台湾骆驼出版社 1998 年版,第 213 页。

② Bill Ashcroft, Gareth Griffiths and Helen Tiffin. *Post-Colonial Studies: The Key Concepts*. London: Routledge, 2000, p. 63.

批判，其研究立场仍然是帝国主义的。由于有第三世界如非洲、美洲等批评家的加入，后殖民文学研究渐渐从英联邦文学研究中分离出来，成为后殖民批评的实践来源。在萨伊德之前，这些文学创作和理论批评活动是批判西方中心观，发掘本土民族文化，揭露帝国主义殖民统治对殖民地的危害。萨伊德与此不同的是，他的思想资源和方法论来自西方后现代，选取的研究对象是作为西方学科之一的东方学，而东方学这门学科又产生于西方与东方打交道的过程中，这就更深刻地揭示了西方殖民主义的意识形态本质。

第一章 东方不是东方：萨伊德的后殖民理论

第一节 东方不是东方

1978 年，爱德华·W. 萨伊德的后殖民主义文化批评巨著《东方学》出版了。该书出版后迅速在东西方产生了巨大反响，赞誉之声纷至沓来，批评之论也时有所闻。在 20 世纪 90 年代的中国，学界也发生了争说萨伊德的现象，甚至催生了中国式的后殖民批评。对于萨伊德这样的当代思想家，我们的态度仍然是面对文本即从《东方学》出发，把握其理论要旨，追溯其思想来源，然后阐述其理论意义，这也是西方理论本土化的题中之意。《东方学》一书的主题，一是理清东方学的历史演变，二是揭示东方学的精神实质。

一、东方学的一般概况

东方学产生于西方与东方打交道的过程中，历史久远，最早可追溯到古希腊罗马。东方学在西方正式确立的标志，一般认为是 1312 年，维也纳基督教公会决定在巴黎、牛津、波洛尼亚、阿维农和萨拉曼卡等大学设立阿拉伯语、希腊语、希伯来语和古叙利亚语系列教席。1880 年开始的西方对东方的入侵开启了现代东方学的新旅程。东方在地理位置上位于西方之东，在文化意识上是西方的他者——西方依赖东方成就自我形象，在物质文明上是西方的一个组成部分。东方特别是近东与西方关系紧密，从基督教兴起、马可波罗旅行到十字军东征、8 至 9 世纪伊斯兰征服西方等事件，东方成为西方既恐惧又敬畏的对象，伊斯兰则是恐怖、毁灭、邪恶的乌合之众。在西方文献里，穆罕默德被称为江湖骗子，是放荡、堕落、淫秽以及其他各种邪行败德的象征。东方在西方的这种表述符合西方的内在需要，这一表述在西方以各种形式得到强化，成为西方文化的一部分，成为西方文学创作的巨大资料来源，从中世纪到 18 世纪，弥尔顿、马洛、塔索、莎士比亚、塞万提斯以及《罗兰之歌》、《熙德之歌》等都从这一宝库中吸取过营养。

萨伊德把东方学的含义归纳为三种：一是指知识性的学科即系统的对东方的研究和表述；二是权力话语；三是思维方式。第一种为狭义的东方学，后两种构成广义的东方学。萨伊德又把广义的东方学称为“隐伏的东方学”（东方主义），把狭义的东方学称为“显在的东方学”。前者几乎是无意识的，是由众多权力话语制约的情感和思维方式，具有惰性、稳定性和持续性；后者是对东方的语言、文学、历史所做的明确陈述。前者更具社会意识形态性，后者则表现为学科知识性，前者决定后者。东方学包含的内容极为庞杂，涉及关于东方的一切哲学、地理、军事、政治、宗教、艺术等方面。东方主义思维方式流布甚广，殖民军队、外交部、东方研究机构、学者、文学家、士兵等参与建构了东方主义思维方式，各种基督教传教会、使馆、领事馆、殖民社区、翻译基金会等对东方学贡献巨大。在东方学那里，东方不是一个国家，不是一个种族，也不是一个民族或地域，而是一个人为建构的文化地理学概念，它有一套属于它自己的词汇、意象、思维和情感。现代东方学的奠基者萨西、赫南和雷恩等人创造了具有普遍意义的词汇和观念。他们开辟了一个领域，一套观念体系，这些观念体系又产生了一个学者群。这样，东方学就有了自己的谱系、传统和雄心。绝大部分东方学家的差异只是形式上风格上的差异，其内容则基本相同，他们沿袭前人赋予东方的异质性、怪异性、落后性、柔弱性等特征,东方的这些特征又被联系于西方的种族不平等的根源在于生物基因的不同这一观点,人种学和进化论就这样以科学的形式巩固着东方主义。东方学的主要学科一是语言学,二是人类学。人类学研究人类的历史起源和发展。在东方学家眼里,东方是原始的,是西方曾经经历的历史阶段,因此,人类学大多以东方次等民族为研究材料。语言是思想文化的发源处,把握东方语言就把握了东方的精神文化。东方学家把人类语言系统分为印欧语系和闪含语系,前者是高级的、完整的、简洁的,后者则是黏着性的、非美学的、机械生硬的,因此闪米特人是异类的、低级的、落后的。语言学的价值判断和等级系列充满着肆无忌惮的种族歧视。当人类学和语言学以科学精确性的等级排列人类历史与文化发展的演进历程时,东方主义背后的西方文化优越论就显示出来。

从殖民主义开始到第二次世界大战前东方学兴盛于英国和法国,第二次世界大战后东方学繁荣于美国。20 世纪的东方学主要通过两种方式把东方呈现于西方,第一种方式是借助具有众多专业领域的现代学术以及大学、专业研究会、探险组织、地理组织和出版界的具体运行机制所产生的传播力。这些文化机制建立在前辈学者的权威基础上,经过积淀和凝聚形成典型的东方学话语,它为其他人表述东方提供了清晰的范式。第二种方式就是东方学家对东方的阐释。东方学家站在一个遥远的、几乎无法理解的文明或文化丰碑的面前,通过对这一难以企及的对象的翻译、充满同情的描绘和内在把握减弱其含混性。

二、东方学的精神实质

《东方学》囊括几种语言里的东方学,纵越数千年的西方历史,解读对象涉及文学、新闻、政论、宗教、游记等文本,其理论要旨是通过考察东方学的社会生产机制,揭示其“主义”而非“学”的性质。萨伊德的论述可从两个角度来看,一是“隐伏的东方学”即广义的东方学,二是“显在的东方学”即狭义的东方学。狭义的东方学即作为学科知识形态的东方学,其作者是作为知识分子的东方学家,因此我们可从东方学家的角度看东方学的实质。

东方学与中国的西学不同，它不是东方“别求新声于异邦”学习西方先进文化的结果，不是文化交流中吸收与批判的结合，而是完全的为我所用，以话语妖魔化东方以便为东方臣服于西方服务。福楼拜与埃及妓女的关系是东西方关系的象征和隐喻：西方与东方是一种权力支配关系，东方是沉默的，它没有自我阐释权，没有主体意识，不能表达自己，必须借助西方来表达自己。说东方而不说伊斯兰、印度、中国等具体民族国家，这就把东方同质化，东方各民族的文化差异被抹去。在东方学看来，东方民族无差别地属于东方，东方是有待西方开发的蒙昧之地。问题的关键是东方学的一套话语不是在说什么，而是谁在言说，向谁言说，是谁掌握了话语主导权。显然，东方学是西方在言说，而且是向西方人言说，所以它不可能遇到任何阻力。在西方文化中，东方作为一套价值体系而存在，这套体系由荷马、亚历山大、恺撒、梭伦、毕达哥拉斯等这些曾经给东方带来荣耀的人所开创，后来者对东方的认知就嵌入这套事先已有的价值模式中。拿破仑就是典型，他要模仿亚历山大征服东方重建庞大帝国，对待东方的方式和态度已由亚历山大奠定，他不过是发扬光大，使埃及成为其光荣和梦想的戏剧舞台。在拿破仑征服东方后，西方产生了一系列东方主义的文学和艺术作品。东方学的逻辑是，东方是没有自治能力的，西方能够给予东方更好的治理，西方对东方的治理不仅使西方获益，也使东方获益。但是，西方并没有向东方输出启蒙运动的民主、自由、人权等观念，也不是按照西方现代所确立的三权分立的法权体系治理东方，更不是帮助东方自己治理自己，而是按照东方模式统治东方，通过殖民官员与东方专制主义政权的勾结把东方置于西方的统治之下，东方人对这种统治的反抗则必须加以镇压。东方学与西方的政治军事控制构成统治东方的联合力量，学者、传教士、商人、士兵和殖民官员组成了西方进军东方的大部队。知识就是权力，关于东方的知识使西方对东方的管理更为有效。与东方打交道以西方的利益为出发点，东方学的知识主体是西方，至于东方自己如何认识自己，如何认识西方对东方的统治则不必理睬，因此，萨伊德说，东方学只是西方的东方学，与东方无关。当代哲学解释学认为，经典的生命存在于阐释中，固定的作为客体的莎士比亚并不存在，存在的只是不断变化的被阅读着的莎士比亚。但东方作为西方的客体并不是这样，萨伊德发现，"东方、阿拉伯或伊斯兰教分别或整体地被定义在一个固定的客体地位上，这个客体地位时时被西方强大的视阈所注视着，以至形成一个凝固不变的客体"①。这一客体显然是人为建构的，它构成了东方的"他性"(otherness)本质，阿卜德尔·马勒克说："这一本质既是历史性的，因为它可以被追溯到历史的最早期，又是非历史性的，因为它将被考察的东西，即研究的对象，固定在其不可分割的、没有演变和发展的特殊性之中，而不是将其界定为作为历史演化力之产物和结果的所有其他的东西、民族、国家和文化。"②也就是说，西方阐释的东方并不是一个有生命力的文本，而是一个僵死的机械物。但事实上，东方不是机械性的无机物，因而西方关于东方的知识也不是科学性的知识，东方学只能是意识形态。萨伊德说，东方主义"不是科学，不是知识，更不是理解，这是一种权力的表达和一种绝对权威的宣称"③。

阿卜杜勒·马利把东方主义的方法论总结为四点：一是东方主义集中研究东方各个民族和文化的过去，将东方诸国最为辉煌的时期严格限定在历史上某个时期，从而使东方的衰落成为不可避免。二是研究的对象是东方的语言文化，并与其社会的演化相分离，好像这种民族的语言是一种死语言。三是这种对历史的阅读使东方现在仅仅成为伟大过去的延续，东方不再是提升生活的力量，而是化约成一种异国情调。四是东方的科学学术方面的成就被故意忽略或隐

---

① 巴特·穆尔-吉尔伯特等：《后殖民批评》，北京大学出版社 2001 年版，第 200 页。

② 爱德华·W.萨伊德：《东方学》，生活·读书·新知三联书店 1999 年版，第 126 页。

③ 巴特·穆尔-吉尔伯特等：《后殖民批评》，北京大学出版社 2001 年版，第 206 页。

瞒，东方的落后被归结为其贫瘠的历史，从而殖民主义的罪恶被开脱。① 在东方主义看来，民族主义是狭隘的，东方民族应该走向博大的世界主义。东方的直觉思维、诗性智慧被认为是比西方的逻辑思维和理性推理落后的低级思维方式。东方人懒散、堕落、浑浑噩噩、狡诈、爱玩弄阴谋，盎格鲁-撒克逊人则是清晰、爽直和高贵的代表。这些话语为西方合理地控制东方提供了理论根据，而这种话语背后则是已经实行控制的军事政治权力。东方形象的建构依赖一个巨大的实体，它根据西方基督教的道德需要进行改编，受到一系列态度和判断的控制，这些态度和判断不是引导研究者根据新的东方材料去对已经形成的态度和判断加以修改，而是把它们引向其他的东方学著作。权威机构把这种观念传达给普通读者，后者又把这种知识体系当做真正的东方接受下来，这就强化了东方既定的形象。东方主义思维方式甚至变成了一种本能，一种自然倾向，萨伊德说，人类大脑拒绝接受未曾经过处理的新异东西，“因此所有的文化都一直倾向于对其他文化进行彻底的皈化，不是将其他文化作为真实存在的东西而接受，而是为了接受者的利益将其作为应该存在的东西来接受”②。事物只有在一定的模式化和形式化中才能被理解，才能由异常的事物变成可以把握的存在，模式化赋予事物以意义和价值。比如，但丁按照基督教的价值体系编排地狱层级，穆罕默德被放在《神曲》里罪恶的某一层，虽然《古兰经》明确地将耶稣视为预言家。经过模式化处理，穆罕默德的危险性、异在性就被消除。敏米（Albert Memmi）指出，被殖民者对于殖民者来说是无关紧要的，殖民者对被殖民者形象的塑造完全出于自己的经济利益和基本需要，他按照自己的需要来解释被殖民者的每一种特质。比如，阿拉伯人的热情好客，本是一种值得肯定的品质，但仔细分析发现，称赞阿拉伯人好客

① 齐亚乌丁·萨达尔：《东方主义》，吉林人民出版社2005年版，第96～97页。

② 爱德华·W.萨伊德：《东方学》，生活·读书·新知三联书店1999年版，第86页。

的大多是欧洲的游客，而不是殖民者，那些在阿拉伯地区的殖民者一旦定居下来就不再享用这种热情，而是把自我与被殖民者区分开来，重新塑造被殖民者的一系列劣等品质，即使是热情好客也被说成是缺乏长远考虑，不会节约，铺张过度，结果是倾家荡产，债台高筑。不是也有人称赞被殖民者勤俭节约吗？殖民者说，这是愚蠢而不是智慧的表现。① 这种前后矛盾不能自圆其说之词都出自于殖民者之口。西方对东方加以编码和秩序化，东方就这样被固化被囚禁被装入，这一模式就像戏剧舞台的程式化服装，代代相传而不需更改，东方就在这套舞台服装的包裹中展现于西方。制造这套服装的是西方，导演这台戏的是西方，观看这台戏的仍然是西方，真实的东方被撇在视野之外。

萨伊德悲哀地发现，今天的伊斯兰或阿拉伯本土学者对东方学信条的质疑几乎没有什么成效，零星出现的文章根本不可能与有着由各种政府机构、研究单位和学术传统所形成和维持的已经被广为接受的研究共识相抗衡。老派的东方学家、边缘化的专家、政策制定者、学术经纪人等构成了新的美国东方学大合唱。合股企业、公共机构、石油公司、外交使团、军事行动、涉外服务、信息情报给予东方学研究以支持，各种各样的资助和基金，各种各样的组织和管理体系，大学里的研究所、中心、委员会、科系都致力于论证和维护一些与伊斯兰和阿拉伯有关的几乎一成不变的观念的权威性。在新近的东方学代表性著作《剑桥伊斯兰史》中，伊斯兰文明的辉煌时期没有得到任何暗示，当代伊斯兰的反殖民主义和反帝国主义运动也没有得到描述。对作者而言，伊斯兰乃遥远的与现实关系不大的一种存在，对我们理解当代穆斯林的复杂性没有什么帮助。伊斯兰关涉的是文本而不是人这一老调的东方学观念仍然主宰着这本书。

东方学是东方学家的东方学，是东方学家这一历史群体产生了东方学这门人文学科，因此，从东方学家的视角也可分析东方学的理

① 许宝强、罗永生等：《解殖与民族主义》，中央编译出版社 2004 年版，第 36 页。

论要旨。东方通过东方学家被再现和结构，被传授和教学，通过《东方文选》东方得以被西方所认识，这一认识经过了东方学家视阈的过滤，文本的东方于是等同于真实的东方。东方学的策略之一是并置和对比，比如把穆罕默德与耶稣放在一起，把前者定性为骗子，后者定性为圣人。策略之二是重复，东方学家经常使用判断系词“是”，通过命名、指向、归类等修辞手法定义东方。策略之三是固定化第三世界形象，一方面使自己的统治合法化、定格化、永久化，另一方面把这种固定的他者形象输灌给被殖民者，使被殖民者认同这种意识形态，失去其民族主体意识，从而达到永久统治对象的目的。因为东方学采取的是学科的知识性、真理性的客观形式，这就使它比谎言更隐蔽也更可怕。萨伊德发现，东方学家很少能够同情性地进入东方，而是与东方保持距离，距离的背后是东方学的传统思维，正是这些传统的思维方式左右着一代代东方学家的视阈。也正是因为有距离，东方学家才可能对东方文化、东方心性和东方社会进行概括，进而强化着自己的种族中心论和种族偏见。东方学镶嵌于东方主义思维方式之中，作为学问它失去了理性的批判态度和科学的怀疑精神；作为西方的知识体系，东方学合法化着西方对东方的支配，这种支配的力量如此强大，它有效地压制着像伯顿那样有个人风格的作家的独创性。也就是说，东方主义思维把所有有可能与其不同的体验和观点纳入其先定的体系中，能够把具有独创性的作家规约为帝国的书记员。东方学家善于总体归纳和概括。通过这些归纳和概括，现实被划分为各种不同类型，每一类型又伴有评判性的阐释。隐含在这些类型下面的是东方与西方的对立，这一对立为人类学、语言学、历史学和人文修辞所强化，赋予东方学家归纳概括的权力的是西方文化中已有的人文传统。东方是一整体性概念，闪米特是一个超时间、超个体的范畴，东方学家根据某个先在的闪米特本质来预测每一具体的闪米特行为。东方学家是总体想象视野的代言人，他依赖其背后的结构或话语居高临下地审视东方，他必须借助一套抽象的类型（闪米特人、穆斯林心性、东方等）以看清每一细节。在东方学家眼里，东方人要么是个滑稽可笑的人，要么是某个庞大集体之一分子，他属于东方人、非洲人、黄种人、棕色人或穆斯林这样的没有个性特征的类型。对于人文学者来说，作为研究方法，疏远和间离是为了更为客观地审视对象，但东方学家从来没有认为其与伊斯兰的疏远能使其获益或有助于更好地了解自身的文化，相反，他们与伊斯兰的疏远进一步强化了欧洲文化的优越感。现代东方学仍然坚持这一信念：闪米特人是发展受到阻碍的民族并且将成为其自身缺陷的牺牲品，而这种意识形态话语往往以学术的客观真理的面目出现，他们出自阿拉伯专家即东方学家之手。东方学家为西方社会提供东方形象、东方知识和对东方的见解，在很大程度上，东方学家提供的东方形象打上了自己的独特烙印，表达了自己的看法和情感态度，提供了彼时彼刻社会最需要的东西，与特定时代的文化学术、民族、政治和经济要求相适应。知识不可能是原初的、未经沾染的、纯粹客观的，任何一个具有独创性的东方学家只不过是制造了某些特殊类型的陈述体系而已，这一体系融合进他所属的时代的文化资源这一更大的话语体系之中。东方并不是人们直接接触的一个地理空间，而是人们在学术群体、大学和学术研讨会规定的范围内所阅读所研究所书写的东西。

基于东方学家与西方霸权的关系，萨伊德提出了批评的“世俗性”(worldness)。所谓世俗性，就是指，不论知识分子如何相信他们的兴趣是如何具有“超越性或绝对价值”(higher things or ultimate value)，知识分子的道德实践始终存在于世俗世界，以萨伊德的话说，它关系到发生在何处，服务于谁的利益，它如何与普遍的道德规范相一致，如何区别权力和正义，它表达了个人的什么样的选择和优先权等等。① 正是如此，萨伊德要求知识分子坚守世俗立场。知识分子坚持这一道路并非为了个人的荣耀，而是为了改变道德氛围。萨伊德说，“向权力说真话”不是乐观者的理想主义，而是谨慎地权衡和选择，选取正确的策略，然后理智地表达它以便产生最好的结果并导向积极的变化。萨伊德认为，文学批评必须切入现实，知识分子不应只

① Bill Ashcroft and Pal Ahluwalia. *Edward Said*. London and New York: Routledge, 2001, p. 30.

是专业的体制内的知识生产者，而应走出纯粹的学院式研究，知识分子存在的根基是批评意识，政治解放是其目标。给萨伊德书写思想传记的两位作者说，作为一个文化理论家，萨伊德的重要性表现在两个方面，其一是他在不断发展的后殖民研究中的奠基性地位，特别是表现在其《东方学》的巨大影响；其二是他坚持“世俗性”或者文本和批评家的物质环境的重要性，“萨伊德的文化分析的最有意义的方面可能是，当后结构主义主宰了西方知识场的时候，他坚持一种非流行的具有决定性的观点：文本关联于世界的物质性。对于萨伊德，后结构主义实际上反对世界并许诺了那些阅读和书写文本的人们以文本的非世俗性，切断了他们理论的政治可能性”①。在萨伊德看来，流亡是一种隐喻，是知识分子的存在状况即与现实间离的处世立场，正是这种不得其所的流亡状态赋予其批判精神和世俗关怀，而传统东方学家缺乏的正是这种批判理性精神。后殖民理论认为，全球化导致跨国公司对第三世界经济的剥削，经济一体化对民族文化产生的巨大影响，第三世界对西方的依赖加剧等新殖民主义问题表明，宏大叙事并未消失，解放启蒙仍是未完成的使命，知识分子必须坚持其世俗性和批判立场。可以说，萨伊德是后现代语境中的最后一个知识分子，在后现代解构宏大叙事的思潮中，他仍然坚持西方传统自由主义知识分子理念。萨伊德对利奥塔的后现代知识分子观持批评态度，他说：“我听说一些哲学家认为像解放叙事那样的宏大叙事时代已经结束。我不同意这种看法。我认为宏大叙事仍然具有强大的力量。但是，如果宏大叙事大到连与解放相关的所有小叙事都失却了容身之地，那么，我宁可不要那种宏大叙事。”②萨伊德认为，在非西方世界，宏大叙事仍然具有重要意义，因为这些叙事所表达的自由还没有实现。

---

① Bill Ashcroft and Pal Ahluwalia. *Edward Said*. London and New York: Routledge, 2001, p. 7.

② 保罗·鲍威编：《向权力说真话》，中国社会科学出版社 2003 年版，第 141 页。

可以看出,《东方学》一书的研究方法和基本观念来自福柯,其精神主旨可归结为三点,一是学术研究受制于社会文化传统和现实机制;二是学术性和想象性的作品从来就不是自由思想的产物,而是受到作者的假设和意图的限制;三是东方学这样的学科没有如我们经常想象的那样具有客观性。① 东方学具有内在的一致性,萨伊德试图揭示导致这种一致性的文化机制。人们一般认为,天才和具有创造性精神的人可以超越时代和地域的局限把具有独创性的作品产生出来,但学术是一个不断向前发展的事业,后代学者总在超越前人,即使是伟大的天才作品也是在前人范本的激发下产生的。学术积累使任何学术具有集体性,这就削弱了学者的独创性。东方学尤其具有集体合作的不断积累的性质,它有自己的传统学术领域,如古典研究、《圣经》研究、语言学研究等,包括各种与地域写作有关的作品,如旅行记、探险记、幻想作品、异域风情的描绘等,有公共机构如政府、贸易公司、区域研究会、高等学校等的参与。众多研究机制的参与导致了一个结果,就是某些话语和思维方式得到了东方学家的普遍认同,他们把自己的研究建立在这些东西之上,而这些东西又反过来对新的作家和学者产生巨大压力,构成了他们面对和阅读东方的前见。就这样,东方学具有一套规范化的写作方式、研究方式和思考方式,东方就在各种权力制约中被研究、教学和评判。经过长时期的使用,东方学的一套话语已演绎变化,以前可能指向真实东方的东方学后来逐渐被附加上各种各样的意义联系和内涵,这些附加物不必然地指涉现实的东方,而是仅仅指涉与这一术语有关的研究领域。正如尼采所言,真理本质上只是幻象。东方主义是一种意识形态,一种思维方式,一种优越性的心理情感,甚至是一种诱惑。直到今天,符合东方主义心理期待的作品才能在西方流行,我们从华裔作家汤亭亭和谭恩美在美国的接受就可以看出,她们之所以获得西方大众的认可,很大程度上是因为其作品符合东方主义的想象和阅读期待:中国

① 爱德华·W.萨伊德:《东方学》,生活·读书·新知三联书店 1999 年版,第 257 页。

是地狱，美国是天堂。她们的写作策略，一是以想象解读中国文化；二是注目于东方的落后，以与西方的先进相对照；三是以东方的过去对比于美国的现在。

西方文化现代性的革命演进以一种决裂方式进行，理性与传统蒙昧、自由与宗教权威构成对立，启蒙运动时期的宗教改革、法国大革命、英国工业革命等都遵循这种二分逻辑。西方现代性的发生不仅是对其传统文化的否定，也是建立在对东方殖民掠夺的基础上，而殖民掠夺又关系到西方对东方的认识论。这种认识论认为，传统/现代是划分社会历史的基本框架，东方/西方也被纳入这种认识论框架中。这种认识论一方面为西方宰制殖民东方提供理论根据，另一方面也是西方建构自我形象的需要。启蒙哲学认为，西方是世界的中心，东方是世界的边缘；西方代表科学、民主与进步，东方则是非理性的蒙昧落后的蛮荒之地；西方是主体，东方是有待改造的客体。启蒙运动的价值观之所以是意识形态，就是因为这种认识论建立在东方/西方等级化的基础上，它认为社会历史是按照线性发展的，西方是人类的典范，东方只是西方曾经经历过的阶段，它有待于发展到西方。在后现代思潮对西方现代性进行深刻反思和犀利批判的同时，萨伊德把这种反思推进到现代性发生之初的西方与东方的关系上，这就揭开了西方现代性的另一面。

人们一般认为，人文学科是对纯粹真理的探索，是客观性的超越狭隘党派政治利益的具有普遍有效性的知识，与政治法律等学科相比，它是高高地漂浮于经济基础之上的知识形态，其终极目的是对人的关怀，这正是西方近代人本主义思想的核心，也是我们毫无戒心地借鉴它的原因。但是，萨伊德说这是一个幻觉，第一，人文学者与其生活环境不可分，他总是其阶级和社会集团的一员。个体的欧洲人在与东方打交道时，他首先就是一个欧洲人，一个特殊利益的代表者，其次才是一个具体的人。第二，政治社会总是给予民众社会一种紧迫感，所谓的纯粹客观的学术知识都将被政治现实所玷污、控制和侵犯。因此，似乎是飘离现实政治的东方学与西方对东方的经济剥削和政治控制相关，东方学是“地域政治意识向美学、经济学、社会学、历史学和哲学文本的一种分配"①。东方学是各种权力如政治权力、学术权力、文化权力、道德权力之间的交换,是产生于西方内部的一套话语体系,其话语性压倒了学术性。在《人文主义与民主批评》一书中,萨伊德说,米歇尔·福柯和托马斯·库恩作出了相当大的贡献,他们的著作提醒我们,无论我们是否意识到,范式和认识都彻底控制着思想和表达的领域,这是一种曲折的控制,仿佛它并未改变个人表达的自然状态的形式。这种机制包括知识在文档中的保存、支配着概念之构成的规则、表达情感的词汇以及各种传播体系:所有这些都在某种程度上进入个人的头脑并产生影响,以至于我们不再能够以绝对的信心说出个人领域在哪里结束,公共领域从何处开始。②东方学这一学科的命名就具有特殊意味,它不是以人类知识和行为的某一方面某一领域命名,如伦理学、美学、法学等,而是以地域命名。在东方学看来,东方与西方对应,关于东方的一切知识都可纳入东方学中,东方的智慧、心性、伦理、艺术、宗教等构成一个整体,这个整体与西方截然不同。

三、《东方学》的目的、方法和要旨

《东方学》在出版之初的五年里,并没有引起多少关注。然而不多久,这本书就在东西方掀起了巨大的波澜,被陆续翻译成 20 多种文字出版,在中东甚至还有许多盗版,其所引起的巨大反响甚至萨伊德本人都大惑不解。一本专业性的学术著作之所以能产生如此的轰动效应,其深层的文化背景是复杂的,仔细分析,如下几方面值得注意:一是在中东局势动荡、巴以冲突激烈、美国等西方国家插手中东事务的现实政治语境下,萨伊德的后殖民理论很容易为政治化的民族主义所接受;二是萨伊德把对现代性的反思推向近代以来东西方

① 爱德华·W.萨伊德:《东方学》,生活·读书·新知三联书店 1999 年版,第 16 页。

② 爱德华·W.萨伊德:《人文主义与民主批评》,新星出版社 2006 年版,第 50 页。

关系，这刚好契合了西方后现代思潮的自我批判；三是由西方率先进入的现代化把非西方强行拉入统一世界史中，西方与非西方的关系一直都是敏感问题；四是随着全球化的推进，非西方与西方文化的关系呈现出前所未有的紧张状态，东方文化的传统与现代、本土化与全球化，经济领域里的南北冲突，跨国资本所带来的国际劳动分工等问题给这本书的接受提供了直接的文化背景。随着改革开放的深入，20 世纪 90 年代的中国面临巨大的文化转型，百年现代化的文化反思，自我与西方、民族与世界、保守与激进等文化交锋极为激烈，这些都是萨伊德的后殖民理论能够牵动中国学人学术神经的原因。但是，理论的旅行有自己的逻辑，它由理论本身，接受者的政治文化背景和自身的阅读期待以及阅读前见所决定，不同文化背景里的读者赋予萨伊德的接受以不同的面貌。萨伊德的后殖民理论内涵极为丰富，对其言说的视角也非常多，从不同角度切入都可以有不同的理论收获。我们拟从《东方学》的理论要旨出发，结合中西学界对萨伊德的批评，通过分析《东方学》的矛盾及其意义，推动学界对后殖民理论的理解，从而为这种理论的本土化厘清言说的基础。

先看《东方学》的写作源起，即萨伊德为什么要研究东方学。对于萨伊德来说，研究东方学既有纯粹个人的机缘，也有当前国际政治关系方面的原因。首先，萨伊德出生在与西方向来关系密切的中东，身为东方人的意识在青少年时期即已形成。其次，萨伊德虽出生在东方，但从小接受的却是西方教育且长大以后长期工作生活于西方。萨伊德说："一个巴勒斯坦的阿拉伯人在美国的生活是令人泄气的。"①处于东西文化冲突的焦点上，作为学者更需对这一复杂文化身份具有清醒的自觉意识。再次，中东在美国的公共事务中和战略地位上越来越重要，特别是美国与以色列的关系更牵连到自己的出生地巴勒斯坦。美国在中东问题上偏袒以色列，阿拉伯人的妖魔形象在美国大众中根深蒂固。随着电子媒介时代的来临，这种类型化

① 爱德华·W.萨伊德：《东方学》，生活·读书·新知三联书店 1999 年版，第 35 页。

模式在媒体中越来越严重。作为一个有着强烈民族身份感和批判意识的知识分子，萨伊德对此极为不满。最后，随着后现代思潮对西方现代性的反思，现代性的历史缘起问题凸显出来。由于个人身份和学术专长，萨伊德把这种反思由西方文化系统内的传统与现代的关系推及东西方之间。基于以上原因，对于萨伊德而言，东方学的研究乃顺理成章之事。

再看《东方学》的研究方法，即如何研究包括众多西方语言、跨越西方数千年历史、关涉东方广大地域的东方学。这可以从两方面讲，一是《东方学》的研究方法，二是《东方学》的思维方法。先看第一方面。从现有材料看，东方学涉及西方众多殖民帝国和东方广大地理区域。从研究方法上说，如果把这两方面事无巨细地纳入其研究视野，材料的庞杂首先就是一个难题。萨伊德放弃了笼统的包举万类的研究方法，只选取东方学比较成熟的英国、法国和美国为考察对象，东方则只圈定在阿拉伯伊斯兰世界。为什么如此？我以为原因如下：一是萨伊德出生于中东，在情感上对中东有依恋，在认识上对中东比较熟悉。由于语言和知识局限，萨伊德对印度和中国并不熟悉。二是英国和法国是东方学的先驱，美国后来居上。萨伊德对这三个国家的东方学理解深入，而德国的东方学偏重于学术，其资料多来源于英国和法国而不是现实的殖民经验，对于萨伊德的研究而言，德国东方学并不具典型性。三是长期以来西方的东方指的就是伊斯兰世界。在地理位置上，中东直接与西方接壤，从远古时代开始就与西方打交道。中东还是世界三大宗教的发源地，伊斯兰教在历史上就是基督教的敌人，是被基督教妖魔化的形象。由于以上原因，东方学的研究对象和范围被如此选定。再看第二方面。按照一般思维惯例，要指出东方学对东方的歪曲，只需展现真实的东方即可。但萨伊德的方法与此不同。他研究东方学的目的不是为了考察东方学与东方的关系，东方学是否真实地反映了东方、其关于东方的言说在多大程度上与真实的东方相对应并不是他的主题，萨伊德要考察的是东方学与西方的关系。作为西方传统学科之一，东方学是如何由学科变成主义、变成话语、变成一种意识形态的，这种话语与权力机制构成了怎样的共谋关系，这才是萨伊德研究东方学的目的。也就是说，《东方学》并不是从反映论角度考察东方学，而是从学科背后的权力机制看这门学科的发生和发展，揭示东方学与意识形态话语的复杂关系，这门学科的非真理性就显示出来了。显然，萨伊德的话语权力考察方法来自福柯。清楚了这一点，就不会提出萨伊德为何没有展现真实的东方这一问题，不会指责他不关心真正的东方，不关心东方的反抗运动，更不会把他说成是东方在西方的代言人或巴勒斯坦的民族英雄。萨伊德不是站在民族主义立场批评西方，他从事的仍然是学院派的学术研究，其目的是要指出东方学不是客观的知识，而是一种意识形态。至于真正的东方如何存在就是另外一个问题了。

德里达认为，语言的能指滑动于所指，能指与所指是分离的，词语的含义决定于语境。文本是一个放大了的词语，因此，文本的意义不在文本之外，而是存在于文本之间，文本与文本相互支持，意义互相指涉。因此，萨伊德认为，东方学的文本并不反映真实的东方，甚至与东方无关，它的意义依赖于西方而不是东方。东方存在于西方的话语中，而这些话语依赖于公共机构、传统、习俗和理解代码等。萨伊德说，为了考察东方学，一是要把握东方学系统内的正统观念、先驱者、权威及其阐释者、追随者；二是要考察与东方学相关的一些在文化中起支配作用的强有力的观念、学说和思潮；三是不仅考察学术著作，还要考察文学作品、新闻报道、政论、游记、宗教和语言学著作，总之，要展现东方学及其相关领域的内在结构。东方的意义决定于其所存在的文化系统，东方学并不是纯粹的学术研究，它的观念受到许多其他概念群的影响，在研究这门学科的历史时，必须把它放在由之产生的文化系统中。因此，各类文本都是萨伊德考察的对象，《东方学》就这样与文化研究相关联。萨伊德认为，单个文本和作家与东方学所组成的集合体之间存在互动关系，单个文本的权威性和普遍性由东方学思维方式所赋予，同时单个文本又强固了东方学的思维方式。

最后看《东方学》的理论要旨。萨伊德曾著题为《东方不是东方》一文，这一标题戏仿吉卜林的名言“东方就是东方，西方就是西方”，前一“东方”指的是西方文化所言说的东方，后一“东方”指的是真实的东方。东方主义的东方不是真实的东方，而是语言构造之物。那么东方主义这种话语形成的条件是什么呢？萨伊德要做的工作就是找出其背后的文化机制，通过这种解构揭示其真面目。有论者在总结萨伊德的理论工作时说：“在他对自由主义的讨论中，萨伊德也批评了在美国社会科学和哲学认识论中的一个惯常的观点，即所谓的事实和价值的分离和科学中立的态度。萨伊德的书极其有意义地显示了话语、价值和知识模式三者互相关联，并如何实际上构造了学者试图去研究的‘事实’。”①萨伊德认为，究竟能否对某个东西进行正确的表述是存在疑问的，因为任何表述都受表述者所使用的语言、所属的文化机构和政治氛围的制约，其结果就是，一种表述本质上乃牵连、编织、嵌陷于大量其他事物之中，唯独不与真理相连，表述与错误的表述之间只有程度的差别。表述里面包含着一片公共的游戏场，决定这一游戏场的并不只是某种具有内在一致性的共同对象，而是某种共同的历史、传统和话语体系。这一游戏场并非哪个学者的独创，但所有学者都对其加以接受并在其中找到属于自己的空间，个别研究者就在这样的游戏场中活动并作出自己的独特贡献，而每个贡献都是首先使这一游戏场发生变化然后又使其达到一个新的稳定和平衡。在《人文主义与民主批评》一书中，萨伊德再次表明自己的观点：“我的批评的前提是，所有表述在性质上都有缺陷，以及它们如何密切连接着现世性(worldliness)，也就是，连接着权力、地位和利益。有必要明确地说明，我的工作不是为了捍卫真实的东方，甚至也不是为了提出理由证明存在着一个真实的东方。我当然不是为了某种表述辩护，认为它比其他表述更加纯粹；我非常清楚地提出，任何一个把经验转变成表达的过程都难免有所沾染。”②作为一种表述，东方

① Bryan S. Turner. *Orientalism, Postmodernism and Globalism*. London and New York: Routledge, 1994, p. 4.

② 爱德华·W.萨伊德：《人文主义与民主批评》，新星出版社2006年版，第57页。

学有其自身的历史和物质以及体制基础。欧洲文化赋予东方学的表述以一致性，这种一致性是文化惯例（cultural praxis）的一种表现形式。① 因此，像通常的表述那样，东方学有某种目的，顺应某种趋势，有着特定的历史知识甚至经济背景。正如艾哈迈德所说，“描述”在意识形态方面和认识方面从来都不是中性的；去“描述”就是要明确地说明一个意义群，去建构知识的对象，去生产一套受描述性阐释行为限制的知识。说某个人正在阐述的东西“本质上是描述性的”，这就等于确认了其意识形态性，它为分类、概括及价值判断的进行准备基础。② 萨伊德指出，东方学的最大弊病不是从人类具体的历史和经验出发，而是从抽象概念和规则体系出发。作为知识分子，东方学家缺乏独立于权力的批判意识，而是附庸于权力，论证权力的合法性。真正学术研究的目的是提高人类群体的知识和自由，而东方学家的知识不是给予自身和东方以自由，而是控制东方、殖民东方。但东方学的答案不是西方学，如果《东方学》这本书有价值和意义的话，萨伊德说，那就是使人们对知识的堕落现象有所警醒，让人们意识到像东方学这样的思想体系是多么容易被制造出来并加以运用和得到保护的。萨伊德希望，通过他的研究，西方和东方这对互相指涉的概念完全消失，因为这类概念纯粹是虚构的，它们把东方和西方对立起来并加以本质化，看不到东方文化内部的复杂性、流动性、变化性和历史性，看不到东方和西方在新的环境下的互渗。在萨伊德看来，文化的本质是混杂的，他说：“各个彼此之间太过混合，其内容和历史互相依赖、掺杂，无法像外科手术般分割为东方和西方这样巨大的、大都为意识形态的对立情况（ideological oppositions）。”③东方、西方这

① 爱德华·W.萨伊德：《东方学》，生活·读书·新知三联书店 1999 年版，第 349～350 页。

② 罗钢、刘象愚等：《后殖民主义文化理论》，中国社会科学出版社 1999 年版，第 337～338 页。

③ 爱德华·W.萨伊德：《知识分子论》，生活·读书·新知三联书店 2002 年版，第 3 页。

类概念包含强烈的意识形态性，它认肯西方优越东方蒙昧、西方应该控制东方这一传统观念。萨伊德希望取代东方学的将是从“自由的、非压制或非操纵的角度研究其他民族和其他文化”的学术。①

对于《东方学》只破不立，没有提供反抗东方学的策略的质疑，萨伊德说得很清楚，他的主要目的是描述一种特殊的观念体系，要探讨的是与人类经验有关的一系列问题：“人们是如何表述其他文化的？什么是另一种文化？文化差异这一概念是否行之有效？它是否总是与沾沾自喜（当谈到自己的文化时）或敌视和侵犯（当谈到其他文化时）难解难分？……观念是如何获得权威、规范甚至自然真理的地位的？知识分子扮演的是什么样的角色？他是否只是为他所属的文化和国家提供合法证明？他必须给予独立的批评意识，一种唱反调的批评意识，多大的重要性？”②萨伊德在书中提到了今天的中东研究中出现的非殖民化的新尝试，但基于以上原因，他只是点到为止，他说：“我不会开始这种研究，如果我不同时相信还存在着一种并不像我一直在描述的那么腐败或至少是对人类现实那么视而不见的学术的话。”③台湾学者宋国诚在辩驳了西方学者对萨伊德的批评后指出：“这种对萨伊德既把西方同质化又未能提出抵抗策略的双重批评，实际上是一种囚徒困境式的诘难，因为这种批评一方面将萨伊德推向明显不符合萨伊德本意的位置上，然后又在这一位置上迫使萨伊德寻找替代此一位置的反抗策略。”④确实，萨伊德的本意不是把西方文化帝国主义化，他只是要考察一门学科被如此意识形态化的原因，他既不排除知识纯粹化的可能性，文化本质主义也不是他的主

① 爱德华·W. 萨伊德：《东方学》，生活·读书·新知三联书店1999年版，第32页。

② 爱德华·W. 萨伊德：《东方学》，生活·读书·新知三联书店1999年版，第418页。

③ 爱德华·W. 萨伊德：《东方学》，生活·读书·新知三联书店1999年版，第419页。

④ 宋国诚：《后殖民论述：从法侬到萨依德》，台北擎松图书出版有限公司2003年版，第422页。

张。至于抵抗东方学这样的学术，萨伊德在《东方学》的结尾也谈到了几点方略，一是自我阐释，就如他自己所做的对伊斯兰和巴勒斯坦的再现；二是东方学家的自我觉醒，也就是做萨伊德所希望的"业余"知识分子，将自己从旧的意识形态枷锁中解脱出来。萨伊德说，真正的东方学研究应该寄希望于这样的学者："他们的忠诚乃贡献于从学术的角度界定的某个学科，而不是像东方学这样从经典的、帝国主义的或地域的角度界定的某个'领域'。"①萨伊德以伯克和罗丁森这样的东方学家为例指出摆脱意识形态偏见的方法：首先，直接感受眼前的材料；其次，不断地审察自己的方法和实践，使自己的研究与材料相适应，而不是与教条和先见相适应；最后，把自己的研究放在整个人文社会科学研究的大系统中去。知识分子必须具有批判精神和反省意识，这就是萨伊德对新的东方学家的期望。在《东方主义的再思考》一文中，萨伊德列举了很多从事对抗性学术研究的学者，他们正在终结知识的控制与强制体系，如乔姆斯基、杰姆逊、三好将夫、兰钠吉特·古哈、斯皮瓦克和霍米·巴巴等人，他们是萨伊德影响下的反东方主义者，也是知识分子的代表和希望。

第二节　《东方学》的理论与困境

《东方学》出版后，学界的赞誉纷至沓来，而批评之声也不绝于耳。比尔·阿希克罗夫特和鲍尔·阿鲁瓦尼亚说："《东方学》的暴露非正义的急迫的风格和其对于学科边界的漠视引起了批评，这些批评导致了萨伊德所说的'世俗者分析'(secularist analysis)的不受欢迎和边缘化。对于历史学家，他是非历史的；对于社会科学家，他杂糅了理论；对于学者，他是非学术的；对于文学理论家，他是草率和任意

① 爱德华·W.萨伊德：《东方学》，生活·读书·新知三联书店1999年版，第419页。

的;对于福柯主义者,他误解了福柯;对于职业的马克思主义者,他是反革命;对于专业的守旧派,他是恐怖主义者。"①在我看来,一部分批评确实抓住了萨伊德的要害,更多的则是误解曲解了《东方学》的方法和旨趣,下面择其要者加以辨析。历史学家对后殖民理论跨学科的勃勃雄心表示怀疑,他们认为后殖民批评家不可能驾驭众多学科,如政治经济学、社会学、史学、人类学等。约翰·麦肯齐认为,《东方学》一书都是历史学家的老生常谈,而且萨伊德不能从根本上理解帝国历史及其史学。② 后殖民文学主要产生于第三世界,后殖民理论家的出生地和思想材料又来自第三世界,阿赫默德认为,后殖民理论家在学术圈内再造了由全球资本主义所主宰的当代国际劳动分工:第三世界的文化产品把初级材料输送到主宰国,然后在那里被提炼成理论等高级产品,供给主宰国的上层文化人物消用。③ 而且,后殖民理论把关注点放在已成为历史的前帝国主义时期,忽视了现实的新殖民主义政治问题,因此,后殖民理论与东方主义都是西方的霸权话语。特别是,后结构主义的能指与所指断裂,书写高于现实等观点导致后殖民理论把现实置于次要地位,从而延误了后殖民批评与现实结合参与较为紧迫的政治问题的进程。④ 美国批评家戴安娜·布莱顿也认为,后殖民理论把相当精力用于殖民话语的分析,以至后殖民世界新的文化产品有被忽视甚至使之默然的危险,在这一过程中,它不知不觉发挥了殖民话语本身所起的作用。⑤ 英国学者巴

---

① Bill Ashcroft and Pal Ahluwalia. *Edward Said*. London and New York: Routledge, 2001, p. 70.

② 巴特·穆尔-吉尔伯特:《后殖民理论》,南京大学出版社 2001 年版,第 13 页。

③ 巴特·穆尔-吉尔伯特:《后殖民理论》,南京大学出版社 2001 年版,第 18 页。

④ 巴特·穆尔-吉尔伯特:《后殖民理论》,南京大学出版社 2001 年版,第 118 页。

⑤ 巴特·穆尔-吉尔伯特:《后殖民理论》,南京大学出版社 2001 年版,第 20 页。

特·穆尔-吉尔伯特批评萨伊德说，在《东方学》一书中，萨伊德把奥斯丁的《曼斯费尔德庄园》看成其代表作，进而把这部作品概括为19世纪所有文学范围内有关帝国的整个发展体系的典范；把威尔第的《阿依达》看成其整个作品的代表，且认为这一作品代表了19世纪的所有歌剧。巴特·穆尔-吉尔伯特援引学界评价威尔第的话——“不管怎样改变自己早年的政治观点，他仍然保持着马志尼的信念，没有一个民族有权统治另一个民族”——批评萨伊德的解读简化了历史语境。① 对于这些批评应仔细分析。东方学是西方对东方进行分门别类研究的各学科的总称，对东方学的研究必然是跨学科的，它涉及人类学、人种学、历史、语言、文学、美学、宗教等学科，正是这些学科构成了殖民主义意识形态的东方学本身，而这种研究避免不了萨伊德被各个学科的学者指责为肤浅的危险。在涉及西方各国以及各个学科的东方主义时，萨伊德难免以自己的观点取舍材料，但我认为，对萨伊德不必苛求。萨伊德奠定了东方学的研究范式，东方学中的具体学科及其与东方和西方的关系将在这一范式的基础上展开，这就是萨伊德对东方学研究的最大贡献。至于后殖民理论忽视了现实的政治问题，这种批评在我看来有一定道理，在后来的《文化与帝国主义》中，萨伊德对当代的文化政治问题有所关注，特别是斯皮瓦克和霍米·巴巴在全球化语境中发展后殖民理论，使之成为当今颇为锋利的文化政治批评理论，显示了这种思潮强烈的人文关怀。

除了当代西方的后现代思想外，萨伊德终生信奉人文主义，并在其出版的最后一本书中竭力为人文主义辩护。萨伊德说，人文主义可能成为一种民主进程，产生一种批判的、日益自由的思想，“从根本上说，认识人文主义，就是把它理解成民主的，对所有阶级和背景的人开放的，并且是一个永无止境的揭露、发现、自我批评和解放的进程。我甚至要说，人文主义就是批评，针对大学(它当然不是那些吹毛求疵、目光狭隘、自视为精英组织的人文主义所占有的位置)内外

① 巴特·穆尔-吉尔伯特：《后殖民理论》，南京大学出版社2001年版，第83页。

的各种事件的态势，并且，它以其民主的、世俗的、开放的特性，凝聚它的力量和适用性”①。但正是这一点，萨伊德的研究者肯尼迪认为与《东方学》中的矛盾有关。肯尼迪认为，《东方学》的矛盾，第一，在运用那些历史、人文和文化研究的工具的过程中，萨伊德所诉诸的是既产生了帝国主义又产生了东方学的那种传统工具。第二，在求诸个人经验对东方学这一普遍现象进行分析的过程中，他陷入了自己在《东方学》中所拒斥的占有的排他主义（possessive exclusionism）。第三，在诉诸个人批评意识的过程中，萨伊德似乎认为，置身于历史过程之外是可能的。② 也就是说，萨伊德借助人道主义来为被殖民者的权利辩护，但西方人道主义却纠缠于帝国主义意识形态。人道主义产生于启蒙运动时期，它声称人权的普世性，但事实上这种人权却诉诸一小部分人群，即西方的中上层白种男人，其他的男人和女人被排除在外。萨伊德试图利用西方的人道主义价值观反对西方文化的帝国主义传统，重申普世权利和自由价值观，试图将人权和政治权利的人道主义概念扩及非西方世界的人民，但这是非常困难的。③肯尼迪指出，尽管萨伊德渴望为被边缘化者言说，他对于性别问题却视而不见。在他的著作中，妇女没有得到充分的表述。而且，他意图为殖民地权利辩护，但他分析的文学和音乐作品大多数都是以英文书写的西方经典名著。肯尼迪认为，考虑到他的个人经历和20世纪的历史，情况也不可能是另外的样子。如果萨伊德想在世界舞台上让人们听到他的声音，那么他就必须以英文写作；如果他要影响学术界的研究，就必须关注拥有广泛读者的作品。④

在批评与赞誉的复调中，一种声音则是对萨伊德的误解，这种误解关系到萨伊德的身份问题。萨伊德出生于东方第三世界，但在西

① 爱德华·W. 萨伊德：《人文主义与民主批评》，新星出版社2006年版，第26页。

② 瓦莱丽·肯尼迪：《萨伊德》，江苏人民出版社2006年版，第35页。

③ 瓦莱丽·肯尼迪：《萨伊德》，江苏人民出版社2006年版，第37页。

④ 瓦莱丽·肯尼迪：《萨伊德》，江苏人民出版社2006年版，第131页。

方受教育并在美国大学任教，因此他的立场就是一个问题。他是站在东方立场上批评西方吗？他是西方主流话语中的一支吗？有人认为，整个西方是东方的敌人，对西方东方学的批评实际上就是对伊斯兰或穆斯林原教旨主义的支持。萨伊德一再声明这纯粹是误解，其原因关系到萨伊德对文化身份的理解及其批评立场。萨伊德反对文化本质主义，反对东方西方这样的类型化概括，在《东方学》中他竭力避免对伊斯兰进行辩护。萨伊德认为，东方和西方这样的概念根本就没有与其相对应的作为自然事实而存在的稳定本质，这类地域划分是经验和想象的混合物。文化身份是建构的，每一文化的发展和维护都需要一种与其相异并且与其竞争的另一个自我的存在。自我身份的建构牵涉对他者的想象，牵涉对与我们不同的特质的不断阐释和再阐释。文化身份不是静止的东西，而是一种历史过程，这一过程不是精神的操练，它关系到具体的现实问题，如伦理行为、正统观念、教育、外交政策、暴力与合法化等，这些重大问题往往要为自己树立一个攻击的目标。因此，身份建构不是一个纯粹的学术问题，它与一个社会中的权力运作有关。① 之所以被误解，萨伊德说，一个根本原因就是人们不知道身份不是自然形成的，不是稳定不变的，而是建构的，有时甚至是凭空生造的。他们认为东方与西方不同，东方有自己稳定不变的身份，东方学家既然是对东方的歪曲，那么对其的批评自然就是对东方文化的支持。萨伊德的理论从属于西方文化传统，他没有站在东方的立场批评西方，但他本人的出身确实又给这种误读带来了可能性，这就导致巴勒斯坦和中国学者都认为他是站在第三世界的立场上。遭到误解的另一个原因是政治性的。《东方学》出版后，巴以冲突加剧，伊朗发生伊斯兰革命，中东局势动荡，伊斯兰被简化为一个遭到蹂躏的形象，萨伊德也因此被描述为阿拉伯文化的支持者，受苦民族的代言人。对萨伊德的这种误解主要发生在其出生地巴勒斯坦等阿拉伯地区，中国的后殖民批评也把萨伊德的东方

① 爱德华·W. 萨伊德：《东方学》，生活·读书·新知三联书店 1999 年版，第 427 页。

学论述解读为民族主义，这种误解事出有因。萨伊德的个人经历、民族身份及其后殖民理论确实让人对其立场产生怀疑，加上他所写的一系列批评美国媒体歪曲巴勒斯坦并以图文展现巴勒斯坦真相的书，人们会认为他的东方主义理论就是民族主义情绪的理论化。二战后大部分殖民地都获得政治独立，而巴勒斯坦地区仍然陷入与帝国主义的纷争中，这就更容易导致对其立场的误解。

我国学界有一种值得注意的观点认为，后殖民理论家有两难处境，一方面他们与真正的主流理论家格格不入，试图向居于中心地位的西方主流文化发起进攻；另一方面他们操持纯正的第一世界英语，拿着丰厚的薪水，在第三世界学者面前又具有极大的优越感，因此他们仍然是第一世界内的话语领导权的争夺者，与真正的后殖民批评相去甚远，因而自然是一种新殖民主义。① 这种观点在第三世界的中国很具有代表性。确实，后殖民理论延续了西方后现代思潮的逻辑。但我认为，第一，不能完全以作者的个人身份或主观倾向去界定其理论性质；第二，即使是西方理论也有借鉴意义，因为理论本身就具有普遍性；第三，不能因为是西方理论就认定其是殖民主义话语，理论的普遍意义和理论与权力的关联是两个不同层面的问题；第四，正因为后殖民理论是关注西方与东方关系的理论，所以更值得我们去研究和吸取。

除了学界对萨伊德的批评外，《东方学》还存在一些矛盾和理论缺陷之处，理清这些问题有助于我们更好地理解这本后殖民主义文化批评的开山之作。在我看来，《东方学》存在的主要理论难题如下：

第一，东方学产生于西方与东方打交道的过程中，历史久远，但作为意识形态的东方学产生于西方殖民活动之后，因此，萨伊德把西方对东方的再现放置于西方与东方的三千年文化关系史中是没有根据的。东方学之所以变异为权力话语是由于西方进入现代在政治经

① 王宁：《后殖民主义理论批判——兼论中国文化的“非殖民化”》，载《文艺研究》1997 年第 3 期；王宁：《东方主义、后殖民主义和文化霸权主义批判——爱德华·萨伊德的后殖民主义理论剖析》，载《北京大学学报》1995 年第 2 期。

济上的强大及其对东方的军事占领,此前西方对东方的想象和再现没有权力的支撑就还不能纳入东方主义范围。只有西方资本主义在全球扩张之后,东方学才由“学”变为“主义”。被萨伊德列入东方学范围内的荷马、但丁等人实际上只是建构了西方文化中的部分东方形象,这种形象与西方殖民化东方后的东方形象很不一样,把其一概纳入东方主义就不很恰当。就此而论,《东方学》的问题是,萨伊德把西方对东方的再现非历史化、一体化了,这就抹杀了西方文化中的东方形象的历史流变性。如果东方学本身是历史的,充满断裂的,那么东方学与政治权力的关系也不是一体的,因此,东方学与权力关系的复杂性就必须被揭示,但萨伊德显然没有走到这一步,而且由于忽视了东方学内部可能的对抗性和矛盾性,真正学术性的东方学就没有进入其视野。巴特·穆尔-吉尔伯特指出,萨伊德认为东方主义话语中存在文本态度和生活经历、想象和叙述、科学态度和审美方法的对立,这种对立的存在本身就表明西方的东方表征有着决然不同的形式,在历史上,东方主义领域内存在着不和谐的声音。① 由于在方法论上把帝国话语一体化,萨伊德没有能够仔细分析殖民话语的多面性。萨伊德声称,作为一种信仰体系,东方主义无法得到发展,这就导致了他把古希腊埃斯库罗斯的《波斯人》的东方态度与今天美国对阿拉伯的政策相提并论。萨伊德忽视了东方学的历史演变,实际上落入其所反对的本质主义文化观中。与这一问题相关的是,如果所有知识都是权力形构的产物,那么如何摆脱意识形态对真理的纠缠?难道东方对自身的阐释可以摆脱权力吗?美国批评家丹尼斯·波特(Dennis Porter)指出,一方面萨伊德认为所有知识(东方学)都是政治权力的产物,另一方面又认为有可能存在自由的非强制性的对别的民族与文化的研究,这一矛盾萨伊德始终没有解决。② 阿麦尔·纳

① 巴特·穆尔-吉尔伯特:《后殖民理论》,南京大学出版社 2001 年版,第 52 页。

② Patrick Williams and Laura Chrisman, ed. *Colonial Discource and Post－Colonial Theory*: *A Rreader*. New York: Columbia University Press, 1994, p. 151.

珊(Amal Rassam)说,萨伊德没有解决两个重要的问题,一是个体如何运用自己的术语去理解另一种文化?二是东方主义的替代品是什么?罗斯查·伯斯(Ross Chambers)由此提出疑问,一种关于所研究对象的去除宰制性的人文知识是否可能?沉默的人群是否能够获得表达自身的声音?① 巴特·穆尔-吉尔伯特认为:“萨伊德在承认殖民话语的多样性和相信殖民话语的一贯性这两方面摇摆不定。”②他还批评说,如果“真实”总是一种由权力授予的想象之物,为什么还可有其他某种东西替代东方主义?萨伊德对东方主义的抵制也存在相互矛盾的地方。一方面,他勉强承认存在着“好的”东方主义者,这些人反对东方主义话语中的总体“眼光”;另一方面,他指出不可能有来自统治结构内部的抵抗力,甚至连马克思也只能被认为是又一个东方主义者。③ 而且,由于萨伊德对东方学的一致性处理实际上是对政治权力的牢固性机制的认肯,这就导致其对权力的反抗的可能性没有充分的认识,结果就是代替东方学的真正的关于东方的知识不知从何而来。但这并不能说萨伊德是悲观主义的,萨伊德的知识分子观正是强调知识分子对权力的距离和批判以维护自由和解放的重要性,这一点在《文化与帝国主义》中有所弥补。但很显然,萨伊德对权力与知识关系的重新认识是在别人的批评之后才补充的。

第二,《东方学》的核心观点是西方的东方学歪曲了东方。那么,真实的东方是什么样的呢?是不是真的落后呢?如果回答是否定的,那么西方为什么能殖民东方?东方又何必要从传统走向现代?如果回答是肯定的,西方的批评为什么就没有价值呢?为什么不能把西方的批评与我们对自己文化的反思放在同一个层面上看待呢?

---

① Bill Ashcroft and Pal Ahluwalia: *Edward Said*. London and New York: Routledge, 2001, p. 82.

② 巴特·穆尔-吉尔伯特等:《后殖民批评》,北京大学出版社 2001 年版,第 52 页。

③ 巴特·穆尔-吉尔伯特等:《后殖民批评》,北京大学出版社 2001 年版,第 78 页。

由于把后现代语言观推向极端，萨伊德根本否认语言表述真理的可能，这就抹杀了东方学的知识性和他者的文化价值。由于持文化相对主义观点，萨伊德认为，文化没有固定不变的本质，更无先进落后之分，这就根本否认了强势文化和弱势文化存在的现实性及其区分的必要性和可能性，从而对东方传统文化的批判就不可能，其走向现代也就没有必要了。确实，文化本质主义所认定的刻板化的东方和西方并不存在，但真理向前一步就可能走向谬误。事实上，正是借助于西方的现代性文化，东方才可能告别传统走向现代。因此，《东方学》的一大难题就是东方学是否包含真理性，如果关于东方的知识都是西方制造的幻象，那么东方学对东方的认识就没有任何价值，他者视角也就都是偏见了。在福柯那里，真实的他者并不重要，他者的意义是为了认识自身进而确证自身，有他者作为对立面，自我主体才得以建立。由此萨伊德认为，西方为了确证自身的优越性就把东方这一他者野蛮化。在我看来这就根本抹杀了他者作为异文化的意义。实际上，他者应该是自我的镜子，有了文化对照和他者视角，文化交流和借鉴进而文化更新才有可能，细察中外文化交流史，这一点一再为历史所证实。在《东方学》的结尾处，萨伊德说，他也不相信只有黑人才能书写黑人，阿拉伯人才能书写阿拉伯人之类褊狭的假设。也就是说，一种文化不带偏见地表述另一种文化仍然是可能的，我们仍有希望获得自由思想和纯粹知识。这就表现出萨伊德的矛盾性。整体看来，由于顾及观点和方法的一致而导致论断的极端是《东方学》的理论缺陷之一。

第三，萨伊德把东方主义分为隐伏的东方主义和显在的东方主义，前者是深层结构的权力意志，后者是表面细节的单个学科和文化产品，前者具有决定性，其关系类似于弗洛伊德的无意识和意识，索绪尔的语言和言语，结构主义的深层与表层。由此，萨伊德得出结论说东方主义是无法改变的，这就间接肯定了西方霸权的牢固机制，从而在《东方学》的结尾把东方主义的改变寄希望于东方学家也就是不可能的了。产生这种矛盾的原因是萨伊德的思想来源即福柯和葛兰西的差异。福柯是一个悲观主义者，萨伊德说：“葛兰西肯定会欣赏福柯考古学的精致，但也会感到不可思议：这种考古学丝毫不涉及那些纷纭的运动，不涉及革命、反霸权或历史阻滞。在人类历史上，总有一些东西越出了支配体制领域之外，不论这种体制如何根深蒂固，而这就使变革成为可能。这种变革限制了福柯所说的权力，使那种权力理论困难重重。"①事实上，福柯的权力观是历史的变化的。在《性史》中，福柯说"哪里有权力，哪里就有抵抗"。在《规训与惩罚》中，福柯认定权力是"一群人不可逆转地屈服于另一群人"，而在后来的《语言·反记忆·实践》中，福柯将人类历史不是看做走向解放，而是看做"从控制走向控制"的过程。相反，作为一个马克思主义者，葛兰西相信推翻传统秩序以实现阶级解放的可能性。也就是说，权力的悲观主义和乐观主义在萨伊德那里并没有得到协调，从而使其对权力的抵抗的认识模糊不清。由于把隐伏的东方主义和显在的东方主义对立，萨伊德在面对具体的东方学文本时，总是通过文本解读出其背后隐伏的霸权结构，结果这一文本中的异质性的东西就被视而不见。由于以决定论模式处理两者的关系，萨伊德把主要精力放在对隐伏的东方主义的考察上，对显在的即狭义的东方主义关注不多，这导致其得出结论说东方学是西方对东方的认知编码，与真实的东方无关，东方学就是东方主义。对东方学的学科性知识性一面的忽视也导致了萨伊德的矛盾处境，一方面，他认为话语无法表征现实，不存在所谓真实的东方；另一方面他又向西方展现真正的巴勒斯坦。一方面他否认东方学的认识论意义，看不到反抗权力话语的可能性；另一方面又以其实践性文本夺回自我阐释权，反对美国文化帝国主义对巴勒斯坦的歪曲。

第四，萨伊德的诸多矛盾来自福柯的知识权力理论：既然知识都是权力意志的体现，那么东方主义就都是对东方的扭曲，真实的东方与东方主义不相关。这样一来，真实的东方到底存在于何处？我们面对的是一个符号世界，我们是以符号来表达世界的，是通过符号来

① Edward W. Said. *The World, the Text, and the Critic*. London: Faber, 1984, p. 246～247.

认知世界的，世界也是以符号出现在人们的视野中的。如果去除了语言符号，我们通过什么手段认识真正的东方？真正的东方以什么方式被呈现？实际上，为了说明东方学的歪曲，真实的东方之展现是对抗的策略之一，这就是萨伊德后来以图文形式在西方展现真正的巴勒斯坦的原因。就萨伊德属于西方传统文化而言，他自己也无法摆脱西方文化的权力意志，难道他对巴勒斯坦的再现就不是真实的吗？东方主义的特点之一是东方化东方，它试图把多元的东方各民族文化纳入一个整体性的认识框架中。萨伊德的东方学论述是否也犯了东方主义的本质主义思维模式的错误呢？萨伊德认为，东方学是西方权力意志的表现，真实的东方无法认识。这就完全抹杀了不同视角认识自身的意义。事实上，萨伊德选择的材料大多具有浓厚的殖民主义意识形态，对东方文化深入研究的德国东方学在其视野之外。如果权力意志无所不在，那么，对权力意志的反抗也就不可能，福柯的悲观主义历史观对《东方学》产生了重要影响，萨伊德由此忽视了东方学内部的变调之声以及殖民地人民的反抗，这既不符合东方学的实际，在殖民地的去殖民化运动进行得如火如荼的时代，《东方学》的疏忽也是不应该的。正如论者指出："对福柯话语理论的忠诚以作为东方主义的批判性视点，结果是导致了消极和否定的结论。"①可幸的是，《文化与帝国主义》一书纠正了这一偏颇。

由于思想来源的复杂和后现代的逻辑矛盾，萨伊德面临着价值判断和认识论模糊的批评。除了上述问题外，萨伊德的后殖民理论还存在诸多疑难。比如，《东方学》的预设读者是西方，借用的批评武器来自西方，批评所指仍是西方，所以萨伊德说他的书与东方无关，他也不关心真实的东方如何存在，这就与其一贯主张的知识分子的参与性和文化研究的世俗性相矛盾。再如，萨伊德一再强调《东方学》不是为东方张目，他不是东方的代言人，并不鼓励东方反对西方，但他本人又与巴勒斯坦的政治实践关系密切，并以言论干预美国的

① Bryan S. Turner. *Orientalism, Postmodernism and Globalism*. London and New York: Routledge, 1994, p. 45.

中东政治，这就使他的立场和态度限于暧昧。还有，由于受福柯对马克思经济决定论回避的影响，萨伊德的文化批判始终只停留在文本层面，现实的经济政治问题被排除在外，这就使之不能窥见新殖民主义的深层结构，进而缺乏变革社会的现实策略。

在萨伊德看来，知识分子的职责，就是努力促成现实的变革。肯尼迪总结萨伊德在公共领域里的重要贡献是，第一，他为巴勒斯坦的权利辩护；第二，他使人们注意到，在西方文化和政治当中帝国主义的传统仍然在起作用；第三，他对西方宗主国的知识界的因循守旧发起了挑战，并力促其变革。① 萨伊德的东方学论述产生了巨大影响。许多后继研究既遵循又修正了萨伊德的研究途径，特别是霍米·巴巴和斯皮瓦克等人既发展了其理论，也挑战了其研究框架。斯皮瓦克说："萨伊德的著作不是研究边缘性的，甚至不是研究边缘化的。它出于探究和控制的目的而研究一个客体的构成。然而，从诸如萨伊德的著作中直接释放出来的殖民话语的研究已经花开满园，在这个花圃中，边缘人物能够说话、被说，甚至有为之代言者。现在，这是这个学科的重要的部分。"②

第三节　文化是帝国主义的表征

《东方学》所涉及的地理范围仅限于中东地区，《文化与帝国主义》则把现代西方帝国与海外殖民领地做一普遍性论述。相比《东方学》，《文化与帝国主义》涉及的文化形式更多，非西方文化被纳入其中。在历史上，白人的到来总是伴随着某种形式的反抗，这一点基于理论局限以及历史资料的缺乏，《东方学》论述甚少，《文化与帝国主

① 瓦莱丽·肯尼迪：《萨伊德》，江苏人民出版社 2006 年版，第 130～131 页。

② 陈永国等：《斯皮瓦克读本》，北京大学出版社 2007 年版，第 187 页。

义》则大量论述了第三世界对西方控制的反抗；在叙述方式上，《文化与帝国主义》以空间为主线代替了《东方学》以时间为主线的论述模式。在《文化与帝国主义》中，萨伊德更为重视当代的文化形式，并把重点转向文学作品，殖民者与殖民地的复杂纠缠得以呈现。延续《东方学》的观点，萨伊德在这本书中认为，西方的非洲学家、印度学家对非西方的研究是欧洲对遥远地域和民族统治的一部分，在这些研究性著作中，占据主导地位的仍然是刻板的非西方人形象和陈词滥调。

据汤林森考证，文化帝国主义这个术语的历史并不长，20 世纪 60 年代出现了许多以激进主义批判社会的术语，其中之一就是文化帝国主义，此后该词在整个 20 世纪下半叶一直是学界通行的用语。① 在萨伊德的用法中，文化是描述交流和艺术表达的活动，这些活动相对独立于经济社会和政治领域，通常以美学的形式存在，主要目的是提供娱乐，其中特别重要的是小说。故事是殖民探险者和小说家讲述遥远国度的核心内容，但这种文化形式也是殖民地人民用来确认民族身份和历史存在的手段。国家和民族本身就是叙事，谁管理过它，谁把它夺回，现在谁在规划它的未来等事关意识形态的争夺，叙事的主体和客体是谁本身就是一个权力和政治问题。对文化持精英主义态度的人认为，文化这一概念很微妙地包含了一种使人美好高尚且在每个社会中被认为是最优秀的东西。文化具有普遍性、世界性和全人类性，但文化也从属于自己的民族和传统，在某个时刻则与自己的民族和国家联系起来，因此也是获得身份认同的手段。文化使我们与他者区别开来，有着知识和道德上的强烈规范，带有一定程度的排外性。文化是一个舞台，各种政治意识形态都在这个舞台上亮相；文化是一个战场，各种力量在这上面角逐。因此，看似超越性的文化其实具有政治性，文化即文化政治。人们通常以非功利的态度看待这些似乎是漂浮于意识形态之上的审美性文本，很少有专业性的人文学者把帝国主义奴隶制和殖民主义种族压迫与小说、诗歌、哲学等超越性的文化联系起来，但萨伊德改变了这一历史，

① 汤林森：《文化帝国主义》，上海人民出版社 1999 年版，第 4 页。

他把这些文本与现实权力联系起来就获得了一个看待这些文本的新的视阈,这正是萨伊德的高明之处也是《文化与帝国主义》的理论主旨。

一、小说与帝国主义

随着统一世界史的到来,西方和非西方交融在一起,因此,所有的历史叙述都应该在西方与非西方的互动中展开,这就不能忽视殖民者与被殖民者历史的重叠之处,不能低估附属和对立的地理历史在文化领域中的意义。萨伊德考察的是美学形式的文本,这种文本与赤裸裸的经济和军事控制不一样,似乎更缺少侵略性、明显的野心和功利目的;这种美学文本也与看似客观性的学术研究不同,似乎缺少科学性和真理性,因为它是作者主观意志的表达。在具有超越性的美学文本中,萨伊德看出其帝国主义的意识形态。萨伊德说,自己生活在两个世界,是一个受过西式教育的阿拉伯人,一个流亡者,但这并不意味着悲伤和被剥夺,反而可以采取更适当的距离以便更好地理解它们。萨伊德相信,小说作者不是机械地为意识形态和经济所驱使,但生活在特定的社会中,他们在不同程度上塑造着其社会的历史和经验,也被其社会所塑造,而文化包括小说就产生于这种历史经验中,这就使其打上了帝国主义烙印,这样,把超越性的小说文本与西方现代化过程中的殖民历史联系起来分析就成为可能。萨伊德发现,西方知识分子、艺术家、记者等在国内问题上经常持令人感动的进步态度,但涉及帝国在海外采取的行动时就相反。即使是非常民主和人道的作家也只能是帝国主义者和反帝国主义者的合一,他们一方面同情非西方的被殖民,另一方面又认为非西方是被自己的文化和历史打败了。

萨伊德把福柯的权力理论具体化,使之实践于西方现代文学文本的意识形态分析。传统的文学研究认为,文学是自成一体的,英国文学就是关于英国的文学。但萨伊德认为,文学以某种方式参与了欧洲对外的帝国扩张,文学是一种感觉结构,它支持、表现和巩固了帝国的实践。文学并不是单纯的,而是复合的、混合的。一切以民族划分的文化都有一种想握有主权，进而影响、统治他人的愿望。即使是批判现实主义小说，也与帝国主义相关。批判现实主义小说兴起于帝国主义极盛时期，但奇怪的是，批判现实主义只是批判西方国家本土的资本主义现实，帝国主义的殖民活动被忽略，西方剥削第三世界的事实被轻易放过，这种忽视其实是对帝国活动的默认，在一定程度上与帝国行为构成了共谋。萨伊德说，如果在一本小说中，世界的其他地方被忽略了，那是因为非西方对于宗主国来说是次要的边缘的部分。帝国的边缘既是罪犯的流放之地，也是其洗心革面、东山再起之地，是成就帝国梦想之地，是资本主义勃勃雄心奋发之地。

在康拉德的叙述中，主人公总是急切地去填补地图上的空白，其目标是使黑暗的地方获得文明。康拉德囊括了整个帝国主义姿态，展现了它的虏获，也揭示出它的不可调和的矛盾。非洲成为他的帝国主义视角的解读对象，其叙述是强调非洲与欧洲的差别，非洲的经验是为了承认欧洲在世界上的重要性。康拉德的视角完全是欧洲的，没有人意识到或询问土著后来怎么样，其小说对土著的表现是意识形态性的、有选择的，甚至是压迫性的。它有效地使对方沉默，把差别塑造成属性，它表现占领国而不是土著居民的世界。也就是说，在帝国主义叙事中，土著的生活世界被排斥在外，虽然帝国主义也给土著带去了现代技术甚至教育。康拉德本质上既是反帝国主义者也是帝国主义者，他在书中多次提到“文明的使命”，提到用意志的行动或力量，用慈善或残忍的手段，把光明带给世界上黑暗的地方和人民。康拉德的悲剧在于，他在一定程度上清楚地认识到帝国主义的本质是纯粹的统治和掠夺土地，但他无法看到帝国主义必须结束，以便使殖民地人民在没有欧洲人的情况下自由地生活。他批评了帝国主义，但却没有给殖民地人民以自由。欧洲人否认非洲有文学和历史，在齐努瓦·阿切比看来，这不是出于无知，而是出于一种需要：“即把非洲看成是欧洲的陪衬物，一个遥远而又似曾相识的对立面，在它的映衬下，欧洲的优点才能显现出来。”①康拉德被认为是以英语写作的最伟大的作家之一，其《黑暗的心》被严肃的学者反复研究，但萨伊德发现了这部小说的欧洲中心论和对非洲文明的蔑视和否认，这样，康拉德就是一个彻头彻尾的种族主义者，一个“令人欣慰的神话传播者的角色”。

从帝国主义结构和意识形态分析小说中，许多东西得以显现。我们已经习惯于小说的情节结构主要是由时间构成的，以至忽略了空间、地理与地点的功能，比如奥斯丁的《曼斯费尔德庄园》正是关于一系列空间中的大大小小的迁徙与定居的小说，小说中的庄园本身则成为横跨两个半球、两个大海和四块大陆的一个利益纠葛的中心点，它的背后是帝国主义庞大的地理结构，而小说本身就依赖这种结构，但小说没有对帝国主义的行径进行丝毫的批判与质疑。在物质上支持英国国内生活的就是海外庄园，奥斯丁在小说中表明了这一点，即与等级、法律和财产这样一些更高层次的东西相联系的价值观必须坚实地建立在对于领地的实际统治与占有上面。曼斯费尔德庄园与帝国庄园有着紧密的非此不可的联系，其中之一的安宁和谐就是使另一个具有活力和规范的保证。英国本土与殖民地的关系不像国家之间的关系，与殖民地的经济联系也不能看做是对外贸易，而更像城乡贸易，殖民地的经济发展以英国本土的需要为目标，殖民地只不过是英国本土的产品生产基地，这一意识在当时是不言自明的，也构成了小说的隐性结构。英国国内的资产阶级生活决定于海外的殖民地，而海外的殖民地作为一个潜在的结构总在小说里闪现。如果把奥斯丁的这部小说当做帝国主义扩张的一部分加以阅读，就不能再把它归为一部伟大的文学杰作。萨伊德认为，这部小说开拓了一片帝国主义文化的广阔天地，没有这种文化，英国后来就不可能获得

① 巴特·穆尔-吉尔伯特等：《后殖民批评》，北京大学出版社 2001 年版，第 182 页。

它的殖民领地。① 在这个意义上可以说奥斯丁是奴隶制度的同谋。

萨伊德提醒读者注意,《吉姆》的作者在写作时不只是从一位住在殖民地的白人统治者的观点出发,而是从一种其经济功能与历史已获得稳固地位的巨大的殖民体系出发。在殖民主义分水岭的一边是白种人的基督教欧洲,他们控制着地球表面的大部分地区。分水岭的另一边是大片的各种各样的领土和人种,都被认为是不重要的、低等的需要依附他人的。在作者看来,没有英国统治,印度会陷入混乱,接受英国统治是印度的最佳命运。吉卜林的帝国主义立场表现在多处,最明显的是对印度的一次叛乱的叙述。对这次叛乱英国和印度双方的情感态度和语言叙事是截然不同的。对于英国人来说,这种叛乱再次表现了野蛮人的残忍,对于印度人来说则是一次民族主义行为。但吉卜林选择的叙述这次叛乱的主体是一个保皇的士兵。他的立场是英国的,他把印度人对于英国的抵抗归结为疯狂,把英国对这次叛乱的镇压叫做“进行严厉的清算”。在这本小说里,土著是坏人,白人是有道德的父母和法官。作者表达的是一个关于叛乱的极端的英国观点,而且这一观点是让一个印度人讲述出来,小说里根本没有印度人的民族主义反抗。吉卜林展现了一个世界而没有展现两个世界的冲突,这就是作家的倾向性。在这本小说里,没有任何人对英国统治发出挑战,没有任何人谈到那时已很明显的当地印度人对英国的反抗。作者在书中让一个寡妇声言喜欢殖民官员统治印度。作者借寡妇之口力图证明,只要殖民主义统治的方式对头,土著就能接受。在历史上,这一直是欧洲帝国主义的自娱之道,因为让土著表示接受外来人的知识和力量,也就意味着接受欧洲人对他们社会的不发达、落后或退化的性质的判断。东方化就是把东方设想为没有变化,没有政治威胁,把印度设想为没有敌视英国的渗透,对英国的统治表示服从。帝国的永久统治就建立在这个设想的基础上。吉姆在印度到处游逛,实现自己的梦想,从成功走向成功,这一

① Edward W. Said. *Culture and Imperialism*. London: Chatto & Windus, 1993, p. 95.

点与同时期的欧洲幻灭小说形成对比，因为他背后有强大的帝国主义体系在支撑着他。无论他怎么伪装成本地人，无论怎么会讲土语，他时刻没有忘记自己是一个白人，自己是在为英国的殖民事务服务，没有忘记自己与土著的差别，而这个差别正是建立在文化政治和经济现实的基础上。这些并不能抹杀这本小说的巨大的美学价值，也不能把它仅仅当做帝国主义的宣传来阅读，尽管如此，无视它的素材与权力之间的关系，也会造成严重的误读。吉卜林的小说把印度人说成是需要英国监护的生物，没有英国，印度就会因为自身的腐败与落后而消亡。人类学家以科学的客观性语言描述土著的落后和惰性，抹杀他们的苦役和抵抗。黑格尔认为，东方与非洲是静止的、专制的、与世界历史无关的。恩格斯说阿尔及利亚的摩尔人是一个怯懦的民族，道德性格低下。因此，被殖民者永远要受到被惩罚的威胁，他们或者效力于帝国主义，或者走向毁灭。萨伊德通过对吉姆、克赖顿等形象的分析揭示了作者本人的帝国主义视角和观点，揭示了一个殖民冒险故事背后的帝国主义体系及其与被殖民文化之间的巨大差异和对立，正是这个差异和对立使小说的情节得以展开，帝国主义意识形态就显现于小说情节之中。

殖民地给帝国带来财富，缓和帝国人口的压力，转移帝国内部的矛盾，增强帝国的自信，这就是殖民地给帝国带来的好处，但这些都是建立在对殖民地的压迫和剥削之上的。在吉卜林的笔下，帝国殖民是对自由和文明的传播，是对教育的输出和启蒙使命的承担。殖民者需要这样的形象为其行动做合法性支撑，文学文本在合法化殖民活动时起到了激发、合理化、规范人们想象的作用。文学文本塑造着殖民想象，而这一意识形态就像空气，每一个作家都在其中呼吸而不自觉。作家胆敢反对帝国主义神话，那就是对帝国伟大事业的背叛，是对人道主义的蔑视，就会成为全民公敌，帝国主义意识形态就这样保持了其自身的稳固性和封闭性。作家哪怕没有到过殖民地，也都是在这样的意识形态氛围中写作，而文学文本又陈陈相因，互相指涉，共同构成文本阐释的先在语境，成为作家写作的前提和先见，由此作家都或明或暗地参与认肯了殖民主义逻辑。文学文本一方面影响了那些没有到过殖民地的人们关于殖民的想象，另一方面又激发了殖民者的探险热情，他们在先前文本的参照下对新的殖民地进行构想。有一个贯穿在英国文学作品中的隐性结构，它就是官方的帝国主义意识形态话语体系，萨伊德命名为“感情与参照的结构”(structure of attitude and reference)。这一体系本质上不是作者的有意设计，而是与英国文化的更大的认同体系联系在一起，这个体系的根本主题就是必须维护帝国。萨伊德说，没有任何人有认识论上的优势，能够不受当前关系所附带的利益与牵扯的羁绊而对世界作出判断、评价和解释。① 人们有一种印象，觉得对其他文化文本的解释是发生在一个无时间性的真空里，这个真空具有包容性，可以把解释变成没有根基、不受钳制、没有利益因素的普遍真理。事实上，没有人能够超越帝国主义的社会与文化。萨伊德认为，文化经验或每种文化形式都是极端典型的混合物，自康德以来西方把文化和美学领域与世俗领域分开，现在是把它们结合在一起的时候了。

东方对于帝国只是一个代码，一个能指，一个意象，一个模糊的没有具体形象的概念化的固定图式。对于帝国主义者来说，东方就是“苏伊士以东的某个地方”，东方人都是一个模样，印度人与中国人没有区别，黑人都是黑鬼，东方与西方是平行线，是永远不可交汇的两条河。殖民者的概念都是概括性的、抽象的、没有具体所指的，同一性是其思维的特征，差异性是不可想象的，整个东方就是铁板一块，永远没有变化。把东方纳入一个大框架里既便于认识也便于统治。殖民者的成就感来自对殖民地的统治和条理化，但其价值的实现却是欧洲本土文化的认可。殖民者的人生舞台在东方，价值归宿却在西方，他们生活在东方，但他们的生活联系在西方，他们一方面与被殖民者打交道，一方面仰望着西方。殖民主义小说所描写的仍然是欧洲人的生活，东方人在他们眼里只是陪衬，是背景，东方只是施展帝国权力和殖民者梦想和才华的地方。殖民主义文学的一个典

---

① Edward W. Said. *Culture and Imperialism*. London: Chatto & Windus, 1993, p. 55.

型意象是男性，如鲁滨孙、吉姆等。一方面，殖民探险家是男性，男性的勇敢和刚健正是帝国所需要的象喻，男性化也正是帝国文化的对应物，在此，东方文化被柔弱化女性化，东方男性也被女性化；另一方面，殖民主义文学的读者是西方男性，殖民主义文学是殖民主义者探险的文本先导和启蒙读物，帝国的男性化意识形态就这样塑造着未来冒险家的想象。

萨伊德提醒，并不能在文学创作和帝国主义行为之间寻找直接的时间顺序或因果联系，英国伟大的人道主义思想确立了关于民族、家庭、语言、正常秩序、良好行为、道德等方面的正面意见，但是，正是这些正面意见，一方面使我们的世界合法化，另一方面贬低别的世界，把“我们”与“他们”区别开来，这种思维习惯已经发展成一种严峻的政治规律。从 16 世纪起英国就有海外殖民地，在哲学家、历史学家、小说家、游记作家的文章中不断地珍视、爱护并继续这些利益。人们可以在英国文学中找到类似帝国版图的东西，它显示某些东西为理所当然，这些现象贯穿一切，构成语言与文化实践的重要部分。文学文本对阻挠帝国主义进程所做的甚少，我们要问，这整个人道主义体系怎么能与帝国主义并存？萨伊德之所以选择英国为标本是因为直到第一次世界大战时，英国的帝国主义一直无可怀疑地占据统治地位。英国产生并保持了小说的帝国主义体系，欧洲其他国家没有可以与之匹敌的。到 19 世纪 40 年代，小说成为英国社会唯一的美学形式，并获得了主要表现者的显著地位。由于小说在英国事务中占据如此重要的地位，我们可以认为它参与了英国的海外殖民。小说促进了英国人对于英国和世界的认识的形成，影响着帝国政治的进程。在小说中，远方的世界一向被看做只是附属的、被统治的，英国在那里被看做起着管理和规范作用。英国国内的秩序和海外的秩序联系在一起，小说位于其中甚至为它所解释。帝国主义及其与之相关的文化肯定对于领地的控制的重要性，地理的观念决定了经济、军事、政治和文化上的观念，它使各种知识成为可能。

欧洲人无论走到哪里，都会立即开始改变当地的住所，把领地改造成家乡的样子。萨克雷说：“凡是对海外英国殖民地有所了解的人都知道，我们不论到哪里安家，总是将我们的傲慢、药丸、偏见、哈维酱、辣椒粉和别的看门神一股脑儿带上，将所到之处变成小英国。”(《名利场》)殖民者只有置身于自己的文化系统中才能活跃起来，因此，殖民主义是一种“喻象”，一种“图行化”，一种“构想”。① 这种构想的文化指意系统只能是帝国主义文化本身，因此，在殖民地，像伦敦、剑桥、纽约这样的地名很多。借助先在的文化符号系统，殖民地得以被了解、被认识进而被控制，哪怕殖民地早有被殖民者的命名。植物、动物以及建筑样式的移植逐渐把殖民地改变成一个新的地方，生态环境的改变也带来了政治制度的改变。改变了的生态环境使本土居民脱离了他们真正的传统、生活方式和政治组织。殖民者通过商业行为，把殖民地加以分类、统治并使之普遍商业化，借助商业和工业把殖民地和宗主国联系在一起。帝国主义是一种地理暴力行为，通过这种行为，世界上几乎每一处空间都被勘测、划定，最后被控制。对被殖民土著来说，殖民地的附属奴役的历史首先就是失去地盘的历史，去殖民化的首要任务就是寻找殖民地的地理属性然后加以恢复。由于殖民者的存在，领土的恢复最初只有通过想象来完成，这就产生了一些关于地理的作品，如叶芝的诗歌集《玫瑰》，聂达鲁描绘智利景色的诗歌，西塞尔书写安第斯山脉、法耶滋关于巴基斯坦、达沃仕有关巴勒斯坦的文学作品等等。

萨伊德还考察了法国的小说文本。拿破仑是封建主义的扫荡者，同时也是一个殖民征服者，没有他就不能理解司汤达笔下的年轻人。于连完全被他所阅读的拿破仑的书所支配，书中充满了辉煌、地中海的锐气和朝气蓬勃的精神。拿破仑的海外扩张造成了一系列新的科学成就，其学术部队对法国的考古学、语言学、编撰学、历史学、实验生物学等产生了重要影响。小说家援引学术界关于东方、印度和非洲的论述，这在巴尔扎克的《贝姨》和《驴皮记》中都能看到。法国文学与巴黎学术进而与帝国主义进程同步。萨伊德认为，加缪的

① 许宝强、罗永生等:《解殖与民族主义》，中央编译出版社 2004 年版，第 17 页。

小说是法国努力使阿尔及利亚变成并保持法国化的一个历史见证，应该把加缪与法国殖民主义事业和反对阿尔及利亚的独立相关联，把加缪的表现和臆测与独立后阿尔及利亚人所写的历史相对照。加缪的小说体现了一种庞大的关于阿尔及利亚的法国话语体系，并且在许多地方依赖后者，而这一话语体系又以法国帝国主义的立场与地理为参照物。加缪叙述了法国人是如何对待土地拥有权被剥夺、被大批杀戮而毫无反抗的穆斯林的。在再现法国与殖民地关系的小说中，殖民地土著没有进入其视野，小说反映的仍然是法国人本身，小说主题是法国人的问题与生存处境。

20 世纪东方学的主要力量在美国。美国的东方学发展为区域研究，“区域研究自身即是二战后出于美国霸权的需要对世界格局进行划分的产物；它用早期东方主义文化观来组织世界知识”①。萨伊德考察了美国文化特别是新近媒体的帝国主义性质。《白鲸》里的船长就是美国的化身，美国的这一形象不断出现在文学中，它征服世界，无法停止，不可阻挡，完全沉浸在自己行动的理由中。19 世纪和 20 世纪美国的海外活动的总的趋势是进一步扩张势力和控制范围。除了经济和政治外，美国的扩张还需要关于美国自身的文化观念和意识形态为之服务。美国在 20 世纪代替英国和法国成为新的帝国，与以前的殖民侵略不同的是，美国以世界警察的面目出现，不是公开的奴役和殖民，而是经济制裁和政治干涉，这表现在美国对拉美、中东、东南亚等地的一系列外交政策上，但美国的媒体却说这是在保护美国的利益，是在维持秩序，以正义对付非正义。更可笑的是，美国媒体经常贩卖所谓的专业知识。媒体一方面跟随政府，另一方面左右公众，成为帝国主义新的权力拥有者。

美国对阿拉伯和伊拉克的政治行动的逻辑前提是，一个第三世界的独裁者没有权力向美国挑战。美国打着道义的旗帜镇压伊拉克，但这并不能掩盖它对中东石油的贪欲。美国延续了历史上的殖

① 阿里夫·德里克：《后革命氛围》，中国社会科学出版社 1999 年版，第 48 页。

民主义思想，即大国有保卫其远方利益的权力，甚至不惜以军事入侵为手段，而小国的人民是次等的，权力小，品德差，要求也少。① 自1967年以来，西方对阿拉伯世界的表述是粗劣的、简单化的、种族主义的，阿拉伯人的形象仍然是恐怖主义者、赶骆驼的人，这样的形象在电视电影中不断出现。各种对殖民侵略历史的揭露也仍然受到抵制和歪曲。萨伊德指出，在两个世纪里，美国在中东完全站在专制与不公正的一边，美国官方从来没有支持过民主运动或妇女权利，或宗教与教育的分离和少数民族的权利，相反，它的政府扶持的是驯服的不得人心的追随者，根本不理会弱小民族在军事占领下争取解放的斗争。美国对伊拉克的战争是殖民主义的，但它却被美国媒体描绘为毫无痛苦的、维持正义的战争，美国则是清白的公正的使者。美国人完全相信在电视上看到的美国对伊拉克的战争，实际上这场战争被掩盖得很厉害，报道得很不全面。电视报刊授意于政府，媒体又互相抄袭，很少有人注意伊拉克人的损失，知识分子保持沉默或毫无批判性地参与讨论。美国公众具有极大的白人优越感，他们对非美国的事情不关心，关于第三世界的信息完全来自媒体，媒体又服务于美国政策，而美国政策是帝国主义的：支持专制政府，支持美国盟国在殖民地的暴力行为，支持对合理的民族主义的敌对态度等。媒体传达的信息是，反对美国就是反对资本主义，反对民主，就是支持奴隶制和一夫多妻制，美国代表世界上的美好力量。这种霸权话语反对其他话语，取得了控制性的中心地位。非官方叙述被禁止，主流话语主导了历史叙述，主导了美国的外交政策，如果你想以不同的方式讲述这一段历史就必须发明另一种语言。权力话语通常借助一些核心概念，如民族传统或宗教属性、爱国主义等，把对方罪恶化本质化。每个社会和官方的传统都反对外人对自己所允许的叙述话语的干涉，长此以往，这种话语就获得了几乎是神圣的地位，有自己的开山英雄、观念体系、价值取向和民族寓言。这些东西对文化和政治生活

① Edward W. Said. *Culture and Imperialism*. London: Chatto & Windus, 1993, p. 36.

产生了极大的影响。在这个意义上，民族就是叙述，这种叙述有自己的历史谱系，有自己的价值标准和规范化的话语体系，在其政治权力内，一切对此的修正都是不允许的。权力与话语共生，话语借助于权力才是可能的，而与权力相关的话语必然把自己的叙述神话化，只有另一种对立的叙述才可以破除这种神话。

美国东方学的发展趋势是以社会学代替传统东方学的人文学科，这一方面是因为美国实用主义哲学传统的影响，一方面是因为美国对东方政策的效用机制使然。美国更少于欧洲的人文关怀，对东方的宰制更趋向实用。东方等同于统计表，东方更加不是东方，东方人消失了。东方变成了区域性的被政治和经济利益所驱使而欲控制的客体，东方的人文性变得不重要了。东方学要能够提供直接的外交政策，必须直接为美国对东方的控制服务，为美国的全球霸主地位服务。东方学的功利性及其与权力和宰制的共谋关系更为赤裸。

二、对位阅读

萨伊德把自己的文本解读方法称为“对位阅读”(contrapuntal reading)。对位阅读的思想来自萨伊德所欣赏的加拿大钢琴家格伦·古尔德(Glenn Gould)。格伦以对位表演法诠释音乐的独特主题。在萨伊德看来，对位阅读即是从被殖民者视角的回溯式阅读，它要显示规范文本中的被淹没的但很关键的帝国的出场。当我们开始阅读的时候，不是单义地而是对位性地同时意识到大都市历史和那些从属的被噤声的反抗宰制性话语的行为的历史。对位阅读是主题和变调的技巧，通过它，一种穿透普遍存在的帝国主义规范文化中的单个文本的表层的“反叙述”得以出现。对位阅读把多音调纳入其中，其目的是为了发现单义的阅读可能隐瞒的规范文本的政治世俗性。① 简单说来，对位阅读就是既要看到帝国主义的声音，也要倾听被殖民人民的声音。前者以冠冕堂皇的方式掩盖着自身的利益，后

① Bill Ashcroft and Pal Ahluwalia. *Edward Said*. London and New York: Routledge, 2001, p. 93.

者才是真正的痛苦。前者反复声言，你们之所以是现在的样子是由于我们的关系，我们走了以后，你们就会恢复到原来的可悲状态之中，而伟大的伊斯兰人则说，伊斯兰最好实行现代化以便与西方竞争，不然就恢复到麦加时代，以便更好地与西方战斗。对位阅读就是要看到文本的另一面，伟大的现实主义小说对帝国主义在形式和思想上的依赖从来没有被研究过。帝国的权威建立在把殖民地次等化和自我道德优越化的基础上。对位阅读不是一个如何阅读的问题，而是一个阅读什么的问题，它要看小说中哪些地方得到了描述和表现。萨伊德争辩说："你怎能一边用自我肯定的意识形态来支持对世界的掠夺和统治，同时又在这一过程之上遮盖一层帷幕，说艺术和文化与之无关呢？"①主流的西方批评话语没有注意过去两个世纪抵抗欧洲和美国的帝国主义过程中产生的各种各样的后殖民文学，阅读奥斯丁而不阅读法依就是把现代文学和它的背景与根基割裂开来了，这一方式应该加以改变。

萨伊德的解读方法是在传统现实主义小说的背后发现帝国的帷幕，把小说主人公的财富、权力、社会地位与帝国在海外的领地相联系，从而发现其在本土的命运与帝国殖民的关联，呈现小说的隐在的社会结构。现实主义小说家批判资本主义的现实，但就是没有批判帝国主义殖民活动的非人道，这些作家一方面是伟大的人道主义者，另一方面又是帝国主义者。帝国的扩张需要创立一种与经济和政治控制相适应的意识形态，这就能够保持和扩大帝国的精神文化和物质财富。帝国主义思想占据了西方现代文化的中心，但以前很少有人注意到文学文本的帝国主义痕迹，这也与批评家和作家的文化立场有关。一个印度人和非洲人在阅读英国文学时的批判态度与一个美国人或英国人是不同的。英国作家狄更斯、法国作家福楼拜等人在写作时脑子里的预设读者是西方人，他们并没有想到加勒比人或印度土著的反应。非欧洲人并没有麻木不仁地接受强加在他们身上

① Edward W. Said. *Culture and Imperialism*. London: Chatto & Windus, 1993, p. 60.

的权威，也没有接受贬低他们、对他们的存在表示沉默的文学文本，现在的工作就是重新阅读经典文献，让这些边缘人发出自己的声音。对位阅读必须注意两个方面，即帝国主义和对它的抵抗。这种阅读要包含一度被强行排除在外的东西，要看到整个帝国主义的历史和它对殖民地的破坏以及殖民地的解放运动，要把作者谈到的帝国主义化的非欧洲形象与非欧洲人自我塑造的形象结合起来阅读。比如，是海外扩张的意识形态使鲁滨孙做了他所做的一切，这种意识形态在风格和形式上直接与为殖民帝国奠定基础的16与17世纪航海探险的叙述相关联。笛福以后的主要小说几乎都是为海外扩张而作。萨伊德认为，作为资产阶级社会的文化产品的小说和帝国主义如果缺少一方就无法理解另一方，帝国主义与小说互相扶持。① 小说既有高度有序的情节，也有建立在现存资产阶级社会结构和它的权威和权力之上的一整套社会参照体系，对位阅读就是要把文学文本于社会的结构体系相联系。

从已知的文化系统阐释其他文化从而导致文化误读的现象一直都存在，这是人类文化交流的常态。与文化阐释不同的是，帝国主义对其他地区的阐释所依赖的是帝国权力，是文化的优越感，是进步主义文化等级观，这就导致殖民者与被殖民者的文化交流是不平等的。以文化优劣论为支撑的文化再现是西方居高临下的对非西方的凝视，这种凝视只能是扭曲的、夸张的，它背离了正常的文化交流。其实，这根本不是文化交流，因为在殖民者眼里，殖民地是没有文化的，是需要被教化、需要传播西方先进文明从而使之纳入人类文化系统中去的。帝国主义文化是一个封闭的系统，这一系统自觉地抵制系统外殖民地文化的冲击以维护自身的合法性。殖民者的文化阐释是一个历史积淀的代代相传的过程，一方面，殖民者以想象巩固帝国权力；另一方面，他们又以知识系统阐释殖民地。这一系统知识又成为进一步殖民探索的依据，成为进一步控制殖民地文化的力量，但它又

① Edward W. Said. *Culture and Imperialism*. London: Chatto & Windus, 1993, p. 70～71.

掩盖殖民统治的残酷和被殖民人民的苦难及其反抗。19世纪的帝国主义特别需要民族英雄、文化使者、帝国权威、道德优越的意象，而这些就表现在殖民主义文学中。欧洲文学作品充满了殖民地冒险的欢乐和利益，所有作品都肯定并庆祝了殖民冒险的成功而没有向它发出一丝质问。西方现代小说，作为现实主义和批判性的文化形式却没有对自己的殖民活动的非人化提出批评，而是附和西方权力话语。文学在批判一种现实的同时却在维护另一种现实。指出西方帝国主义时期小说与帝国主义的关联并不否认它们同时是具有很高审美价值的文学作品，萨伊德提出的“对位阅读”揭露了未受到反对的在海外统治的意志，这种意志构成了一种具有扩张性的意识形态，而这种意识形态影响了这一时期欧洲文化的各个方面。

比较文学要超越狭隘性与地方主义，把几种文学和文化并列起来研究。比较文学学者应该与简单化的民族主义和无批判的教条进行斗争。比较文学的最初目的是获得超越自己民族的观点，去观察超越民族文学的整体文学，而不是为自己的文学文化和历史辩护。因此，萨伊德的对位阅读提供了比较文学研究的新思路，对于同一问题，要倾听两种不同的声音；对于同一文本，要阅读出文本的另一面。这一思路放大来看，后殖民批评对于比较文学的意义，是把文学放在一个整体的统一世界史中去看。比如，西方批判现实主义文学，我国学界以前只把它放在西方文化内部，从西方现代启蒙主义和理性主义层面去看，认为批判现实主义小说批判了资本主义社会的异化现象，但放在统一世界史的整体中去看，联系西方近代的殖民历史，现实主义创作就显露出另一面目。西方现代史也是帝国主义和殖民主义历史，文学是它的一部分，对文学的文化学分析不能仅仅局限于西方社会内部或审美主义层面。对于殖民地文学，也不能仅仅从传统文化的现代性演化的角度去分析，比如，我国的现代文学不能仅仅看其对于传统文学的超越，更要从文学观念的交流接受和西方文化渗透的角度去阅读。现代文学超越了民族国家本身，是统一世界史的一部分，文学在此镶嵌于各种权力的博弈，对位阅读要把文学与社会重新联系起来。

三、批评与质疑

文本是互相指涉的，文本具有互文性。小说文本决定于语言结构，语言又由超越其上的权力所构成，这种权力完全受制于帝国主义话语体系，特别是涉及殖民活动时更是如此。西方的现代化通过帝国主义方式实现，从文化角度，特别是从小说艺术这样的超越性文本角度看文学与权力的关系，只有在后殖民文学和文化兴起后，在后结构主义对语言的本质予以参透之后才是可能的。人道主义是西方近代的进步价值观，但人道主义的对象却只是西方人。在启蒙哲学看来，对于非西方人来说，开发、征服使之文明化恰恰是人道的，对殖民地的镇压只是使之文明化这个伟大目标的手段而已。启蒙的崇高价值隐藏着血腥的实践。问题的复杂性在于，如果承认西方现代文明的进步性，就必须认定殖民地的落后和蒙昧，必须假定西方的殖民历史给非西方带去了现代文明。萨伊德把小说和帝国的文化结构相联系，呈现了小说文本的另一面，破除了审美主义文本的超越性神话，但这种解读似乎苛刻了些。宗主国小说是欧洲文化的一部分，它的作者，它的写作背景，它的读者对象，它的问题意识，它的话语体系和指涉结构都是欧洲的，殖民地只是背景，土著也只是被同情的对象。土著的问题应该由土著自己的声音来表达。在殖民历史中，欧洲文化是为帝国殖民服务的，其中小说的文化背景肯定是帝国主义的，对帝国主义的批判和对殖民地文化的再现则是后殖民文学的任务。萨伊德的对位阅读揭示了西方现代文化与帝国主义的共谋关系，但不可否认，西方现代化展开了统一世界史，它把世界的其他地区纳入到现代社会的历史进程之中。

在“抵抗和反对”一章中，萨伊德列举了西方的人道主义者。福斯特同情印度的抵抗的民族主义，但仍然把统治印度当做英国人的责任，拒绝给印度民族主义以地位。汤普森已经认识到印度民族对于英国的强烈仇恨，他是最早审视帝国主义的人，他认为帝国主义给殖民地和殖民者都带来了灾难。但汤普森仍然认为英国人看问题更正确，因为印度人不自由而英国人是自由的。他没有认识到，帝国主义从来不会出于善意施舍什么东西，印度人的自由是漫长的斗争获得的。① 萨伊德也谈到了自我阐释权夺回后的殖民地人民的声音，谈到了殖民地人民的心灵自传、狱中回忆录等对帝国叙述的反击，谈到了拉什迪的文化抵抗策略。但从总体来说，这一部分的笔墨分量不够，其对文化抵抗的关注似乎只是对《东方学》被批评的一个勉强的补救。萨伊德谈到的帝国主义的反抗文化只是帝国系统内部的不同声音，是对殖民主义的反思和批评而非殖民地民族主义的理论与实践。帝国文化内部的批评不足以构成对帝国的威胁，是殖民地的民族主义的抵抗运动最后摧毁了帝国殖民体系，而这种本应该予以浓墨重彩的反抗行为却被萨伊德忽略过去。在政治独立以后，对帝国主义文化的抵抗即文化去殖是殖民地人民反抗帝国统治恢复民族意识的重要一步，但萨伊德对此没有论述，更没有考察殖民地人民文化重构的困境和出路，这不能不说是《文化与帝国主义》的一个缺憾。

马克思说，在历史上占据统治地位的思想是统治阶级的思想，殖民地思想的统治者是帝国主义思想，被殖民者的思想处于边缘地带，被殖民者总是在思想意识和价值观上臣服于统治阶级，总是以西方文化为认同标准，这就在一定程度上延迟了被殖民者民族意识的觉醒。另一方面，被殖民者民族意识的觉醒又得益于西方，是西方近代的民族观念推动了被殖民者的反抗。这其中的复杂纠缠萨伊德没有给予应有的注意。此外，民主、自由、人道观念等西方近代的启蒙哲学是如何渗透到殖民地，从而是如何促进了非西方世界的现代化的，这一历史无法在文化与帝国主义的框架内考察，因为如果帝国主义文化都是功利性的意识形态，被殖民者是如何吸取西方人文主义思想的就无法得到解释。萨伊德的核心观点是文化是帝国主义的表征，文学是为帝国主义服务的，那么，现实主义文学在批判西方现代性时为什么就没有把帝国主义的意识形态作为批判对象？为什么对

① Edward W. Said. *Culture and Imperialism*. London: Chatto & Windus, 1993, p. 206～207.

殖民主义贬低非西方文化、把殖民地人民非人化这一事实不发言？这其中的复杂性萨伊德也没有讲清楚。帝国主义产生于西方近代历史，它怎么能与人道主义、人文主义、基督教价值观并存？进一步，将非西方纳入现代化中的又是一种什么样的力量？这种力量与殖民主义意识形态的关系如何？这一系列重要问题显然超出了萨伊德的论题。文化与帝国主义是共谋关系，但文化不可能脱离经济。帝国主义存在的前提是西方经济和科学的强大，第三世界的文化反抗如果脱离了经济独立也只能是空谈。

萨伊德的道德文章曾面临复杂的现实困境，他首倡巴以和解，但因为反对奥斯陆协议而愤然退出巴勒斯坦议会；他曾是阿拉法特的代言人，但后来却与之分道扬镳；他为巴勒斯坦呼吁，却要面对本族人对他的谩骂；他被尊为阿拉伯世界的英雄，却在拉什迪遭遇全球追杀的时候为之辩护；他反对美国发动的海湾战争，也反对伊拉克和萨达姆。这些看似矛盾抵牾之处却有着萨伊德自身的逻辑，用霍米·巴巴的话说："阅读萨伊德的著作，我无时无刻不注意到他给予巴勒斯坦局势的突出关注；而我每读一个字，也都无法不意识到他对人类境况的关切。"①正是对于人类处境和命运的深切关注，正是强烈的人文主义的普世主张构成了萨伊德理论和行动的根基。萨伊德说，人文主义关乎阅读，关乎观点，在人文主义者的工作中，它关乎从一个到另一个人类经验区域的转变，"人文主义是努力运用一个人的语言才能，以便理解、重新解释、掌握我们历史上的语言文字成果，乃至其他语言和其他历史上的成果。以我对于它在今天的适用性的理解，人文主义不是一种用来巩固和确认我们一直知道和感受到的东西的方式，而毋宁是一种质问、颠覆和重新塑形的途径，针对那些作为商品化的、包装了的、未经争辩的、不加辨别地予以合法化的确定的事实呈现给我们的那么多东西，包括在'经典作品'的大红标题下

---

① 王宁等：《文学理论前沿》，北京大学出版社 2006 年版，第 200 页。

聚集起来的那些名著中所包含的东西”①。萨伊德指出，关于东方的全部西方话语都是由统治东方土地和东方人民的统治意志所决定的，人文主义既是质疑和颠覆西方话语的有效武器，也表达了维护非西方民族的合法权利的普世性情怀。萨伊德把福柯的权力知识理论运用于帝国主义意识形态的考察，改变了传统的西方人文主义的观点。传统的西方人文主义认为，人文学科和美学领域是超越政治的对于纯粹知识的无功利追求。但是，正如美国学者特里·考克兰说：“声称文学负载着人类普遍意义实际上抹去了文学的政治性，也掩盖了文学的霸权角色；同样，将人文主义与文学进行融合，实际上隔绝了文学与政治经济以及认识论之间的联系。”②他还说，萨伊德的著作最重要的是向人们昭示了这一点：“机构不仅仅是门锁俱全的建筑物，也不只是围有栅栏的草坪和本地的警察。机构还包括非经验意义上的语言、概念和比喻。”③萨伊德坚持了西方传统的人文主义，又以对审美文本的政治解读赋予其新的生命。

面对萨伊德这样的当代思想家，只有清明的学术理性才能减少不必要的误解，我们先要看其开创的后殖民理论在西方产生的背景，其理论本身的主旨，这种理论旅行到中国后产生的效应即中国学界对后殖民理论的正读、误读和创造性的重构等，然后看这种理论对于中国文化批评的现实意义，而这些工作的前提是从萨伊德的文本出发，对其深刻而又驳杂的思想进行条分缕析的清理。萨伊德东方学论述的最终目的是维护正义与自由等人文主义宏大叙事。在此，引述萨伊德本人的夫子之道似乎不无意义：“对学者来说，最高的原则就是人类的自由和知识。因此，我们应该记住，对社会中人的研究，必须以人类的历史和经验为基础，而不能以学院式的抽象为基础，也

① 爱德华·W.萨伊德：《人文主义与民主批评》，新星出版社2006年版，第33页。

② 保罗·鲍威：《向权力说真话》，中国社会科学出版社2003年版，第11页。

③ 保罗·鲍威：《向权力说真话》，中国社会科学出版社2003年版，第135页。

不能以晦涩难懂的规则或任意性的体系为基础；其目的是通过解释经验以提高人们的认识，促进人类的团结和进步。这就是我多年来在学术研究和著作中所遵循的基本原则。”①

① 王逢振：《今日西方文学批评理论——十四位著名批评家访谈录》，漓江出版社 1988 年版，第 57 页。

第二章　庶民主体建构与全球化批判：斯皮瓦克的后殖民理论

斯皮瓦克，一位成就卓著而饱受争议的当代后殖民批评家，有时候她被看做一个第三世界的女人，一位杰出的美国著名教授；有时候她被视为来自印度的中产阶级的流亡者；有时候她又被称为美国学术体制造就的成功的学术明星。从学术层面说，斯皮瓦克是“一个女性主义的马克思主义解构主义者”，一方面，她翻译德里达的《论文字学》，经常称德里达为自己的老师，但又坚持认为“我不是一个解构主义者”；一方面，她申明“我不是一个真正的马克思主义文化批评家”，但又说“我是个旧式的马克思主义者”。思想来源的复杂丝毫没有给其文化批评带来驳杂对立的局面，原因是，斯皮瓦克没有一个总体性的分析立场，她不是把各种思想综合为一个新的理论体系，而是以策略性的态度对待各种异质性思想，并把这些相互对立的思想运用到后殖民批评的具体问题之中。萨伊德认定马克思是东方主义者，斯皮瓦克则不满意马克思对女性的忽视，她说：“人们不需要德里达就能看到马克思属于男性的哲学传统，尤其不是女性主义者。”①在思想策略的运用上，斯皮瓦克从马克思主义和解构主义获益良多。德里达把西方思想称为“在场的形而上学”(metaphysics of presence)，它

① 斯皮瓦克：《从解构到全球化批判：斯皮瓦克读本》，北京大学出版社2007年版，第172页。

把缺席的他者放逐到思想的边缘，在它那里，非理性是理性的边缘，传统是现代的边缘，原始是文明的边缘，女人是男人的边缘，东方是西方的边缘等等。德里达揭示了表意(signification)结构怎样导致其自我封闭，这种结构通过对立和层级体系的策略，对一切不符合其利益的东西加以修改、抑制和排斥。解构主义要重新发现他者的踪迹，质疑西方形而上学的自我与他者的二元对立，给思想提供多元的解释。这样，斯皮瓦克的庶民研究、少数族话语理论、女性主义研究就获得了解构中心的思想武器。解构主义对斯皮瓦克的影响尤其深刻，科林·麦克比说："斯皮瓦克既对现代主义工程没有热情，也没有复活六十年代激进主义的意图。……解构主义对于斯皮瓦克来讲既不是一种保守的美学，也不是一种激进的政治，而是一种知识的伦理，它强烈主张持续关注决策的多样性，同时，她也全心致力于缩小和捕捉当前的多样性。"①斯皮瓦克的思想方法和理论主旨，以她自己的话说："马克思对压制异质性的做法给予了基本批判，正是在这种批判中我们看到了德里达的类比。德里达的类比表明，一切逻辑方法——黑格尔的科学的逻辑和言语行为的逻辑——都与资本主义结成了同盟：排外主义、被再现为普遍的语码、对异质性的压制。"②斯皮瓦克后殖民批评的主题，一是对西方女性殖民话语的批评，二是对庶民主体意识和知识分子伦理责任的思考，三是从庶民立场批判全球化时代的资本逻辑和政治霸权。

① Colin Maccabe. *Foreword*, *In Other Worlds: Essays in Cultural Politics*. By Cayatri Chakravorty Spivak. New York, London: Methuen, 1987, p. 4.

② 斯皮瓦克:《从解构到全球化批判:斯皮瓦克读本》，北京大学出版社2007年版，第176页。

第一节　殖民话语分析

在《后殖民理性批判》一书的哲学部分，斯皮瓦克分析了西方传统哲学的帝国主义意识形态。在殖民主义时代，基于对被殖民文化与西方文化的比较，西方发展了比较语言学、比较宗教学、比较文学等学科，但这股文化比较的学术风尚始终没有吹到哲学界，这一领域里的基本观念仍是科学与真理的结合。在这一领域，德国人产生了许多普世性的叙述（universal narratives），他们的主体是欧洲人。人们认为，这些叙述，比如康德的世界城邦论（cosmopolitheia）、黑格尔的理念论（itinerary of the idea）、马克思的社会主义顺势疗法（socialist homeopathy），都没有开创出由学术加以控制的帝国主义事务。果真如此吗？斯皮瓦克的新读表明，即使是超越性的力图避开政治功利的哲学思考也充满着帝国主义意识形态。

康德的《纯粹理性批判》描绘理性的操作，指出其在理论上如何认识自然，《实践理性批判》论述实践意志的操作，而通过《判断力批判》，自然的概念和自由的概念得以弥合。斯皮瓦克通过演绎，发现了康德哲学中的帝国主义原理：作为一种自然的推论指出文化人的认知限度。但是，"关键在于，在《批判》的世界里，澳洲原住民或火地岛的土著不能是发言或判断的主体。在康德的文本中，这样的主体在地理政治上是分化的"①。在这个论断的一个长长的注释里，斯皮瓦克分析，康德对主体自身的建构，总是通过对原住民的排斥来完成的。实践理性假定人是一种本体（noumenon），斯皮瓦克认为："虽然在此并没有讨论到文化差异，但未开化之人（the raw man）很明显已经被排除在这一领域之外。反过来说，这些未开化之人的理性也无

① Gayatri Chakravorty Spivak. *A Critique of Postcolonial Reason*. Cambridge, Mass., London: Harvard University Press, 1999, p. 26.

法把人类概念化成本体。”①

在以大篇幅分析了康德的帝国主义意识形态之后，斯皮瓦克又考察了黑格尔的东方主义偏见。黑格尔把东方艺术放置在人类史前的象征型阶段，是比古希腊艺术更为原始的早期低级艺术。在黑格尔的叙事中，我们得到的不是一种知识论（epistemology），而是一种知识型（epistempgraphy），“在这样的知识型上，在一个知识如何构成的图示中，波斯、印度和埃及的艺术并没有被赋予由精神所产生的地位，无论这种艺术对于真实知识的图像来说有多么不当。它们全都是无意识象征领域（the unconscious symbolic）中的规范性偏差”②。虽然黑格尔也以赞赏性的语言讲到东方艺术，但最后都不免要说到印度心智的愚昧天性，并表达其无法演进到历史中的缺憾。

《国际框架里的法国女性主义》这篇文章的主旨，以斯皮瓦克的话说，是指出第一世界的女性主义对第三世界顽固地持有殖民主义观点。③ 在这篇文章中，斯皮瓦克从第三世界女性的角度批评法国女性主义代表克里斯蒂娃和西苏等人的观点，特别是克里斯蒂娃的《论中国妇女》所表现的西方文化中的女性主义看视第三世界女性的视角。西方女性主义一方面以女性意识反抗西方男性霸权，揭露西方男权文化对于女性的压迫；另一方面，克里斯蒂娃的研究客体是第三世界的妇女，其女性身份和第一世界视角纠缠在一起，可能引起诸多意想不到的论述后果。事实上，正是在这种复杂身份中，克里斯蒂娃暴露了不自觉的西方文化意识，即西方白人中心的居高临下的东方主义意识，其中，东方女性是远距离的客体化的陌生的他者。这样，西方女性主义看似具有的普遍性幻象在此破灭了。也就是说，从

---

① Gayatri Chakravorty Spivak. *A Critique of Postcolonial Reason*. Cambridge, Mass., London: Harvard University Press, 1999, p. 32.

② Gayatri Chakravorty Spivak. *A Critique of Postcolonial Reason*. Cambridge, Mass., London: Harvard University Press, 1999, p. 41.

③ Cayatri Chakravorty Spivak. *In Other Worlds: Essays in Cultural Politics*. New York, London: Methuen, 1987, p. 153.

自我视角优越地看视第三世界妇女所表露出的西方文化意识，是克里斯蒂娃论中国妇女时所表现的西方女性主义的意识形态。相对于西方男权文化，西方女性处于附属的被奴役的地位，但在面对第三世界女性时，西方女性主义又表现出白人中心的帝国主义文化意识。

斯皮瓦克对西方女性主义把女性概念普遍化表示怀疑。克里斯蒂娃是典型的西方白人女性主义者，其对中国妇女和中国文化的研究依据的是西方汉学家的视野，即把中国文化阴性化、他者化，这其实是以西方白人男性的观点看视中国他者。中国女性对于她是一个他者，但她自身又是西方男性的他者，对于这个双重的意识形态，克里斯蒂娃是没有自觉的，从这个意义上看，"克里斯蒂娃是巩固了白人男性一白人女性一中国男性一中国女性的暴力等级"①。克里斯蒂娃对中国女性的论述并没有呈现中国妇女的现实，而只是巩固了西方白人中心论，在她那里，中国女性与其他第三世界女性一样，是被普遍化、概括化和符号化的。在斯皮瓦克看来，这样的论述不能质疑西方男性中心论，反而成为第三世界女性的压迫者。斯皮瓦克说："女性主义学者应该学会向她们（第三世界女性）学习，与她们对话，应该设想她们与政治和性的接触不仅只是为我们的超级理论和启蒙的热情所改变。"②斯皮瓦克并不赞同只有本国人才能认识自身的陈腐观点，但她认为，第一世界的女性主义者必须学会放弃做女人的优越感。斯皮瓦克批评克里斯蒂娃说：她在论述中国时，把主题选择在模糊的过去而不是现在，对古代东方采取的是尚古主义态度，对当代东方则予以蔑视。克里斯蒂娃与萨伊德所批评的东方学家一样，把东方的辉煌推演到过去，以当代东方的衰落论证其必然被西方统治的帝国主义观念。此外，克里斯蒂娃的毛病，是多从有关中国的文选里所介绍的名女人的生平中收集到的资料为根据，缺乏第一手研

---

① 朱耀伟：《当代西方批评论述的中国图像》，中国人民大学出版社 2006 年版，第 85 页。

② Cayatri Chakravorty Spivak. *In Other Worlds: Essays in Cultural Politics*. New York, London: Methuen, 1987, p. 135.

究文献，并且毫无保留地接受了弗洛伊德关于“前俄狄浦斯”阶段的结论，而没有分析这种结论是否适合于中国妇女。斯皮瓦克批评说，克里斯蒂娃“关于中国的断言当然是善意的；我的观点是，它起源于殖民主义者乐善好施的病症”①。把东方他者化、一体化，从西方优越文化的立场看视东方，以道听途说的材料为学术研究的文献，以相互指涉的东方主义文献为研究的前提，这正是萨伊德所批评的东方学家的一贯做法。斯皮瓦克说：“我认为，把法国傲慢的女性主义信条蓄意地运用到政治单一的不同场合不会生效。”②斯皮瓦克告诫，法国和英美的女性主义的区别是表面的。在面对第三世界妇女时，不仅仅要问我是谁，还要问，谁是另一个妇女？我如何称呼她？她又如何称呼我？正是因为缺乏对这些问题的自觉，西方女性主义难以摆脱白人文化的意识形态，难以看到第三世界妇女的真实处境，也无法反省西方女性主义普遍性的虚妄。在克里斯蒂娃那里，中国妇女可替换为印度妇女、孟加拉妇女而毫无差别，中国妇女只是一个能指，是为其构筑自我位置的一个符号。

《三个女性的文本以及对帝国主义的批判》把《国际框架里的法国女性主义》一文中的观点应用到英美文学研究中，重点分析了三个女性的文本，继续对西方女性主义的种族中心论展开批判。在文章的开篇，斯皮瓦克指出，帝国主义乃是英国文化的重要组成部分，也是英国的社会使命，而文学在文化表征的过程中所起的作用是不容忽视的，“当女性主义批评的新视角重又孕育出帝国主义原则时，似乎特别令人遗憾。在欧洲和英美，人们对以女性为主体的文学作品抱着孤立主义者的欣赏态度，从而确立了女性主义批评的重要准

---

① Cayatri Chakravorty Spivak. *In Other Worlds: Essays in Cultural Politics*. New York, London: Methuen, 1987, p. 138.

② Cayatri Chakravorty Spivak. *In Other Worlds: Essays in Cultural Politics*. New York, London: Methuen, 1987, p. 141.

则”①。夏洛蒂·勃朗特的《简·爱》被视为西方女性主义的个人主义的经典文本。《简·爱》的女性主义个人主义表现在两个方面，即斯皮瓦克所说的生儿育女和塑造灵魂，前者达到个人与家庭的结合，后者通过履行社会义务达到公民与社会的结合。以孤立主义的方式阅读，即把文本放置在宗主国语境中看视《简·爱》，其结果只能读到激进的女性的心理传记，这是传统西方女性主义的阅读方法，也是《简·爱》被视为西方经典的原因。但斯皮瓦克要尽力远离“女性个人主义者的主体建构那个令人迷惑的焦点”，而是从后殖民女性主义视角重新阅读《简·爱》。这种方法就是萨伊德所谓的“对位阅读法”，即联系宗主国和殖民地的文化背景，西方经典文本的殖民主义意识形态就可以被呈现。斯皮瓦克发现，这篇小说最核心的地方是，《简·爱》何以从反家庭成员变成了合法的家庭成员的呢？答案是，帝国主义意识形态给小说提供了有效的“话语场域”，它通过把罗切斯特在牙买加的合法妻子伯沙·梅森妖魔化而实现了小说的目的。在小说中，“欧洲吹来的甜美凉风还在树叶上低语，整个大西洋沿岸闪耀着自由的光辉”。与此对照的是，西印度洋群岛那个被帝国主义征服的疆域被描述为地狱，而患有精神疾病的梅森则被描写成“四肢匍匐着的，抓着，嗥叫着的”野兽。斯皮瓦克指出，“在勃朗特的作品里，本土的主体(subject)不只是近似动物，而且成了所谓的绝对命令下恐怖统治的客体(object)”。② 康德的绝对命令以推崇人的理性和目的性而成为西方主体性哲学的宣言。但是，“人是自身的目的”这一论断里的人是西方的文明的理性的人，殖民地的土著则是需要西方文明教化的有待启蒙之光照亮的人。伟大的哲学一旦用于具体的政治行为，就可能被滑稽地模仿。“就绝对命令而言，这种模仿可以使帝国主义事业达到名正言顺的效果。它可以产生以下的法则：使

① 巴特·穆尔-吉尔伯特等：《后殖民批评》，北京大学出版社 2001 年版，第 223 页。

② 巴特·穆尔-吉尔伯特等：《后殖民批评》，北京大学出版社 2001 年版，第 229 页。

异教徒变成文明人，以便把他作为自身的目的对待。”①梅森虽然是牙买加种植园主的女儿，但她处于人兽之间。正是她的未开化和精神失常，正是她像一个动物那样的死去成就了简·爱的女性主义的个人主义，成就了她和罗切斯特的“高尚”爱情。

洁恩·莉丝以《藻海无边》改写了梅森的生活。她不再是一个精神疾病患者，而是具备了批判帝国主义的理智。莉丝试图说明，导致梅森暴力行为的不是其内心的兽性，而是罗切斯特以“合法性”作为解除婚姻的理由对其的伤害。斯皮瓦克指出，梅森的新形象表明：“即使是个人和人类特性这类如此个人化的事情也均受到帝国主义政治所左右。”②莉丝的小说把《简·爱》的帝国主义意识形态揭示得淋漓尽致。梅森必须扮演她的角色，演好从自我变成虚构的他者的角色，放火烧掉房子，然后杀掉她自己，简·爱才能成为英国小说中的女性主义英雄。“这是对帝国主义暴力的讽喻，是对歌颂殖民者的社会使命而做出的个人牺牲的解构。”③本是帝国主义被剥夺被殖民的他者，却变成了帝国主义巩固自身的驯化了的他者。只要充满了帝国主义意识形态，所谓经典的文学就不可能存在。斯皮瓦克尖锐地指出：“完美的文学再创造，无法在帝国主义的框架下轻而易举地兴盛起来，因为，这些框架和段面受到以下因素的制约：以法律为掩护的异化的合法体系；被认为是唯一真理的异化的意识形态；把土著民族作为自我加强的他者之一整套人类科学。”④

在《后殖民理性批判》一书的文学部分，斯皮瓦克重写了《三个女性的文本以及对帝国主义的批判》这篇文章。斯皮瓦克一再提醒我

① 巴特·穆尔-吉尔伯特等：《后殖民批评》，北京大学出版社 2001 年版，第 229 页。

② 巴特·穆尔-吉尔伯特等：《后殖民批评》，北京大学出版社 2001 年版，第 231 页。

③ 巴特·穆尔-吉尔伯特等：《后殖民批评》，北京大学出版社 2001 年版，第 233 页。

④ 巴特·穆尔-吉尔伯特等：《后殖民批评》，北京大学出版社 2001 年版，第 236 页。

们，当西方女性主义关注自身时，殖民地的庶民女性则被完全排除在外。梅森是一个由帝国主义公理所生产出来的角色。梅森角色的塑造，正当化了帝国主义计划，"把异教徒变成人类，以便让他也可以被当做目的来对待；借此将尚未受到文明开化的野蛮人纳入到本体的幽暗地带，昨天的帝国主义乃今天的'发展'"①。这样，梅森在《简·爱》里的作用是铺设人与兽之间的界限，从而削弱了她在精神上理应享有的权利，更不要说法律的权利了。斯皮瓦克说，这部小说必须被解读为一个寓言，它"标志了帝国主义的一般认知暴力，建构一个甘愿牺牲小我以成就殖民者社会任务之荣光的被殖民主体"②。斯皮瓦克批评西方女性主义："社会关系和大都会制度之内的女性主义，以及欧洲十九世纪向上流动的布尔乔亚文化政治中争取个人主义的战役，两者之间具有某种相似性。因此，即使当我们女性主义批评家发现了男性主义宣称具有普遍性或学术客观性的喻说错误，自己却演出了全球普遍姐妹情谊的真理这个谎言，迷惑人的模型则依然是那在欧洲辩论场域里的男性和女性，在竞争谁当得起一般化或普遍化性别这个主角。为了宣传性别区分，以便对时局造成影响，全球姐妹情谊必须认清这一点，即便她所面对的是亚洲的、非洲的或阿拉伯的女性。"③

在殖民地，女性是边缘中的边缘，她们受到的压迫是多重的。"女性通常处于附属角色，其受教育的机会被限制；因不懂法语或英语这类殖民帝国的语言，接触出版物或媒体的管道有限；参与公共领域中的政治机构受到限制；因为殖民统治者以及后来的历史学家的

① Gayatri Chakravorty Spivak. *A Critique of Postcolonial Reason*. Cambridge, Mass., London: Harvard University Press, 1999, p. 123～124.

② Gayatri Chakravorty Spivak. *A Critique of Postcolonial Reason*. Cambridge, Mass., London: Harvard University Press, 1999, p. 127.

③ Gayatri Chakravorty Spivak. *A Critique of Postcolonial Reason*. Cambridge, Mass., London: Harvard University Press, 1999, p. 148.

男性主义态度，女性更被边缘化。”①基于性别、种族、民族、阶级、宗教等原因，在反殖民斗争结束后，后殖民时代的女性仍然处于被奴役状态。白人女权主义者眼中的第三世界妇女形象仍然停留在殖民时代：蒙昧、传统、保守、被动、无主体意识。第三世界女性面临的问题与白人妇女所面临的问题不一样，而西方的主流女权主义理论无法解释她们的现状也无法解决她们的问题。后殖民女性主义批评家莫汉蒂对于西方女性主义的帝国主义意识形态的揭示极为细致和明了，可与斯皮瓦克的批判构成互释。从第三世界妇女和差异观念出发，西方女性主义的普遍主义、种族意识和东方主义等弊端被呈现出来。在《在西方的注视下：女性主义与殖民话语》这篇文章中，莫汉蒂认为：“西方女性主义关于第三世界女性的书写必须置于全球的西方学术霸权语境中——如信息和观念的生产、出版、分配和消费。……西方女性主义居主导的‘再现’的重要影响之一就是在透视特殊的第三世界女性时和帝国主义结合在一起。”②莫汉蒂分析了西方女性主义的普遍主义的产生机制以及在其运作中权力在话语里是如何得到实践的。在西方女性主义那里，女性被假定为一个已被建构了的一致的团体，她们有着相同的利益和愿望，而不管其阶级、种族或人种的具体差异，这就意味着存在一种普遍适用的跨文化的性别差异。这种把女性视为被既定结构决定了的假定，产生了一个被女性主义的科学、经济、法律和社会学话语标识为无权的、受剥削的、被性骚扰的团体。第三世界女性基于她的性别身份和第三世界处境过着基本上是残缺的生活，与受过教育的、现代的、能主宰自己的身体和性、有决策自由的西方女性形成了鲜明的对照。莫汉蒂指出：“这种主要根据女性的客观地位（object status）来定义女性的模式实际上就是把女性当做一个分析范畴来使用来描述这个特殊形式的特点。在西方女

① 罗伯特·杨：《后殖民主义：历史的导引》，台湾巨流图书有限公司 2006 年版，第 370 页。

② 罗钢、刘象愚等：《后殖民主义文化理论》，中国社会科学出版社 1999 年版，第 419 页。

性主义撰写和研究第三世界女性的语境中，这种客观化（无论处于多么善良的动机）必须被指出来受到挑战。”①这种东方主义式的女性主义观点忽视了第三世界和第一世界、第三世界文化内部的女性所面临问题的具体性和差异性。因为女性之为女性是通过阶级、文化、宗教意识和组织之间的复杂关联来建构的，她们并不是一个一致的建立在某一特殊经济体制或政策之上的独立体。西方女性主义假定了一个女性的非历史的普遍的整体，忽视了女性自身的社会阶级和种族身份。在这里，女性差异与从属性相伴随，而权力也就自然而然地分为拥有权力的人即男性和无权的人即女性，男性剥削而女性受剥削，她指出，西方女性主义的“这两种公式都是历史还原的产物；它们在反对压迫的有目的的战略中毫无用途，它们所做的就是扩大男性与女性之间的分裂”②。

女性作为一个受压迫的团体这一假定被置于西方女性主义有关第三世界女性的著作中，很大程度上，这一假定是通过欧洲中心的标准来设置的。通过把第三世界女性和西方女性主义的自我再现相对照，我们看到西方女性主义独自成了反历史的真正主体，相反，第三世界女性从未超越她们处于落后状态的一般客体地位。把女性作为一个同质范畴的概念应用到第三世界女性中，这就把社会阶级和种族结构中不同女性团体的同时存在的复杂情形删改和简单化了，这一做法的结果是最终剥夺了她们自身的历史和政治发言权，也抹杀了那些边缘的各种抵抗模式。关于第三世界妇女的同质性想象建立在西方女性是世俗的、自由的、能掌握她们自己生活的预设之上，“然而，在用著作产生和传播以建立西方学术霸权的语境中，以及在使人道主义和科学话语必要的合法化的语境中，第三世界女性被定义为独特的，这就很有可能把它紧紧束缚在所谓的无功利性的科学调查

① 罗钢、刘象愚等：《后殖民主义文化理论》，中国社会科学出版社 1999 年版，第 422 页。

② 罗钢、刘象愚等：《后殖民主义文化理论》，中国社会科学出版社 1999 年版，第 430 页。

和多元主义的巨大的经济和意识形态实践中，这种实践是对非西方世界的潜在的经济上和文化上的殖民化的表面显现而已”①。

第二节　庶民主体建构

在许多社会里，女性处于从属地位，她们与被殖民种族有着共同的被宰制经验，因此，她们也与被压迫被殖民的人民一样需要以后殖民的文化抵抗策略反抗主流殖民者即男性的殖民。女性主义批评家把文学批评与后殖民的颠覆、解构等策略联系起来，拒斥文学批评领域里的男性中心主义。与西方女性主义不同的是，斯皮瓦克关注第三世界后殖民女性的处境，这些女性的现实不是西方女性主义理论所能够顾及的。在《庶民能够说话吗》以及《后殖民理性批判》的第三章，斯皮瓦克讨论了庶民女性的主体构造以及知识分子的伦理责任问题，其主题是，女性庶民往往被噤声，被帝国主义实践所利用和曲解，而把庶民的生存权利非边缘化，是知识分子的责任。

对于庶民是否能够说话的问题，斯皮瓦克的回答是否定的。那么，庶民女性为什么不能发声呢？斯皮瓦克举了两个事例讨论这一问题，一是色姆尔王妃的自焚，二是印度被殖民时期的革命者芭杜莉的自杀。

在《后殖民理性批判》的第三章，斯皮瓦克以档案材料讲述了色姆尔王妃的故事。在英国殖民时期，印度北部的色姆尔(sirmur)国王卡拉姆·普拉卡仕(karam prakash)因为“野蛮”和身染“恶疾”被英国人废掉，王妃成为年幼国王的唯一监护人。显然，把政权交给孤儿寡母是别有用心的，其目的是为了瓜分色姆尔王国。随后，王国被吞并，东印度公司以及尼泊尔边境的安全得到保障，这也就是这位王妃

① 罗钢、刘象愚等:《后殖民主义文化理论》，中国社会科学出版社 1999 年版，第 442 页。

在档案材料中短暂现身的原因。随后王妃下定决心要殉葬，而此时的英国人则以维护幼主及其子民的利益的重要胜过对于丈夫的义务规劝其放弃自焚。

印度寡妇自焚(sati 萨梯)的习俗并非普遍流行，也不局限于某个种姓或阶级。英国人废除了这个习俗，认为是“人性情感所厌恶的，是残酷的”，废除萨梯风俗是“白人正从褐色男人那里救出褐色女人”。印度土著保守主义者则认为，“妇女实际上想要那样死”。斯皮瓦克指出：“帝国主义作为优秀社会之建设者的形象是以把妇女作为自身种属的保护对象为标志的。”①英国人从其文明优越论的角度否定了这一习俗的野蛮性，巩固了西方文明的历史进步性；印度种姓主义男性则从男权中心出发，认定妇女自焚是自愿，sati 意味着“好妻子”，但恰恰是自焚妇女自身的声音被淹没了。妇女无法发声，“人们从未遇到过关于妇女声音——意识的证据”②。斯皮瓦克借助对印度教经典文献的分析指出，萨梯风俗应该被视为一种迷信而非英帝国主义者认为的罪恶，而印度本土民族主义者对于萨梯风俗的肯定则具有更为具体的现实原因。萨梯风俗在 18 和 19 世纪初期的盛行与人口控制和社区对妇女的憎恨有关。寡妇可以继承遗产，因此，家庭成员常常利用寡妇对丈夫的忠诚，在她们仍然感到悲伤的时候摆脱她。我们看到，泰戈尔等人把萨梯妇女歌颂为“自我献身的孟加拉祖母”、“身体与灵魂的完美统一的最好证据”。本土男性对妇女“自由选择”的勇气的肯定充满了意识形态内涵。印度教经典规定，寡妇要独身，要倒退到先前的一种静止状态的生活中去；如果女人不在丈夫去世时在火中自焚，她就永远不能在生死轮回中解脱其肉身。这就在立法中造成了主体地位的不对称性，妇女被限定为丈夫的一个对象，她依赖于男性在法律中的主体地位，萨梯风俗其实是男权主义

① 斯皮瓦克：《从解构到全球化批判：斯皮瓦克读本》，北京大学出版社 2007 年版，第 119 页。

② 斯皮瓦克：《从解构到全球化批判：斯皮瓦克读本》，北京大学出版社 2007 年版，第 117 页。

的表达。“sati的吸引力在于，它在意识形态上集中体现为‘报答’，正如帝国主义的吸引力在于它在意识形态上集中体现为‘社会使命’”。① 斯皮瓦克认为，寡妇殉葬是对女性主体构成的操纵，“英国人忽视了sati是一个意识形态的战场，因此他们把女性建构成一个杀戮的客体，只要能够拯救这个客体，就可以从国内混乱的局势中诞生一个比较文明，甚至比较好的社会。在父权主体形成和帝国主义客体建构的间隙，被成功抹去的，乃是那女性的性别化主体的自由意志和能动性”②。殉葬的寡妇是印度教父权制和帝国主义共谋的牺牲品。印度教对于寡妇殉葬的特许抹掉了一般自杀的沉沦效应，本土精英从民族主义的浪漫情怀美化那些自我牺牲的妇女的纯洁和爱，而英国人视王妃放弃自杀为一种自由意志的选择。在这两种自由概念中，女性主体的构成被彻底摧毁。“在庶民主体被抹去的路途中，性别差异的轨迹被双重地抹去。……如果在殖民生产的竞争中，庶民是没有历史也无法言说的，女性庶民更是身处最深的阴影底下。”③斯皮瓦克得出结论说：“在父权制与帝国主义之间、主体建构与客体形成之间，妇女的形象消失了，不是消失在原始的虚无之中，而是消失在一种疯狂的往返穿梭之中，这就是陷于传统与现代化之间的第三世界妇女被位移的形象。”④帝国主义和民族主义双方争相代表本土妇女，但妇女的自我意识被遮蔽，处于多重压迫之下的妇女没有说话的空间。

1926年，北加尔各答的一位十六七岁的年轻女子布巴内斯瓦丽·芭杜莉在父亲公寓里自杀身亡。妇女自杀是违反印度教教义

---

① 斯皮瓦克：《从解构到全球化批判：斯皮瓦克读本》，北京大学出版社2007年版，第121页。

② Gayatri Chakravorty Spivak. *A Critique of Postcolonial Reason*. Cambridge, Mass., London: Harvard University Press, 1999, p. 235.

③ Gayatri Chakravorty Spivak. *A Critique of Postcolonial Reason*. Cambridge, Mass., London: Harvard University Press, 1999, p. 274.

④ 斯皮瓦克：《从解构到全球化批判：斯皮瓦克读本》，北京大学出版社2007年版，第126页。

的。芭杜莉的自杀令人费解。她当时正值月经期，自杀显然不是由非法怀孕所引起；她也没有用枪，虽然在反对帝国主义的斗争中，枪支很容易获得。十年后，人们发现她参加了为印度独立而进行武装斗争的组织，组织委托她去进行一次政治谋杀。由于无法完成任务，同时又认识到这次委托的重要性，她自杀了。斯皮瓦克说："在这个行为中，她试图用自己的身体书写一个女权主义声明，用月经的痕迹确立在这个不被接纳的公共领域里有一种可以被称之为'言语行为'的权利。我因此就这个独特的事件表达了我的哀伤：'庶民人不能说话。'"①芭杜莉的自杀是对 sati 自杀的社会文本的一种无力的庶民重写。斯皮瓦克悲哀地发现，当她要向当地的一位女性学者打听芭杜莉的死亡时，对方表现出很冷漠很不理解的态度。斯皮瓦克说，色姆尔王妃不能对我们发言，当地的父权体制只记录下了她的葬礼，而殖民历史只把她当做可供利用的工具；芭杜莉试图把自己的身体化成一则女性的文本，并试图以此发言，但可悲的是，还不到五十年的时间，她的努力就已经在她的家人和女性当中被遗忘了。

斯皮瓦克的主体观念来自西方近代人道主义哲学，这种哲学认为，只有言说才能成为主体(speaking subject)，相反，缺乏言说就会被看成是不存在。庶民不能说话，其主体性就不可能存在。在《庶民研究——解构历史编撰学》一文中，斯皮瓦克分析了印度庶民研究小组的工作。庶民概念来自葛兰西。在葛兰西，庶民是介于中间的阶级，是统治阶级的代理人而不是群众，在印度它的同义词应是 babus，也就是讲英文的地方绅士，是殖民政权的主要中介者，而不是农民阶级。在《庶民阶级研究》第一期，古哈延续这一用法，把庶民阶级性表述为"南亚社会里附属地位的普遍性质，无论这种附属地位是以阶级、种姓、年龄、性别和职位或其他任何方式来表示"。在后殖民研究中，庶民阶级成为以性别或种族为原因，被边缘化或被剥夺权力的少数团体的同义词。庶民阶级研究的学术意义，是提供一种比阶级更

① 斯皮瓦克：《从解构到全球化批判：斯皮瓦克读本》，北京大学出版社 2007 年版，第 297 页。

少受到限制的社会类别和权力结构，同时让人们把注意力放在那些抵抗和斗争形式一直受到民族主义者以及马克思主义印度历史学家所忽视的团体。庶民阶级研究引发了许多理论和历史问题，特别是有关庶民阶级意识、能动性和霸权、性别的差异以及地方性等议题，它对马克思主义正统论述、民族主义的历史学家和剑桥学派的批判，在后殖民研究中激发了非常重要的广泛的理论探讨。借由庶民阶级，受压迫者承担起政治能动性以成为历史的主体，而不再是历史的卑贱客体。①

斯皮瓦克的庶民指的是印度的自耕农、无组织的农业劳动力、流落于街市或乡村的无社会地位的部落成员或社群等。在后来的研究中，她把西方社会的下层贫民包括其中，特别指非主流阶层的女性，由于经济和性别的劣势，她们被双重边缘化。在一次访谈中，斯皮瓦克说："我对 subaltem 这个词有一个非常严格的定义，我不是用它来指所有的从属者、穷人、受压迫者、受剥削者或被统治者，因为即使你是被剥削、被压迫的人，你还是有途径来进行斗争的，而对于真正的 subaltem 而言，是没有途径斗争的，这就是 subaltem 的真正意义。"②在斯皮瓦克的用法中，庶民也不是流散者。全球化时代的庶民指的是大量的非法移民，斯皮瓦克称之为非登记的流散者（undocumented diasporas）。她批评说，大量谈论文化翻译和混杂之类的人所描述的不是庶民的真正状况，因为这些人并不属于少数族。上层的流散者不是庶民，他们不但会说话，还会写作。流散者在很多方面的发声是很有力的，他们在资本主义的西方为孩子、为自己寻找正义，而对真正为他们自己的文化奋起疾呼则没有丝毫兴趣。③

---

① 罗伯特·杨：《后殖民主义：历史的导引》，台湾巨流图书有限公司 2006 年版，第 364 页。

② 斯皮瓦克：《后殖民主义、女性主义、民族主义与想象》，载《文艺研究》2007 年第 11 期。

③ 斯皮瓦克：《后殖民主义、女性主义、民族主义与想象》，载《文艺研究》2007 年第 11 期。

对于庶民阶层，殖民统治者和民族主义者企图挪用他们，传统的历史编撰学则弃之不顾。庶民研究小组的历史学家们“逆其纹理阅读殖民统治者和民族主义者的档案，并把研究重点放在他们的盲点、沉默和焦虑上，试图揭示庶民阶层的神话、宗教崇拜、意识形态和造反”①。庶民研究小组通过对印度民族解放运动中的农民、麻纺工人、庶民女性等人群声音的再现，以口述历史的方式还原历史真相。研究者发掘各类历史档案文献以反对西方启蒙主义和印度官方民族主义历史观，重新书写印度的民族主义，以此重建庶民的主体意识。

庶民研究小组假设存在着一种纯粹的意识形态，这是他们工作的基础。但庶民并没有自主自决的自我意识，也没有基于自我意识的身份认同，他们是一系列相互区别又相互交织的多重矛盾组合体。这样，传统的历史编撰在此必然遭遇认知失败(cognitive failure)，因为它仅仅是个便利的学科虚构(disciplinary fiction)。斯皮瓦克认为，庶民无法重现，原因是殖民当局的势力范围、组织机构和力量都远较庶民强大。就民族国家的独立运动来说，民族资产阶级为了自身的利益拒绝承认政治化的农民阶层的重要性，不愿与农民结盟，这些导致了农民政治化运作的失败。“庶民意识从属于精英的欲望投射(cathexis)，它永远不可能完全复原，它总是受到被认定接受的能指所歪曲，即使被揭示出来，实际是被抹掉。它不可避免地是在话语中建构出来的。”②反抗的农民的意识无法复原，研究者只能依据档案记载去推测，因为，庶民本身由统治霸权所建构，不存在纯粹的庶民意识形态。在重建庶民意识的时候，不可能绕开殖民话语和实践的历史，是殖民话语和实践把庶民建构为一个社会类别的。庶民研究者在研究庶民意识时已有自己的认识预设，而这些预设已经镶嵌于当代的权力结构中，但庶民仍然保持沉默。也就是说，是否能够倾听

---

① 格安·帕拉卡殊：《后殖民评论和印度史学》，载刘健芝、许兆麟等的《庶民研究》，中央编译出版社 2005 年版，第 322 页。

② Cayatri Chakravorty Spivak. *In Other Worlds*: *Essays in Cultural Politics*. New York, London: Methuen, 1987, p. 203.

庶民的声音，能够倾听到庶民的何种声音，这取决于研究者的主体身份，而真正庶民的言说需要庶民自己的语言去表达，但这种语言表达又是地方性的，它无法普遍化，无法达到西方文化。复活独立于殖民主义实践的庶民的主体意识的做法既是与殖民主义认识论的决裂，也是重蹈其覆辙。斯皮瓦克认为："如果历史学家把复原庶民在历史中的主体位置视为确立事物的非异化的终极真理，那么，任何强调自主自决、连贯性和逻辑意志的做法，正如我上面所言，都不可避免地把庶民客体化(obectify)，并陷入权力知识的游戏中。"①庶民研究学者从本质主义角度探讨庶民的意识，有把庶民永久化的危险，忽视了庶民抵抗的可能性。斯皮瓦克主张策略性地应用实证主义的本质论(strategic use of positivist essentialism)，去除盲目反本质主义可能带来的危险，反对把庶民客体化，以重建庶民反抗的可能性。在《后殖民理性批判》的历史部分，斯皮瓦克认为，让庶民发言之论推卸了知识分子的责任，它将经济政治中的不平等关系带到文化认同之中。知识分子必须思考的是，如何在"为"或"让"庶民发言的两级中寻找可行的做法。

斯皮瓦克对于民族知识分子建构庶民主体性的努力以及西方知识分子的善良意愿的质疑具有重要的文化政治意义，对此，吉尔伯特给予了高度评价。吉尔伯特指出，斯皮瓦克迫使那些从事后殖民批评的人在考虑他们的批评观点和方法的效果时，也要考虑他们的政治地位和政治归属，不管他们有何种背景或来自何处。吉尔伯特说，一些"天真的"，开诚相见的，或政治上正确的有关殖民问题的阐释，基于对被压迫者的一种假定的但未经确认的认同，或对被压迫者怀有仁慈之心，都会在斯皮瓦克之后销声匿迹。② 在斯皮瓦克之后，值得进一步思考的问题是，知识分子是否能够代表庶民？如实地展现

---

① Cayatri Chakravorty Spivak. *In Other Worlds*: *Essays in Cultural Politics*. New York, London: Methuen, 1987, p. 207.

② 巴特·穆尔-吉尔伯特：《后殖民理论》，南京大学出版社 2001 年版，第 86 页。

庶民，如萨伊德对巴勒斯坦的报道，是否有助于庶民的发声？庶民如何获得表达自身的契机？如果表达无法达到对抗霸权的目的，话语革命是否就此宣告失败而需要诉诸暴力革命？问题之一对准斯皮瓦克本人，庶民既然不能被民族精英表述，也不能被西方帝国主义表述，那么，斯皮瓦克能够表述庶民吗？她的高深的解构主义文体到底被谁阅读，对谁讲话呢？斯皮瓦克批判了西方知识人士对于第三世界妇女的一相情愿的仁慈，但她并没有提出庶民妇女如何发声的策略。假如庶民阶层不能被西方知识分子表述，他们自己也不能为自己表述，那么很显然，就不会有非殖民主义或反殖民主义话语了，这样，“解构主义的后殖民主义已经被带进一种僵局，取得了政治上一定的成功，最终成为与它反对的体制共谋，并且十分亲密地深陷在这种体制中”①。事实上，与萨伊德一样，斯皮瓦克仍然把庶民建构为西方的沉默的对话者。吉尔伯特批评说：“在这一方面‘庶民能够说话吗’中可能最带讽刺性的是，假如斯皮瓦克所说的庶民沉默是真实的，那么剩下的不是别人而只有非庶民（尤其是西方和当地的精英）在为他们说话或写作。”②芭杜莉是城市有产阶级的一员，斯皮瓦克称之为中产阶级。论者批评说，假如芭杜莉不能严格地代表庶民，那么斯皮瓦克就是以资产阶级民族主义精英一员的经历来模糊庶民的经历。③ 斯皮瓦克成功地说明了庶民忍受着的“沉默的历程”，那么就会很少去注意庶民或许能“渐有声息”（come to voice）的过程。斯皮瓦克经常否认庶民有像现代西方妇女那样能实现自我解放的任何可能性，因此她一再拒绝给予庶民解放的许多不同说法。在接受葛兰西和马克思的庶民会上升到霸权地位的观点的同时，斯皮瓦克又

---

① 拉曼·塞尔登等：《当代西方文学理论导读》，北京大学出版社 2006 年版，第 274 页。

② 巴特·穆尔-吉尔伯特：《后殖民理论》，南京大学出版社 2001 年版，第 132 页。

③ 巴特·穆尔-吉尔伯特：《后殖民理论》，南京大学出版社 2001 年版，第 133 页。

拒绝马克思主义认为随着封建主义向资本主义其他阶段过渡被压迫者开始有自己呼声的相关叙述。最后，她还拒绝当代民族主义精英的说法，这些精英人物允诺一旦殖民主义结束就会解放各地的土著居民。① 斯皮瓦克把庶民建构为强大控制力量的牺牲品，这就在事实上否定了庶民阶级政治解放的可能性，偏离了马克思主义关于无产阶级自我解放的观点。在中国历史上，因为没有书写能力，缺乏发声机制，庶民及其反抗大多被记载在正史中，虽然是以“盗寇”的形象出现。随着历史变化，庶民反抗统治阶级的斗争历史被重新书写，特别是马克思主义史学的发展赋予了庶民新的历史地位。历史并不缺乏关于庶民声音的材料，问题的关键不是庶民的声音在历史上只能出现于权力的知识书写中，而是该如何认识庶民的政治行动。在这个问题上，斯皮瓦克恰好违反了自己的承诺：抹杀了庶民的主体意识。庶民一直在说话，只是没有被听到，只是被有意压制。斯皮瓦克自称为“一个上层阶级的青年女性”，她对芭杜莉自杀事件的揭露事实上就是对其主体意识的建构，如果芭杜莉能够被称为庶民的话。在对这一事件的表述中，斯皮瓦克正充当了其所批评的“仁慈的”西方批评家的角色。斯皮瓦克反对西方女性主义代表第三世界妇女，否定知识精英能够再现庶民的声音，但她总在有意无意地代表着第三世界妇女，正是以此为立场，她才能够被称为后殖民女性主义批评家。

庶民说话的最根本问题是如何突破权力的钳制表达自己的声音，纠缠其中的阶级主体意识和知识分子正义伦理使得这一问题显得异常复杂。一方面，庶民以自己的语言和方式在言说，但这种言说无法获得主导文化的认可；另一方面，如果以主导文化的声音表达自身，又可能被主导意识形态收编。一方面，少数精英知识分子因为身处主导文化机构，其对庶民的代表有可能重新生产主导意识形态；另一方面，如果缺少知识分子的宏观历史整体意识，庶民意识有可能被

① 巴特·穆尔-吉尔伯特：《后殖民理论》，南京大学出版社 2001 年版，第 135～136 页。

表达为碎片而缺乏历史深度感。庶民能够说话吗？在斯皮瓦克看来，庶民要么沉默要么被他人表述。在我看来，庶民能够说话，且一直在言说，只是没有表述为文本传达给第一世界和本土知识分子。重构庶民的声音必须尊重庶民的主体意识，要去除精英立场去见证庶民妇女自身的言说空间。斯皮瓦克认为，只有庶民才能了解庶民的说法不正确。如果承认这一前提，那么精英和西方是能够了解庶民的，但这又为她所否认，这样一来，庶民就永无发声的可能，庶民的解放也就不可能，斯皮瓦克实际上宣布了庶民永远的沉默，这样，斯皮瓦克也避免不了萨伊德所受到的抹杀第三世界主体性的批评。德里克批评说，斯皮瓦克的态度忽视了对被压迫阶级实际遭受的政治经济条件的分析，反而延误了对这个问题的解决。理查德·弗里德曼和谢默斯·米勒批评说："斯皮瓦克要辨别在政治上作为权宜之计的思想谬误，但又称无真理可寻；她在否认有真实历史的可能性的同时又想帮助重构女性文学边缘化的历史；她要提出解放的主张，但同时又否认有道德准则假定个人极少有想象意志力的观念；她要采用心理分析的概念又不愿至少在原则上承认她分析的真实历史；等等。"①这就导致了其立场和理论本身的多重矛盾。但我们看到，斯皮瓦克对于知识分子的伦理责任并没有持悲观主义态度，在《庶民能够说话吗》的结尾，她说："庶民不能说话。在全球洗衣店的名单上实际上并没有虔诚的'妇女'。再现并未枯萎。作为知识分子的女性知识分子肩负一项受限制的使命，对此，她绝不能挥手否认。"②

---

① 巴特·穆尔-吉尔伯特：《后殖民理论》，南京大学出版社 2001 年版，第 142 页。

② 斯皮瓦克：《从解构到全球化批判：斯皮瓦克读本》，北京大学出版社 2007 年版，第 128 页。

第三节　全球化批判

作为当代批判性的文化学术思潮，后殖民理论极为关注全球化时代的压迫和不平等。在《后殖民理性批判》的第四章，斯皮瓦克认为，有三种力量在当今全球化时代展开博弈，它们相互抗衡，相互诘难。其一是世界银行、世界贸易组织等，它们根据资本流向与剥削价值重新绘制世界地图；其二是高谈历史终结，认同全球化世界的西方知识分子；三是那些反全球化，对抗“发展”意识形态的地方性庶民。斯皮瓦克指出，全球化的新情势，是新型微电子资本主义造成的国际劳动分工的深化，全球新殖民主义的攻击性日益强烈，核武器的阴影挥之不去，这些构成后殖民性的状况。资本主义的领土殖民主义和帝国主义时期开始于18世纪末，理论上终结于19世纪40年代中期，然后开始了新殖民主义。任何新近开发的国家即刚刚去殖民化或已经去殖民化的国家，都面临着一个“新自由派”世界经济系统的束缚。这一系统以前标榜发展之名，现在又抬出可持续发展(sustained development)，借此扫除横亘在此一系统和脆弱的民族经济之间的障碍，并摧毁任何社会资本重新分配的可能性。① 善于寻找替罪羊的殖民主义，直截了当地掩护帝国主义的剥削，美其名曰发展。世界银行是建立和协调发展的宏大叙述的主要机构。全球发展的一般意识形态是充满种族歧视的父权主义，其一般的经济学是一种资本密集型的投资，其宽泛的政治运作就是剥削和迫使庶民噤声，不断收编他们的抗议之辞。以发展之名行资本扩张的破坏之实的当代资本主义全球化的严重事件非常多，斯皮瓦克举例说，对美洲土著的土地掠夺与森林重建，对斯堪的纳维亚半岛、芬兰和俄罗斯麋鹿森

① Gayatri Chakravorty Spivak. *A Critique of Postcolonial Reason*. Cambridge, Mass., London: Harvard University Press, 1999, p. 257.

林的破坏，对印度森林的破坏和大规模改种常绿乔木的计划以及剥削孟加拉渔民的所谓防洪计划等就是如此。在此，被开发的民族国家不仅遭受了严重的生态损失，而且对自然的改造为当地开发者的权力运作和全球资本的共谋打开了方便之门。① 北方把过度消耗世界资源的罪过全部推到南方的人口爆炸，怪罪到南方的穷女人身上，然后借此反过来把女性当成议题，正当化所谓的援助，转移世人的注意力，掩盖北方的过度消费，这就是全球化的实质。

在《责任》一文中，斯皮瓦克批判了西方所谓的对于第三世界的责任，并以孟加拉防洪计划为例，揭露了西方霸权致力于根除第三世界声音的阴谋。孟加拉是土地肥沃的小国，几条大河不断改变着地貌。这些汹涌的河流发源于周边国家，一路汇集水源流过孟加拉，最后注入孟加拉湾。因为气候和地理环境的原因，孟加拉多雨。洪水泛滥对于这个小国是经常的事情。泛滥的洪水提供了丰富的水藻，肥沃了土地，养活了大量的人口。1988 年孟加拉发生了百年难遇的洪水。法国总统密特朗在巴黎峰会上把孟加拉的防洪问题列为援助第三世界的中心议题。1993 年 5 月 26 日，欧洲议会就孟加拉防洪计划进行公开辩论。25 号防洪计划是法国提出的第一个方案，计划的内容是在不断变化的河域建起"法老式"的笔直的大型堤岸。国际货币基金组织投入一百亿美元的流动资金，再生成更多的资本。七国集团的政府是该项目的捐助者。但这一计划的目的是要改变本地的经济模式，它将系统地把那些界限分明的河流分割为私有财产和私人产业，建立体系化的农业资本。而当地的庶民、渔民和草根阶层的农民不断地阻挠资本主义的全面影响，因为洪水对于当地的水稻种植来说并不意味着坏事。孟加拉人根据河水季节性的变化，长期以来种植两种稻谷，其中一种适合在雨季生长。洪水带来的肥沃土壤和水藻是最好的肥料，而以堤岸"保护"土地则失去了可以肥沃土地的水藻，化肥又破坏了原有的生态系统。本土的孟加拉农民一直

① Gayatri Chakravorty Spivak. *A Critique of Postcolonial Reason*. Cambridge, Mass., London: Harvard University Press, 1999, p. 380.

在用传统的有效的方法疏浚河流，现在的外国顾问没有耐心去采取这些办法，也没有领悟到这种方法的好处。世界银行根本不在意会议上的抗议人群，他们要平息抗议的声音。这样，“反帝的话语被贬为是愤世嫉俗的尖酸刻薄的”①。斯皮瓦克指出，这一计划的交流发生在欧洲与欧洲之间，其他人被蔑称为一出老套戏里的表演者。他们把胜利归功于己，在做总结时使它看起来像是对有条理的质询做出一个负责任的反应。所有的责任可能都是责任的假象。“他们曾头头是道地说欧洲对其他地方的人民负责任，但在后者争取国际资本的自决权时，他们又是如此的言行不一。”②斯皮瓦克揭露世行的虚伪，引用波德莱尔的话说：“他的目的是在做好事的同时做一笔好买卖，在挣四十美分的同时赢得上帝的心，少花钱也能登上天堂，总之就是要免费获得一张善心人士的证书。”正如世界银行环境部副主任的抱怨，谈参与其实只是说说而已，没有人真正要询问农村穷人想什么要什么。斯皮瓦克愤慨地说：“对自然界中的人类负有责任的欧洲，当它的代表们质疑世行时，却听不到庶民的声音。”③一个年老的农民运动领袖阿卜杜·萨塔·卡恩在会议发表演讲时，欧洲议会不提供从孟加拉语转换到英语的同声翻译，他由一位出席会议的孟加拉人不同步地宣读一份质量不佳的英译本，分配给他的 20 分钟也根本不够用。虽然严格说来，卡恩是一个中产阶级的农民党派的领袖，还算不上是没有土地的农民和草根阶层的渔民，但他的出席表明，庶民在发言之前就被认定没有发言的能力，对于他们要发言的意图也没有给予恰当的回应。斯皮瓦克讽刺说，欧洲议会“考虑不周而一味

---

① 斯皮瓦克：《从解构到全球化批判：斯皮瓦克读本》，北京大学出版社 2007 年版，第 269 页。

② 斯皮瓦克：《从解构到全球化批判：斯皮瓦克读本》，北京大学出版社 2007 年版，第 269 页。

③ 斯皮瓦克：《从解构到全球化批判：斯皮瓦克读本》，北京大学出版社 2007 年版，第 269～270 页。

筑堤拦水的这种作法，正是海德格尔对动物的概括”①。他们不考虑动机，只有合理的期望，只有合乎逻辑的私利计算，只有含糊地被称为欧洲共识的东西。庶民的声音被不断地抹去，被强制性地抑制，其背后是西方的资本霸权对于自身利益的扩张和对于庶民利益的漠视。

作为庶民民主权利代表的非政府组织，其声音很难被听到。斯皮瓦克指出，在联合国大会“非政府组织论坛”露面的非政府组织已经彻底地受到捐助国的审查，他们发言的内容完全按照联合国提供的范围拟定。“自由化多元文化主义是受制于当代跨国资本主义的要求的，这一点不是什么秘密。这是在全球金融化主流项目中为表面赢得发展中国家的同意而采取的一个重要的公关动作”②。美国跨国公司（TNCs）定期派工商管理专业的学生到国外学习语言和文化。1990 年，全国州长协会的报告质问：“我们如果还没有学会顾客的语言，怎么在全球经济中销售我们的产品？”国家语言研究机构以文化研究的名义与商业社团挂钩，不仅是为了吸引那些讲民族语言的本土居民，而且还特别为了吸引来自前殖民地国家的新移民学生，以便他们也能进入白人克隆的围地。③ 资本主义势力就这样收编、围剿边缘庶民的文化权利。

《流散之新与旧：跨国世界中的妇女》一文关注第四世界的妇女。新的跨国性，新的流散者，通常指的是欧洲的移民，是那些作为人力出口的男人们和女人们、偷渡边境的人、寻求政治避难的人等等。流散人群之所以值得关注，是因为他们偏离了当代民主社会所能够赋予的一般公民权利。在理想的民主国家里，有军事的、体制的或政治

① 斯皮瓦克：《从解构到全球化批判：斯皮瓦克读本》，北京大学出版社 2007 年版，第 272 页。

② 斯皮瓦克：《从解构到全球化批判：斯皮瓦克读本》，北京大学出版社 2007 年版，第 350 页。

③ 斯皮瓦克：《从解构到全球化批判：斯皮瓦克读本》，北京大学出版社 2007 年版，第 351 页。

选举之外的机构保障个人的权利，通常的领域如医疗、教育、福利和社会安全以及刑法或犯罪法，都属于公民社会范畴，而一个能够得到国家的公民服务的个人就是理想状态下的公民。但这种理想状态与现实有多远我们当然很清楚，特别是站在同性恋者、妇女、土著和穷人的角度看，现实与理想的差距显而易见。在一个理想的公民社会，如果这个国家是一个福利国家，那么它直接就是人民的公仆，而“跨国劳动分工严重损害了在发展中国家进行社会再分配的可能性，在公民社会的环境下，我们可以重申跨国劳动分工的确削弱了在发展中国家建立有效公民社会的可能性。自工业革命以来，这些国家的命运是以下列等式为体现的：殖民主义、帝国主义、新殖民主义、跨国劳动分工。从帝国主义到新殖民主义的转变发生在这个世纪中期，最迫切的但又被节节挫败的任务就是建立公民社会”①。公民社会体制的破坏是当下世界的现状。在北方，长期以来完备的福利体制正在瓦解，而流散他国的二等公民经常是那些最受打击的受害者。在南方，农村的穷人和城市的赤贫者是最大的受害者。在这两个阵营里，妇女都是最受奴役最受剥削者，只是方式不同而已。政治避难似乎与经济移民不同，但实际上都是把资本主义收编到民主的旗帜下，资本主义以为全球金融服务的标签实现了对公民社会的操控。妇女和其他无权的阶层一样，在公民社会里从未获得过完全的公民权和个体独立存在的权利，换句话说，从未成为国家的一等公民。把批判视野扩展到全球化时代的文化不平等和资本主义控制，关注庶民的权利，斯皮瓦克承担了全球化时代后殖民知识分子的伦理责任，表达了参与和改变社会现实的政治热情。

斯皮瓦克在后殖民批评家中身份特殊，作为身处美国主流学术圈里的东方人，作为男权社会里的女性，作为来自第三世界的移民，斯皮瓦克面临多重压力。她的思想资源和研究主题涉及马克思主义、女权主义和解构主义。应该说，这三种理论互有裂隙：马克思主

① 斯皮瓦克：《从解构到全球化批判：斯皮瓦克读本》，北京大学出版社2007年版，第285页。

义在解构主义看来是宏大叙事，女性问题很少被马克思关注，但斯皮瓦克并没有融合这三种理论，而是保持其各自的界限并策略性地加以运用：以解构主义反西方霸权，在第三世界女性立场批评西方女性主义，借用马克思主义关注庶民等等。吉尔伯特说："斯皮瓦克怀疑文本自身有其一致性，她主张一个文本中的矛盾、不和谐之处有可能是对后来的知识型或开创型著作最有启发的地方。……其实她一直坚持认为理论和实践应该彼此把对方引入有积极意义的危机之中。"①正是这样，看似驳杂和不可调和的理论在她那里却具有后殖民理论的一贯色彩，即反霸权和维护伦理正义。斯皮瓦克把自身的种种不利条件转换为学术上的创新机制，她伸张弱势群体的权利，关注贫穷、歧视、战争、迁徙、女性、奴役等文化现象，揭露西方知识分子的新殖民主义虚伪，表现了极大的批判精神和斗争激情。日本学者滨下昌宏总结了斯皮瓦克学术活动的意义，一是，作为一个富于创造力的马克思主义者，她批评西方知识分子和马克思主义者，质疑西方学术传统并称之为"西方理性"，她喜欢站在那些没有教养的、边缘的、被压迫的人群一边。二是，作为一位有着印度血统的女性学者，她认为西方学者缺乏自觉的知识分子意识，她试图"站在教学机器之外"。三是，作为弱势群体的同情者，她调查庶民如何抵抗政权，如何在后殖民世界生存。她发现西方帝国主义者注意不到的方面，进而否定他们打造的普遍主义观念。她对西方的强权政治和人文主义两方面都有深刻的理解，从而在不断变化的世界保持高度清晰的头脑。② 美国学者朱迪斯·巴特勒高度赞誉斯皮瓦克，她说："斯皮瓦克以非凡的复杂性和技巧，在国际框架内描绘出当地出现的代理机构的细节。她对所读文本不同寻常的思考和对全球化力量到来的观

---

① 巴特·穆尔-吉尔伯特：《后殖民理论》，南京大学出版社 2001 年版，第126 页。

② 滨下昌宏：《印度因素的重要性：甘地，森，斯皮瓦克》，载《西北师大学报》2006 年第 2 期。

察能力，使她成为我们时代独一无二的知识分子。”①

斯皮瓦克本人对其第三世界批评家和身处西方主导论述机构的复杂关系的意识是相当自觉的。既是边缘性的论述，又身处西方文化中心，必须借助西方中心论述表达边缘身份，那么，这种表达是否会与中心论述构成共谋？这种表述是否真是第三世界的立场？这些问题很难寻求确定的答案。在大力谈论边缘的时候，边缘似乎获得了发声的空间，但边缘有可能变为中心论述的陪衬，这就反过来确认了中心。斯皮瓦克说：“当某种文化身份因为中心希望有一个可辨认的边缘而加于某人身上时，对边缘性的强调只会保证中心的确认。”②多元文化主义的本意是发掘第三世界的民族文化，但最欢迎多元文化主义的是跨国公司，后者把这种富于解构的主张变为资本扩张的依据，变为巩固现存资本主义文化等级的支援。对于后殖民知识分子的伦理责任，斯皮瓦克是非常明确的，她说：“至于知识分子，我说过，知识分子就是知识分子，我不认为知识分子应该成为某个政治党派的代言人。但这并不意味着你不能在政治上受到启发或鼓舞，因为政治和政党不是一回事儿。知识分子是公众的知识分子，须得有某种程度的诚实，以便能够反对某个党派的路线，即使这样做存在着危险。”③不管表述的最终效果多么难以预料，只要敢于承担知识分子的伦理责任，后殖民理论家的正义担当就值得人们铭记。

---

① 滨下昌宏：《印度因素的重要性：甘地，森，斯皮瓦克》，载《西北师大学报》2006 年第 2 期。

② Cayatri Chakravorty Spivak. *Outside in the Teaching Machine*. New York and London: Routledge, 1993, p. 55.

③ 斯皮瓦克：《后殖民主义、女性主义、民族主义与想象》，载《文艺研究》2007 年第 11 期。

第三章　文化混杂与文化抵抗：霍米·巴巴的后殖民理论

萨伊德、霍米·巴巴和斯皮瓦克各自为后殖民理论构筑了不同的论域，这些论域既相互交叉又相互补充甚至相互诘难，它们共同展开了后殖民研究的多种维面。萨伊德的主题是殖民话语批判。萨伊德以西方殖民时期的东方学为个案，揭露了其非学术实质，但他没有涉及殖民话语在殖民地运作的实际后果，用他自己的话说，东方学与东方无关，实际的东方如何并不是他研究的范围。在《东方学》中，萨伊德认肯了殖民者的霸权和被殖民者的无权状态。在《文化与帝国主义》中，萨伊德提出的对位阅读法主张从殖民者和被殖民者的双重视角解读文本，表明后殖民理论家开始意识到殖民话语与被殖民话语关系的复杂性，而正是霍米·巴巴把这种意识提升到了理论层面。霍米·巴巴后殖民研究的主题，是通过殖民主义意图与其实际后果之间的错位，呈现殖民话语文化旅行的复杂性和矛盾性，进而颠覆殖民话语的霸权，并在抵抗诗学的建构中释放被殖民者的斗争意识，在殖民和被殖民的历史交错中开辟新的文化空间，重构被殖民者的主体性。

萨伊德的殖民者与被殖民者的对立观念来自黑格尔的主奴辩证法和萨特的他者概念，对霍米·巴巴影响最大的则是法侬和拉康。巴巴认为，在试图探讨反殖民主义、民族主义、独立或者任何此类的政治行为时，欲望、无意识、梦、精神病理学等应该得到阐释说明。在对法侬的重新发现中，巴巴发挥了重要作用，其对法侬的解读正是演绎其后殖民批评的开端。巴巴在多篇文章中谈到了法侬，他所理解的法侬思想的主题是："他可能渴求人类和社会的总体改造，但却最有效地从历史变化的不稳定的间隙中说话：即从种族与爱欲之间的矛盾情感领域；从文化与阶级之间尚未解决的矛盾中，从心理再现和社会现实的斗争深处。"①"在他的绝望的、命定的对解放的辩证法的寻求中，法侬探索了这些思想的边界：他的黑格尔主义给历史以希望；他的存在主义对自我的召唤给边缘以在场；他的心理分析结构揭露了种族主义的疯狂、痛苦的愉悦和政治权力的斗争的幻想。"②巴巴指出，法侬在尝试改造真理和价值时，参差不齐的殖民错位的证据，对时间和人的移置，对文化和疆域的破坏等，都使他无法建构关于殖民压迫的总体理论。"反殖民压迫的斗争不仅改变了西方历史的方向，而且也向西方把时间作为进步的、有序的整体的历史主义'观念'提出了挑战。对殖民地非人格化的分析所异化的不仅仅是启蒙时代关于'人'的观念，而且也向作为事先给予的人类知识意象的社会现实的透明度提出了挑战。如果在殖民地的紧急状况下西方的历史主义秩序受到干扰，那么，受到更大干扰的就将是人类主体的社会和心理再现。"③巴巴认为，法侬并不是以自由人文主义的普遍主义的术语提出殖民地人民的问题，比如殖民主义何以否定了人权；他也不是就人的存在提出本体论问题，比如谁是被异化了的殖民地人；他是以需求与欲望的精神分析学语言提出殖民文化的异化问题，对在社会主权话语中发展起来的个人与社会权威的形态提出了根本质疑。法侬关注殖民者与被殖民者之间的精神的个人的现实，而不关

---

① 霍米·巴巴：《纪念法侬：自我，心理和殖民条件》，载罗钢、刘象愚等的《后殖民主义文化理论》，中国社会科学出版社 1999 年版，第 203 页。

② Homi K. Bhabha. "Interrogating Identity: Frantz Fanon and the postcolonial prerogative". *The Location of Culture*. London and New York: Routledge, 1994, p. 41.

③ 霍米·巴巴：《纪念法侬：自我，心理和殖民条件》，载罗钢、刘象愚等的《后殖民主义文化理论》，中国社会科学出版社 1999 年版，第 205 页。

注马克思主义的政治经济军事这样的公共领域，并对之采取了动态的变化的而非二元论的静态的操作方法。巴巴的结论是："尽管殖民关系中的双方的'合伙人'角色在精神上的两难局面指向双方之间的某种合谋性，但同时也通过可被称为心理游击战的过程，开辟可令本土主体围困殖民势力的一些难以预料的、迄今未被认识的途径。"①法依的理论表明，与殖民地状况更切合的不是黑格尔主义式的主奴辩证关系的解读方式，而是对立的、有差异的拉康式的"他者"方式。

拉康对主体性和主权都提出了质疑。拉康认为，只有在一种依存从属关系中，主体才成为主体，主体的构成依赖于他性。与萨伊德对立殖民者西方与被殖民者东方不同的是，巴巴超越了主客、东西、我他之间的对立，而是以矛盾、含混、模拟、在之间、第三空间等概念表述自我与他者之间的关系。巴巴批评萨伊德说："在萨伊德那里，总是存在着这样的看法，即殖民者完全拥有殖民权力与话语，这是一种在历史上和理论上的简单化。"②萨伊德认为，东方是西方殖民话语的沉默的他者，是没有主体性的被规训的对象。巴巴则认为，殖民者与被殖民者的关系比人们预想的要复杂得多，殖民话语的权力效果并不像萨伊德所认为的那样充满自信，殖民者与被殖民者之间的混合的模式超越了殖民权力的想象，"殖民话语不再像它宣称的那样有权威并保持一致，因为重复和差异的影响出现了固有意义的滑落(slippage)的倾向"③。巴巴的后殖民理论以对法依的纪念为起点，以对殖民话语的批评为开端，以一系列诸如混杂性、模仿、反讽、第三空间、时间滞差、错视画等概念为核心，致力于分析殖民话语与被殖民文化的复杂关系，以此展开其抵抗的文化诗学。

---

① 巴特·穆尔-吉尔伯特等：《后殖民批评》，北京大学出版社 2001 年版，第 88 页。

② 霍米·巴巴：《他者问题：陈规与殖民话语》，载阎嘉等的《文学理论精粹读本》，中国人民大学出版社 2006 年版，第 322 页。

③ 巴特·穆尔-吉尔伯特：《后殖民理论》，南京大学出版社 2001 年版，第 152 页。

第一节　现代性反思

一、殖民话语批判

在《他者问题:陈规与殖民话语》一文中,霍米·巴巴分析了殖民话语中的陈规(stereotype)。巴巴指出,殖民话语的一个重要特征是对"固定性"概念的依赖,"殖民主义话语中的固定性(fixty),作为文化、历史和种族差异的标志,是表征的一种矛盾方式:它意味着僵化和一种固定不变的秩序,也意味着无序、退化和着魔般的重复"①。殖民话语中的陈规表现为它们始终徘徊在"存在的"、某些需要重复的事物之间,这种陈规在话语中从来不需要证实。"殖民话语的目的,是要把被殖民者分析为在种族根源上是退化的种群,以便证明征服是合理的,并建立其行政和指导体系。""但殖民话语却把被殖民者创造成了这样一种社会现实,即被殖民者立刻就成了'他者',并且是完全可认知的和可见的。它类似于一种叙事形式,主体和符号的生产与流通借此被局限于一种革新了的和可辨识的总体性之中。它使用了一个表征系统和一种真理的统治,它们在结构上与现实主义相似。"②殖民话语既是学习、发现和实践的一个话题,也是梦想、意象、幻想、神话、着迷和需求发售的场所,它像词典和百科全书那样,成为"共时本质论"的一个静态系统,是有关稳定性能指的知识体系。"陈规并不是一种简单化,因为它是一种既定现实的虚假表征;陈规是一种简单化,因为它是一种被捕获的、固定了的表征形式,它在否定差

① 霍米·巴巴:《他者问题:陈规与殖民话语》,载阎嘉等的《文学理论精粹读本》,中国人民大学出版社 2006 年版,第 319 页。

② 霍米·巴巴:《他者问题:陈规与殖民话语》,载阎嘉等的《文学理论精粹读本》,中国人民大学出版社 2006 年版,第 321 页。

异的游戏(经过他者允许的否定)时,构成了'表征'心理与社会关系之意义中的主体的问题。"①所谓陈规就是殖民话语中的套话,它刻板化被殖民者,比如非洲人的纵欲、亚洲人的狡诈、爱尔兰人的愚蠢等。作为一种分离的和矛盾的信仰形式,为了得到成功表述,陈规需要一种持续不断的重复的链条。陈规需要被不断地重复,并与其他的陈规相互指涉,而每一次表述都将给人以愉悦和震撼。巴巴总结说:"话语的主体是在权力机器的内部建构起来的,它在'他者'知识这个词语的意义上'包含'了——一种被捕获的和恋物的知识,这种知识通过殖民话语循环,成了他性的有限形式以及差异的形式,我把它叫做陈规。"②因此,他者应该以拉康的方式解读,霸权总是要制造自己形象的对立面,他者形象包含在霸权话语之内,被霸权话语定位,通过定位进而被规训、被固定,他者形象就变成他者本质了。巴巴指出:"孟德斯鸠的土耳其,巴特的日本,克里斯蒂娃的中国,德里达的印度,利奥塔的异教徒,都是这种包含战略的一部分。他者永远是注解差异的一部分,从来不是主动的表达者。他者在一种拍摄一倒卷一拍摄的系列启蒙策略中被援引,被利用,被界定,被曝光,被打包。关于差异的叙述和文化政治成了封闭的阐释循环,他者失去了表意、否定、生发自己历史的欲望,建立自己制度性对立话语的权利。不管对他者的文化内容了解得如何全面,不管再现时的反种族中心论如何坚决,正是宏大理论的这种封闭制造了知识的对象,差异的温驯体。"③

二、现代性反思

殖民话语产生于西方现代性。在《后殖民与后现代:代理问题》

---

① 霍米·巴巴:《他者问题:陈规与殖民话语》,载阎嘉等的《文学理论精粹读本》,中国人民大学出版社 2006 年版,第 324 页。

② 霍米·巴巴:《他者问题:陈规与殖民话语》,载阎嘉等的《文学理论精粹读本》,中国人民大学出版社 2006 年版,第 325 页。

③ 霍米·巴巴:《献身理论》,载罗钢、刘象愚等的《后殖民主义文化理论》,中国社会科学出版社 1999 年版,第 193 页。

一文中，霍米·巴巴反思了西方现代性的历史。巴巴指出，后殖民批评意在揭露三种"社会病症"：（一）在争夺现代世界的政治权威与社会权威的斗争中，文化表象之间不平等和不均衡的力量对比关系；（二）现代性的意识形态话语是如何为不同的（常常是弱势的）国家、种族和民族设定一个霸权主义规范的；（三）现代性的理性化过程是如何掩盖和压抑其内在的矛盾与冲突的。巴巴认为，这些社会病症再也不能在阶级斗争的视阈中获得解决。马克思主义的问题，除了其种族主义色彩外，它和资本主义一样认肯现代性的世界观，认为所有问题都只需以阶级斗争为武器在经济层面加以解决，但这种经济主义不能包含人类最深刻的渴望。巴巴说，西方现代性在种族主义的进步神话中同化文化差异，实际上是遮蔽了文化的异质性和边缘文化的存在空间，种族主义的线性历史观是"一种使现代文化的种种共同体之空间幻想普遍化的企图，这些共同体正在同时代的意义上生活着他们的历史，在万众如同一人的'同质的虚无时代'中，万众如同一人剥夺了边缘和阈限空间的少数派，这些少数派正是能够从这个边缘和阈限的空间，来干涉民族文化的大一统的种种神话。"①没有殖民地的时间滞差，现代性话语就不可能被书写。反对殖民压迫的斗争不仅改变了西方历史，而且挑战了其进步的有序的整体历史时间观念。殖民人格解体不仅异化了启蒙运动关于"人"的思想，而且挑战了社会现实的透明性，在殖民过程中，"黑人被其自卑所奴役，白人被其神经质倾向的优越感所奴役"②。后启蒙时代的被殖民者，分裂了启蒙哲学关于人的形象，肢解了其外形，粉碎了其存在的时间性。白人的眼光摧毁了黑人的身体，在这种认知暴力行为中，他的所指结构被越界，他的视阈被打乱。殖民活动也是反向摧残，"在否认

---

① 霍米·巴巴：《"种族"、时间与现代性的修订》，载巴特·穆尔-吉尔伯特等的《后殖民批评》，北京大学出版社 2001 年版，第 268～269 页。

② Homi K. Bhabha. "Interrogating Identity: Frantz Fanon and the postcolonial prerogative". *The Location of Culture*. London and New York: Routledge, 1994, p. 43.

殖民世界的文化方面的差异状况时——在要么变白要么消失的欲求中——殖民者自己困于身份偏执的矛盾中，在自大的白日梦和迫害之间轮替。”①在如此矛盾的认同中带着白面具的黑人把他们文化混乱的痛苦转变为政治颠覆上的策略。

后殖民提供了看视西方现代性的另一个视角，呈现了现代性的另一面。巴巴指出：“后殖民批评见证了现代世界秩序中的牵涉到政治和社会权力方面的不平等和不均衡的力量。后殖民视角产生于东西、南北中的地理政治的划分，产生于第三世界国家的殖民表述和少数族话语。它们干预现代性的意识形态话语，试图给予富于差异性的、经常是处于劣势的民族、种族、社群、人民以权利的‘常态’。”②当前关于后现代的论争质疑了现代性的诡诈——它的历史性的反讽、它的进步的二律背反、它的表征的难点等等。建立于现代性的普遍主义叙事之上的 19 世纪的历史主义宏大叙事牵涉进化论、功利主义和福音主义，在另一个疆域和文本的时空中，就可能是殖民的工艺和帝国主义控制。巴巴认为，西方现代性的时间和民族叙事建立在“同质性”(homogeneity)之上，它依据线性历史观，把人类文化排列在先进或落后的时间轴上，把非西方他者按照等级顺序排列在历史进化的末端。现代性时间观具有排他性和等级性，它使人们看到划分成东西方的两级镜像(尽管是内容和意图倒置的镜像)，这种非历史的划分发生在 19 世纪，它以进步的名义使区分自我和他者的帝国主义意识形态得以产生，巴巴把帝国主义的这种意识形态称为“时间的延迟性”(belatedness of time)。

---

① Homi K. Bhabha. “Interrogating Identity: Frantz Fanon and the postcolonial prerogative”. *The Location of Culture*. London and New York: Routledge, 1994, p. 61.

② Homi K. Bhabha. “The postcolonial and the postmodern: The question of agency”. *The Location of Culture*. London and New York: Routledge, 1994, p. 171.

第二节　文化混杂与第三空间

霍米·巴巴分析了殖民话语的意义延宕，主张文化的混杂性。他认为，殖民文化和被殖民文化在混杂的飞地会形成抵抗性的第三空间，在此，殖民文化被改写，混杂性的后殖民文化将产生新质。巴巴的后殖民批评理论以一系列相互关联的概念为焦点，我们拟选取其中重要部分展开其后殖民论述。

一、模拟(mimicry)

模拟最初来自生物学领域。昆虫为了在生存环境中不至于成为被猎食者，往往会长出和周围环境无分别的保护色以确保自己不被发现。拉康在《精神分析的四个基本概念》中论述了模拟的“变色龙机制”，霍米·巴巴借此提出了殖民模拟(colonial mimicry)的理论，即被殖民者经常通过阳奉阴违的手法介入西方殖民权力空间，通过文化翻译的渠道，挪用和复制殖民者的价值观，以颠覆殖民者的普世主义图谋。巴巴的模拟概念与后殖民小说相关。在后殖民小说家如拉什迪、奈保尔、福斯特等人的小说中，有大量描写被殖民者对殖民者表面服从实则颠覆和消解霸权并从中获益的反抗策略。巴巴重点论述模拟概念的是《模拟和人》一文，这篇文章的副标题是“殖民话语的矛盾”。在文章的开篇，巴巴引用了拉康的话：“模拟透露了某些自身及其背景的事物。模拟的结果是伪装。它不是与其背景的一致，而是抗拒斑驳的背景而变得杂色，就像人类战争中的伪装。”模拟就如战争中的伪装，看上去与敌人具有同一的色彩，但其目的却是对抗。这一句引语极其精练地概括了巴巴模拟概念的要义。在文章中，巴巴论述了模拟的心理机制，分析了殖民与被殖民模仿之间的复杂纠缠和出乎意料的反讽结果。萨伊德假定了东方与西方的区别，并认为西方可以无碍地在东方施展其支配权力，但巴巴认为，东西方的权力关系并不是清晰地截然对立的，其关系应该是含混的(ambivalent)。巴巴指出，殖民主义以历史的名义行使权力，但它经常以闹剧的形式操练其权威。相对于其宏大的殖民使命，其结果却以反讽、模拟、重述的文本收场。从殖民想象的高调理想到其低端的模仿文学，在这一喜剧性转折中，模拟总是以最难以琢磨的、最具有效果的策略出现于殖民权力和知识之中。殖民话语的控制意向经常导致相反的、致使被殖民者造反的、解构帝国控制力的结果。

模拟表征了反讽性的妥协。“殖民模拟是对一个重塑的、可辨认的他者的欲望，这个他者是‘几乎是，但又不完全是’(almost the same, but not quite)的不同主体。”①殖民话语建立于矛盾之上，为了产生预期的影响，模拟必须不断地滑移，不断地超越自身，不断地引起差异，模拟因此就被非决定论所侵袭：模拟以不同的表征出现即是对自身的否定。模拟对正常化知识和规训性权力构成了威胁，模拟的殖民话语的权威性因此也就显示出某种不确定的特征：模拟显示出的是一种差异的再现，这种差异本身就是一种拒绝全盘接受的过程。模拟实际上是一种双重表述的符号，一种复杂的改良、规约和律令的策略，它在将权力具体化的同时挪用了(appropriates)他者。“模拟同样也是不可挪用的符号，是一种差异或桀骜不驯，它强化了监督机制(surveillance)并且对已经被规范化的(normalized)知识和学科权力构成了内在的威胁。”②

模拟对于殖民话语的权威性影响巨大。殖民占有的成功依赖于不相称的客体的增殖，而这加速了其策略的失败。巴巴讲述了一个经典案例。19世纪早期的查理·格兰特的福音主义英语教育体系

① Homi K. Bhabha. “Of mimicry and man: The ambivalence of colonial discourse”. *The Location of Culture*. London and New York: Routledge, 1994, p. 86.

② Homi K. Bhabha. “Of mimicry and man: The ambivalence of colonial discourse”. *The Location of Culture*. London and New York: Routledge, 1994, p. 86.

基于基督教的政治改革信念，也是东印度公司在印度所需要的主体建构的基本原则，它试图通过改变印度人的行为方式，使之形成英国式的人格。但处于宗教传播和印度人对自由的狂热之间的矛盾困境，格兰特声明，基督教只能在有限范围内扩散，他主张通过基督教教义的改革结合印度等级制度以防止可怕的政治结盟。巴巴指出，在无意中，格兰特宣传的基督教信仰变成了社会控制的形式，这就与他所设想的基督教教义相矛盾。这种有限度的改革产生了对于英国人的行为方式的空洞的模仿，其最终目的是使印度人处于英国人的保护之下。这样，格兰特就反讽了他的道德计划，也侵犯了基督教原则。

模拟一直是帝国的政策目标。比如，劳德·麦考莱在1835年的《国会备忘录》中嘲笑了印度的学术，鼓吹英国艺术和学术在印度的再生产，最具策略性的是通过英国文学的教学实现这一目的。麦考莱建议，应该把欧洲学术的富饶告知给一个处于英国和数千万被英国统治的人之间的中间阶层，一个具有印度血液和肤色但具有英国趣味、观念、道德和智慧的阶层。在巴巴看来，麦考莱建议的结果是，被殖民主体被建构为“几乎是，但又不完全是”的主体。对殖民文化、行为、方式和价值观的模仿既是嘲弄也具有威胁性，模拟泄漏了殖民话语的局限性，不可避免地导致其解体。巴巴指出，麦考莱所说的模拟人(mimic man)在吉卜林、福斯特、奥维尔、奈保尔的写作中呈现出来，其结果是，“在殖民模拟中，英国化肯定不是英国”①。模拟的威胁并非来自面具下隐藏着的真实身份，而是来自其双重视界，它揭开了殖民话语的含混，破坏了其权威。因此，后殖民书写的威胁不必出现于对殖民话语的直接的对抗中，而可从殖民权威的消解，从模拟即潜在的嘲弄这一事实中来。麦考莱的解释者和奈保尔的模拟人既是殖民需要的合适的主体，也是不合适的主体，因为他们的行为超出了

---

① Homi K. Bhabha. “Of mimicry and man: The ambivalence of colonial discourse”. *The Location of Culture*. London and New York: Routledge, 1994, p. 87.

殖民权威的控制，殖民文化潜在的是自我解构性的。巴巴指出，模拟人是殖民欲望的转喻，他们疏离了他们产生在其中的殖民控制话语的常态，通过有限在场的重复，搅乱了文化、种族和历史差异，进而威胁到殖民权威的自恋需要。模拟反转了殖民占有，如福柯指出，通过伸张其权力，解放了边缘因素，破坏了人的存在的统一性。巴巴说，这个过程就像监视的置换，在此观察者变成被观察者，部分的重复疏离了其本质。这就是殖民控制与反控制的基本逻辑，它超越了殖民话语的初衷。

模拟的演现(performance)与禁止同在，殖民话语在此演现，但又必须被隐瞒，演现的差异因此带来对权威的质疑。模拟欲望的他者是不可能的，因为他者在不断地抵抗意指。“殖民模拟的欲望——被禁止的欲望——可能没有一个客体，但它有一个策略性的对象，我称之为在场的转喻(metonymy of presence)”。① 那些殖民话语的不对称的意指，通过重复构造的身份的变异，比如类人猿似的黑人、说谎的亚洲人，形成了“在场的转喻”。它们在话语中都是策略性的欲望，构造了被殖民者的反常的表征。这些转喻都是非压制性的矛盾和多重信仰的产物，它们通过策略性的混乱和文化意义的削减穿越了文化的界限。在模拟中，身份和意义的表征沿着换喻之轴被再表述，如拉康提醒我们的，模拟就像伪装。模拟并非与对差异的压迫一致，而只是形式的相似，这个形式通过部分的演现区别或者反对在场。在白人在场与黑人相似之间，出现了模拟中的混杂这一殖民主体问题。模拟的含混——几乎是但又不完全是——表明，被迷恋的殖民文化具有潜在的矛盾的对抗性和吸引力。在伪装之下，模拟，就像迷恋，尖锐地让人们重估关于种族、书写、历史的标准化知识。因为模拟所模仿的权威形式正在解权威之点上，模拟重述了它所否定的他者的在场。巴巴论述道：“在不似不白的混杂的世界，在大都市欲望的边

---

① Homi K. Bhabha. “Of mimicry and man: The ambivalence of colonial discourse”. *The Location of Culture*. London and New York: Routledge, 1994, p. 89.

缘，西方世界正在寻找的客体变成了漂泊的行为古怪的附属的殖民话语的客体。在此，身体和圣书区分了它们的表征权威。黑皮肤在种族主义的凝视下分裂开来，置换为兽性的可笑的符号，这又泄漏了白色身体的病态性的恐惧。在此，那本圣洁的伟大的书——圣经——包含十字架和帝国的双重标准发现自己被奇怪地肢解了。"① 欧洲国家在积极地进行殖民的时候，重写了自己的历史，产生了霸权。西方将霸权强加给殖民地人民，而有过这种经历的殖民地人民就能够揭露西方内在的矛盾。在殖民话语的流变中，模拟既有被殖民的痕迹，又有本土文化的印记，它基于被殖民文化对于殖民话语的有意识的误读和接受。"在殖民的过程中，会发生转变，殖民者不得不冥顽固执，他们的世界观不得不狭隘，因为他们不得不为他们的殖民统治辩护，而这种殖民统治在某种绝对的道德意义上又是不可辩护的。被殖民者尽管是殖民的受害者，但他们别无选择，只能扩展他们的视野，他们被迫通过他种文化、他种传统向人们言说，因此，被殖民者的视野得到了扩展，具有悖论性质和讽刺意义的是，被殖民者变成了本土的世界主义者"②。

《后殖民研究读本》的三位编者在序言中说："对于巴巴，模拟并非意味着放弃对抗，毋宁说，模拟包含着公然的对抗。对抗并非降低为意图，而是宰制性的事物中所隐含的、其作为错位表征的干涉之中所矛盾地固化着的东西。模拟的结果即混杂的形态也挑战了'纯粹'和'可信'这样的假设，对于帝国主义的抵抗经常建立在这样的假设之上。确实，混杂并非代表着腐朽和衰败，可能如巴巴所说，反而是最普通最有效的颠覆形式，它在所有的歧视和宰制的场所演现了必

---

① Homi K. Bhabha. "Of mimicry and man: The ambivalence of colonial discourse". *The Location of Culture*. London and New York: Routledge, 1994, p. 92.

② 霍米·巴巴：《后殖民主义、身份认同和少数人化》，载《外国文学》2002年第6期。

要的变形和置换。"①在巴巴的后殖民理论中，模拟表述的是殖民者和被殖民者的含混复杂的关系。当殖民者鼓励被殖民者模仿殖民者的文化习性、观点、体制和价值观的时候，其结果并非简单的复制，更多的时候是对殖民者的污损性的嘲弄，这是因为模拟从来与嘲弄相距不远，模拟因此打开了殖民控制的裂缝，打开了对被殖民者行为控制的不确定性。模拟对于殖民话语而言总是潜在的不稳定因素，它在帝国控制的结构中导向政治和文化的含混性。

二、含混(ambivalence)

在心理学上，含混指的是持续性的既需要某物又想要其反面的心理波动，霍米·巴巴取之以指殖民者与被殖民者之间的吸引和排斥的复杂关系。在巴巴的后殖民批评中，含混破坏了殖民权威，因为它搅乱了殖民者与被殖民者之间的线性关系。一方面，对于殖民者而言，他们到殖民地后，看到自己的文化被投射，在道德上产生罪恶感与优越感相互交织的复杂心态，因此对自己的文化信心不足，同时又因对殖民地文化不够了解，被不能预期的社会政治局势以及殖民话语的不可预料的后果所搅乱，因而产生身份的认同危机；另一方面，被殖民者对于殖民者的现代文化有向往之心，对于自己的落后文化产生厌恶感和自卑感，在主权、文化等方面产生认同混乱，但由于殖民话语的移植变异，他们又经常利用之以对抗殖民者。被殖民者从来不绝对反对殖民者，有些被殖民者与殖民活动还构成同谋关系，殖民活动对于被殖民者既是剥削也有好处。在殖民者与被殖民者的交织对抗与妥协的过程中，双方实际上是一种相互依赖又推拒的复杂关系。②

含混的这种用法也给巴巴带来了很大的争议，因为既然殖民关

① Bill Ashcroft, Gareth Griffiths and Helen Tiffin. *The Post-Colonial Studies Reader*. New York and London: Routledge, 1994, p. 9.

② 廖炳惠：《关键词 200：文学与批评研究的通用词汇编》，江苏教育出版社 2006 年版，第 8～9 页。

系总是矛盾的，必定导致其自身的解体，这就不需要被殖民者的抵抗和革命了。巴巴争辩说，殖民话语必定是含混的，因为它从来不希望被殖民者是殖民者的精确的复制品。比如，基督教义与印度本土文化的结合，产生的是英国礼仪风尚的赝品。这就表明，帝国自身的矛盾不可避免地导致了其衰落。巴巴举例说，印度人曾经接受了基督教教义，但他们并没有无条件地接受，他们对受洗没有兴趣，对于违反其伊斯兰教义的观念予以拒绝。“当本土人提出这些跨文化的、混杂的要求时，他们既挑战了殖民话语的边界，又通过建立另一个独特的文化混杂的协商空间巧妙地改变了这些术语。”①巴巴认为：“福音派信念的基础遭到了敌对文化传统的反对。转译过程在殖民再现的核心开辟出政治文化斗争的另一场所。在这里，对本土符号的坚持玷污了神的权威语言，在实行统治的过程中，主人的语言成了非此非彼的杂交之物。揣摩不透的被殖民主体总是亦默许亦反对，让人放心不下，这就产生了一个殖民文化权威无法解决的文化差异问题。”②当权威置身于另一种文化的传播过程中，权威也变得含混起来。殖民话语在对被殖民文化控制的过程中，不可避免地走向矛盾，这也就消解了殖民控制的线性霸权。

三、混杂(hybridity)

在园艺学中，混杂指的是两个物种通过嫁接或交叉授粉而产生的杂交品种。混杂也被运用在语言、文化政治、种族等方面，指交叉学科发生交流时产生的不同于双方的混合体新领域。在巴赫金那里，混杂指的是多义语言的分裂性的变形力量，是在“单个词语的界限内、词语的范围内两种社会语言的混杂，两种被时代、社会差别或

① Homi K. Bhabha. “Signs taken for wonders: Questions of ambivalence and authority under a tree outside Delhi, May 1817”. *The Location of Culture*. London and New York: Routledge, 1994, p. 119.

② 霍米·巴巴：《献身理论》，载罗钢、刘象愚等的《后殖民主义文化理论》，中国社会科学出版社 1999 年版，第 196 页。

者其他因素区分开的不同语言意识之间的混杂"①。巴赫金借助混杂概念研究中世纪的民间幽默反抗封建领主的严肃文化所导致的复调之音，霍米·巴巴借用巴赫金的混杂概念，认为混杂是"殖民权力生产力的标志，它表示所有存在于被歧视和压迫中的必然变形和置换"②，是不同种族、族群、意识形态、文化和语言相互混合的过程。在《质疑认同》(*Interrogating Identity*)一文中，巴巴提出了殖民者与被殖民者的混杂性问题。巴巴从法侬《黑皮肤，白面具》中的多元心理和伪装的论述，分析出殖民过程的混杂交织性，以此颠覆殖民文化的统一性。帝国文化在转译过程中必然产生变异、落差，以致产生了被殖民文化的"几乎是，但又不完全是"，这就颠覆了殖民文本的稳定性和纯洁性，产生了富有差异的重复(repetition with difference)，在殖民文本和被殖民接受之间出现了中间地带(in-between-space)和殖民文化的裂隙，产生了抵抗殖民文化的空间，"它们通过种族、性别、暴力、文化甚至气候差异的离奇力量搅乱了权威表现，它们以混杂的混合和分类的形态出现于殖民话语之中"③。在混杂过程中，殖民者与被殖民者相互关联，它们互相建构对方的主体性。巴巴认为，文化身份产生于矛盾和含混地带，混杂不但去除了模式化的想象和疆界，而且其所产生的中间地带提供了多元想象与对抗策略的第三空间。在混杂中，异质性的文化彼此交织(inbetween)与交错(crosscutting)，释放出新的能量并产生新的意义。

与混杂概念相关，霍米·巴巴还提出了一个含义相近的概念：操演(performativity)。操演在文化人类学中往往与时间、仪式联系在

① Bakhtin Mikhail. *The dialogic imagination*. Trans by caryl emerson and michael holquist. Austin: University of Texas Press, 1981, p. 358.

② Homi K. Bhabha. "Signs taken for wonders: Questions of ambivalence and authority under a tree outside Delhi, May 1817". *The Location of Culture*. London and New York: Routledge, 1994, p. 112.

③ Homi K. Bhabha. "Signs taken for wonders: Questions of ambivalence and authority under a tree outside Delhi, May 1817". *The Location of Culture*. London and New York: Routledge, 1994, p. 113.

一起，指的是自我理解或主体认同的塑造过程。在《撒播：时间、叙述与现代民族的边缘》一文中，巴巴论述了民族大计(pedagogy)和叙述操演的关系问题。巴巴认为，民族大计指的是国家通过宏大叙事和民族认同的塑造，通过国旗、制服、教育、仪式等各种集体记忆来消除差异，强调某种同构性和时空的一致性；殖民者往往利用这种手段构造其合法性统治。而操演则通过叙事的方式，强调弱势群体在其中发现的矛盾，即弱势群体在殖民戏剧中的地位如何，是否有其发声的机会和空间，其发声是否需要获得某种规训的允许等。操演强调分类、矛盾、翻译、形变等，它致力于在再现的过程中产生差异和反省的转换空间。利用操演的方式，弱势群体得以宣称自己的不同于意识形态主体的权益，并展示其独特的时空历史。①

巴赫金的混杂是政治性的，因而它倾向对立面，挑战分裂和分离。“巴赫金的混杂让不同的观点在一个矛盾的结构中互相对抗，这就保留了一个自然力的、充满能量的开放性。”②就是这种混杂的潜力挑战了殖民文化的宰制。巴巴借助巴赫金的这种意义颠覆殖民权威，但混杂概念遭到了很多批评，因为它忽视和否认了其所关涉的文化之间的不平等，而且，因为强调语言和政治对于殖民者和被殖民者的双方的影响，混杂被批评为通过“洗白”文化差异，复制了文化同化论者的观点。批评者认为，后殖民状况下的混杂概念可视为当前话语分析在文化方面的非历史化(de－historicize)和非在地化(de－locate)倾向，并导向全球的文化观念，这一观念模糊了地方文化的独特性。③

---

① 廖炳惠：《关键词200：文学与批评研究的通用词汇编》，江苏教育出版社2006年版，第183页。

② Bill Ashcroft, Gareth Griffiths and Helen Tiffin. *The Post-Colonial Studies Reader*. New York and London: Routledge, 1994, p. 120.

③ Bill Ashcroft, Gareth Griffiths and Helen Tiffin. *The Post-Colonial Studies Reader*. New York and London: Routledge, 1994, p. 119.

四、第三空间(the third space)

在《后殖民与后现代:代理问题》和《新异如何进入世界》两篇文章中,霍米·巴巴论述了第三空间这一概念。在《文化的定位》的开篇,巴巴引述海德格尔的话:"边界不是止步不前的地方,如希腊人认识到的那样,边界是事物开始存在的地方。"第三空间是殖民话语和被殖民文化由文化转译所形成的落差性空间,它是存在于时空的间隙中的具有混杂性的空间。第三空间是由两种文化碰撞所产生的新的文化变体,它兼具两种文化的特征,但又不同于两者。巴巴说:"在文化翻译的过程之中,会打开一片间隙性(interstitial space)的空间,一种间隙的时间性,它既反对返回一种原初性的本质主义的自我意识,也反对存在于一种过程中的无边的分裂的主体性。"①第三空间是超越殖民活动意图的"既非这个也非那个"的处于似与不似之间的新的文化空间。第三空间颠覆了宗主国与殖民地、西方与东方、高级文明与低级文明之间的由东方主义所构造的二元对立,颠覆了霸权文化的始源性和唯一性,"富有意义的是,第三空间的生产能力有一个殖民或后殖民的起源。从自发下降到异己的领域……可能打开通向概念化国际文化之路,这种文化不是建立在多元文化的异国情调之上,也不是文化的多样性,而是在文化混杂的碑铭和表述之上"②。正是"之间"(in-between)的文化空间负载了文化的意义,巴巴说:"文化的所有形式都持续不断地处在混杂性的过程之中。但是对于我来说,混杂性之重要并不在于能够追溯两种本源,而让第三种从中而出,反之混杂性对于我来说,是令其他各种立场得以出现的'第三空间'。此一第三空间置换了建构它的历史,树立起新的权威结构、新的政治动因,而这些都是现成的智慧未能充分了解的……文化混杂

① Homi K. Bhabha. "The post-colonial question: common skies". *Divided horizons*. London: Routeldge, 1996, p. 204.

② Homi K. Bhabha. "The commitment to theory". *The Location of Culture*. London and New York: Routledge, 1994, p. 38.

性的过程引发了一种不同的东西，一种崭新的以前未被认知的东西，引发了一个意义和表征的谈判的新时代。”①第三空间是以解构自我与他者、东西、黑白对立为基点而构造的。“虽然第三空间本身是不能表现的，但它组成了发声的论述条件，保证文化的意义和象征不会有一种源始的统一性或固定性；同样的符号也可以被再挪用、翻译、重新史化和以崭新的方式阅读。”②第三空间是殖民文化与后殖民抵抗之间的协商空间（negotiatory space），再铭刻和协商的过程产生于暂时的符号之间的断裂，它从主体性和互主体王国中生发出来。由于话语的暂存性，理论事件为矛盾和对抗各方之间的“谈判”开辟了杂交场所，并且树立起斗争的目标，同时摧毁了知识和对象、理论和政治实践之间的对抗分野。巴巴指出：“批判语言之所以有效，并非因为它永远把主奴分开，把重商主义者和马克思主义者分开，而是因为它能克服已有的对立基础，打开一个互译的空间：形象地说，这是一个杂交场所，构建一个‘非此非彼’的新的政治对象，适当地疏离我们的政治期待，从而改变我们认识政治时机的形式。”③

在世纪之交，我们发现自己身处时空交错的过渡契机。时空交错产生了差异与同一、过去与现在、内部与外部、包容与排斥等复杂现象。因为“超越”之中有一种解方向意识，一种方向的骚动。告别单一的以“阶级”或“性别”为主要概念的组构范畴，结果便是这样一种学科立场意识，包括种族、性别、代沟、制度方位、本土地理政治、性取向等，都意识到它们在现代世界中必须确认身份，必须超越源始的主体性，执目于文化差异组构中产生的那些契机和过程。这些“之中、之间”的空间提供了悉心营构自我策略的土地，无论是单一的还是公共的自我，在界定社会理念的行为中，都获得了促生新的身份符

① 爱德华·W. 苏加：《第三空间》，上海教育出版社 2005 年版，第 182 页。

② Homi K. Bhabha. “The commitment to theory”. *The Location of Culture*. London and New York: Routledge, 1994, p. 37.

③ 霍米·巴巴：《献身理论》，载罗钢、刘象愚等的《后殖民主义文化理论》，中国社会科学出版社 1999 年版，第 187 页。

号以及革故鼎新的合作和竞争场地。在现代性视野中，差异的社会连接是复杂的进行时态的谈判，它意在把权威赐给诞生在历史转型契机中的文化杂交性。① 巴巴认为，对批评理论史的修正所依据的并非文化多样性的概念，而是文化差异的概念。“文化差异概念的焦点问题是文化权威的矛盾性：企图以文化至上的名义占据主导地位，但是这种至上的权威只有在表现差异的时刻才能产生。而文化差异的‘发布’和‘发布’时刻的关键问题正是文化作为指涉性真理的知识所具有的权威。发布过程导致文化认同行为出现分裂，一方面是传统文化主义者对某种范式、传统、群体和稳定的指涉系统的要求，另一方面是对作为一种统治或抵制实践的政治此在所表达的新的文化要求、意义、策略的确定性予以必要的否定。一方面是“左派”或右派的历史主义目的论或神话时间和传统主义叙事，另一方面如前所述是历史谈判政治表达中的策略移置和变动的时间，斗争往往在二者之间展开。法侬有力地指出，解放的时间就是文化不确定的时间，而且更重要的是表意或表征的不确定性的时间。”②文化发布的权威使得文化再现以及过去和现在、传统和现代的二元划分出现了问题。文化永远不是自在的一统之物，也不是自我和他者的简单二元关系。殖民话语在旅行中发生变异是必然的，巴巴说：“文化文本或意义系统不可能是自足之物，其理由是文化的发布行为（言说地点）被书写的‘异延’所涂画。这并不是人类学家所称的对待不同文化象征系统的不同态度，而是象征再现本身的一种结构——不是象征符号的内容或它的社会功能，而是象征过程的结构，正是语言过程中的这种差异成为意义生成中的关键并确保意义永远不是简单的模仿，永远不

① Homi K. Bhabha. “Introduction: Locations of culture”. *The Location of Culture*. London and New York: Routledge, 1994, p. 1～2.

② 霍米·巴巴：《献身理论》，载罗钢、刘象愚等的《后殖民主义文化理论》，中国社会科学出版社 1999 年版，第 197 页。

是简单透亮的东西。"①第三空间的介入使意义和指涉结构成为一个矛盾过程，它摧毁了习惯上把文化知识显示为统一的再现之镜的观念。这样一种介入方式理所当然地挑战了我们对文化的历史身份的看法：我们曾经把文化看做一种实施同质化和统一的力量；开源创始的过去使它真确无疑，民族传统使它万古长青。"正是第三空间构成了发布行为的话语条件，确保文化的意义和象征没有源本性的单一体或固定态，而且使同一符号能够被占有、转译、重新历史化和重新解读。"②

在《新异如何进入世界》中，巴巴认为，全球性和民族文化的非同时的错位打开了一个文化空间即第三空间，在此，差异性给边界的存在以一种特别的张力。"混杂的连字符强调了不可比较的元素——那些难以处理的顽固的东西——作为不同文化身份的基础。不同身份的表演性的本质在于：那些连续的、一致的、开放的空间中的规则和协商标明了边界，展示了单一的自动的差异符号的局限——无论它是阶级、性别或种族。这些社会差异的分配——在此，差异既不是这一个，也不是那一个，而是包含了中间地带的不同事物——发现它们的代理在未来的形式之中，在此过去不是源始性的，当前也不是简单的转换性的。如果我展开来，它就是一个裂隙性的未来，它出现在对于过去的声明和当前的需要之间。"③第三空间使得位于边缘的少数族的身份获得了演现性的动力，如巴特勒所详细表述的女同性恋者的身份，其被建立起来的独特性，既不在外，也不在上地被重新铭刻和反复书写，"从后殖民视角修正全球空间问题需要在文化差异方

① 霍米·巴巴：《献身理论》，载罗钢、刘象愚等的《后殖民主义文化理论》，中国社会科学出版社 1999 年版，第 198 页。

② 霍米·巴巴：《献身理论》，载罗钢、刘象愚等的《后殖民主义文化理论》，中国社会科学出版社 1999 年版，第 200 页。

③ Homi K. Bhabha. "How newness enters the world: Postmodern space, postcolonial times and the trials of cultural translation". *The Location of Culture*. London and New York: Routledge, 1994, p. 219.

面从人口统计学上的大多数转移到文化转换的边界的协商”①。因此，容许属下开口，发出不同的声音，社会机制就进入一个开放的再创造空间，在那里无论是发展还是社会公正，都可以结合它们的历史和地理学被重新考察，它们不是非此即彼的选择，而是处在亦此亦彼的无限扩展之中。第三空间是一种革新，意欲不断解构也不断重构，永远在努力走出我们理解世界的陈规旧习的过程之中。② 如美国学者格罗莉娅·安扎尔都娅所说：“但是，这一‘混血’也带来些许补偿，些许快乐。生活在边界和边缘地带，保留下自己游移不定的多元身份和人格，就像试图在一个新天地里游泳，一个‘异化’的天地……我对它们熟悉起来，虽然永远是不舒服的，也没有社会吵吵嚷嚷来坚持传统，要我返归乡曲，随波逐流。不，不舒服但那是家园。”边界产生了一种新的意识：混血意识，“我是捏合、联合、结合的行为，不光生产了黑暗也生产了光明的动物，同样还生产了这样一个动物：它质疑光明和黑暗的定义，赋予它们以新的意义”③。

与第三空间相关，巴巴经常使用阈限（liminality）这一概念，它源自 limen，意指阈限、临界，在心理学上指感觉和潜意识之间的阈限，在此界限之下，感觉无法感知。阈限的感觉形成了一个间隙性的、在之间（in-between）的空间。在巴巴的后殖民研究中，阈限描述的是“在之间”的文化变化的空间。在跨文化空间，个人或社群的自我可能建立，不同体制之间的运动和变迁得以发生。后殖民主体可以生存于殖民话语和新的去殖民的身份之间，但这并不是从一种身份转移到另一种身份，而是一个不断的论战、协商和挪用的过程。巴巴引证艺术史家瑞里格林把楼梯间的特征概括为“一个阈限性的空间，一

① Homi K. Bhabha. “How newness enters the world: Postmodern space, postcolonial times and the trials of cultural translation”. *The Location of Culture*. London and New York: Routledge, 1994, p. 223.

② 爱德华·W. 苏加：《第三空间》，上海教育出版社 2005 年版，第 162 页。

③ 爱德华·W. 苏加：《第三空间》，上海教育出版社 2005 年版，第 163～165 页。

个上下之间的通道，其上下都被瓷片装饰以意指黑白"①。以此表明，阈限可以意指一个象征性的交互空间。就像楼梯间，阈限空间否定了极端的诸如上下、黑白这样的身份。后殖民话语栖居在阈限空间，因为以帝国主义修辞为一边，以民族或种族的话语为另一边的思维模式存在很大问题。阈限与混杂联系在一起，因为，在固着的身份之间的间隙性通道打开了文化混杂的可能性，在此，无等级的差异被接纳。第三空间游荡在边缘之上，处于殖民与被殖民之间，是边缘群体对抗主流文化霸权的有效据点。第三空间是混杂化的空间，是文化创新的飞地。

第三节　文化转译与少数族理论

霍米·巴巴推崇文化的翻译和转换，认为文化在跨民族的旅行中会产生新变，它是第四世界的少数族构造其主体性的重要资源。巴巴的这一思想体现在文化转移和少数族两个概念中。

一、文化转译(cultural translation)

在一次访谈中，巴巴说：我坚决主张文化翻译，目的是像理解翻译一样去理解这个世界，而不是将它还原为一种语言。通过文化翻译，我们给每一种特殊的语言传统或文化文本以自己的空间。文化身份有一种对更广大的世界发出声音的渴求，满足这种渴求，是后殖民批评家的责任。② 那么，什么是文化转译呢？文化转译在什么意义上成为巴巴后殖民批评的重要概念的呢？

---

① Homi K. Bhabha. "Introduction: Locations of culture". *The Location of Culture*. London and New York: Routledge, 1994, p. 4.

② 霍米·巴巴：《后殖民主义、身份认同和少数人化》，载《外国文学》2002年第6期。

巴巴把自己的后殖民批评称为流亡诗学，他说："新世界主义的人口统计学是后殖民移民的历史，是文化和政治流散者的叙事，是农民和土著社群根本的社会转移，是流亡的诗学。"①流亡诗学的主题，是想象共同体的跨民族性与转译性（transnational and translational）。巴巴认为，作为生存策略的文化既是跨民族性（transnational）的又是转译性的（translational）。文化之所以是跨民族性的，是因为当代后殖民话语根植于文化置换的特殊历史，不论其是否是奴隶制和契约的中介、文明使命的远航、二战后到西方的第三世界移民，或在第三世界之内之外的经济和政治的难民；之所以是转译性的，是因为被如此置换的空间性的历史——伴随着全球媒介技术对于疆域的野心——使得文化如何意旨以及什么是文化意旨变成相当复杂的问题。② 跨国的文化变迁——迁移、离散、置换、重新安置——这一切使得文化翻译的过程成为一个复杂的意义表征形式。关于"国家"、"民族"或者真正的"民间"传统的自然的统一的话语，那些根深蒂固的关于文化的独特性的神话，并不能信手拿来作为参考。文化的这种处境尽管还不确定，但它的最大的优势就在于使你不断地意识到文化的构建性和传统的创新性。③ 也就是说，文化转译是随着全球化时代流散移民的出现，文化的相互交流转换所导致的文化身份的重新确认和重构现象。这种现象之所以成为巴巴关注的主题，是因为文化转译是边缘流散群体以身份建构对抗霸权文化的重要手段。巴巴指出，转译是文化交流的表演性的本质，转译的符号不断地标明在文化自主性及其表演性的实践之间的时空差异。时间的转译包含意义的运动，文化转译把始源置于运动之中，它是一个漫游性的出

---

① Homi K. Bhabha. "Introduction: Locations of culture". *The Location of Culture*. London and New York: Routledge, 1994, p. 5.

② Homi K. Bhabha. "The postcolonial and the postmodern: The question of agency". *The Location of Culture*. London and New York: Routledge, 1994, p. 172.

③ Stephen Greenblatt, & Giles Gunn, ed. *Redrawing the Boundaries*. New York: MLA, 1992, p. 438.

格,导致了意义永久的流放。“文化转译非神圣化了文化霸权的显明的设想。在此过程中,文化转译需要一个文脉的独特性,一个在少数族位置中的历史的差异性。”①

文化转译的所指是移民和外籍劳工,移居者的经验既是一个过渡的现象也是一个转换的现象。移居者的处于“之间”的文化、其少数族的位置戏剧化了文化的不可转译性,他的文化挪用超越了社会同化者的梦想,这是种族主义者的噩梦。文化转译亵渎了霸权文化的神圣性,亵渎不仅仅是从世俗论角度对神圣的错误表征,它是文化主体或文化传统在转换行为中的被压倒或疏离的时刻。在对传统的确实性和延续性的断言中,世俗的亵渎释放了当代性,展现了社会转型过程中的偶然性。文化转译“是生存的转换之梦,正如德里达把本雅明的翻译对生活的模仿(after-life of translation)翻译为时间概念一样,生存作为行动生活在边界之上”②。在交流过程中,语言必须被理解为被不同的社会和文化意旨系统所产生的连续性的斗争和变迁状态。巴巴的兴趣不在始源处,而在展现了间隙的异在元素,即“在之间”的、非决定性的当代性。异在元素不仅通过否定而且通过协商分离摧毁了意旨和沟通感的始源性结构。正是通过此,“新异才得以进入世界”。巴巴在定位自己的后殖民理论时说:“背靠文化差异的概念,我试图把自己放在界线性的立场,放在作为差异的文化建构的生产性空间之中,放在差异或他者性的精神之中。”③巴巴指出,文化互译的好处是,它承认批判主客体之间的历史关联性,消除了意识形态误识和革命真理之间的简单化的本质主义对立,如中国学者王岳川所言:“文化差异和文化碰撞,是异质文化之间得以沟通和转化的

---

① Homi K. Bhabha. “How newness enters the world: Postmodern space, postcolonial times and the trials of cultural translation”. *The Location of Culture*. London and New York: Routledge, 1994, p. 228.

② Homi K. Bhabha. “How newness enters the world: Postmodern space, postcolonial times and the trials of cultural translation”. *The Location of Culture*. London and New York: Routledge, 1994, p. 226~227.

③ 爱德华·W. 苏加:《第三空间》,上海教育出版社 2005 年版,第 180 页。

过程，因此，文化的定位（或身份的确认）既非完全是要使弱势文化被强势文化所吞没，也不是弱势要变成一个新的强势文化，而是通过互相的对话、交谈和商讨，使文化权力在双方之中达到一种均衡的发展和认同，并对双方加以制约和协调。"①巴巴区分了文化多样性和文化差异两个概念。文化多样性是一个认识论的对象，即文化作为经验知识的客体，而文化差异则是把文化当做"知识的"权威加以表述的过程，它可用于文化认同体系的建构。如果文化多样性是一个比较伦理学、美学和人种学范畴的话，那么文化差异便是一个指义的过程，通过这个过程，文化的表述和关于文化的表述便对力量、参照、应用和能力场的生产作了区分，并予以认可。文化多样性是对预先给定的文化内容和习惯的认可，由于它居于一种相对论的时间框架内，因此便会产生多元文化主义、文化交流或人类文化的概念。② 巴巴对在西方兴起的文化多元主义持批评态度，因为"多元"意味着有一个先在的决定一切的仁慈的、宽容的"中心"，而后再来虚怀接纳边缘的、少数的亚文化。但文化在根本上是不可通约的(incommensurable)。文化多元论是保守主义者和自由主义者的白色期望，詹穆罕默德说："多元论只被那些已经被主导文化价值同化的人们所欣赏，它掩盖着排斥异类的永久性企图。对多元论来说，种族和文化的差异只是一种异国情调，个人的癖好，只要不需要改变那已被嵌入主流意识形态保护体之内的个人位置，就可以得到纵容。这样的多元论容忍趣味和刺激的存在，它甚至会喜欢墨西哥饭店，却会阻止西班牙语作为教育媒介进入美国的学校。更重要的是，它拒绝承认歧视少数者的阶级基础，拒绝承认构成现代文化基础的对少数

---

① 王岳川：《后殖民主义与新历史主义文论》，山东教育出版社 1999 年版，第 65 页。

② 霍米·巴巴：《后殖民主义、身份认同和少数人化》，载《外国文学》2002 年第 6 期。

者经济的有计划剥削。”①

流亡诗学既是萨伊德、霍米·巴巴这样的身处第一世界却出生于第三世界的知识分子自身处境的现实描述，也是其对文化的切身体认。文化转移的中介既提供了其看视多种文化的多重视角，也给其身份认同带来断裂性焦虑。流亡诗学关注的对象是那些第四世界的国际移民、跨国劳工、流散人群、战争难民等。流亡对他们而言并没有文化旅行和文化杂交所带来的快感，而是文化振荡和文化冲击，其身份的无家化给予其流离失所以无尽的哀愁。但是，在巴巴看来，全球性的跨国社群在今天具有世界文化的意义，跨国的文化社群具有语言、宗教、文化传统的延续性，其在国际社会里的流动是全球化时代文化互动的新景观。这些社群既联系着原乡情感又把新异元素注入新的文化，它们构筑了本土世界主义的新文化。因此，后殖民理论家多在肯定的意义上看视流散状态。萨伊德极为推崇知识分子的流亡。流亡使知识分子处于特权和归属感这种安适自在的状态之外，流亡是处于两者之间的状态(state of in-betweenness)，流亡者可同时以抛在背后的事物和此时此地的实况这两种方式来看待世界，所以有着双重视角。新国度的一情一景总是引他联想旧国度的一情一景，在知识上，这就意味着以一种观念或经验对照另一种观念或经验，因而使得二者时常以新颖的、不可预测的方式出现。流亡的乐趣就是惊奇，任何事情不再是理所当然的，知识分子在此不只看到事物的现状，还能够看出其前因。流亡知识分子离开中央集权，走向边缘，在边缘所看到的事物是足迹从未越过传统与舒适范围的心灵无法看到的。流亡总能“视情境为因偶发的机缘而生成的(contingent)，而不是不可避免的；视情境为人们一连串历史选择的结果，是人类造成的社会事实，而不是自然的或神赋的(因而是不能

① 罗钢、刘象愚等：《后殖民主义文化理论》，中国社会科学出版社 1999 年版，第 362 页。

改变的、永恒的、不可逆转的)”。① 萨伊德得出结论说:“流亡的知识分子(exilic intellectual)回应的不是惯常的逻辑,而是大胆无畏;代表着改变、前进,而不是故步自封。”②由此,萨伊德提出知识分子的“世俗性”,知识分子永远站在“神谕”的对立面,他生活在世界之中,在空间上不固着于一地,在思想上不仰赖于一宗,他是一个无家的流浪者。流亡是一种隐喻,是边缘性知识分子立身处世的自我定位。知识分子对立于权势,他不固着于文化的本质论,不走向文化的对抗论,他流亡于世界之间,奔波于文化的疆界,他是世界主义者,不固着于本质论的终极实在。

斯图亚特·霍尔在谈到“后殖民”这一术语的应用价值时,也表达了与巴巴和萨伊德类似的观点。霍尔认为,殖民是跨文化的,它从来不是简单地外在于帝国大都市,而是深深地铭刻在它们之中,就像它不可磨灭地铭刻在殖民地文化之中一样。“这种双重的‘铭刻’打破了殖民系统的清晰的内、外分界线,帝国主义的长久历史正是建立在这一界限之上,而‘后殖民’经过许久努力才走向前台。因此,后殖民这一术语不仅仅描述‘这一’而非‘那个’社会,或‘那时’而非‘现在’。‘殖民’应被重新视作本质是转译性的和跨文化的国际化过程的一部分,它产生了一个非中心化的、流散的或全球的对于早期民族中心的帝国宏大叙事的重新书写。‘后殖民’的理论价值因此就存在于对‘这里’和‘那里’、‘彼时’和‘当前’、‘家园’和‘国外’视野的拒绝。”③台湾学者廖炳惠认为,“离散具有拓展文化空间与文化参与的作用,因为‘离散族裔’被迫出入于多元文化之间,‘离散’在当今的语境下,比早期涉及放逐与大规模族群被迫搬迁的悲苦情境来说,或许

① 爱德华·W.萨伊德:《知识分子论》,生活·读书·新知三联书店 2002 年版,第 54~55 页。

② 爱德华·W.萨伊德:《知识分子论》,生活·读书·新知三联书店 2002 年版,第 57 页。

③ Stuart Hall. “when was ‘the post-colonial’? Thinking at the limit”. Diana Brydon. *Postcolonialism: Critical Concepts in Literary and Cultural Studies*. London and New York: Routledge, 2000, p. 242~243.

在某个层面上，也拥有其更宽广和多元的视角，因而得以重新参与文化的传承、改造与颠覆”。① 流亡者处于一种“中间的”、“非同一的”(non-one)文化中介位置，他既不归依原乡的文化中心，也不固守新异的文化认同，他处于一种边缘性的文化暂存性状态，这种中间状态超离于殖民地本土文化和帝国霸权文化，它是一种游离的过渡性的边缘(margimity)，这种状态正是巴巴所推崇的文化混杂。流亡产生新的文化空间，提供了萨伊德所说的认知特权，蕴涵了新的颠覆策略，这就是巴巴提出的本土世界主义的文化策略。巴巴最近的工作重心是移民者的流亡问题，他称自己为“离散人民的拾荒者”。后殖民的第三世界现在已经变为由难民、移民、散居族裔、跨国劳工、流亡知识分子等组成的“第四世界”。传统的后殖民在抵抗欧洲霸权主义和殖民主义文化之后，又再度面临西方新霸权、新殖民的威胁。巴巴说：“一个民族的最重要的有关权利和义务的语言，必须在与移民、流散者(diasporic)和难民有关的反常的、歧视的法律和文化地位上提出疑问。不可避免地，他们发现自身在文化和民族之间的疆界上，经常在法律的另一边。”②本土世界主义不是走向“资本主义的世界主义”，而是走向一个同步的(synchronous)、均衡的(symmetrical)世界主义。“本土世界主义是一个地理弱化下认知模式分歧化的想象场域。文化不再固态化，不再被视为某个地方绝对的‘驯服单位’，而是在流动、接触、交换、冲突中形成人类的新文化。”③

二、少数族(minority)

后殖民批评家关注边缘性的少数族群，他们在少数族群的文化

---

① 廖炳惠：《关键词200：文学与批评研究的通用词汇编》，江苏教育出版社2006年版，第72～73页。

② Homi K. Bhabha. “The postcolonial and the postmodern: The question of agency”. *The Location of Culture*. London and New York: Routledge, 1994, p. 175.

③ 宋国诚：《阅读“左派”：四海之内皆过客》，网络文章：http://pots.tw/node/2198。

声音中看到了颠覆主流文化和重构新世界的可能性。霍米·巴巴在很多地方谈到了少数族的文化力量，他说，关于少数人的理论，不是指数量上的事实，不是少量的人的少数人化，而是指一个全球性的过程，它力图理解与全球化俱来的整体范围内的人口统计学和领土的变化这一语境下的少数族的权力要求。少数人居于一种夹缝之中，他们从来就不是完全的公民，只享有部分的身份资格。巴巴声言，少数人化不仅是一种与全球化并置的东西，而且是一种努力去思考本土的干预主义的尺度。属于少数族的人们运用另一种方法来测度全球性，这种全球性的测度方法并不针对以空间运动为导向的问题，而是解决临时性问题，针对我们所谈论的关于重新思考重新展示民主程序的中介性本质的问题。[①] 居住在大城市贫民窟里的劳工、美国的黑人群体占据着真正的殖民地地位，构成了少数族问题的核心和本质，他们的身体被隔离，在法律和风俗方面也受到精神上的歧视。“作为人民大众的一个部分，一个受人尊敬的、完整的部分，没有哪个人类群体小到可以被忽略的地步……”[②]在世界历史的叙述中，没有哪一种历史的时间和发展是微不足道的：不能以它们渺小无力或者不愿意趋同为借口将它们驱逐出民主表述之外。反殖民主义的少数族的策略向殖民主义体制提出了挑战，这种策略是重新划分帝国主义强行分割的种族歧视的范围，将其分成外部领域（物质的机构）和内部领域（文化的认同）。通过将内部领域/外部领域的区分模式印刻到歧视性霸权的主要帝国主义话语内部的、殖民主义的自我/他者的二元模式上，反殖民主义策略逆转了帝国主义霸权，或者创立了一种“不恰当的”反殖民的模拟：这种歧视性霸权的帝国主义话语包括社会生活领域里的公开和隐私，法律领域里的风俗和合同，土地和所有权领域里的财物和房产等。在《黑人学者与印度公主》一文中，巴巴以杜波依斯为例，论述了少数族实现正义和颠覆霸权文化的可能

---

① 霍米·巴巴：《后殖民主义、身份认同和少数人化》，载《外国文学》2002年第6期。

② 霍米·巴巴：《黑人学者与印度公主》，载《文学评论》2002年第5期。

性。巴巴指出，杜波依斯对于民族国家是否能够代表和保护少数族有着持久的怀疑。黑人群体被强行排挤出民族的文化共识，这就促使杜波依斯将少数族这一概念阐发为一个富有权柄的“部分性群体”：“一个由各种不同的小群体所组成的临时联合政府，它也许比较容易成为表达人类意志、解放人类灵魂的最有效的方法。”①杜波依斯处在民族社会的边缘，既与黑人世界相毗邻，又接近白人世界，朝着“民族间”的方向发送具有双重目的的信息。杜波依斯提出的思想表明，在所有的现代民族中，唯有受到剥夺的人，即那些被殖民和被奴役的人才坚信，在现代社会，试图使歧视、隔离和全球性的非正义永久化在道义上是不可能的。

弱势群体指的是没有权力和权威、没有自己代理权的人，而不是指数量上的少数派。少数族理论致力于探讨独裁统治的局限性，从意识形态角度增强群体的代理能力，其目标是在公民社会实现全球正义或自由多样化，“少数者批评呼吁的努力，是要建立一个能够真正容忍差异性的社会与文化体制；并且它还要批判把人简化成一种普遍性模式的主流结构，在这一点上，它与后结构主义与后现代主义有着明显的相像之处”②。在巴巴看来，弱势化是检视民主的视角和尺度，我们既要摆脱民族的视角，又不能忽视民族的框架；既要承认民族的先在性，又要对抗政府的强制性。巴巴说：“与杜波依斯所谓的‘并置结构’保持一致，作为反殖民策略——推翻殖民主义者的种族歧视、照搬物质领域而在文化领域则认清自身——的双重模拟，允许受到种族歧视的人去设想一个文化‘差异’的同时代，去争取一种区别之中有平等的权利。”③在巴巴的思想脉络中，公民身份问题不但与少数族群体、流亡者、散居者、移民、被边缘化者和下层民众相关联，它还以其他方式与那些将自己视为多数族裔的人相关联。全球

① 霍米·巴巴：《黑人学者与印度公主》，载《文学评论》2002 年第 5 期。

② 罗钢、刘象愚等：《后殖民主义文化理论》，中国社会科学出版社 1999 年版，第 369 页。

③ 霍米·巴巴：《黑人学者与印度公主》，载《文学评论》2002 年第 5 期。

化强调现代社会的断裂，公民资格是一个非常好的例子，它可以说明你是如何归属和不归属的，它可以展示在一个人们更加忙于四处奔波的世界中，家的情感和情愫是怎样的，因为，公民资格是公众行动的可能性。在巴巴看来，公民资格是在不同形式的社群中代理(agency)彼此共存的能力，是于任何给定的时刻在公众领域内采取有意义的行动、建构公众领域的能力。在强调公众领域和公民资格时，还存在一个归属问题，所以公民身份问题强调并且包含了当代全球化内部的张力。

借助文化杂交和少数族的文化力量，构筑混合性的第三空间，以非历时性、演现性(performative)、间隙性(liminal)、非连续性对抗线性历史观和教导性(pedagogical)宰制，强调暂时性(temporality)以反对文化本质主义，巴巴以知识分子的正义伦理重新书写了处于流亡状态的第四世界边缘群体的抵抗策略。在巴巴那里，“对‘暂时性’的强调意在对抗历史主义主张事件与观念是透明的、线性的同一体的观点，并提出一种非连续的再现模式来标记人民、民族与民族文化”①。本土世界主义的意义所指不是对抗也不是融合，而是居间的、互动的、流动的存在状态。巴巴认为，后殖民反写的意旨不是对抗，而是协商和对话，其意在颠覆西方的自我中心论，巴巴称之为“现代性的后殖民考古学”(a postcolonial archaeology of modernity)，即以边缘声音的重构反击帝国叙事，以使被淹没的历史重见天日，如此，“先前未被恰当表现的社会对抗和矛盾的形式、正在形成过程中的并以混杂形式表现的政治身份，将重新获得一种文化阐释的形式”。②

巴巴后殖民批评的重点是分析殖民话语内部的矛盾性，如混杂、模拟等，正是这些表征了殖民话语的易脆性，其目的是要揭示殖民话

---

① Homi K. Bhabha, ed. *Nation and Narration*. London and New York: Routledge, 1990, p. 292.

② Homi K. Bhabha. “Conclusion: race, time and the revision of modernity”. *The Location of Culture*. London and New York: Routledge, 1994, p. 252.

语的支配性假象，在殖民话语和被殖民话语的间隙中释放出反殖民的策略：混杂就是打破殖民者与被殖民者、西方与东方对立的意识形态；模拟是在被殖民者对于殖民者的复制中制造滑稽模仿，从而颠覆殖民统治，创造间隙性的第三空间；在当今语境下，少数族则是后殖民主体，蕴藏着反抗霸权文化的力量。巴巴认为，被文化历史学家和文学理论家所发展的后殖民视野，从欠发展社会理论或依附理论的传统分离而出，作为一个分析的模式，它尝试修正那些民族主义者和本土主义者的教学，后者建立了第三世界和第一世界的二分对立的结构。后殖民视角抵制整体形式的社会解释，它强调对于更复杂的文化和政治边界的认识，而且，“后殖民批评话语需要辩证的思考形式，不能抵赖或否认建构了精神和社会身份的象征领域里的他者。后殖民批评表述的不可比较的文化价值和优越性不能被文化相对论或多元论所消融”①。

斯皮瓦克认为，对于主导文化而言，属下他者不能以承认的方式加以同化，也不能以仁慈的心态确认其存在，更不能代表属下说话，而应以完全异样的方式给予其异质性空间。可见，萨伊德和斯皮瓦克是以绝对对立的方式看待西方和东方他者，他们要么承认东方他者的沉默地位，要么认定东方认知的不可能性。与这种悲观主义不同，巴巴的后殖民理论揭示了东西方的对立因为话语意义的延宕而变得不可能，西方霸权在东方他者身上必然产生滑稽模仿，东方他者因为有第三空间而可能产生抵抗策略。通过分析殖民话语的异延性效果，发掘文化创新的混杂空间，巴巴赋予后殖民抵抗以新的力量。

三、对霍米·巴巴的批评

超越东方主义，不是以西方主义对抗东方主义，不是以东方本位对抗西方霸权，不是以民族主义对抗现代性，而是强调世界文化与文

① Homi K. Bhabha. “The postcolonial and the postmodern: The question of agency”. *The Location of Culture*. London and New York: Routledge, 1994, p. 173.

明的互动和相互激发，强调文明的越界、混杂和融合，强调和而不同和互通有无，这是萨伊德和霍米·巴巴的后殖民理论的要旨。巴巴关注的是“不及物”的抵抗模式，也就是非显性非暴力的抵抗。巴巴认为，多种原因导致殖民势力内部存在着动荡的隐患，其一，殖民者在企图进行监管时，“无意识地”、“非故意地”、不自觉而必然地引起了“拒斥、封锁和徒劳”；其二，殖民活动的施行依赖处于对立地位的他者，这就必然给殖民者的权威凝视带来麻烦。被殖民者除了通过及物的有形的暴力反抗殖民者外，还通过回敬殖民者的眼光挑战殖民者的权威，这种注视与反注视不仅是精神性的，也是政治性的。巴巴通过一系列概念沟通殖民话语与被殖民文化，其文化混杂的概念在一定程度上揭示了当前全球化时代文化的存在状态，其抵抗的文化政治学区别于经典马克思主义的阶级革命理论，也区别于法侬的暴力斗争论，但这种文化抵抗策略遭到了多方面的批评和质疑。

事实上，所有文化都是非本质性的，都是混杂的结果，那么，后殖民时代的文化混杂具有什么样的独特性呢？如果人类所有文化都是混杂性的，那么是不是意味着全部的人类历史都是后殖民的历史呢？巴巴的混杂概念显然没有顾及这一点，其后殖民批评的重点是殖民双方的文化落差、文化混杂的两难局面，其意在以文化的无法对译所产生的焦虑与自由发展空间去质疑扭转权力关系。特尔奇批评巴巴说，在这里，权力的真实关系仍然没有改变，或者实际上被更为人道的奴役形式按照殖民者的喜好得到加强。① 巴丽批评巴巴的文化混杂概念，是“模糊了法侬的殖民情况的范例：本土人与侵略者之间的不能平息的敌对”②。罗伯特·杨也说，巴巴把含混建构于殖民话语

---

① 巴特·穆尔-吉尔伯特：《后殖民理论》，南京大学出版社 2001 年版，第 172 页。

② Benita Parry. “Problems in Current Theories of Colonial Discourse”. *Oxford literary review* 9(winter 1987), p. 47.

时,“那种非决定性并不能对殖民论述的策略运作构成威胁”①。在文化混杂的过程中,殖民地人民是否意识到了殖民话语的矛盾性和其自身的抵抗能力,是难以明了的。土耳其学者瓦莱丽·肯尼迪说:“假使拟态就被殖民者一方而言是无意识的,那它就不可能是有意图的颠覆。另外,殖民者话语的矛盾性也绝不会减损这种话语作为帝国镇压工具的效能。”②正是把关注点放置在殖民话语及其效果方面,论者指责巴巴推崇法侬的早期作品,几乎完全漠视法侬号召对殖民者进行暴力行动的其他著作。③ 在吉尔伯特看来,这种对法侬的纪念(remembering)其实是肢解(dismembering)法侬。吉尔伯特认为,弗洛伊德的精神分析学建立在对宗主国和边缘充满道德感的划分之上,边缘的意义在致力于非西方文化的他者化,与宗主国的规范相比将其确定为欠缺的或先前的。也就是说,弗洛伊德关于正常和非正常的概念很大程度上是以西方和非西方文化的二元对立为依据的,这是一种公然的帝国主义精神分析政治。吉尔伯特批评巴巴:“让人感到奇怪的是(他)对弗洛伊德话语中明显将物神崇拜种族化的方式未作任何评论。”④由于把分析重点放在殖民话语方面,詹穆罕默德认为巴巴绕过了有关欧洲人和当地人之间实际冲突的复杂历史,而去关注好像存在于真空中的殖民话语。伊格尔顿批评说:“允许人们谈论文化差异,但不允许——或不允许多——谈论经济剥削。”⑤这样,巴巴轻视了对殖民统治予以反抗的各种实际形式,不论这种形式是非暴力的,还是暴力的。巴巴对文化多元化和文化差异

① Robert Young. *White mythologies: Writing History and The West.* London and New York: Routledge, 1990, p. 145.

② 瓦莱丽·肯尼迪:《萨伊德》,江苏人民出版社 2006 年版,第 101 页。

③ 巴特·穆尔-吉尔伯特:《后殖民理论》,南京大学出版社 2001 年版,第 176 页。

④ 巴特·穆尔-吉尔伯特:《后殖民理论》,南京大学出版社 2001 年版,第 181 页。

⑤ 巴特·穆尔-吉尔伯特:《后殖民理论》,南京大学出版社 2001 年版,第 188 页。

的推崇，对边缘文化的去蔽也可能产生意想不到的矛盾性后果。跨国资本主义正需要文化多元主义以实现其资本市场区域化的目的，在此，后殖民理论有可能成为其意识形态共谋。

第四章　马克思主义、民族主义与后殖民理论

第一节　后殖民理论与学术建构

殖民主义在其开端就遭遇反调之声。在欧洲内部，反殖民主义声音与殖民主义的历史一样悠久。早期的反殖民主义者基于人道主义立场反对帝国殖民。天主教的主教拉斯卡萨斯在哥伦布踏上新大陆之后50年所写的《印第安人毁灭报告》中，首度对西班牙占领美洲在道德和法律上提出质疑；伏尔泰、孟德斯鸠等人都从人权立场上谴责奴隶制度；英国保守主义政治家伯克为殖民地人民的权力辩护，其名著《法国大革命反思》反对英国的滥权，主张与美国和谈。殖民的主要动机是经济利益，但在殖民之初，就有人从经济立场反对殖民主义。帝国的经济学家主张自由贸易，争论殖民是否必要。亚当·斯密著《国富论》，反对殖民地可获利的观点，攻击重商主义系统下的保护主义。斯密认为，对殖民地的经济垄断造成国内贸易项目萎缩，导致本土工业失去竞争力、资本被转移等弊端；边沁认为，对于宗主国而言，殖民地的利益是虚幻的，因为保护它们的费用太高，为它们所引发的国际冲突付出的代价也太大，如果没有殖民垄断，贸易将会获

得更多利润;詹姆士·密尔和霍布斯等人也认为,殖民地的维系只是为了少数特权者的利益,殖民地给国家带来的只有麻烦。源自英法等国的普世人权观念以及各民族的自决权观念,推动了殖民地的解放运动。普世人权的观念此后成为1948年《人权共同宣言》的基础,成为少数族抗争的理论根据。殖民就是入侵和奴役。近代帝国主义的殖民史伴随着本土人民的反抗历史。从帝国主义的奴役开始,反抗就从来没有间断过。罗伯特·杨从政治、思想和军事等方面总结东西方对抗殖民主义的主要方式,如下:以欧洲道德和人道精神反对殖民主义,如启蒙运动、反奴隶运动、人权理论等;以欧洲自由经济思想反对殖民主义,如史密斯、布莱特、巴斯夏等人;帝国列强之间存在的欧洲、非欧洲的敌对,如美国、日本、苏俄等;肯定拓居者殖民地有自决的政治权力,如美国、加拿大、玻利维亚等;殖民民族主义,如印度、巴基斯坦、波兰、土耳其、中国等;反殖民国际主义,如泛非洲主义、泛阿拉伯主义、泛伊斯兰主义、黑人精神运动等;工业罢工、土地改革和公有主义所引发的动荡、农民叛乱等;马克思主义国际主义和武装民族解放运动,如中国、越南、古巴、安哥拉、莫桑比克等。① 就历史的角度观察,后殖民理论是上述一切抵抗运动的产物。后殖民理论的前驱可以追溯到非洲裔美国思想家杜波依斯、南非思想家索尔·普拉杰、法属马提尼克岛精神病医师法侬、非洲批评家钦努阿·阿契贝、澳大利亚印度裔历史学家拉纳吉特·古哈等人。他们多半在西方受过教育,在自身身份认同被撕裂的心理矛盾中提出文化上的反殖民策略。敏米认为,殖民主义所造成的文化上的严重后果,是被殖民者被从其历史和文化中连根拔除,使其对于自己的生活方式、记忆与语言产生遗忘与憎根。法侬指出,殖民主义通过对被殖民文化的侮辱,使被殖民者否定自己的文化,被殖民者在产生心理分裂之后,力图漂白自己,带上白面具,进而摒弃与毁灭自己的文化。阿契贝认为,殖民者使被殖民者认肯自己的劣等性,即使殖民者撤走,被

---

① 罗伯特·杨:《后殖民主义:历史的导引》,台湾巨流图书有限公司2006年版,第170页。

殖民者仍然无法恢复被殖民的文化伤痛。这些理论家以其对于宗主国和殖民地文化关系的思考构成后殖民理论的前史。此外,20 世纪 20 年代的美国黑人哈莱姆文艺复兴运动、60 及 70 年代的英联邦文学研究、60 年代的美国黑人民族主义运动等都为后殖民理论的产生奠定了文化根基。

20 世纪 80 年代以来,后殖民理论成为后现代之后席卷全球的文化批评思潮。后殖民思潮在西方兴起的原因,吉尔伯特认为有两个,一是越来越多的第三世界知识分子进入西方学界,这使得文化差异问题变得突出并具体化;二是由于西方的人道主义课题失去了生机,以此为业的教师陷入失落而又不甘雌伏,于是当一种新的人道主义登上舞台时,就受到了这些批评家的欢迎。① 从更大的国际文化语境看,后殖民理论的兴起有着更为复杂的原因,概括而言有这么几点:一是历史的。20 世纪四五十年代第三世界民族国家纷纷摆脱西方殖民主义统治,政治独立了,但殖民统治对第三世界民族文化心理的影响却是难以消除的。随着原殖民地文化建设的任务提上日程,文化民族主义开始出现,但本土知识分子发现再也不可能回到原初的本土文化,西方殖民主义文化已积淀为殖民地文化的新传统,因此,民族文化的现代建设不得不面对殖民主义的历史影响。二是现实的。20 世纪 80 年代以来的经济全球化使非西方文化面临失语的危险,第三世界知识分子必须解决本土文化现代性历程中如何自立如何面对西方文化的问题,后殖民理论反霸权反西方中心的主题成为引发学术话题的契机。非西方国家一方面被迫纳入西方现代化体系,在一定程度上认同西方国家的现代化模式;另一方面又存在传统文化与西方现代文化的冲突,因此民族性/世界性、传统/现代、本土/全球等成为学术争论的问题。特别是近年来民族间的冲突不断升级,后殖民理论很容易成为东方反对西方的理论支持。三是文学的。后殖民作家的跨语境写作致力于反抗西方霸权展现真实的殖民历

① 巴特·穆尔-吉尔伯特等:《后殖民批评》,北京大学出版社 2001 年版,第 51 页。

史，其文学创作正在改写英语文学史，尤其是多位诺贝尔文学奖获得者把后殖民写作推向世界文学的前台。同时，民族间文化交流的不平等，文化接受与文化过滤、翻译与文化殖民、大众传媒的帝国主义倾向、文化工业的全球化等问题与后殖民理论的勃兴构成了互动。四是个人的。这一点对于后殖民理论的产生不是可有可无的。后殖民理论家大多来自第三世界，他们对民族传统文化有感同身受的体认，晋身第一世界后对于西方文化霸权又有切身体会，因此批评西方中心论成为其学术主题就不难理解。

作为受到后结构主义影响的广义的文化研究的一支，后殖民主义反对前此在英美学术界流行的新批评的文本解读和文学性讨论，致力于考察西方政治实体与第三世界民族的文化转换和文化再现问题。过去30年来，后殖民由一系列议题和辩论发展而来，渐渐关系到政治介入。后殖民理论由各种不同的思想来源综合而成，其许多观念来自人类学、女性主义、历史、人文地理学、马克思主义、后结构主义、心理分析、社会学等，后殖民把这些不同的元素集合到自己身上，发展出新的理论观念，比如，斯皮瓦克的新读马克思、萨伊德对西方人文地理学的借用、巴巴对加勒比海作家的研究等等。后殖民主义起源于文学和文化研究，但它具有跨学科性和多元性，其问题域含涉甚广，我们看看几个后殖民读本所搜罗的后殖民主义问题域就可以明白这一点。

吉尔伯特在《后殖民批评》这部影响巨大的书的导言里归结后殖民主义的论域为如下几个方面：黑人文化传统认同（negritude movement）——后殖民批评最早的启程处之一；法侬——后殖民批评的前驱；非洲和加勒比海地区英语世界的批评——第三世界文学批评中的后殖民；萨伊德、斯皮瓦克、巴巴、英联邦文学研究——反英国文学的后殖民批评；妇女及女性主义后殖民批评；少数族话语（minority discourse）和内部殖民主义；反调之声。① 该书所选的后殖

① 巴特·穆尔-吉尔伯特等：《后殖民批评》（编者导言），北京大学出版社2001年版。

民论题的特点，一是具有历史性，作者从纵向发展的角度整理后殖民批评的历史谱系和问题。二是边缘性，第三世界对抗西方文化的霸权是重点，书中的作家除了一个外，其他都来自第三世界，展现了后殖民主义从边缘演进到中心的历程。三是全面性，该书内容包括后殖民理论和文学文化批评实践。

黛安娜·布莱顿编的《后殖民主义：文学和文化研究的关键概念》一书共五卷，规模宏大，试图囊括后殖民理论的所有问题域和文献，其主题为：第一章，厘定领域（framing the field），界定后殖民的研究对象和范围；第二章，马克思主义、解放和抵抗理论；第三章，宣言（manifestos），收录历史上重要的独立宣言；第四章，民族、第三世界和后殖民身份；第五章，殖民话语分析；第六章，东方主义；第七章，反思种族；第八章，女性主义和性别分析；第九章，内部殖民主义和底层研究；第十章，挑战欧洲中心主义；第十一章，全球化、跨文化和新殖民主义；第十二章，后殖民主义与学科。编者在《序言》中说，该书把后殖民主义视作多学科或跨学科工程以重新检视殖民主义的历史和遗产，并置于被殖民者“从来没有被讲述的一半”的视角。编者的目的，是通过建立多学科和多视点的关键性文本的档案，勾勒出后殖民领域的轮廓，为未来的工作奠定基础。① 编者指出，文学学者基于对20世纪60年代本学科中存在的文本超越语境的弊端的不满，意图转向后殖民以寻求文本和语境的对话。同时期，后现代、后结构、后殖民质疑了学科的结构，这就使得一些历史学家、人类学家、地理学家和其他的社会科学家开始质疑他们王国中的花言巧语式的方法的繁复性。20世纪50和60年代对于第三世界的浓厚的兴趣在80和90年代后殖民的繁荣中得到了响应。该书展现了后殖民的跨学科性，五大卷文本力求收录后殖民的前史、当前理论文本和跨学科边界的资料。布莱顿表明：“当跨越已有的边界，关联于一个独特的质疑性模式的时候，后殖民这一术语最具有创造性：或者在一个独特的学

① Diana Brydon. *Postcolonialism: Critical Concepts in Literary and Cultural Studies*. London and New York: Routledge, 2000, p. 4.

科内，或者在一个跨学科的研究领域，或者在一个新的多学科的后殖民论域内。”①布莱顿指出，后殖民研究继承和转换了20世纪50和60年代的“第三世界研究”所关心的问题，其可替换的更为特殊的术语包括：后帝国主义；英联邦研究；后六边中心主义（post-hexagonocentrism）（以法国的六边形地图作为文明中心的比喻性运动）；后欧洲；抵抗研究；北南关系；少数族话语研究；全球主义；新殖民主义；跨文化主义等等。布莱顿认为，每一术语定位一个以供分析的开端和独特的议程，聚焦一个非正义系统内的跨文化关系，这一系统是欧洲殖民主义在过去四个世纪以来的遗产。对于后殖民主义极为复杂的语境，布莱顿提醒，读者应联系相关的领域比如反种族主义、流散、伦理、多元文化、第四世界、人权研究等等。

要讲清楚后殖民主义，必须先讲清楚与其相关的议题，比如殖民主义、帝国主义、反殖反帝的思想文化与政治运动以及帝国主义内部的反殖民主义思想文化运动等等。罗伯特·杨的《后殖民主义：历史的导引》一书最大的优点是历史意识，作者把自殖民主义开端的东西方的反殖主义思想文化和政治实践悉数搜罗其中，其目录可以见出作者意旨。第一篇，观念的沿革，分别是对几个相关概念即殖民主义、帝国主义、新殖民主义、后殖民主义等的厘定。第二篇，欧洲的反殖民主义。从殖民主义发展为帝国主义，欧洲文化内部的人道主义者就开始反对帝国主义，拉斯卡萨斯、边沁、马克思等是代表性人物。第三篇，从第一国际到第四国际，即国际共产主义运动对于帝国主义的反抗。第四篇，自由斗争的理论和实践，即在马克思主义指导下的第三世界的反殖民主义的解放运动，这一运动遍及亚非拉第三世界的被殖民国家。正是在这些思想理论与政治实践的推动下，萨伊德的后殖民主义才得以出场，福柯、德里达等人的反思西方现代性的理论才与后殖民主义勾连起来。

罗伯特·杨批评了把后殖民理论概括为一种本质主义的系统性

① Diana Brydon. *Postcolonialism: Critical Concepts in Literary and Cultural Studies*. London and New York: Routledge, 2000, p. 4.

理论的学术方法。后殖民理论一方面具有反霸权的系统性前史，但其论题的广泛的异质性也表明了其反中心的后现代特征，因为，任何以主义结尾的术语的一大缺点就是，主义被认为隐含一套共同的思想，是单一而具有同质性的意识形态，这样的归纳必然是事后的一种广义的概括总结。事实上，每一种主义的实践往往非常多样化，而且性质大不相同。以为后殖民主义是一个统一的理论，有一个一致的观点和立场，这样的想法是错误的。举例来说，当代黑人女性和男性的文化、历史、知识和政治的需求，显然迥异于那些在阿尔及利亚为抵抗跨国石油公司的剥削和生态破坏而奋斗的行动派。后殖民理论涵盖多元化的行动，各有不同的优先顺序和立场，其特色之一就是拒绝统合一体的形式。① 放眼看来，罗伯特·杨提供了后殖民主义出场的宏大的文化背景，这一背景就是西方近代以来的殖民主义发展到帝国主义阶段以及世界人民的反殖反帝的政治实践与思想文化。作为反思西方现代以来的殖民行为对于第三世界文化宰制的理论，后殖民主义不仅具有强烈的政治性而超越了一般的学院性话语，而且其本身就是一系列政治理论与实践的产物，只有放置在帝国主义起源及其反对的深远历史背景中，后殖民主义才可以被理解。后殖民主义延续了近代以来的世界人民反抗殖民主义的政治运动，“后殖民主义文化批判就是要重新检视这段历史，尤其是从受殖民之苦的人的角度来检视，同时也要理清它对当代社会和文化的冲击。这就是为什么后殖民理论往往混合了过去与现在，为何它需要借着掌握过去来研究现在各式各样积极性的转变”②。罗伯特说，后殖民并不特别眷顾殖民时期，它关注殖民历史只是因为这段历史决定了现在权力结构的形成，因为世界上仍然有许多人在承受殖民时期惨烈破坏的余威。19 世纪是帝国的侵占史，20 世纪则是各民族夺回自己的

① 罗伯特·杨：《后殖民主义：历史的导引》，台湾巨流图书有限公司 2006 年版，第 65 页。

② 罗伯特·杨：《后殖民主义：历史的导引》，台湾巨流图书有限公司 2006 年版，第 4～5 页。

声音和掌控权的历史，后殖民理论就是这段辩证过程的产物。后殖民理论由西方和三大洲的反殖民主义发展而来。从任何角度来看，它绝不是一个从西方甚至从宗主国产生的现象，而是西方和亚非拉三洲在历史、政治、文化和观念方面，由强烈的历史性互动产生的混合物。后殖民主义从殖民主义之前和之后长期的权力斗争所引发的反叛中找到新的对照力量，并将之扣连起来。① 后殖民理论的出现乃是为了描述一整套的批评概念，以及对立的政治认同和目标，这些都是在反抗殖民主义和帝国主义的斗争中所蕴藏的政治和文化史持续的回响。

后殖民理论有很多不同的主轴，它是马克思主义的产物，也是19世纪和20世纪民族解放运动的产物，它是这些运动成功之后，在政治和文化方面所带来的结果，又是19世纪50年代、60年代、70年代三大洲的经济和文化批判、甚至是移民的历史效应。后殖民主义为各种新的活动命名，借此，从属国家的新历史、新认同、新地理、新的世界概念——跨国的，而不是西方的——渐渐形成、展演，并且通过这一切重新调整当前的权力和资源不均衡的社会病症，寻求更公平正义的社会。后殖民主义由这种特别的历史实践结合而成，延伸一种为改变现状而产生的转化政治。后殖民理论的主要议题包括过去的殖民、帝国和反殖民、现在的后殖民、国际分工、各民族和文化的权力，以及在西方和三大洲社会的外移的移民、内移的移民、非自愿移民、迁徙、游牧、拓居和离散等。在帝国主义的操作以及后来民族抗争的过程中，后殖民批判同时也关切文化所扮演的角色（包括学术的、文学的和通俗的），过去和现在的解放斗争，新民族主义运动中宗教与文化的地位，国家暴力，当代的认同政治，种族与族群、阶级、性别、性特质，反种族主义和自由多元文化主义、去权和新殖民主义经济，对第四世界原住民文化的压抑以及其他原住民少数族群和游牧民族被压迫却隐而未宣的历史。经验中的共同性将这一切结合起

---

① 罗伯特·杨：《后殖民主义：历史的导引》，台湾巨流图书有限公司2006年版，第69页。

来，后殖民批判关切世界上不同民族在物质方面的差距所显现出的强烈的不公，并且认为必须要有一个跨国层次的激进社会改革。后殖民理论批判欧洲中心主义。西方知识的移位（dislocation）和换置（displacement）涵盖学术知识的移位和换置，也包括重新评价它和殖民主义以及种族主义的关联，并挑战西方历史主义把历史当成含纳世界上所有其他历史的有次序的叙述，同时质疑文学、哲学和社会学所设的典范标准，因为它们把出自非宗主国中心的作品排除在外，甚至包括发展西方文化和非西方文化之间辩论性的对话。对一些想要脱离殖民宰制史的那些文化而言，后殖民理论主张发展它们自己的历史资源以及政治和知识传统。① 后殖民理论在政治上的整体规划目标是，第一，探究欧洲历史以及欧洲的文化和知识在殖民的实践上有何种程度的影响和后果，它助长殖民到什么程度；第二，充分认清国际间不断夺取和剥削的手段和原因，并分析其中认知上和心理上的效应；第三，将这些认知转变成文化和政治生产的新形式，以便在宗主国传统的协定之外操作，使那些仍旧处于被去权的人民和社会能够成功地对抗被贬抑和物质的不公，进而改变这种现象。②

据阿托·昆森考证，带连字符的后殖民主义（Post-Colonialism）最初是政治学家和经济学家在使用，指的是殖民主义之后的时期。20 世纪 70 年代晚期，这一术语被文学批评家和其他人推广到文化批评领域。阿托·昆森认为，后殖民这一术语关系到帝国主义和殖民主义之下的状况，也关系到殖民主义历史结束之后的状况。后殖民主义可能的运作领域是殖民主义经验的过去和现在的研究，这种经验既来自本土的殖民之后的社会，也关系到更普遍的帝国影响之后的全球发展状况。后殖民批评家更多地关注西方的少数族，包括本土和美国的非洲裔、英国的亚洲人和加勒比人、澳大利亚的土著

① 罗伯特·杨：《后殖民主义：历史的导引》，台湾巨流图书有限公司 2006 年版，第 67～68 页。

② 罗伯特·杨：《后殖民主义：历史的导引》，台湾巨流图书有限公司 2006 年版，第 70 页。

等。由于这种状况，后殖民主义具有广泛的适应性，它在历史转换、社会文化定位和新纪元的结构之间不断地相互影响和滑动。[①] 在巴巴看来，后殖民主义既关注国际间的文化不平等，也关注民族内部的文化差异。后殖民主义既具有超越学院的政治性，也是学院知识分子操持话语的方式。巴巴说，后殖民主义强调：曾经被殖民的国家，尽管受到新殖民主义的影响，但它们沿着自己的道路走过来，发展形成了自己的生活世界和价值观念，今天，它们受到富国和国际机构的剥削，但困难并不仅仅只来自外部，还有内部的精英分子在剥削自己国家的过程中与外来势力的合谋。巴巴认为，后殖民主义首先是一种看待事物的方式，这是一种复杂得多的看待方式：曾经被殖民的地区使自己发展起来，既通过内部的动力也通过外部的动力，这是其一。其二，后殖民主义是学术研究的一个领域，它强调文化问题。新殖民主义范式强调经济、政治和历史，而后殖民主义在文学系，在人文学科中发展起来之后，实际上提出了这样一个问题：殖民及其余波对人文学科范式的影响。[②] 吉尔伯特的观点与巴巴相契合，他说："后殖民这个字眼中的'后'可能意指种族隔离、瓜分和占领的终结——已成事实的或即将到来的终结。它暗示着撤退、解放和重新统一。但是，非殖民化却是一个漫长、不平坦的历程。"[③]如果说后殖民主义是一个时期，那么它应该是一个以对进步的怀疑为特征的时期。这个时期的标志是西方的所谓进步，而世界其他地方则是发展被牵制，资源被剥削，民众被奴役。因此，以进步的名义、以历史前进的名义所做的一切可看做后退、堕落和反动。后殖民批判结合理论和政治实践，其范围回溯过去的殖民史，并且延伸到当代后殖民的日

---

① Ato Quayson. *Postcolonialism: Theory, Practice or Process?* Malden, Mass.: Polity Press, 2000, p. 2.

② 霍米·巴巴：《后殖民主义、身份认同和少数人化》，载《外国文学》2002年第6期。

③ 巴特·穆尔-吉尔伯特等：《后殖民批评》，北京大学出版社2001年版，第50页。

常现实。

在20世纪，从仅仅受过西方文化教育的非洲知识分子如阿契贝、法侬到萨特这样的西方业余知识分子，再到萨伊德、斯皮瓦克、德里克这样的有着第三世界文化身份的第一世界学者，后殖民批判主体发生了深刻的变化。吸收福柯的观点，萨伊德认为，任何话语都是不确定的，它既是权力的产物，它也运用权力，甚至激发反抗和对立。萨伊德"呼吁一种批判的、去中心的意识，倡导一种致力于消解种种主导体系的跨学科研究的集体自由主义。同时他也警告要反对阻碍这一目标的独断专有的排他主义，要提防反主流批判陷入分离主义的反抗与斗争的危险"①。萨伊德的功劳，是揭开了西方帝国主义现代性的历史。西方的殖民不仅是军事与经济的侵略，它同时也通过知识论述建构自身，这种知识牵连于帝国的政治霸权。但萨伊德《东方学》论述的重点是西方知识的再现本身，被再现遗漏的或者东方本身的真相如何没有进入其论述主题。继之的后殖民研究转而发掘那些被压抑的被边缘化的东方属下的历史，这就是底层研究、属下女性等由殖民历史客体变为主体的研究的主题。后殖民理论是一种文化批评理论。后殖民的"后"不是指殖民之"后"，不是一种时间界碑，而是一种存在于殖民之时、殖民之后一直到今天的"反"殖民文化的批评活动，因为西方学界把后殖民理论追溯到黑人文化传统认同的运动，而这是存在于当代第三世界大规模解殖活动之前的文化活动。在其起源的初期，后殖民主义批判西方的殖民活动对于第三世界文化的摧残，随后揭示西方现代文化和文学的帝国主义共谋，最近则致力于关注全球化时代的文化混杂、边缘文化的发声、资本主义批判等问题。从一种边缘性的产生于非洲殖民地的针对帝国主义的文化批判活动延伸到西方文化学术中心，从单纯地批判揭露西方的文化殖民到借助西方的思想理论反思批判西方文化中心论，从种族到性别到民族到阶级等，后殖民主义文化批判活动在时间、空间和论题方面

① 拉曼·塞尔登等：《当代文学理论导读》，北京大学出版社2006年版，第269页。

代表了全球化时代文化研究的趋向。后现代反思西方现代启蒙理性和主体性哲学，后殖民把这种反思推进到西方与非西方的关系之上。全球化是现代性即资本主义的延续，因此，后殖民的逻辑延伸就是对全球化的批判，即对西方霸权文化对第三世界文化的剥夺的批判，这就有了萨伊德后期对美国文化帝国主义、斯皮瓦克对全球劳动分工、巴巴对族裔散居的第四世界的关注。既然政治性是后殖民文化研究的最重要特点，那么全球化时代的文化政治问题必然在其视野之中。

后殖民主义从属于当代文化研究这一学术主潮，但法兰克福学派和英国文化唯物主义的文化政治也见证了文化批判的实绩。文化政治其实是文化革命这一观念的产物，第三世界的社会主义者和共产主义者如康纳利（Conanolly）、马力亚特吉（Mariategui）、毛泽东、法侬等人最早发展了抵抗殖民主义的文化策略。比如 1944 年毛泽东提出的“文化工作者联合会”、爱尔兰知识分子提出的盖尔语文艺复兴等都是文化政治运动。罗伯特为后殖民主义的文化主义作了辩护。在学院派看来，文化主义似乎偏离了比较直接的政治行动，但文化主义带来了许多正面的理论观点：“学术知识走向文化主义，代表它转向考虑到个人的主观经验，以及团体和社群的社会化目标，这样的文化趋向可补足只注意分析政治和社会系统的传统模式，因为文化也是整个系统的一部分。知识和政治的文化走向也包含转而注意到跨国的差异，以及性别文化的差异，并且体认到不同社群对知识有不同形式的意义。有了这样的认知，才能开启不同系统和观点的提倡者之间的国际性政治对话。”①因此，在当代政治、社会和历史分析越来越走向文化主义时，后殖民理论扮演了一个重要的角色。客观上，后殖民主义为第三世界、为被殖民者、为女性的解放和发声提供了理论支持。费尔南多·卡罗尼尔说，后殖民性是一个流动的、多义的、含混的术语，与其通过正式的程序定义其含义，不如把它应用于有趣味的研究领域，后者可能更具有创造性。卡罗尼尔认为，当被应

① 罗伯特·杨：《后殖民主义：历史的导引》，台湾巨流图书有限公司 2006 年版，第 8 页。

用于国际系统中占据次要地位的前殖民民族时，后殖民性显示出某种含蓄性，即它是当代形式的帝国主义。作为一种委婉的说法，它使得研究前殖民社会之内的当前形式的权力更为容易，好像它们完全是殖民过去的结果，而不关系现在的新殖民；作为与后结构主义有关联的术语，后殖民性召唤出一个理论体系，它可能克服目的论的叙事并阐明社会和文化空间中的全球不断增长的相互联系。这种视角不需要把后殖民性仅限制于次等的民族国家（通常被称为第三世界），而且也可以应用于边缘的亚民族群体，如美国的本土人群（有时被称为第四世界），也可指大都会中心自身，因为它们的人口急剧增长，且被后殖民人群所改变。①

《殖民话语与后殖民理论读本》的两位编者指出，具体到后殖民理论家，其思想来源，巴巴是精神分析，斯皮瓦克是解构主义，莫汉蒂是女性主义，艾哈迈德是马克思主义等等。② 对抗性是后殖民理论的根本特征。一切霸权，不论这种霸权来自国际还是民族文化内部，后殖民主义都绝不放过。阿托·昆森认为："在我看来，一项'后殖民'方案务必对不平衡和非公正表示警觉，不论这种不平衡和非公正是在西方还是东方，在北方还是南方；不论它们是关系到种族主义还是儿童色情文学、妇女劳工，还是少数族权利、政治威权主义，还是环境的恶化。关键的是，后殖民主义必须被视为一项纠正世界中的不平衡的谋划，而不仅仅关系到特殊的'后殖民'支持者。后殖民主义和后殖民化的公正不能仅仅到无助的被压迫的殖民社会中的明显的非正义的形式中去寻获。"③后殖民理论既关注国际间民族间的文化关系，也关心种族民族内的文化差异，既反对西方中心，也反对第三

---

① Fernando Coronil. "Can postcoloniality be decolonized?" Diana Brydon. *Postcolonialism: Critical Concepts in Literary and Cultural Studies*. London and New York: Routledge, 2000, p. 201.

② Patrick Williams and Laura Chrisman, ed. *Colonial Discourse and Post-Colonial Theory: A Reader*. New York: Colombia University Press, 1994, p. 4.

③ Ato Quayson. *Postcolonialism: Theory, Practice or Process?* Malden, Mass.: Polity Press, 2000, p. 11～12.

世界的民族本质主义，其代表人物既在西方文化中心任职，又有第三世界身份。后殖民理论思想资源的复杂性、视野的多元性、思维的尖锐性超越了纯粹的文本研究，它把当代文学批评导向文化政治，把后现代精神推向民族国家和各种权力间的关系，这就使其理论在全球化背景中大放异彩，衍生出许多理论话题，如第三世界文化、文化再现、他者、镜像、文化混杂、媒介帝国主义等都是后殖民理论所引发的学术关键词，传统马克思主义在此也焕发出新的生命。向一切霸权挑战、解构一切中心、把边缘中心化、致力于文化的平等交流是后殖民理论的要旨。

后现代思潮与后殖民理论互相关联。在后现代看来，西方现代性的发生是一个理性话语霸权化的过程。理性话语压迫边缘话语并斥之为异端，这给西方现代性带来了巨大的伤害，因此后现代要反对现代性的元话语和真理观。后殖民理论则认为，西方现代启蒙哲学并不仅仅是西方社会内部的霸权话语，并不仅仅给西方带来了现代性阵痛，这种现代性建构也给非西方即第三世界民族带来了巨大的创伤，它通过把西方话语在全球范围内霸权化，通过使非西方民族失声并使之异端化、妖魔化、野蛮化而合法化自身。西方现代性的历史同时也是西方在全球扩张，把非西方纳入其支配之下的过程。后现代是在西方文化内部反思启蒙现代性，后殖民则借助后现代在国际范围内，从文化支配和从属的角度解构西方现代性话语。

后殖民批判结合了两大传统，一是在反殖民斗争过程中，在非西方地区所发展出来的融合的马克思主义传统；二是后来发展出更进一步的解放形式时，为了挣脱资产阶级的民族主义所必需的性别、族群和阶级的解放。后殖民理论把批判的焦点放置在当代世界中运作压迫力量和宰制，它是一个由反殖民主义和新殖民主义以及种族、性别、民族主义、阶级、族群特性等定义其范围的政治。它力求和各种不同形式的解放政治相关联，以综合不同的工作，质疑各种宰制形式，包括经济的、文化的、宗教的、族群的或性别的，牵涉并维护政治和文化认同的各种形式。后殖民理论认为，当今世界的知识应用以及行动主义有各种不同的形式，如果可以让它们发展出有意义的连接，就可能在后殖民的学科范畴之内，甚至超越学科的范畴，产生有效的政治介入。后殖民的模拟、戏仿、反讽、杂交等概念直接来自后现代。西方传统的二元对立比如男人/女人、西方/非西方等都是语境的产物，其意义决定于语境，而非真实的存在。解构并不是对现有等级制度的颠覆，而是彻底解构二元对立的思维本身，这就把原来处于边缘的对立项如女性、黑人、第三世界等推向前台。后殖民主义与后结构主义的中心议题是语言、真理、权力以及三者之间的关系，“真理在为了特定话语而设的规则系统中被当做真的；权力则合并、决定及证实真理。真理永不位于权力之外，或被剥掉权力，真理的产生是权力的作用，如福柯所言，除了透过真理的产生外，我们不能使用权力。后殖民的话语，因而是建基于权力斗争之上的——权力聚焦于城市语言的控制之上。语言被赋予权力，因为它提供了真理本身被构设的措辞”。① 后殖民理论可视为西方后现代大潮的一部分，应该说，它与殖民地的反殖民批评是不同的。前殖民地学者对本民族所曾经历的文化被殖民的反思、对西方文化渗透的批判才是真正意义上的“后殖民批评”。殖民地人民所面临的问题，所依赖的文化背景，所立足的话语体系，所言说的对象与西方的后殖民理论不同，比如中国的文论失语问题，其问题所指是西方文化强势的现实，所立足的思想资源是中国传统文化，其言说对象是中国学界。后殖民理论提供了一种方法论、一种精神，这种方法和精神必须具体化。后殖民理论对一切等级制度的批判必须落实为具体的文化问题，后殖民批评就是后殖民理论的本土化和具体化。

康德分析了知识生产的条件，以此界定知识的主体限度。福柯则把知识的可能界限追溯到社会领域，把知识与社会权力关联起来，由此知识的有限性就显示出来，真理的普遍性被消解。福柯认为，权力并非只取暴力形式，权力无处不在。萨伊德以此考察东方学与帝国权力的关联。葛兰西的文化霸权观认为，文化权力通过认同，通过

① 比尔·阿希克洛夫特、嘉雷斯·格里菲斯、凯伦·蒂芬：《逆写帝国：后殖民文学的理论与实践》，台湾骆驼出版社 1998 年版，第 182 页。

市民社会的意识形态化实现自身，萨伊德据此认为，东方学是帝国主义意识形态自觉的产物。萨伊德的第三世界身份，其对现代性的批判很容易被解读为反西方。在世界许多地区，萨伊德被视为民族主义英雄，在中国，萨伊德也遭到了如此误读。误读的产生除了接受者的文化语境外，对后殖民理论研究的偏失也是原因之一。后殖民理论的主题，一是关注西方文化现代性历程中的知识与权力的关系问题，如萨伊德的东方主义论述；二是二战后冷战期间，西方帝国与第三世界的政治军事的斗争问题，即世界新秩序、南北问题、国际安全问题、联合国问题等，如艾贾兹·阿赫默德的全球化时代的后殖民政治批判；三是全球化语境中的文化交流与文化反制问题，如巴巴的文化杂交理论、斯皮瓦克的女权主义理论等等。后殖民理论解构西方文化霸权，审理民族文化，关注文化殖民，这样，后殖民理论与马克思主义、解构主义、女性主义、少数族话语等互相关联，具体说来，萨伊德以福柯的知识考古学方法剖析西方的东方学，发现了东方学的权力建构机制；斯皮瓦克以解构主义关注第三世界女性问题，以马克思主义建构属下的主体意识；巴巴以拉康的后精神分析学解析民族文化问题。随着后殖民主义思潮的深入，对文化系统内的权力与知识关系的批判，对文化建构的系统性分析，对真理之可能条件的研究，对无声者的自我阐释权的建构等都进入后殖民研究的视野。后殖民理论的最大特点是无所不在的政治性，它关注一切不平等，这就为其广阔的问题视阈打开了大门。从国际间的文化关系出发，有第三世界文化与第一世界的关系问题，从种族视角看就有黑人文化批评以及黑人文艺复兴运动，从民族角度出发就有少数族话语理论，从性别看问题就有女性主义批评，以阶级分析方法为视点就有庶民研究等等。被殖民主体性的确立，不仅在于与西方强势文化的对抗，而且要在主流话语之外发掘被殖民者的文化意识，重构其历史及意识，这就是口述历史、属下阶层研究的意义。后殖民理论致力于实现文化群体间的平等、正义等宏大目标。普拉卡什概括了后殖民理论的基本要点：第一，后殖民摈弃了所有的主导叙述。鉴于当今最强大的主导叙述是启蒙时代之后欧洲建构历史的产物，是欧洲中心主义的，后殖民批评将对欧洲中心主义的批判作为自己的中心任务。第二,在这些要加以摈弃的主导叙事中,首先受到冲击的就是现代化叙事,无论是资产阶级的表现形式,还是马克思主义的表现形式都要摒弃。第三,东方主义把殖民地建构为欧洲的他者,而这个他者被贬抑为是没有历史的,因此,东方主义也是必须被摒弃的。这样一来也必须摒弃民族主义,因为它在挑战东方主义的同时,保留了东方主义的本质主义及表现形式。第四,欧洲中心主义假设已经深入到这些主导叙述中,而这些主导叙述在从前一直被用来表述第三世界的历史,为了清除那些假设,摒弃主导叙述是必要的。同时也有必要拒斥一切空间上的同一化和时间上的目的论,这就要求摒弃一切"奠基性"的历史写作。根据普拉卡什的说法,奠基性的观点认为:"历史终究是奠基于某种同一性并通过这种同一性得以表现——个体、阶级或是结构——这种同一性是不能被深入分解成多样成分的。"第五,"后奠基性的历史"摒弃本质和结构,同时又肯定多样性,这样,它也就摒弃了对"第三世界主体"的任何固定,并由此摒弃了将第三世界看做一个范畴的做法。第六,"后奠基性的历史"对待第三世界特性的眼光是关系的,而不是本质的。后奠基性的历史,也就是后殖民的历史,把注意力从民族根源转移到主体位置。它造成的后果是,第三世界种种位置的形成所意味着的不是褊狭,而是相容。①

在普拉卡什之上,德里克还增加了两个后殖民主题:主张"后基础历史"(postfoundational history);从民族发源(national origin)转向主体位置(subject position)。② 德里克认为,后殖民理论使欧洲中心主义成为被批评的对象,但它把注意力从当代的压迫和不平等问题转向历史遗产问题,忽视了当代资本主义新形式的权力压迫和不平等问题;后殖民理论主张文化杂交,把文化多元主义当做解决问题的

① 阿里夫·德里克:《后革命氛围》,中国社会科学出版社1999年版,第116～117页。

② Arif Dirlik. *After the Revolution: Waking to Global Capitalism*. Hanover, NH, London: Wesleyan University Press, 1994, p. 92～93.

方案，而不是当做新形式的压迫和异化的表现；后殖民呼唤流动的主体位置，这正符合资本主义需要，因为资本市场想要重构主体以使消费者适应每一种新产品的市场要求，同时资本要求弹性工作，使生产工人便利地从一种工作转换到另一种工作。德里克批评说："在世界学术体制中，后殖民知识分子自己作为跨国知识阶级占据了一个有利位置，他们同跨国资本家阶级拥有同样多的全球资本主义产品。"①德里克认为，后殖民把阶级、种族、性别的解放诉诸文学，忽视了真正的政治的经济的解放，这一点恰好符合全球资本主义的利益，在这个意义上，后殖民理论是资本主义的同谋。对于文化霸权问题的解决，德里克认为需要创造一种既特殊又普遍的新文化，这种新文化基于马克思主义经典作家强调过的真正从狭隘走向世界的国际主义立场，"新的解放文化必须建筑在革命的社会变革之上，没有了革命的社会变革，这样的希望的结果就是折中主义，它代表的不是一种新文化，而是新文化的幻象"②。

后殖民主义反对基础的（foundational）历史写作，认为一切基础的视角总是通过认肯一种同一性而压制了异质性。萨伊德致力于对殖民话语的批判，斯皮瓦克关注殖民帝国施加于被殖民国家的"认知暴力"，巴巴关注殖民权力与殖民话语中的矛盾性和交织性，这三大理论家都受到后结构主义的影响。除了这三位，后殖民理论还包括以艾哈迈德、德里克为代表的马克思主义，以莫汉蒂为代表的女权主义，以詹穆罕默德为代表的少数族话语理论等。后殖民理论本身是东西文化数百年冲突的产物，而民族主义和马克思主义是近代以来反帝反殖的最重要形式，因此，后殖民必然纠缠于马克思主义和民族主义。在新殖民主义仍然存在的今天，如何面对民族问题，如何看待阶级斗争和全球经济的新剥削等等，是当代后殖民理论必须面对的

① 阿里夫·德里克：《后革命氛围》，中国社会科学出版社 1999 年版，第96～97页。

② 阿里夫·德里克：《后革命氛围》，中国社会科学出版社 1999 年版，第189 页。

问题。在全球化语境中，后殖民理论的目标，一是解构殖民主义的文化逻辑，反帝国再现，重新书写民族历史，致力于第三世界民族文化的重建；二是反对本土的霸权文化对沉默的大多数的再现意志的剥夺，让无权者夺回自我阐释权；三是在世界文化整体中理解本土传统文化，并站在传统文化立场理解西方乃至世界文化，从而创造不同于传统文化、西方文化、殖民文化的新文化。

后殖民批评具有争议的一个问题是，没有哪一种简单的对立模式能够确切地反映殖民者与被殖民者之间的关系，同化、融合、协作现象延长了殖民经历，而民族资产阶级的存在把任何对立模式推向复杂化。[①] 从上文罗伯特的总结看，反殖民的理论与实践主要有四类，一是马克思的国际主义的阶级对抗，二是民族主义，三是西方的人文主义思想，四是各种反殖民的革命斗争。这些理论和实践构成了后殖民理论的前史，相比，后殖民理论更具有学院性而缺乏实践性和政治性：前者是反殖民主义，后者则是后殖民主义。反殖民主义是本土元素（民族主义）和世界主义元素（马克思主义）两者的革命性结合。反殖民主义透过政党政治和各种激进的组织，彼此协助，传达信息，共同对抗帝国主义：这种实践是一种物质性力量，而后殖民理论则是致力于解释世界，而非改变世界，这就了导致后殖民理论的缺陷——对于历史的实际缺乏理解。由于缺乏历史上反殖民实践的支持，后殖民理论显得学院化，它专注于文本，疏离政治实践，缺乏经济关注和阶级方法，这就使其无法穿透全球化时代的社会症候。肖哈特指出，学术界在抗议海湾战争的言辞中，并没有“后殖民”这一术语，人们常常使用的是“帝国主义”甚或“新殖民主义”这些术语。她因此认为，后殖民批评“没有参与地缘政治批评”，而在当前无止境的“反恐战争”中，详尽明确的后殖民分析也没有凸显出来，因此，与

① 巴特·穆尔-吉尔伯特等：《后殖民批评》，北京大学出版社 2001 年版，第 53～54 页。

海湾战争时期一样，当前的后殖民研究回避了问题的实质。[①] 当斯皮瓦克断言属下不能说话时，她如何面对格瓦拉？如何面对第三世界的反殖民运动的悲歌历史？当巴巴诉诸话语抵抗时，他如何处置殖民地的流血斗争？当萨伊德说马克思是东方主义者时，他如何看待20世纪的共产国际革命？当今的后殖民理论家因为专注于文化而与马克思主义保持距离，但是，第一代后殖民理论家中的许多人都以马克思主义为其思想资源，1917年之后，亚非拉三大洲的反殖民的理论与实践，都与马克思主义有关。后殖民理论家的身份及论述风格可能导向另一个悖论，即如后现代一样，后殖民在西方可能演变成徒具异域情调的商品而被西方市场消费，如阿皮亚所言，后殖民性就是受过西方教育的作家和思想家在边缘为世界资本主义的文化商品贸易做中介。这样，后殖民的“后”变成了后现代的“后”，后殖民的反霸权论述的结果是遵循了西方后现代的论述逻辑，其反霸权反中心反等级的精神再一次被资本主义消解。这确实是值得警惕的现象。

全球化时代西方在经济和政治上仍然控制第三世界，后殖民理论把视点放在文化上，一定程度上是对现实问题的回避，而且它倡导的多元化理论正是资本集团所需要的，后者在尊重多元文化的口号下进行经济剥削。巴巴对后殖民文化的混杂状况似乎过于乐观，文化混杂现象可能掩盖许多新的不平等和奴役，文化多元化则可能演变成权势集团所需要的装饰性修辞，而边缘文化的发声又掩盖其在政治和经济方面的属下地位。霸权的扩张常常以对差异和多元的肯定面目出现，比如，简·穆汗默德举例说，巴西奴隶中流行一种源于实际斗争的具有反抗意义的卡波爱拉(Capoeira)舞蹈，这种舞蹈先是被好莱坞吸收为霹雳舞，以后又被改变为增氧舞，少数族文化就这样被主流文化所收编所利用。必须警惕文化的“多元共生论”(pluralism)，它掩盖了主流文化的排他性，“对于这种多元共生论来

---

① Ella Shohat. “Noteson the Post-Colonial”. Social Text (1992)，引自田晓南的《后殖民研究的文类》，载《国外理论动态》2006年第5期。

说，种族差异或文化差异只不过是一种异域情调，是一种可细细品味的特殊享受，同时，又对已牢固地扎根于主流文化思想保护体的具体个人，没有什么实质性的影响”①。这种多元论把各种民族文化当做茶余饭后的品尝和点缀，它拒绝承认歧视的根子是阶级问题，拒绝承认对少数族的经济剥削，它把少数族语言文化的教学和研究排斥在视野之外。政治经济仍然表征了全球化时代的秘密，缺乏马克思主义维度导致了后殖民理论的阐释局限，有论者批评后殖民理论说："重要的是，要认识到，没有文化是完美的整体，文化，就像历史，是延伸的发展的现象。更重要的是，我们必须认识这一事实，就是文化的基本品格与社会和经济环境是高度地互相依赖和互惠的，和创造它的社会的生产力水平和生产方式是相互关联的。”②鲁巴（Loomba）也认为："当代世界秩序中的新殖民的不平衡实际上并没有被后殖民批评家所关注，他们关注殖民的过去更甚于后殖民当前的困境。如果后殖民研究要以某种有意义的方式存在下去，它就需要把自己深嵌于当代世界和本土环境。正是在当代世界和本土环境之中，殖民机构和思想铸造了全新的控制我们当代全球性的文化和社会经济实践。”③强调文化的独立性，割裂文化的社会关联性是后殖民理论的特点也是其缺点。

萨达尔指出，相对于前此的历史学、社会学等方面的相关著作而言，萨伊德的贡献并不是最重要的，但他确实开启了一种新的论争，新的讨论建立在《东方学》的三个革新性的特征之上，第一，在标准的学术和历史分析中，萨伊德增加了一种新的维度——文学批评。在萨伊德看来，没有一部欧洲小说不存在帝国主义意识形态。第二，萨

① 巴特·穆尔-吉尔伯特等：《后殖民批评》，北京大学出版社 2001 年版，第 338 页。

② Patrick Williams and Laura Chrisman, ed. *Colonial Discourse and Post-Colonial Theory: A Reader*. New York: Colombia University Press, 1994, p. 61.

③ Crystal Bartolovich and Neil Lazarus, ed. *Marxism, Modernity and Postcolonial Studies*. Beijing: Peking University Press, 2007, p. 2.

伊德将各类批评置于一个多学科框架中，这一框架将对东方主义的各学科批评转换成综合性的文化分析。第三，通过对福柯的话语理论和文化批评理论的借用，萨伊德对重新包装后的东方主义批评有了新的战略性定位。而且，萨伊德所处的西方宗主国的学术机构的位置及文学批评的时髦风格也是其成功的关键。萨达尔感叹："悖论的是，《东方主义》的成功所建基的动力首先正是那将东方主义支撑为主要话语者！"①萨达尔认为，萨伊德的东方观念既狭窄又宽泛，说其狭窄是指其仅限于中东，说其宽泛是其超越了时间和历史、学科和类型的边界。因此，东方主义论述在分析力和解释力方面都受到限制。他质问，如果像萨伊德所主张的那样，东方主义只是由那些与真正的东方几无关涉的表述所组成，那么这种想象的构建及知识如何能够为真正的帝国主义、殖民征服以及管理服务呢？② 波特也指出，萨伊德忽视了存在于西方学术体制中的反霸权思想的所有表现形式，其结果是严重的，对于这些形式的忽视不仅使萨伊德面临助长东方主义的指责，也使得他想要批评的东方主义思想得以延续。③

中国学者阎孟伟指出了后殖民理论可能走向的偏执。阎孟伟把全球化时代的文化构造解析为彼此相关的四个层面，即科学技术文化、市场体系的规范文化、商业文化和人文文化，并就这四个方面论述了后殖民主义文化批判可能面临的困境。阎孟伟认为：首先，从科技文化的层面上看，不管"唯历史主义"哲学观念或"欧洲中心主义"观念对第三世界民族国家传统文化的贬损是如何的不合理，但在科学技术发展水平上的"先进"与"落后"的区分却是无可辩驳的事实。其次，市场经济机制在全球的拓展也是建立和推行市场经济规范文

① 齐亚乌丁·萨达尔：《东方主义》，吉林人民出版社 2005 年版，第 108 页。

② 齐亚乌丁·萨达尔：《东方主义》，吉林人民出版社 2005 年版，第 115 页。

③ Porter, D. "Orientalism and its Problems". Patrick Williams and Laura Chrisman, ed. *Colonial Discourse and Post-Colonial Theory: A Reader*. New York: Colombia University Press, 1994, p. 151.

化的过程。如果说，市场经济是实现经济现代化的不可逾越的经济形态，那么遵从全球市场游戏规则几乎是无可选择的事情。在这方面，后殖民文化批判所面对的棘手问题是，遵从市场体系的游戏规则就意味着改变民族国家传统的经济制度、政治制度、生产方式、生活方式，而这必然会使作为传统制度和生活方式的文化根据的传统文化本身受到无情的冲击。再次，商业文化是后殖民文化批判理论或“文化帝国主义”理论最为关注的对象。然而，问题是，商业文化的传播是通过对市场的占有进而实现对人的心灵的占有。也许我们有足够的正当理由维护民族文化的优良传统，但是如果民族工业不能提供有足够竞争力的物质消费品和文化消费品，那就很难抵御西方商业文化的肆意泛滥，因为商业文化的传播载体就是具有竞争力的商品，这种商品的市场份额决定了附着在这种商品身上的文化符号占有消费者心灵的能力。单纯的理论批判，无论其内容多么深刻，面对市场铁律总显得苍白无力。最后，人文文化在很大程度上表达了人们对自身生存价值或生存命运的理解和体验，它体现或表达了人们的道德追求、政治理想、精神信仰和生活情趣。因此，我们很难像科学文化那样找到一个统一的客观标准衡量人文文化的优劣高下。此外，人文文化总是存在于一个民族的深厚的历史与文化传统中，并且不断地从自身的文化传统中获取精神资源，因而在不同的民族、不同的宗教系统乃至不同的地域中，人文文化的基本精神和表现形态都是不同的。人文文化在全球范围内表现出明显的多样性，而且这种多样性绝不会因为经济全球化而消失。但是，我们也必须看到，就人文文化所追求的人的生存的基本价值和意义而言，未必不存在衡量人文文化进步程度的基本价值尺度。人文文化的发展基于人及社会生活的实践本质，而人类实践活动作为“自由自觉”的活动决定了人的生存和发展的基本价值是人的自主性和自由性。人类文明的不断进步，从根本上说，就是人的自主性和自由性的不断扩展和深化。在东西文化的交锋中，某些非西方国家固守自己的文化阵地，表面上是为了抵御西方文化对自身民族文化的“侵犯”，而实际上却是维护自身的文化专制和政治专制。后殖民理论家们在很大程度上忽视了这一点。对所谓“唯历史主义”的一味批判和对文化差异性的过分强调，使他们很难注意到衡量人文文化进步状态的价值尺度，从而在强化民族文化的独特性、优越性的同时多少淡化了改造民族文化这一更为重要的任务。阎孟伟指出，对于彻底地解除西方文化对非西方文化的支配关系来说，最根本的策略就是在完善市场经济体系、不断提高民族在世界体系中的竞争力的过程中，彻底改造民族文化，使之真正成为有助于人的自主性和自由性不断深化和扩展的先进文化。① 萨伊德持文化相对主义观点，认为没有文化是超越性的、优越于其他文化的，不存在单纯的文化和个体的人，把文化本质化，把人种本质化是帝国主义控制欲的表现。斯皮瓦克也拒绝西方现代性的价值观，她说：“那些解殖民地区的最急迫的政治要求不言而喻地被视作帝国主义遗产的代码：民族国家、立宪政治、公民权、民主、社会主义甚至文化主义。在开发、殖民和解殖民的历史结构之内，被重声的是一系列政治概念，其权威叙事的产品被书写在别处，即西欧社会。它们作为观念的隐喻被重声，在后殖民地区，它们没有历史性的对应物。”②艾贾兹·艾哈迈德说，斯皮瓦克的这种认识在无意中重复了印度右翼分子的主张。印度右翼声称印度的穆斯林和基督徒都不是真正的印度人，因为他们所信奉的宗教不是产生于印度；印度的社会主义者也不是真正的印度人，因为马克思主义起源于欧洲；印度国家也不该是非宗教国家，因为世俗主义是西方的产物。还有些社会科学家申辩说，议会民主不适合印度的状况，印度应该发展土生土长的社会科学和土生土长的政治形态。艾哈迈德批评说，斯皮瓦克把现代性说成是帝国主义遗产，“她退让得太多了”。③ 斯皮瓦克以

---

① 阎孟伟：《全球化背景下的后殖民文化批判》，载《广东社会科学》2004年第5期。

② Cayatri Chakravorty Spivak. *Outside in the Teaching Machine*. New York and London：Routledge，1993，p. 281.

③ 罗钢、刘象愚等：《后殖民主义文化理论》，中国社会科学出版社1999年版，第258页。

本土主义对抗现代性的价值观，实际上延误了第三世界的现代性进程。后殖民主义在批判西方现代性时，可能走向狭隘的文化本土主义，阎孟伟的忧虑不无道理。

第二节　后殖民理论与马克思主义

马克思主义的理论精神，一是批判性，对资本主义制度异化力量的批判是马克思主义产生的现实根基；二是理想性，通过无产阶级解放全人类是马克思主义的理想；三是正义性，对社会正义的诉求和人类大同世界的祈望是马克思主义的精神指向；四是经济基础论，马克思主义对人类社会秘密的揭示深入到社会的经济基础层面并持文化附属论立场。因此，只要资本主义还存在，只要人类社会阶级还存在，只要不平等的社会文化现象还存在，马克思主义就始终具有现实性，这就是当代西方各种理论特别是批判理论把马克思主义援引为思想来源的原因。后殖民理论是当代西方风头正劲的批判性人文思潮，民族、种族、性别是其批判视角，资本逻辑全球化、国际市场劳动分工、文化霸权及文化反抗等是其问题背景，对平等和乌托邦的诉求是其理论所指，这样，后殖民理论就与马克思主义关联起来。

从美国主要的后殖民理论家萨伊德、斯皮瓦克和霍米·巴巴到澳大利亚、加拿大、印度等处于后殖民氛围中的后殖民批评家如海伦·蒂芬、贝尼塔·帕里、帕沙·查特吉、拉纳吉特·古哈等并没有声称自己的思想来源于马克思。后殖民理论的思想来源主要是西方马克思主义和后现代主义，经典马克思主义在其思想支撑中并不占主要位置，但后殖民理论又是产生于全球化时代的具有强烈批判意识和政治诉求的文化批评理论，这就使其与马克思主义具有偶合的地方。具体而言，马克思主义是后殖民理论的一个权宜性的策略性的思想借用，之所以这样说，是因为传统马克思主义的政治目标是无产阶级从资本主义统治下获得解放，这种解放通过暴力手段对政治压迫和经济剥削的反抗而实现，而后殖民理论特别推崇福柯的文化政治学，福柯恰恰是刻意与马克思主义保持距离的，因此，后殖民理论关注的是文化而不是经济问题，它对马克思主义的态度也由此而决定。后殖民理论家对于马克思主义的借用是多方面的，比如，斯皮瓦克把马克思主义的阶级分析方法引入其女权主义批评理论，艾哈迈德借助马克思主义的阶级理论批判全球资本主义，德里克则从马克思主义的政治解放思想对后殖民理论加以批评，从而展开了后殖民理论的另一维度。

文化问题是后殖民理论的核心问题，同时也是传统马克思主义的重要问题，马克思有建立无产阶级文化的思想，列宁有两种文化的理论，毛泽东有无产阶级大众的文化理论，葛兰西有文化霸权理论。后殖民理论与马克思主义不同的地方在于，它把文化作为一种生活方式，认为文化是一种实践性的物质力量，而不仅仅是被决定的附属的东西。马克思主义的阶级分析方法，其对帝国主义和殖民主义的批判都启发了后殖民理论。之所以突出后殖民理论与马克思主义的关联，其原因，一是后殖民理论借用了马克思主义；二是马克思主义参与了现代的反帝反殖运动，本身就是后殖民理论的思想和实践来源；三是新马克思主义者批评了后殖民理论；四是同是反殖民主义和反资本主义的理论，后殖民理论与马克思主义具有可比对性。梳理后殖民理论与马克思主义的关联，考察后殖民理论对马克思主义的阐释，有助于深化对后殖民理论的局限和意义的认识，对于马克思主义的发展而言也是一个有意义的课题。考察后殖民理论与马克思主义的复杂关联，这一问题大体可分为两个层次，一是后殖民理论如何借用马克思主义，二是马克思主义如何看视后殖民理论。

一、萨伊德与马克思主义

在《东方学》中，萨伊德多次提到马克思，细而察之，其对于马克思的态度和观点前后一致，即认为马克思是东方学家。在萨伊德看来，马克思主义与历史主义、乌托邦主义、达尔文主义、种族主义等西方霸权文化一起，曾经是西方帝国主义的思想来源。《东方学》中引述马克思的重点段落如下：

第一，萨伊德把西方的东方主义分为三种形态，即一门研究性的学院性的学科、一种思维方式和一种权力话语。萨伊德认为，在比学科宽泛的意义上，东方主义是一种思维方式，在此东方与西方相对，东方主义以东西方二者之间的本体论和认识论意义上的区分为基础，并将其作为建构与东方地理、东方人民、东方习俗、东方心性和东方传统等问题相关的理论的出发点。在此意义上，马克思与埃斯库罗斯、雨果、但丁一样，同属于东方主义。①

第二，萨伊德声称自己的研究方法不是对东方学文本中所隐含的东西加以分析，而是对来自文本表面、对它所表现的东西的外在性(exeriority)的分析，也就是说，他不关心东方学文本是否真实地表述了东方，而是把重点放在作为表述的表述上。萨伊德认为，东方主义表述的外在性总是为某种似是而非的真理所控制：如果能够表述自己，它一定会表述自己；既然它不能，就必须由别人担负起这一职责，为了西方，也为了可怜的东方。在此，萨伊德引述了马克思在《路易·波拿巴的雾月十八日》中的话："他们无法表述自己；他们必须被别人表述。"②在《东方学》的扉页，萨伊德也引用了马克思的这句话。

第三，在谈到东方学家对东方的抽象、概括和本质化时，萨伊德把马克思与迪斯累里、伯顿、内瓦尔这样的东方学家并列，批评了这些东方学家在东方学研究中以居高临下的概括性的先在观念把握东方而舍弃了活生生的对东方予以体验的做学方式。③

第四，马克思在 1853 年分析英国在印度的殖民统治时提出了亚细亚生产方式这一概念，认为英国的殖民干涉、劫掠和公开的暴行践

---

① 爱德华·W.萨伊德：《东方学》，生活·读书·新知三联书店 1999 年版，第 4 页。

② 爱德华·W.萨伊德：《东方学》，生活·读书·新知三联书店 1999 年版，第 28 页。

③ 爱德华·W.萨伊德：《东方学》，生活·读书·新知三联书店 1999 年版，第 134 页。

踏破坏了这一生产体系。马克思在论述这一问题时认为，英国在毁灭亚洲时，也有可能在那里发动一场真正的社会革命。马克思说："的确，英国在印度斯坦造成社会革命完全是受极卑鄙的利益所驱使，而且谋取这些利益的方式也很愚蠢。但是问题不在这里。问题在于，如果亚洲的社会状态没有一个根本的革命，人类能不能实现自己的命运？如果不能，那么，英国不管干了多少罪行，它造成这个革命毕竟是充当了历史的不自觉的工具。"①"英国在印度要完成双重的使命：一个是破坏的使命，即消灭旧的亚洲式的社会；另一个是重建的使命，即在亚洲为西方式的社会奠定物质基础。"②萨伊德认为，"马克思的经济分析与标准的东方学行为完全吻合"，马克思的社会经济理论"最终占据上风的却仍然是浪漫主义的东方学视野"③。

综观以上四点，萨伊德的基本观点，就是认为马克思与其他东方学家无异，他们一齐构造了东方主义。对马克思持这种观点的并非只有萨伊德，台湾学者李英明认为，马克思的现代化论述与一般的现代化理论没有什么两样，都是以生产力决定论论述现代社会的发展，这种论述包含着强烈的东方主义色彩。马克思在其著作中歌颂西方资本主义创造的物质文明，认为只有经过资本主义创造的高度的物质文明，西方才有资格过渡到社会主义或共产主义，其他地区也只有根据西方的发展轨迹才能进入高度的文明社会，因此，马克思主义仍然是西方中心论。④ 美国批评家特纳也认为："马克思也延续了西方传统的东方观，即认为东方是一个统一的体系，一个静止的缺乏变化的、没有现代化的、缺乏中产阶级文化的、缺乏公民社会的社会。"⑤

---

① 《马克思恩格斯选集》第1卷，人民出版社1995年版，第766页。

② 《马克思恩格斯选集》第1卷，人民出版社1995年版，第768页。

③ 爱德华·W.萨伊德：《东方学》，生活·读书·新知三联书店1999年版，第199页。

④ 李英明：《全球化下的后殖民省思》，台北生智文化事业有限公司2003年版，第74页。

⑤ Bryan S. Turner. *Orientalism, Postmodernism and Globalism*. London and New York: Routledge, 1994, p. 5.

那么，我们该如何认识萨伊德等人对马克思的这种定位呢？这种定位是偏离了还是发展了马克思主义呢？这种偏离或发展对于我们认识后殖民理论和马克思主义有什么意义呢？要解决这些问题，必须先弄清楚两个问题，一是马克思是在什么情况下表达自己的东方观点的，二是我们该如何认识马克思的这些观点。

从历史唯物主义视角出发，马克思对西方现代资本主义之于第三世界民族的历史演化的意义做了深刻的论述，其中，对英国在印度的殖民统治的辩证分析是这一论述的典型个案。马克思的核心观点是，一方面，英国在印度的殖民统治给印度带来的灾难与历史上一切势力相比都要深重得多；另一方面，英国的殖民统治推动了资本主义在印度的发展，这就为亚洲未来的社会革命创造了物质前提。

马克思结合印度本土的生产生活方式分析了英国殖民主义给印度带来的双重影响，这种分析主要体现在《不列颠在印度的统治》和《不列颠在印度统治的未来结果》两篇文章中。马克思指出，不列颠东印度公司把欧洲式的专制与亚洲专制结合起来，给印度人民带来了深重的灾难。英国摧毁了印度社会的整个结构，使印度同它的一切传统，同它过去的一切历史断绝了关系。马克思分析，亚洲传统社会一直以来有三个政府部门，即财政部门、战争部门和公共工程部门。公共工程部门致力于水利灌溉事务。由于文明程度太低，幅员太大，在亚洲，私人不能产生自愿的联合，这就需要中央政府进行干预，管理农业灌溉事务。不列颠在印度接收了财政部门和战争部门，但完全忽略了公共工程部门，这样，印度的农业就衰败下来。此外，不列颠的现代工业的入侵打碎了印度的手织机和手纺车，其蒸汽机和科学彻底摧毁了印度的传统农业和手工制造业的结合。不列颠的入侵毁灭了印度传统的生产方式和经济基础，但是，马克思提醒我们，对传统社会的土崩瓦解不应该感到惋惜，因为，"……我们不应该忘记，这些田园风味的农村公社不管看起来怎样祥和无害，却始终是东方专制制度的牢固基础，它们使人的头脑局限在极小的范围内，成为迷信的驯服工具，成为传统规则的奴隶，表现不出任何伟大的作为和历史首创精神。我们不应该忘记那些不开化的人的利己主义，他们把全部注意力集中在一块小得可怜的土地上，静静地看着一个个帝国的崩溃、各种难以形容的残暴行为和大城市居民的被屠杀，就像观看自然现象那样无动于衷；至于他们自己，只要哪个侵略者肯于垂顾他们一下，他们就成为这个侵略者的驯顺的猎获物。我们不应该忘记，这种有损尊严的、停滞不前的、单调苟安的生活，这种消极被动的生存，在另一方面反而产生了野性的、盲目的、放纵的破坏力量，甚至使杀生害命在印度斯坦成为一种宗教仪式。我们不应该忘记，这些小小的公社带着种姓划分和奴隶制度的污痕；它们使人屈服于外界环境，而不是把人提高为环境的主宰；它们把自动发展的社会状态变成了一成不变的自然命运，因而造成了对自然的野蛮的崇拜，从身为自然主宰的人竟然向猴子哈努曼和母牛撒巴拉虔诚地叩拜这个事实，就可以看出这种崇拜是多么糟蹋人了”①。

英国殖民统治给印度人民带来了灾难，这是问题的一方面，另一方面，也是更为重要的，马克思说，不管英国在印度造成了多么大的危害，谋获了多少利益，如果英国所干的罪行推动了印度的社会变革，那么，其殖民行为就充当了历史的不自觉的工具。为什么马克思会得出这种结论呢？

马克思一方面看到了现代资本主义对于传统社会的摧毁及在伦理上的罪恶，以强烈的义愤谴责了殖民者在印度的无耻恶行；另一方面，从传统社会向现代社会的演化、从亚洲社会的变革看，西方资本主义的入侵恰好推动了东方社会的进步，它在亚洲为西方式的现代社会的产生奠定了物质基础。在这个意义上，马克思说，殖民主义在亚洲造成了一场前所未有的社会革命。在《不列颠在印度统治的未来结果》这篇文章中，马克思深入地论述了英国殖民统治对于印度社会的双重影响，马克思说，英国破坏了印度本土的公社，摧毁了本土的工业，毁灭了印度的文明，但重建印度的工作还是可以看见。不列颠是第一批文明程度高于印度因而不受印度文明影响的征服者，他们带来了电报，加速了通讯联系；由不列颠教官训练的印度人军队，

① 《马克思恩格斯选集》第1卷，人民出版社1995年版，第765～766页。

是印度解放自己的必要条件；第一次引入亚洲的自由报刊，是改造印度的强有力因素；殖民者所带来的新的私人土地占有制是亚洲社会所必需的；在英国人监督下，印度产生了具有现代知识的管理国家的新阶级；蒸汽机加强了印度与欧洲的联系等等。马克思特别分析了铁路系统给印度社会带来的变化。印度极端缺乏运输和交换各种产品的工具，它的生产力陷于瘫痪状态，而铁路的铺设改变了这一状况。在铁路沿线需要取土的地方修水库，给铁路沿线地区供水，这就促进了水利事业和农业的发展；铁路瓦解了传统社会的隔绝状态，造成了相互交往的新的需要；铁路的铺设推动了与其相关的各种必要的生产过程等等。这样，铁路系统在印度成为现代工业的先驱，它将瓦解印度种姓制度所依凭的传统分工，而种姓制度是印度进步和强大的障碍。马克思说："英国资产阶级将被迫在印度实行的一切，既不会使人民群众得到解放，也不会根本改善他们的社会状况，因为这两者不仅仅决定于生产力的发展，而且还决定于生产力是否归人民所有。但是，有一点他们是一定能够做到的，这就是为这两者创造物质前提。"①而这些将为这个国家的未来的重建创造条件，在这个意义上，马克思肯定了殖民主义对于东方社会的历史意义。

可见，马克思是站在全人类解放的立场、站在资本主义的毁灭和理想社会的诞生、站在现代性的全球发生的历史意义的视角看问题的，马克思一方面批判了英国对印度的殖民统治，但从印度社会从传统到现代的演化、从资本主义全球化所产生的物质丰富以及在此基础上可能导致的人类解放的角度来看，英国对印度的生产方式的破坏对于印度的发展又是一个推动。西方国家的殖民活动把资本主义体系撒播到全球，把印度纳入现代社会，这就在第三世界催生了现代化，从而为第三世界的发展和解放提供了物质基础，因此，英国对印度的殖民统治具有积极意义。只有从这一层面看马克思的东方观点才可能获得同情性的理解，也正是这一点才能把马克思与一般东方学家区别开来。在这种意义上，马克思主义后殖民批评家德里克的

① 《马克思恩格斯选集》第1卷，人民出版社1995年版，第771页。

认识是准确的，他说："尽管主流马克思主义谴责殖民主义对被殖民者的压迫和剥削，但它也常常确认殖民主义在将社会带入现代性方面所起到的进步性功能。"①对历史唯物主义哲学理解的欠缺，导致了萨伊德对马克思的解读出现偏差，事实上，萨伊德对马克思的东方学家的定位正表明了后殖民理论的主旨。萨伊德把福柯的权力理论推向极端，认为东方学的一切知识都是权力的结果，东方学对东方的表述都是歪曲和妖魔化的，东方本身并不存在东方学所说的落后和蒙昧，东方并不需要西方的解放。由于坚持绝对的文化相对主义立场，认肯后现代思潮的差异论，萨伊德否认了文化在价值论上的进步落后之分，只承认文化的差异性和多元性，这就使他无法解决以下重要问题：如果东方并非东方学所说的那样是落后的，那么东方还需要现代化吗？还需要向西方学习吗？东方社会还存在传统与现代的冲突问题吗？文化相对论和后现代的差异论否认了文化进化观，如果把这一原则推向极端就会出现上述矛盾，从世界文化演进的角度看，西方的现代化通过殖民活动而使自己全球化，非西方就是在西方的入侵下或被动或主动地走出传统追求现代的。由于坚持文化差异论，否认文化进化论，萨伊德对全球时代第三世界现代化的历史进程无法言说，也导致了其对马克思主义理论意旨的歪曲。

新的生产方式会导致传统生产方式和生活方式的解体，从伦理的角度看，这是一个悲剧性的时代转折，但从历史主义视角看，这是新的生产方式产生时期的历史阵痛，一个崭新的社会形态由此诞生。马克思在论述西方资本主义替代封建主义时也表述过这种观点，这就是李泽厚提出的伦理与历史的二律背反的命题。因此，把马克思指认为浪漫主义的东方学家表明萨伊德对马克思的阅读是不确切的，他没有看到英国殖民活动摧毁印度的生产方式的历史进步意义。由于对马克思理解的偏差，萨伊德才说出这样的话："使毫无生气的亚洲实现再生当然是地地道道的浪漫主义东方学观念，但当这一看法来自感到无法心安理得地忘记人们所遭受的痛苦的同一作者之手

① 刘东等：《中国学术》总第十三辑，商务印书馆 2003 年版，第 121 页。

时，这一断言却多少有些令人困惑。”①之所以“困惑”，是因为萨伊德没有从马克思的整个哲学和其理论所指看其对于东方的言论，而正是理解的误差导致其把马克思等同于一般的东方学家。东方学家与马克思的区别在于，前者是从帝国主义统治的合法性角度研究东方学，其理论所指是对帝国主义体系和殖民统治的维护，后者则是从人类解放的角度对资本主义局限和历史意义的分析，两者的理论意指差异甚大。

除了马克思本人，萨伊德在《东方学》中还引用了马克思主义者葛兰西的观点，葛兰西的文化霸权概念对其东方学论述影响深刻，按照经典马克思主义理论，在当代资本主义危机深重的欧洲应该爆发大规模的无产阶级革命运动，但事实并非如此，这是为什么呢？葛兰西在《狱中杂记》中认为，资本主义社会可分为民众社会和政治社会，前者由学校、家庭、民间社团组成，是非强制性的自愿的联合体，后者由国家机器如军队、警察和中央政府组成，其功能是对前者加以控制。政治社会以统治性的文化观念运作于民众社会，在此支配性观念对他人的影响不是通过强制而是通过积极的赞同(consent)来实现的。在非集权社会中，某些文化形式可能获得比其他文化形式更高的支配力，葛兰西把这些起支配作用的文化形式称为文化霸权(hegemony)，葛兰西说：“一个社会集团的霸权地位表现在以下两个方面，即‘统治’和‘智识与道德的领导权’。一个社会集团统治着它往往会‘清除’或者甚至以武力来制服的敌对集团，它领导着同类的和结盟的集团。一个社会集团能够也必须在赢得政权之前开始行使‘领导权’。”②“智识与道德的领导权”就是文化领导权，葛兰西发现，资产阶级以其强有力的支配文化获得了对于无产阶级的影响力，使其对资本主义统治加以认同而告别了革命意识，这才导致了欧洲无产阶级解放运动的停滞。葛兰西认为，政治社会总是要侵入民众社

① 爱德华·W.萨伊德：《东方学》，生活·读书·新知三联书店1999年版，第199页。

② 葛兰西：《狱中杂记》，中国社会科学出版社2000年版，第38页。

会，即使像学术研究这种看似纯粹客观的活动也要受到政治社会的影响。葛兰西的权力理论认为，文化领导权并不只是显在的，而可以是隐在的、软性的。“霸权起初是指在联邦中一个国家（或州 state）的主导地位，现在一般理解为获得许可的统治。后一层意思是由意大利马克思主义者葛兰西在 20 世纪 30 年代最早使用和推广的，他对统治阶级在社会中促进自己的利益如此成功的原因进行了调查。基本的来讲，霸权就是统治阶级使其他阶级相信他们的利益就是所有人的利益的权力。因此，统治不是用武力实施的，也不必然是通过积极的劝说，而更多的是通过细致全面的经济权力以及国家机构如教育和传媒来实施的，它们把统治阶级的利益宣扬为普遍的利益并使大众对此深信不疑。”①萨伊德借助文化霸权理论考察东方学，认为“正是霸权，或者说文化霸权，赋予东方学以我意旨在谈论的那种持久的耐力和力量。……欧洲文化的核心正是那种使这一文化在欧洲内和欧洲外都获得霸权地位的东西——认为欧洲民族和文化优越于所有非欧洲的民族和文化”②。在萨伊德看来，东方学是一种霸权性的具有控制性的影响极大的观念和思维，它营造了西方优越于东方的文化神话。

葛兰西的文化霸权观把文化作为一种重要的实践性力量，重视文化在解放中的作用，突破了传统马克思主义的经济决定模式，是对马克思主义的新发展。但萨伊德在借用葛兰西的同时，其文化霸权观与葛兰西相比具有很大的差异：萨伊德的文化霸权观指涉的是西方与东方，而葛兰西的文化霸权概念指涉的是民族国家内部的统治阶级和被统治阶级；萨伊德和葛兰西考察文化霸权的出发点不相同，前者旨在分析控制性的一方即西方是如何获得霸权的，后者则是站在从属的一方即被统治的工人阶级立场讨论问题；对于霸权的颠覆，

① Bill Ashcroft, Gareth Griffiths and Helen Tiffin. *The Post-Colonial Studies: The Key Concepts*. London: Routledge, 2002, p. 116.

② 爱德华·W. 萨伊德：《东方学》，生活·读书·新知三联书店 1999 年版，第 10 页。

萨伊德的策略是寄希望于东方学家的自我觉醒，而葛兰西则诉诸无产阶级的政治领导权；萨伊德的目的，是揭示一门看似客观的具有学科知识形态的东方学，其实是西方帝国主义帮凶的霸权性话语，而葛兰西的理论目的是要考察无产阶级解放的可能性。产生这两种文化霸权观差异的原因，是他们面对着不同的问题。葛兰西关注的是无产阶级反抗资产阶级的政治革命和文化革命，这首先就是一个政治领导权问题：一个国家内部进行革命，无产阶级必须以暴力手段夺取政治和文化领导权。与此不同，萨伊德关注的是东西方的民族国家在政治独立前提下的文化交往问题，也就是东西方的文化控制与反控制问题。民族国家之间的文化控制不像政治那样具有强硬的斗争性，而是具有渗透性和隐蔽性，对文化控制的反抗也不可以暴力方式进行，而适合采取非暴力的话语革命。从历史上看，文化从来就不是纯粹的本质性的，所有文化都是混杂的，不同文化的交流融合还是文化创新的重要源泉，在文化控制和反控制的复杂纠缠中，首要的是文化交流，问题是在交流中如何反抗宰制，这就是一个文化政治学而非暴力政治学的问题。在借用葛兰西的理论的同时，萨伊德对东方学的霸权性质的论述要深刻细致得多，他分析了东方主义思维和文化帝国主义表现的各种形式，涉及政治经济和文化层面以及人员组成等各个方面的问题。

基于《东方学》的理论主旨，萨伊德对葛兰西的借用也给其理论本身带来了难题。借助福柯的知识考古学的方法，萨伊德考察的是东方学的权力生产机制，而不是东方学与东方的关系，东方是如何对待东方学的，真实的东方如何存在不是其研究的主题。这样，萨伊德在运用文化霸权概念时在一定程度上就过滤掉了其最初的含义，因为葛兰西的文化霸权概念是要看市民社会是如何接纳并被同化到政治社会的统治观念中去的，萨伊德在借用这一概念时保留了西方宰制东方这层含义，而东方属民是如何接受乃至认同西方霸权的却不是萨伊德研究的内容，这就导致萨伊德忽视了后殖民氛围中的重要方面，即东方是如何面对西方的文化殖民的，由此，东方对西方的反抗和认同、东方文化在殖民后的混杂和在西方挑战下的现代性追求等都失落在萨伊德的视阈之外，因此，吉尔伯特批评说："不考虑统治者的话语对被统治者的观念和忠诚程度的影响，不管是对宗主国还是殖民地民众中的附属部分，就很难看出萨伊德是如何能够合理地把东方主义解释成葛兰西所说的霸权的一个例证。"①第三世界民族文化、属下的主体意识的表达、文化殖民与文化混杂等重要问题则由斯皮瓦克、霍米·巴巴、艾哈迈德等人提出来。

总体看来，《东方学》受福柯的影响更大。福柯认为权力是无处不在的，是隐性的、渗透性的，萨伊德由此认为，东方主义不仅是一门学院性的学科，还是一种情感态度，一种认知体系，一种本体论形态的思维方式，因此，东方主义是不可抵抗的，这就导致了其悲观倾向。在他看来，即使像马克思这样的批评殖民活动的理论家，也延续着东方主义思维方式，在把东方主义看做是铁板一块从而无法反抗时，萨伊德陷入了他所反对的本质主义思维方式之中。因为，就在西方殖民东方的过程中，东方学也保留了大量的西方侵略东方的史料，另外，西方统治东方 250 年，而在历史上，伊斯兰统治西方长达 8 世纪之久，萨伊德把西方统治东方的历史追溯到荷马史诗时代，这明显不符合历史事实。有论者批评说："西方对伊斯兰教的反应远比《东方学》通常设想的要复杂得多。至少就有关这一时期以及这些不同地区而言，东方主义不能被一成不变地看做一种主导话语，或是通过知识和表现文本而反映出来的恒定不变的西方权力意志的表达。"②之所以如此，是因为萨伊德不仅借用了福柯的方法论，而且认同其基本观点，即知识的背后是权力机制，是权力产生了知识。权力不仅指国家机器等暴力机关，而且还是通过各种渠道和场所起作用的一种非人格的力量，其目的就是让臣民安于在社会中所处的位置。在运作的过程中，权力的主要工具就是知识，权力以知识的形式突出一些

---

① 巴特·穆尔-吉尔伯特：《后殖民理论》，南京大学出版社 2001 年版，第 205 页。

② 巴特·穆尔-吉尔伯特：《后殖民理论》，南京大学出版社 2001 年版，第 73 页。

“真理”，边缘化一些“非真理”，从而达到控制的目的，在这个意义上，福柯的权力论与葛兰西的霸权论具有相通的地方。萨伊德认为，东方主义帮助西方建立对于东方的霸权，采用的方法是强化西方作为优秀文明的形象并认定东方是低于西方的他者。传统马克思主义把权力看成是政治统治的工具，它以暴力为手段实现政治和经济目的，而福柯有意与马克思主义的“经济决定论”保持距离，把权力看做话语性的意识形态，看做渗透性的自我认同力量。显然，萨伊德更多地赞同福柯的权力观，这就导致了其东方学论述的一系列弊病，原因在于，殖民活动主要表现为经济剥削、政治压迫和军事控制等形态，殖民权力首先是物质性的而非话语型的，而后殖民理论把文化权力认定为殖民活动的决定性的宰制形态，这就导致其理论所指的偏差，产生这种弊病的根源是萨伊德思想来源的芜杂。每一种文化理论都有自己的认识论体系和价值观指向，马克思主义认为意识形态决定于物质生产方式和政治斗争，福柯否定马克思主义的社会结构理论，把话语提高到决定性的地位，这两种相反的理论主张如何能协调一致呢？由于受后结构主义思潮的影响，后殖民理论专注于文学与语言，仿佛语言是决定一切的最终根据，基于此，有论者批评说，资本主义生产方式、比较政治学、发展研究、对主流发展主义的批判等在后殖民理论那里都没有给予足够的重视。①

虽然在《东方学》中萨伊德受福柯的影响更大，但萨伊德对福柯的接受并不是一致的，而是流动的变化的。在后来的《理论旅行》一文中，萨伊德站在马克思主义立场对福柯的悲观主义权力观表示了不满。萨伊德说：“很难接受福柯在《性史》中提出的观点，他认为‘权力无处不在’，这个非常简单化的观点贯穿始终。我已经说过，所以如此的原因之一，是福柯唯恐陷入马克思主义的唯经济论，以至抹杀了在他讨论的社会里阶级的作用、经济学的作用，反抗和造反的作用。假设监狱、学校、军队以及工厂是他所说的十九世纪法国的规诫

① 许宝强、罗永生等：《解殖与民族主义》，中央编译出版社 2004 年版，第 94 页。

工厂，它们都受到全面的统治，那么对这种规严的秩序还能有什么抵抗吗？……问题是福柯使用的权力一词范围太大，能否没路上的任何障碍（对它的抵抗，给它以新的火力的阶级和经济基础，它的积蓄）。”①这段话表明，萨伊德对福柯的态度有所变化。但是，即使在这里援引了马克思的观点，萨伊德此后也并没有完全认同马克思主义。对于马克思主义，后殖民理论采取的是为我所用的权宜态度。

二、斯皮瓦克对马克思主义的借用

有学者指出：“在当前的关于后殖民主义论争中，理论的和政治的张力给后结构主义和马克思主义带来不同的特征，对于罗伯特·杨，马克思主义是后殖民主义问题的一部分，但对于斯皮瓦克，马克思主义是不可缺少的工具。”②斯皮瓦克有意识地以马克思主义为思想支援，她认为，如果从马克思主义对西方资本主义批判的观点看，马克思主义与解构主义可以关联起来，后殖民理论与马克思主义以及后结构主义的结合是策略性的。马克思在《路易·波拿巴的雾月十八日》中说，法国革命时期的小农作为一个阶级没有形成自己的联盟，没有自己的政治组织，他们不能通过自己的组织来保护自己的利益，在议会和国民公会中无法表达自己，“他们不能代表自己，一定要别人来代表他们。他们的代表一定要同时是他们的主宰，是高高站在他们上面的权威，是不受限制的政府权力，这种权力保护他们不受其他阶级侵犯，并从上面赐给他们雨水和阳光。所以，归根到底，小农的政治影响表现为行政权支配社会”③。小农的代表者其实是他们政治上的主宰，并不能真正代表他们，不能表现他们的阶级意识，他们的被代表其实是被歪曲。斯皮瓦克借助解构主义方法详细地分析了马克思的这一段话，她认为，小农、拿破仑和行政控制之间充满

---

① 《萨伊德自选集》，中国社会科学出版社 1999 年版，第 156～157 页。

② Patrick Williams and Laura Chrisman, ed. *Colonial Discourse and Post-Colonial Theory: A Reader*. New York: Colombia University Press, 1994, p. 6.

③ 《马克思恩格斯选集》第 1 卷，人民出版社 1995 年版，第 678 页。

了裂隙，政治上的“代表”与主体意识的“表现”并不是同一的，也就是说，那些在政治上号称“代表”小农的政客并不能真正“表现”小农的主体意识，“代表”与“表现”不是一回事，过去的激进理论假设它们的同一性实际上抹杀了属下阶级的主体意识，传统的政治上层对被压迫阶级的代表其实是掩盖其声音并进而迫使其失语。斯皮瓦克据此认为，在印度的属下研究中，知识分子并不能代表属下。因此，一切处于边缘的人群在社会政治结构中是否具有主体性以及如何表达自己的主体意识是一个重要的现实问题。

斯皮瓦克借助对马克思的分析批评了福柯、德鲁兹等西方“仁慈”知识分子，进而讨论了第三世界人民的主体意识与表达权问题。斯皮瓦克认为，由于没有意识到“代表”的含义的复杂性，西方激进主义理论无法真正代表第三世界人民。德鲁兹和福柯对于其所关注的第三世界是仁慈的，认为他们能够避开西方帝国与第三世界的剥削关系，甚至支持庶民阶层为争夺自己的权利而进行的斗争。但是，知识的西方模式与西方的统治系统密切相关，而且，西方知识分子赋予庶民阶层一种主体位置，实际上是在代表庶民说话，这与帝国主义时代的西方为被殖民者建构主体性、表达他们呼声的做法是一脉相承的。斯皮瓦克认为，德鲁兹和福柯忽视了国际劳动分工所产生的新的阶级现实和帝国主义的认知暴力，第一世界把第三世界作为他者的挪用和重新刻写，表现了西方人文学科的“仁慈”但并无实际效用，因此，“在由社会化资本所导致的国际劳动分工的另一面，在补充先前经济某一文本的帝国主义法律和教育的知识暴力的封闭圈的内与外，庶民能说话吗？”①斯皮瓦克主张，不能如德里达那样以承认他者的方式去同化他者，也不能以福柯那样的仁慈心态去确认他者，最好的方法是把庶民的知识领域保留为“涉及不到的空白”(inaccessible blankness)，以表明西方知识的范围和局限。

斯皮瓦克认为，第三世界人民以自己本土的语言进行表述与发

① 斯皮瓦克：《从解构到全球化批判：斯皮瓦克读本》，北京大学出版社2007年版，第102页。

表看法才算是真正说话。但在西方文化的主宰下，本土文化的存在及其意义表达处于困境之中，一方面，语言的使用是建立属下主体意识的根本途径；另一方面，本土属下的声音能否发出、如何发出等都存在问题。西方掌握了话语权，本土居民只能以西方的语言说话，只能以西方的文化方式表达自身，这本身就是对自己本土意识的掩盖，而以本土语言说话，则又无处表达，不可能传达。后殖民理论以第三世界反抗西方的文化霸权为主旨，但却只能以西方的语言在西方学界表达，这本身就是一个巨大的难题，比如斯皮瓦克是来自第三世界的女性，其面临的文化宰制是多重的，一方面是西方文化对东方的歪曲，一方面是传统男权文化对自身的压迫，如何反击西方中心、男性中心是其最大的问题。解构主义给斯皮瓦克拆解传统二元对立的思维方法以具体路径，马克思主义提供了阶级分析方法，女权主义给其反抗男权中心论以思想支撑。但对斯皮瓦克产生影响的，是马克思主义的政治方面而不是其经济基础理论。科林·麦克比（Colin Maccabe）说："斯皮瓦克的马克思主义不同于一些马克思主义批评家。她的马克思主义关键之处是扎根于第三世界经历，因而主要关注帝国主义和剥削，它对生产方式的标准化叙述持批判态度，认为其并无效用。"①相比其他的后殖民理论家，斯皮瓦克更为积极地借用马克思主义解决全球化时代的边缘群体的主体性问题，这是她分析属下妇女问题比西方女权主义更为深刻的原因。

三、艾哈迈德对后殖民理论的批评

马克思主义从经济层面揭示了资本主义剥削的秘密，以阶级斗争为手段预示了资本主义的终结。但基于对经济主义和还原主义的回避，当代西方的文化研究思潮改写了马克思主义，而在谈到社会不平等和反抗策略时，马克思主义又是始终绕不过去的，这样，马克思主义就提供了看视文化研究包括后殖民研究这样的独特视角。事实

① Colin Maccabe. *Foreword*, *In Other Worlds*: *Essays in Cultural Politics*. By Cayatri Chakravorty Spivak. New York, London: Methuen, 1987, p. 6.

上，正是马克思主义后殖民理论家艾哈迈德和德里克对霍米·巴巴等人的批评最为激烈也最为深刻。

印度裔学者艾贾兹·艾哈迈德主张回到马克思主义，他从马克思主义角度对全球化时代的后殖民理论做了多方面的批评。

首先，艾哈迈德对萨伊德以及其他后殖民批评家把西方的殖民活动追溯到荷马时代、把后殖民概念泛化的倾向提出了批评。艾哈迈德认为，把殖民主义的起始追溯到远在欧洲殖民帝国崛起之前的时期，如印加帝国、奥托曼帝国、中国的汉朝统治时期，照此，殖民主义成了一个贯穿历史的东西，永远在世界的某一地区存在，又永远处于解体过程中，因此，每个人早晚总有一天会成为殖民者、被殖民者或后殖民者，有时同时获得三者，如澳大利亚。我们所拥有的是一种全球化的后殖民性状态，它可以被后殖民批评家描述，但绝不可能被固定为在话语和教育领域之外可采取各种确定形式与之对抗的权力结构。[①] 后殖民理论致力于批判西方文化霸权，但这种批判已变成西方文化装饰性的一部分，在艾哈迈德看来，后殖民理论是讲给西方人听的调和性理论，后殖民批评家实际上是西方与东方文化关系的协调人。

其次，艾哈迈德对文化杂交理论提出了批评。面对西方的文化宰制，巴巴提出了文化杂交的策略。文化杂交的观点非常简单，即现代文化之间的交通如此快捷，很难说还有什么没有被这种交通完全穿越的自成一体的民族文化。但是，文化杂交这一概念是否真能阐明当代的文化现实？在仍然存在强势和弱势文化的情况下，是谁杂交谁？文化杂交阐明了一切文化都不是纯粹的这一现象，这种现象在今天尤其突出，但如果不仔细分析现今的文化状况，这个概念可能是没有意义的。在美国这样一个文化混杂的国家，对于身处第一世界的第三世界知识分子而言，文化杂交可能是边缘文化对抗主流文化的一个策略，处于两种文化的交叉地带可能获得更多的文化视角，

① 罗钢、刘象愚等：《后殖民主义文化理论》，中国社会科学出版社 1999 年版，第 263 页。

但在全球范围来看,文化杂交就需要具体分析了。针对这个概念在巴巴那里的特定内涵,艾哈迈德指出,历史并不是由永久性的移民构成的,巴巴所声称的那种既是一种人类状况又是一种理想的哲学立场的“置换”的普遍性,无论是作为对世界的描述,还是作为一种普遍性的政治上的潜能,都是站不住脚的,因为大多数人并不能随心所欲地每天改头换面,任何社会也不可能在无数的偶然性构成的环境中出现或消失。在那些移民中,只有享受特权者才能过着充满变化的生活,大多数人则处于贫困状态,置换(文化的变化和杂交)对于他们来说不是好事而是折磨,他们所追求的不是文化多元和杂交的体验,而是更好的稳定的生活。因此,后殖民问题是一个阶级问题。① 也就是说,文化杂交的反抗性和文化身份变异的意义对于不同阶级的人是完全不同的,这就是艾哈迈德以马克思主义的阶级分析方法得出的结论。文化杂交的前提是移民之间的平等的文化交易,这种交易似乎超越了殖民主义所带来的根本性的不平等,艾哈迈德问道:到底是谁把自己杂交进谁的文化?按谁的标准进行?文化杂交的含混性暴露了如下事实:对文化杂交的赞美是全球化大市场无限自由的内在逻辑所需要的。文化杂交假设所有的消费者都有钱,所有的文化都可供消费,顾客按其所需将文化随意组合。只有当所有的文化都以商品形式出现时,才有可能说没有哪种文化比另一种文化更有权力,顾客才是杂交的主宰。但后殖民理论儿戏般的杂交化并没有产生所有文化的平等,它只产生了一种晚期帝国主义市场的大一统文化,它使消费者、批评家、文化都沉迷于杂交性、偶然性等后现代性的浅薄之中。艾哈迈德认为,文化之间的相互交流和滋养历来是人们各种迁徙活动的特点,有形的变动和文化的交叉传播远非只属于某种特定的后现代性,而是一种永无止境的固定与变化的辩证运动,因此,无论是社会还是个人都既不仅仅是过去的一种复本,也从来不可以任意塑造自身,“认为自己可以在生活中一遍又一遍地任意塑造

---

① 罗钢、刘象愚等:《后殖民主义文化理论》,中国社会科学出版社 1999 年版,第 271 页。

自身和自己所在的社会，这种想法只是一种由财富过剩所产生的幻觉。那种自我反复塑造，借此在对世界的消费幻觉中消费自己是后现代异化的形式，而巴巴却错误地说是杂交性、后殖民性、偶然性”①。由于后殖民理论否认阶级，解放就成为一种文字游戏。艾哈迈德深刻地指出，帝国主义的结构辩证法表现为资本对地球空间渗透和民族国家强化两者的并驾齐驱，这一辩证过程在文化和意识形态领域产生了诸多矛盾后果，那些依附于帝国资本的第三世界权贵以民族本位传播文化差异论，其目的是为本国工人大众炮制原始法西斯主义的民族主义，以便使他们放弃社会主义和反帝国主义的进步事业，在这样的文化背景下，谈跨文化的民族杂交和偶然性政治，实际上等于赞同跨国资本自己的文化声明。②

再次，艾哈迈德以阶级分析方法对后殖民理论家的活动提出了批评。艾哈迈德指出，后殖民理论只是西方高深理论即后现代思潮的大杂烩，其观点不可能产生在真正的后殖民社会，而后殖民社会中的问题他们又没有去关注。艾哈迈德认为，后殖民理论家之所以不再热衷于阶级批评，是因为他们的阶级身份本身存在问题，“那些以研究生身份而来，随后加盟教师队伍——尤其是人文学科和社会学科的教师队伍——的人，往往来自其本国的上层阶级。在重新确定自身在宗主国的位置的过程中，他们需要能支持他们权利主张的文件证明，也就是证明他们一直在受压迫的证据。那些与阶级压迫有关的书本对他们用处不大，因为他们既非来自工人阶级，又无意在新定居国里加入这个阶级”③。艾哈迈德指出，后殖民理论对往昔的兴趣大于帝国主义当下，把对帝国主义战争和政治的兴趣转向小说和

① 罗钢、刘象愚等:《后殖民主义文化理论》，中国社会科学出版社 1999 年版，第 273 页。

② 罗钢、刘象愚等:《后殖民主义文化理论》，中国社会科学出版社 1999 年版，第 266 页。

③ 罗钢、刘象愚等:《后殖民主义文化理论》，中国社会科学出版社 1999 年版，第 64～65 页。

文化形式，在学术上，对文学、哲学和人类学的兴趣大于政治经济学，马克思主义作为生产模式的叙事被抛弃，解构主义的话语分析方法被重视。① 但艾哈迈德意识到，真正生活在第三世界被民族资产阶级统治的知识分子批判现有政权的自由是非常少的，他们不得不过着流亡的生活，这种生活不是为了事业的发展而去宗主国，而是别无选择，是痛苦的折磨，他们到西方后又与本土失去联系，融入西方主流文化就成为其生存的主题。

最后，艾哈迈德对后殖民民族主义提出了批评。艾哈迈德认为，如果把民族主义视为反对新殖民主义的主要方式，那么就贬低了阶级、性别以及性行为等社会角色的反抗形式，在此，马克思主义比后殖民理论更具有合理性，因为世界经济已经成为一个互相联系的整体，新的国际经济形式是国际资本与世界性的劳工阶级的对抗，全世界的劳动者应该在反对全球分布的资产阶级和国际资本流动的斗争中团结一致。在艾哈迈德看来，后殖民理论拒绝了马克思主义的后果就是人们很少从阶级的角度，更多的是从民族、国家和种族的角度看待殖民地和宗主国的关系，而且把帝国主义仅仅看成富国与穷国、西方与非西方之间的剥削支配关系，没有把帝国主义看成全球资本主义统治下的包含阶级结构在内的一种制度，这就失去了对新殖民主义批评的可能性。三个世界的划分使民族主义成为政治上抵抗西方权力的突出形式，这种理论使处于不同发展阶段、有着完全不同的社会经济和文化组成、在国际劳动分工中有着不同进入模式的国家均一化。艾哈迈德认为，由于大多数第三世界国家都是帝国权力的制造者，其政权都是在帝国统治结束时由当地与帝国统治有关联的民族资产阶级建立的，它使得由跨国经营的统治者所主宰的全球经济得以发展，所以，民族主义不能充当解放运动的讲述者。艾哈迈德吸收马克思主义思想，提出了一个世界的理论，他认为当前主要的斗争不在西方和东方或南方与北方之间展开，甚至也不在前宗主国和

① 罗钢、刘象愚等：《后殖民主义文化理论》，中国社会科学出版社 1999 年版，第 368 页。

新近独立的国家之间展开，而是在全球结盟阶级之间展开。由于资本的生产和再生产是世界性的，资产阶级散布在全球各地，因此对资产阶级的抵抗也是全球性的，工人阶级应以跨国利益联盟的形式组织起来。① 以马克思主义阶级分析方法透视全球化时代的社会矛盾，艾哈迈德洞见深刻，正如德里克所说："艾哈迈德赋予阶级重大使命，这固然不错，因为资本全球化使得全球性的（而非仅仅民族的）阶级第一次成为可能。"②

显然，艾哈迈德吸取了马克思《共产党宣言》里的基本思想，"全世界无产者，联合起来"的口号在全球化语境下似乎获得了前所未有的理论生命力和实践品格。但把资产阶级和无产阶级的斗争抬高为资本全球化时代最主要的矛盾，世界无产阶级在宗教、性别、文化方面的差异就被一个世界理论所忽视。德里克批评说："他（艾哈迈德）认为，资本主义一统天下，阶级成为整齐划一的区分标准，完全忽视了其余的差异，无论是在民族、地方还是在种族、性别方面。"③一个世界理论的前提假设是世界无产阶级的一体化。吉尔伯特批评说，底特律的产业工人并不与汉城的工人按照阶级身份产生认同，津巴布韦的农民与加尔各答的无家可归的失业者也不会相互认同，除非阶级这个概念被扩大到无意义的程度。④ 事实上，被剥削的生存处境差异巨大的群体在全球资本统治下是互相竞争甚至是互相冲突的，他们首要的认同并不是基于经济的被剥削，而很可能是在地域或民族文化立面，他们不大可能与世界其他地方的被剥削阶层相认同，况且同是被跨国资本剥削的无产阶级，他们被剥削的程度以及面临

① 巴特·穆尔-吉尔伯特：《后殖民理论》，南京大学出版社 2001 年版，第 258～259 页。

② 阿里夫·德里克：《后革命氛围》，中国社会科学出版社 1999 年版，第 65 页。

③ 阿里夫·德里克：《后革命氛围》，中国社会科学出版社 1999 年版，第 67 页。

④ 巴特·穆尔-吉尔伯特：《后殖民理论》，南京大学出版社 2001 年版，第 259 页。

的问题是不一样的。由于全球资本主义的霸权化和传媒的帝国主义化、资讯掌握的欠缺、自我意识和理论素养的匮乏、各个民族国家的权力结构以及本民族国家内部的剥削压制状况的差异，全球无产者的联合越发困难，一个世界的理论只能是一个乌托邦。在我看来，艾哈迈德站在马克思主义立场对后殖民理论的批评是深刻的，但他对问题的解决则存在缺陷。在此，吉尔伯特的看法值得注意，他认为，后殖民社会、文化组织和运动，是在不同的时间、以不同的形式、在全球不同的地点出现的，因为殖民主义具有多种形式，有着诸多历史，并不时出现许多相互矛盾的话语，非殖民化也同样有着多种形式并且是复杂的，其话语有可能相互并不一致。① 艾哈迈德的一个世界理论既忽视了殖民活动的多重性，也忽视了矛盾解决途径的多样性。

四、德里克对后殖民理论的发展

阿里夫·德里克继承传统马克思主义，诉诸总体性的社会解放，但他认为，由于历史条件发生了很大变化，20 世纪的革命没有实现马克思的预言，因此，必须放弃传统马克思的政治革命手段而转向社会批判，由于总体上反抗资本主义的不可能，所以“左派”把批判的目标集中在性别、种族、生态等问题上。德里克的这种转向与西方马克思主义的立场一致，保留了马克思主义的批判精神和对社会正义以及乌托邦的诉求。既然没有一种普遍的适合于一切时代的革命模式，马克思主义的当代性就表现为坚持马克思对现代社会的分析和批判实质性地发展出相应的新的批判形式。② 在这个意义上，立足于当代资本主义现实，以批判精神分析全球化时代的矛盾，诉诸社会解放的理论都是马克思主义的发展形态，德里克也应归于此列。

德里克认为，不参照过去五个世纪以来的欧美权力结构，就无法

---

① 巴特·穆尔-吉尔伯特：《后殖民理论》，南京大学出版社 2001 年版，第 262 页。

② 胡大平：《后革命氛围与全球资本主义》，南京大学出版社 2002 年版，第 11 页。

理解作为一种历史现象的欧洲中心主义，正是欧美的权力结构产生了欧洲中心主义，正如不参照殖民主义也不可能理解欧洲资本主义的形成一样，这一密切关系在范围上（整个地球）和深度上（日常生活层面）将西方近代殖民主义同其他殖民主义区别开来。欧洲中心主义把它的影响扩展到全球，并把它拥有的所有权普遍化，这些权力结构有经济的、政治的、社会的以及文化方面的。德里克说，欧美人征服了世界，重新命名地域，重新安排经济、社会和政治，把现代之前对时空的认识和许多其他东西一笔勾销或者驱逐到边缘地带，在这个过程中，他们以前所未有的方式用其自身的形象一统历史。对这个自我形象来说，至关重要的是一种欧洲启蒙主义所建立的模式，它以理性的、人文主义的主体作为历史的主体，以理性和科学武装自己，以普遍理性的名义征服时间和空间，对它们重新加以组织，制伏那些不同于此的历史轨迹并产生出一种统一的历史，这种历史永远朝着满足人类进步的要求的方向前进。这个模式把欧美的经验融入历史的命运之中，这样一来，由于它想要改造世界的雄心而大肆施于世界的痛苦便找到了一个理性化的借口。① 德里克的马克思主义批评产生于资本全球化时代，他把全球化时代的资本主义生产称为“弹性生产”（flexible production），与传统资本主义大生产相比，这种生产具有新的形式：第一，生产的跨国化。资本主义通过转包合同而将生产过程全球化，新技术把生产的空间范围拓宽到了前所未有的地步，同时大大提高了生产的速度。新技术还赋予资本和生产以前所未有的流动性，使得生产的地点似乎总在不断地变化，其目的是为了找到对于资本而言最大的优势，也是为了避开社会和政治的干扰。第二，国家意义上的对资本主义的“非中心化”，也就是说，很难确定某一个国家或地区是全球资本主义的中心。第三，连接这个网络的中介是跨国公司，它取代了国家市场而成为经济活动的场所，它不仅是商品生产和传输过程中的一个消极中介，而且还是资本传输及其走向的一个

① 阿里夫·德里克：《后革命氛围》，中国社会科学出版社 1999 年版，第 155～156 页。

决定性因素。第四，生产的跨国化是产生前所未有的全球联合的源泉，同时也是产生资本主义历史上前所未有的分裂的根源。全球分裂为一些超越国家的地区性组织，地方层次的分裂表现为同一国家的不同地区为了享有跨国资本的利益而争斗。第五，资本跨国化的后果是，资本主义的生产方式第一次从其历史发源地欧洲分离出来，成为真正全球性的抽象概念，资本主义的叙述不再是欧洲历史的叙述，非欧洲的资本主义社会首次在资本主义的历史中占有一席之地。① 随着资本跨国化，欧洲中心主义正在全球的层面上受到挑战，这种挑战通过各种宗教的、民族的和种族的传统回归的形式进行，同时，"全球范围内的人口流动，新的传媒文化和消费文化的全球化，以及跨越政治和文化障碍把信息从一个地方传播到另一个地方的新技术，通过搅乱所有疆界，从而对本土传统提出质疑"②。在德里克看来，全球化话语是对全球关系的不断变化的结构——新的统一和新的断裂——的回应，同时也是把握那些变化的一种新的认识论需要，后殖民主义与全球资本主义相伴而生。

德里克的后殖民批判建立在对全球资本逻辑的认识之上。德里克指出，资本主义把殖民的过去与后殖民的现状联系起来，资本主义的进一步发展要求把从前作为欧美资本主义对象的殖民地居民整合为独立主体，但后殖民理论拒绝回答这个问题，理由是这个问题使资本主义成为"基础范畴"，反而将后殖民性延伸至过去，从而为资本目的论提供文化与意识形态借口，因此，后殖民主义本身是正在形成中的全球资本主义的文化意识形态的组成要素。德里克把后殖民的主题分为三个部分：第一，冲决欧洲中心模式；第二，确认本土声音在后殖民文化形成过程中的作用；第三，确认后殖民文化是一种混杂文化，是辩证法的产物。由此，应该确认历史带来的变化，不可鼓吹欧洲占完全优势的地位，因为它剔除了被殖民者的主体性。但是，"倾

① 阿里夫·德里克：《后革命氛围》，中国社会科学出版社 1999 年版，第 135～137 页。

② 刘东等：《中国学术》总第十三辑，商务印书馆 2003 年版，第 2 页。

心于殖民主义及其遗产导致了一种过去控制当代现实的言过其实的观点,而漠视了由当代权力重构所导致的历史遗产的重新配置。特别是,资本主义的实践与民族国家的变化业已唤起了对殖民历史的重新思考"①。在这个意义上,后殖民理论是全球资本主义意识形态的同谋,其原因是,后殖民知识分子不愿历史地叙述后殖民现象及其与当代生活的广泛联系,尤其是资本结构之间的关系,因为后殖民理论拒斥结构与基础范畴。后殖民理论的起点是,从边缘、流散人口以及被剥夺选举权者的角度来表征文化与政治,对各种权力的文化同化论提出质疑。后殖民理论未能以严肃的态度对待以下事实:不同的边缘性有程度差别,从受压迫群体的视角书写的文化与从流散知识分子的视角书写的文化之间有很大的不同,后者位于第一世界文化权力机构,虽处在帝国的边缘,但处在全球权力的中心。可见,借助马克思主义阶级分析方法,德里克得出了与艾哈迈德类似的结论。问题的根本是阶级,后殖民理论在拒斥地方交互作用以外的结构时,掩盖了后殖民知识分子在全球社会关系中的阶级地位。这里暴露出后殖民理论的弱点,即从马克思主义立场看,后殖民理论的注意力几乎完全从对政治经济的批评转向了对文化的批评(欧美中心主义),从对民族国家作为一个权力机构、政治实体的批评转向了对民族作为文化实体的批评。德里克说,文化问题并非不重要,而是说后殖民研究脱离了政治经济的结构,也远离了历史情境,或者以情境代替了系统,这就削弱了它历史性地探究文化认同问题的能力。②

关于后殖民的文化混杂问题,德里克也提出了自己的看法。殖民冲突产生了欧洲中心主义、种族主义、民族主义、第三世界等等,还产生了混杂性(hybridity)、中间性(in-betweenness)以及边缘性(marginality)等文化现象。德里克认为,从根本意义上讲,所有历史皆为殖民史,所有民族当他们在世界各地散布和定居时都曾是殖民者,甚至从更严格的政治或文化意义上讲,殖民主义不只是一个近代

① 刘东等:《中国学术》总第十三辑,商务印书馆 2003 年版,第 119 页。

② 刘东等:《中国学术》总第十三辑,商务印书馆 2003 年版,第 137 页。

现象。文明本身就其假设来说就是一个殖民概念，这一假设是，同文明相联的规范在消除其他规范和生活方式的过程中为转变文明的他者（即“野蛮人”）提供了手段。但问题的另一方面是，“一方对另一方的支配促生了边界跨越、杂糅、相互利用，特别是被殖民者对殖民者的日常抵抗。这有助于让受害者发出声音，但在将被殖民者从无声中拯救出来的过程中，也模糊了殖民主义侵袭其目标的受害状况的深度”①。混杂可以用来驳斥欧洲中心主义的文化认同转变观，但是混杂也意味着承认当代全球的文化认同是被资本主义和民族国家传播的价值观所渗透，这实际上是现在和过去的反殖民论述的一个主要区别，即承认混杂的合理性而不主张民族纯净，这就心照不宣地承认了通过殖民主义中介所引发的全球范围内社会在文化上的嬗变。不管殖民主义在其实践中多么具有压迫性和不公正性，它也创造了殖民者同被殖民者之间的文化联系，而这种联系塑造了这两者历经非殖民化而生存下来的文化认同。乌托邦的混杂性以聪明的手法排斥了对“混杂者”进行严肃革命行动的能力，事实上，谁最喜欢文化混杂呢？德里克告诫说，最热衷鼓吹文化混杂的是《哈佛商业评论》，在历史上，文化混杂就是西方文化同化被殖民文化的重要方案。② 因为文化混杂只是一个文化交流的过程，这一过程存在于所有文化的发展历程中，任何文化可以说都是混杂的，没有纯粹的本真的传统文化存在，但不同的利益集团从文化混杂的过程中获得的利益是不同的，被殖民文化在文化混杂中吸取对方以改变自身，殖民文化则利用文化混杂的过程同化被殖民文化。文化混杂在当前还可能成为全球化其实是西方文化一体化论者所利用的武器，他们可能在文化混杂的口号下把西方主流文化混杂，改造世界其他的地域文化。文化混杂的可能性在于文化中的普遍性的一面，这正是西方近代启蒙运动所倡导的文化价值，殖民活动就是把西方启蒙价值混杂于第三世界

① 刘东等：《中国学术》总第十三辑，商务印书馆 2003 年版，第 126 页。

② 巴特·穆尔-吉尔伯特：《后殖民理论》，南京大学出版社 2001 年版，第 251 页。

文化中，在价值观、审美观、宇宙观、时空观仍然存在多元的今天，在西方仍然占据文化和经济强势地位的时代，文化混杂概念需要警惕自己的阐释限度。

西方帝国主义在殖民第三世界文化的时候，自己也在发生某种变化，后现代思潮就是这种变化的结果，其对多元文化的尊重，对差异、延异、解释主体性的论述都是对西方普遍价值观的怀疑和批判，是对第三世界文化的重新认识和发现。在这个意义上，德里克也注意到了殖民活动对于殖民者的意义，他认为，如果说历史意识的危机及其对民族身份和个人身份的影响是后殖民性的根本论题，那么第一世界本身也是后殖民的。欧美的自我形象是由它在世界范围的殖民经历塑造的，因为对他者的建构同时也是对自我的建构，就此而言，殖民主义的终结给殖民者提出的身份问题丝毫不亚于其给被殖民者提出的身份问题。“欧洲中心主义在历史上造成的后果是抹杀了非欧洲地区在多少个世纪中与欧洲的交流往来对欧洲的发展所起的作用，反过来就是把其历史与欧洲历史远隔开来。”①

五、马克思主义与后殖民理论

在20世纪的反殖民主义斗争中，马克思主义占据着重要地位。1917年布尔什维克发动革命，1919年列宁成立共产国际，1929年反帝国主义联盟建立，共产主义成为20世纪反帝国主义的重要政治力量。在整个20世纪，马克思主义和其他反殖民主义力量，特别是民族主义联合，推动了第三世界的反殖反帝斗争。马克思主义反对帝国主义，后殖民主义也反对帝国主义和殖民主义，但是马克思主义主张国际主义，主张国际无产阶级的联盟。在马克思主义者列宁看来，东方被压迫被殖民的国家没有无产阶级，只有被殖民的大众。二战后的反殖运动大多数都由民族资产阶级所领导，而共产国际的领导者是无产阶级，前者追求其本身的阶级利益，后者则要把劳动人民从

① 阿里夫·德里克:《后革命氛围》，中国社会科学出版社1999年版，第289页。

一切剥削中解放出来。此外，民族主义是第三世界反殖斗争的最重要力量，而民族主义对于民族身份和文化差异的强调与马克思主义的国际主义是相矛盾的。大体上说，二战后，民族主义主导了第三世界的反殖反帝运动，此后无论在西方或第三世界，无产阶级的反帝国主义运动走入低潮，因此，后殖民理论更多地倾向民族主义，肯定民族主义运动，而没有关注无产阶级对于西方帝国主义的抵抗，忽视了国际共产主义运动比如苏联和中国的无产阶级胜利对于帝国主义解体的意义。在以民族主义去殖民化之后，第三世界民族国家发现自己又陷入新殖民主义困境，即政治看似独立了，但在经济进而政治上仍然受制于西方霸权。从马克思主义的角度看，第三世界反殖运动的不彻底就是因为缺乏无产阶级斗争这一环节，而文化混杂的抵抗策略是极为乏力的。因为，全球化时代第一世界对于第三世界乃至第四世界的剥削，北方对于南方剥削的根本是资产阶级对于全世界无产阶级和广大劳动群众的经济剥削。

后殖民世界的矛盾问题，一是新独立的民族国家中民族资产阶级与本民族的被统治阶级的关系问题以及民族文化的重建问题，二是新的政治经济秩序中西方国家与第三世界的关系问题，三是全球化语境中由经济的跨国化产生的西方资本与全球劳工的关系问题。同是对资本主义现代性的批判理论，后殖民理论与马克思主义具有多方面的契合点，但后殖民理论不是马克思主义。是否从经济层面解读资本主义以及是否坚持暴力斗争理论，是马克思主义区别于文化研究的地方。放弃了从资本主义经济社会制度层面对于西方文化霸权的认识，放弃了阶级斗争对于资本主义的反抗，后殖民理论只能在文化方面进行话语革命，这就使后殖民理论无法抵抗宏观的资本主义社会结构。从阶级分析的角度看，资产阶级才是西方的霸权者，他们不仅剥削本国的无产阶级，也剥削第三世界殖民地人民，当今国际劳动分工则是资本主义生产制度全球化的结果，跨国公司是资本主义新的中心。马克思主义认为，一个社会居于统治地位的思想是统治阶级的思想，也就是说，东方主义的思维方式和意识形态是西方资产阶级的思想，而资产阶级凭借葛兰西所说的一系列文化机构实现了对于国内被统治阶级的霸权，这样，东方主义的思维方式才成为整个西方社会的意识形态。由于萨伊德抛弃了马克思的阶级分析方法，他没有意识到西方国家内部的东方主义思想的非同质性，更没有意识到西方帝国之间在东方主义上的差异，这种差异的背后是各个帝国的资产阶级的权力的不均衡。后殖民理论的前驱法侬坚持马克思主义的政治斗争，他说："对于在罗贝尔种植园种甘蔗的黑人，只有一个解决办法：斗争。他并不是经过马克思主义或理想主义的分析后才着手这场斗争，而是仅仅因为他只能在反对剥削、贫困和饥饿的斗争情况下想象他的生存。"①后殖民理论的另一个早期代表，非洲的批评家赛萨尔也赞同马克思主义。赛萨尔认为，欧洲产生殖民主义本身是欧洲人道德堕落的一种表现，正是这种人性堕落产生了纳粹主义，纳粹主义不过是把对人的摧残从非欧洲人转向欧洲内部而已，从殖民主义到纳粹主义具有逻辑的连贯性，殖民主义造成了殖民地的灾难也使最文明的人失去人性。赛萨尔相信，推翻欧洲资产阶级的将是无产阶级。② 但受后现代主义影响的当代后殖民理论家放弃了暴力革命，不再主张政权斗争，这是因为其目标不是政治领导权，而是广义的文化领导权，是从文化压迫和意识形态束缚下的解放，话语解构是他们的策略。在全球化时代，第三世界已经摆脱了西方的政治压迫，但西方仍然在全球输出自己的意识形态，对东方实行文化控制。为了实现文化上的解放，后殖民理论主张第三世界民族在文化上发出自己的声音以去除文化殖民。文化是后殖民理论的中心议题，后殖民理论对文化的理解不同于传统马克思主义，文化不再是被决定的附属的东西，而是物质性的实践力量，正如詹穆罕默德所言："对许多少数者来说，文化不仅仅是上层建筑，而更像在萨特式现象学中讽刺的那样，少数者集团只有得到文化认可才能取得物质的

① 弗朗兹·法侬：《黑皮肤，白面具》，译林出版社 2005 年版，第 178 页。

② 巴特·穆尔-吉尔伯特等：《后殖民批评》，北京大学出版社 2001 年版，第 142～143 页。

生存。”[①]在这个问题上，后殖民理论继承了西方马克思主义的思想，即“文化并不是蛋糕上的酥皮”，不平等既表现在经济上，也表现在文化上，文化差异产生了不平等。西方帝国主义借助文化表征合理化殖民活动，文化成为政治军事的合谋，文学、宗教、历史、语言学研究等成为帝国殖民活动的工具，“笔部队”也是物质性的侵略力量。后殖民理论抬高文化的实践性，认肯文化的独立性，从某个角度说是对马克思主义的发展。但是，在资本逻辑渗透全球的时代，后殖民理论放弃了马克思主义的政治经济结构的颠覆和革命，把反霸权的策略仅仅置于解构主义的语言革命，在一定程度上是对马克思主义的倒退，因为，“殖民主要不是文化价值的移植；文化只是殖民真正的目的——贸易、经济剥削、拓居——所带来的副产品”[②]。在马克思主义看来，资本主义通过贸易使第三世界民族国家资本主义化，使这些国家在政治、经济和文化上依附受制于西方，这就产生了帝国主义和殖民主义。马克思主义关注的是社会的深层的经济结构，只有经济学才能揭示时代和社会的秘密，而所有的后现代思潮都是在语言圈里打转，放弃了现实的政治经济斗争，仅仅在意识形态领域里的革命不足以改变现实。全球化的主导力量是资本逻辑而非文化，文化总是伴随着经济的扩张而为经济服务，文化革命必须依赖于经济政治的变革，这是马克思主义超越解构主义和后殖民理论的地方。只要有不平等存在，马克思主义就具有现实的生命力，而批判的武器并不等于武器的批判，在这一点上，后现代主义看似激进的革命往往正是其孱弱的表现，法国解构主义产生于政治革命的失败尤其能说明这一问题。

从学理谱系上看，后殖民主义文化批评从属于起源于英国的文化研究大潮，虽然在全球迅猛发展，但文化研究的学术方法和基本理

---

① 罗钢、刘象愚等：《后殖民主义文化理论》，中国社会科学出版社 1999 年版，第 360 页。

② 罗伯特·杨：《后殖民主义：历史的导引》，台湾巨流图书有限公司 2006 年版，第 24 页。

念也逐渐暴露出诸多问题。由于拒绝从经济层面考察当代资本主义社会，更不愿意借鉴阶级斗争的宏大叙事，文化研究日益显出其理论局限，即对当代席卷全球的资本主义剥削和不平等无法言说。正是基于此，近年对文化研究的批评与回归马克思主义的呼声相关连，美国学者罗伯特·麦克切尼认为，文化研究丧失了政治学，也就丧失了它的生命力，他指出，文化研究的弊病之一，是提倡以性别、种族等为基础的所谓微观政治反对以阶级为基础的宏观政治，偏离了马克思主义的阶级分析和政治经济学视角。既然激进政治反对任何形式的压迫，在资本主义时代，为什么不去反对阶级和经济压迫呢？当代资本主义的最主要特征仍然是利润的最大化，只有通过阶级政治才能达到人类解放的目的。这样，只有首先通过政治领域里的阶级革命，才谈得上性别解放与种族平等，因为前者是创造一个真正的民主社会的基础。① 尼古拉斯·加恩海姆认为，文化研究与马克思主义的对立，“是建立在对政治经济学极深的误解之上，并且只有在文化研究与政治经济学的桥梁重新建成之后，文化研究的事业才能成功推进”②，社会资源的分配不是自然的，而是政治斗争的结果。阶级不是一个抽象的分析性范畴，它是生产关系和政治行动之间经由意识形态而相关联的模式，基础和上层建筑之间的这种联系基于物质利益，文化研究不承认它所分析的文化实践是建立在资本主义生产方式的基础之上，其结果，是文化消费而不是文化生产、是休闲的文化实践而不是工作的文化实践成为文化研究压倒一切的关注焦点。加恩海姆指出，无法否认，在发达的资本主义国家，近十年来的政治和意识形态领域里的主要斗争，都是围绕着经济问题展开的，如税收、福利、就业等；不能否认，文化政治根源于劳动力市场的重建。由于把关注重点放在文化接受阶段，文化研究夸大了消费和日常生活中

① 陶东风、徐艳蕊：《当代中国的文化批评》，北京大学出版社 2006 年版，第 110 页。

② 尼古拉斯·加恩海姆：《政治经济学与文化研究》，载陶东风等的《文化研究精粹读本》，中国人民大学出版社 2006 年版，第 205 页。

的自由，但是，文化解释并非纯粹任意的行为，快乐更能够用于操纵的目的，“为了追求经济的或政治的目的，一个特定的社会群体会决定传播哪种意义，不传播哪种意义，应该讲述什么样的故事，应该把哪种论点置于显著地位，以及什么样的文化资源是可以得到的，被哪些人得到。对这一过程的分析，对于理解卷入文化的权力关系，这些权力关系与更大范围的统治结构的关系是至关重要的”①。加恩海姆援引阿伯龙比等人的主张说，是经济关系的顽固的强制力而不是意识形态的霸权，解释了资本主义统治结构的相对稳定性，尽管这种稳定性具有明显的不平等的性质。政治经济学把阶级看做统治结构的关键，而文化研究把性别、种族还有其他潜在差异的制造者看做不是被阶级所决定的另外的统治结构，但是，加恩海姆坚持认为：“如果认为黑人是美丽的，但对经济发展过程、不平等的贸易条约、劳动力的全球划分及劳动力市场中的壁垒与边缘化什么也不做，那么，就几乎不可能在统治中取得任何有意义的进步。”②如果不能对构成性别和种族斗争的文化实践的政治经济基础及语境加以分析，就不能理解围绕着性别、种族所进行的斗争的起源、形式和利害关系。文化的政治经济学主张：“资本主义生产方式具有某种核心结构和特征——首先是工资劳动和商品交换构成了人们必需的和不可逃避的存在条件，这些条件以一种决定性的方式造就了文化实践发生于其上的平台——物理环境、可用的物质和符号资源、时间节奏和空间关系。它们也提出了由人们的文化实践来充当回应的问题，它们设定了文化的议程表。”③应该说，从马克思主义的所谓还原主义立场对文化研究的文化主义的批评是极为深刻的。全球化时代的资本主义剥削的

① 尼古拉斯·加恩海姆：《政治经济学与文化研究》，载陶东风等的《文化研究精粹读本》，中国人民大学出版社 2006 年版，第 209 页。

② 尼古拉斯·加恩海姆：《政治经济学与文化研究》，载陶东风等的《文化研究精粹读本》，中国人民大学出版社 2006 年版，第 215 页。

③ 尼古拉斯·加恩海姆：《政治经济学与文化研究》，载陶东风等的《文化研究精粹读本》，中国人民大学出版社 2006 年版，第 216 页。

主导形式仍然是经济剥削，而在仍然存在着阶级剥削——帝国主义与第三世界国家之间通过贸易战表现的经济斗争实际上是阶级斗争的世界化——的时代，不顾现实的政治和经济斗争，妄谈文化的混杂和理想化文化交流，其结果是，这种文化混杂论要么沦为理想化的乌托邦，要么沦为经济脂肪上的文化挠痒，要么成为帝国主义意识形态的共谋。克里斯托·巴托洛维奇（Crystal Bartolovich）认为，马克思主义批评的独特之处，是从反殖民主义的视角看，它坚持日常的文化分析不能与大都市内外的政治经济问题分离开来。马克思主义和后殖民视角两者的差异，是前者的重点在后殖民世界中的资本主义控制的延续和扩展。他认为："对于后殖民研究和马克思主义而言，现代性理论都是中心议题。后殖民研究常常把现代性视为文化的两难，它试图寻找途径面对现代性的问题，因为现代性常常被不正确地构想为西方化。而马克思主义，从一开始就视现代性与资本主义是难以分解的连接体，并试图去理解其塑造全球的力量。"①后殖民理论借用了马克思主义，但也背离了马克思主义，马克思主义强调文化的从属性和非独立性。在全球化的今天，西方的强大有赖于其经济力量，第三世界民族国家表面上政治独立，但资本主义跨国公司绕过民族国家的政治体制，直接渗透进而掌控第三世界的经济和政治，西方对中国的文化殖民不是始于明代的传教士活动，而是以尖船利炮为先导的鸦片战争之后。后殖民理论在文化上的反控制策略的效能是有限的，革命并不能仅仅在文化领域里进行。

如果说在民族国家之间的反文化控制问题上，萨伊德的东方学论述由于回避经济的主导力量而存在理论缺陷的话，那么后殖民理论的反抗策略在民族文化内部则有可取的地方。在一个政治独立主权完整的民族国家内部，如何反抗性别之间、阶层之间、弱势群体与强势群体之间的文化宰制，如何解决弱势群体的文化表达与自我阐释权问题，是采取马克思主义的暴力革命，是借用葛兰西的文化领导

① Crystal Bartolovich and Neil Lazarus, *ed. Marxism*, *Modernity and Postcolonial Studies*. Beijing:Peking University Press,2007, p. 15.

权理论，还是采取霍米·巴巴的文化混杂策略，这是一个值得再思考的问题。我认为后殖民理论在这一问题上值得借鉴，对于民族国家内部的文化矛盾问题，应以非暴力的文化革命、话语革命为手段，达到多元文化共存的目的，当代美国边缘文化如黑人文化、女权文化、少数族文化、同性恋文化等浪潮式革命的成功就说明了这一点。

阿托·昆森总结说，马克思主义提供了发展的思路，借此，非西方民族抓住了全球化过程并在这一过程中策略性地定位自身。无可怀疑的是，没有马克思主义，后殖民主义所产生的最精彩的思想，从法依到 C. L. R 詹姆士和加亚特里·斯皮瓦克，可能会逊色许多，事实上，这些批评家都以不同的方式重构了马克思主义。马克思主义提供了独特的概念星丛以理解后殖民世界的社会文化结构，且提供了充足的内在发展和论争的空间，这一点只要我们看看艾贾兹·艾哈迈德、阿里夫·德里克和 E. 珊·胡安等人就非常明白，他们毫不怀疑后殖民研究的目的并毫不迟疑地表明了这一点。阿托说，这些批评家的目的是试图使后殖民与马克思主义的遗产更为密切地结合以展开未来的更富有成效的工作①。尼尔·拉森(Neil Larsen)也说："就像后结构主义，作为一个理论和批评流派的后殖民主义是非马克思主义的，但它不是反马克思主义的，而是建立在马克思主义基础之上的。"②后殖民理论家或借用马克思主义以展开自己的理论，或站在马克思主义立场批评后殖民理论，或从马克思主义角度发展后殖民理论。无论采取何种姿态，马克思主义都是其思想和方法的不可或缺的批判武器。后殖民理论家对于马克思主义的借用一方面显示了马克思主义的现实生命力，另一方面也是在全球化时代对于马克思主义的发展，对于我们而言，这种发展提供了后殖民理论可资借鉴的思想见地。

---

① Ato Quayson. *Postcolonialism: Theory, Practice or Process?* Malden, Mass.: Polity Press, 2000, p. 12～13.

② Crystal Bartolovich and Neil Lazarus, *ed. Marxism, Modernity and Postcolonial Studies*. Beijing: Peking University Press, 2007, p. 183.

第三节　后殖民理论与民族主义

在第三世界的解殖运动中，民族主义发挥了政治解放的进步功能；在殖民统治结束之后，殖民地文化重建的方向之一是夺回自我阐释权，即重新书写被殖民帝国压抑的历史，揭穿帝国叙述的神话，进而构造民族共同体的意识形态，文化民族主义在此起到了重要的作用；在后殖民时代，全球/本土、民族/国际、东方/西方，既冲突又融合，民族主义成为重要议题。之所以突出民族主义与后殖民理论的关系，其原因，一是民族主义是现代反帝反殖的重要力量，也是后殖民理论的实践和理论来源；二是当代的民族主义仍然是地区冲突的原因，在第三世界政治独立之后，民族主义的思想和实践呈现复杂的面向；三是民族主义问题是后殖民理论家关注的重要之点，后殖民理论家都对民族主义发表了看法；四是中国的后殖民批评把后殖民理论误读为民族主义，这就特别需要厘清后殖民理论视阈中的民族主义。那么，后殖民理论是如何认识民族主义的？民族主义产生的前提即文化帝国主义是否可能以及如何可能？民族主义在全球化语境中的可能限度是什么？这些问题的解决对于后殖民理论研究的深化，对于中国当代后殖民批评的分析都具有重要意义。

一、民族与民族主义

民族和民族主义是西方现代性的产物。随着资本主义崛起以及近代民族语言和社会组织的变化，具有文化统一性的民族开始出现。根据美国学者安德森的观点，民族主义的起源关系到18世纪的一些历史事件，最重要的是欧洲资本主义印刷文明的兴起，书籍和报纸的出现对民族国家意识形态的塑造产生了重要影响，其结果是，通俗语言中的一种逐渐演变成“国语”，印刷媒介的表意过程将时间和空间聚合在一起，这就产生了理解民族国家社群的方式。资本主义印刷品最初的读者对象是识字的欧洲人，即懂双语的精英分子，但他们的数量较小，等到这一市场饱和以后，资本主义市场即面向只懂一种地方语言的大众，这就产生了各地的印刷文字，从而欧洲历史上在特定区域内分布各处而使用不同方言的大众首次能够通过一种共通的印刷文字得以互相了解。“在这个过程中，他们逐渐感觉到那些在他们的特殊语言领域里数以十万计，甚至百万计的人的存在，而与此同时，他们也逐渐感觉到只有那些数以十万计或百万计的人们属于这个特殊的语言领域。这些被印刷品所联结的‘读者同胞们’，在其世俗的、特殊的和‘可见之不可见’当中，形成了民族的想象的共同体的坯胎。”①也就是说，民族想象产生于现代资本主义的科技和经济的发展，产生在大规模的印刷文明特别是报纸的市场化和大众识字的基础上。大众传媒把一个地区的大众想象性地联系在一起，通过时间地域和空间历史的聚集，一个整体性的社群被构想出来，民族国家及其文化就这样产生了。民族是“想象的共同体”，之所以说是想象的，“因为即使是最小的民族的成员，也不可能认识他们的大多数的同胞，和他们相遇，或者甚至听说过他们，然而，他们相互联结的意象却活在每一位成员的心中”②。尽管每个民族内部可能存在普遍的不平等和剥削，存在着氏族、地域以及阶级阶层等文化的差异，民族总是被设想为一种平等的同志关系。总之，民族意识是现代性的产物，世俗理性精神、线性历史观、资本主义动力所催生的科技发展、大量的识字人口、大众传媒、政治民主化等都是形成民族国家认同感的基本要素，进而使之成为文化认同的主要形式。此外，共同体内的人民的共同的生活方式、生产方式、经济往来、宗教信仰、历史流传下来的伦理传统、审美理想等也是民族形成的重要因素。为什么民族有那么大的凝聚力使得个体愿意为之牺牲呢？今天看来，除了共同的

① 本尼迪克特·安德森：《想象的共同体：民族主义的起源与散布》，上海世纪出版集团2005年版，第43页。

② 本尼迪克特·安德森：《想象的共同体：民族主义的起源与散布》，上海世纪出版集团2005年版，第6页。

世俗的生活外，民族认同感来自原始血缘部族，民族意识是原始部族意识的现代延续和复活。在原始部族，集体大于个体，个体的生命存在直接决定于群体，个体为群体牺牲是个体保存自我进而获得生命意义的重要方式。部落时代个体对群体的效忠产生了最早的人类认同感，这种原始认同感在现代民族意识那里获得了回应。

民族和民族主义是现代的产物，而与民族主义相关的民族性、民族精神、民族传统等也是社会建构的结果。德里克说："民族主义一旦出现，就会跨越时间与空间；它对国土内各地之差别起着同化作用，并且追溯到神话传说时代，抹去历史中不同的时间性，使得整个历史变作一部民族萌芽与成长的历史。在这一过程中，某一项或某一些特点变成整个民族都具备的一种典型的民族特质，而另一些与这一民族自我形象不符的东西则被弃置一旁，以为是来自外族的入侵。"①日本学者岩渊功一对"日本特性"起源的研究证实了这一看法。功一指出："民族身份本不是真实存在，而是一个由不同社群互相竞逐定义何谓'民族'的战场。"②认清所谓的"日本特性"的荒谬并不困难，日本现实社会中的种种不平等状况也不难发现，那么，想象的共同体是如何建构和维持的呢？关键是各种差异是如何被缝合起来成为一种身份的。功一认为，各类可以在一个民族身上被五花八门地解读出来的给予该民族的刻板定型，都起着建构该民族群体的同一性并维系其差异的作用，因此，想象的社群是经由人们对民族身份的各种意识形态的建构，进行多样和复杂的阅读而得以维持的，这种含混的模糊的容纳过程是由绝不含糊的排拒作用所支撑的。"日本特性"由自我东方化所建构，这种自我东方化看似延续了西方的东方论述的逻辑，但其背后的支撑是不同的。日本自我东方化有着自身权力政治的背景，但与西方的东方论述一样，它也以他者去本质化

① 阿里夫·德里克：《后革命氛围》，中国社会科学出版社 1999 年版，第 284 页。

② 许宝强、罗永生等：《解殖与民族主义》，中央编译出版社 2004 年版，第 166 页。

自我,并压制内部的不同声音。在日本的现代化过程中,强调"日本特性"是权力集团动员群众的一种重要手段,这种策略性的"日本特性"把国家利益极大化,并尽量限制个人主义。日本学产生于20世纪30年代,其时日本正走向第二次世界大战。日本帝国主义的扩张对亚洲国家日益具有侵略性,日本权力集团和知识分子开始对西方感到失望,他们通过不同的范畴寻找能够解释日本社会的本土理论,从而推导出日本的独特性。通过有系统的与理想化的西方作公开或隐蔽的类比,一个浪漫化的带有自恋情感的"日本人气质"被发掘出来。这些本质主义假设就是日本学的核心,"日本特性"就这样被构造出来了。①"日本特性"的建构印证了霍布斯鲍姆的看法:传统是被发明的。

帝国的殖民扩张催生了西方的民族主义,帝国对外的殖民活动把其本土不同阶层和阶级的人员联合起来,并激发和加强其民族认同感。帝国主义意识形态所构造的民族性一方面把帝国自身与其他帝国区别开,另一方面把帝国与殖民地这一他者区别开。一方面,殖民者依据这种帝国身份加强了其行动的合法性和殖民活动的气势与自信;另一方面,民族认同感又助长了殖民者对其民族生命力的信念,强固了帝国传播文明、殖民者是正义和自由进步的化身的神话。在文化优越论的支持下,人们普遍相信,白人是高等种族,深肤色意味着野蛮和低级,与其打交道会危害白人种族的纯洁,会使先进文明遭到损害。人类学、人种学此时充当了帝国主义意识形态的帮凶。

西方资本主义在殖民地的工业和贸易活动推动了殖民地资产阶级的形成。殖民统治所引入的新的教育体制、现代民权观念以及殖民地大众识字能力的提高等因素,既推动了本土资产阶级反对封建主义的斗争,也推动其反帝国主义的斗争。殖民主义在扩张势力的同时也在自掘坟墓。殖民扩张导致了民族主义和民族意识的传播,第三世界国家在与西方殖民者打交道的过程中也意识到自身与殖民

---

① 许宝强、罗永生等:《解殖与民族主义》,中央编译出版社2004年版,第173页。

"他者"的差异,从而使自己抱做一团,这就产生了第三世界的民族主义。第三世界的民族主义在殖民地独立运动中发挥了组织统一战线推翻殖民统治的作用,军事上的反殖斗争、政治上的民族自决、文学上的帝国反写构成了反殖文化的总体,而其中的帝国反写延续到民族独立之后。欧洲为了稳定殖民统治需要对东方的文献历史和语言法律等文化形式进行整理,而这些恰好变成了日后本土民族主义分子进行民族性构想的资源。在民族主义运动初期,本土民族主义分子吸收了西方现代性的民主权利等话语,这在一定程度上是在殖民地推广英语教育所致。英语文本的经典化不是在英国本土而是在印度完成的,英语文本中的英国的民族意识激发了印度民族主义的形成,这样,控制殖民地的话语反而成为反殖民统治的动力之源。在模拟、反讽、重复等后殖民文学的反写策略中,殖民主义意义被颠覆。后殖民主义文学的反帝国书写是第三世界再现和重塑自我的民族主义文化运动的一部分,在此,被殖民者抹去的先于殖民历史的人民记忆被发掘,被殖民者否定的文化被重新颂扬,民族主义情绪就在文学的新运动中滋长。殖民地民族主义运动的基本观念是:"一个民族尽管长期受到压制,但其民族性仍然深深地埋在文化源头中,其本来面貌可以原封不动地加以恢复,殖民主义的劫掠并不能使它变味走样。"①

二、后殖民理论与民族主义

安德森认为,迄今的民族主义经历了美洲模式的地域民族主义、欧洲的语言民族主义、官方民族主义以及当代亚非拉殖民地独立运动中兴起的"最后一波""殖民地民族主义"四个阶段。殖民地民族主义与反殖民论述和文化帝国主义相关联。在帝国殖民活动初期,种族主义是其支撑性意识形态。殖民主义丑化毁灭殖民地人民的过去,使之疏离本土文化。殖民统治刻意使人民相信,如果殖民者撤

① 艾勒克·博埃默:《殖民与后殖民文学》,辽宁教育出版社 1998 年版,第 114 页。

离，他们就会立即陷入野蛮低级的原始状态。在殖民地独立运动开始后，本土知识分子向殖民主义的谎言开战，赋予昔日岁月以新的光辉，像非洲文化协会（the African Culture Society）和阿拉伯联盟（the Arab League）等文化机构的成立就是为了发掘被殖民人民的过去，并致力于创建新的非洲文化和阿拉伯文化。事实上，居住在美国、中美洲以及拉丁美洲的黑人也确实需要依附于一种文化肌体，种族文化的认同推动了殖民地独立运动的展开。但是，问题的复杂性在于，随着斗争的进一步深入，美国黑人发现他们面临的问题与非洲黑人面临的问题并不同，“美国的白人和黑人借以驱除种族歧视而对公民自由权进行的检验性案例，在原则上和目标上都与安哥拉人民反抗葡萄牙殖民主义的斗争没有多少共同之处”①。法侬因此认为，在反抗殖民主义斗争的早期，构建与殖民种族理论对抗的种族文化是合理的、必然的，但随着斗争的深入，种族文化必须让位于民族文化，民族主义才是对抗殖民主义的最后堡垒，因为每种文化首先应该是民族的。虽然黑人和阿拉伯人都受到西方殖民主义的压迫，在西方帝国眼里，他们都是原始的低劣的人种，殖民者统治他们的方式也是相同的，但是，每个非洲民族的思维方式，其所面临的具体情况、政治体制和文化传统相差很大，要把它们统一起来是很困难的。最初的民族觉醒者即本土知识分子是受过西方文化教育的人，在民族主义政党发动人民的时候，他们陷入了深刻的矛盾状态：一方面他们试图归依本土文化，另一方面又发现本土文化缺乏像西方文化那样的辉煌历史。法侬认为，本土知识分子创造民族文化经历了三个阶段：第一阶段，本土知识分子吸收占领者的文化。在这一时期，他们著作中的观点来自宗主国，他们的灵感来自欧洲文学，他们的文学模仿复制了欧洲文学。第二阶段，本土知识分子内心骚动，他们要面对自己是谁的问题，但是他们并未成为自己同胞的一部分，他们与同胞的关系是外在的。在他们的作品中，失去的童年和古老的传说按照西方的文

① 巴特·穆尔-吉尔伯特等：《后殖民批评》，北京大学出版社 2001 年版，第 165～166 页。

学概念予以阐释。第三阶段，已经融入同胞的本土知识分子唤醒民众，他们以自己的言辞表达民族心声，革命的文学、战斗的民族文学出现了，民族主义兴起了。① 但是，法依提醒本土知识分子，那些民族正宗的戳记可能只是一些奇特的异邦情调的往事，回归传统的纯粹的本土文化只是一个幻象，因为“各种思想形式和滋养思想的各种养料，已同现代信息技术和语言、服饰一起辩证地重组了人民的知识智慧，而且在殖民时代被用作保护措施的永恒原则现在正经历着极其剧烈的变化”②。以过去的文化本真作为民族文化建构的目标的做法是错误的，只有面对变化了的现实，与现实的人民斗争结合起来，创造新的文化才是民族主义的解放之路。之所以得出如此结论，是因为法依看见，在西方殖民主义之初，第三世界的知识精英举起民族主义大旗反对帝国文化的入侵，以保守本真的民族文化不受伤害，但是这种民族主义者容易变成极端的文化本质主义者。在殖民统治结束后，他们要求回到民族文化传统中去。法依认为，这种要求是不切实际的，他们想摆脱殖民的痛苦回到殖民统治之前，是不敢面对现实的一种表现。文化民族主义其实是一种民粹主义，它把过去的历史神秘化、实体化，把活的历史变成死的历史，而且，文化民族主义者容易把自我膨胀为民族文化的保护者和发扬者，他们掌握统治权之后就会形成新的对内的殖民统治。不可能存在纯粹的本真文化，尤其在殖民统治地区，文化只能是混杂的、多重的。如果不能走向本质主义的回归传统的诉求，那么，民族主义的意义何在呢？法依深刻地认识到，如果民族主义在其成功的时刻不以某种方式转变为社会意识，它的前途将不是解放，而是帝国主义的扩张。民族主义者很容易延续帝国主义逻辑，重新堕入帝国主义的话语叙述模式，他们模拟西方政治，以另一种剥削制度代替西方的殖民统治。这样，帝国的特权

① 巴特·穆尔-吉尔伯特等：《后殖民批评》，北京大学出版社 2001 年版，第 169～170 页。

② 巴特·穆尔-吉尔伯特等：《后殖民批评》，北京大学出版社 2001 年版，第 171 页。

被土著所替代，帝国主义造成的等级制度与分割制度被恢复，所不同的只是非西方人做首脑而已。民族主义的意义在于凝聚力量挣脱外来统治，民族主义可以打天下但不可以治天下，民族主义在革命后要转变为社会改革意识，即通过社会制度的设计，避免新型的独裁统治的产生，避免出现新的内部殖民，特别需要警惕的是新型的统治权贵与前此殖民统治集团的勾结。① 法侬的看法与后殖民理论家艾哈迈德可互相印证。艾哈迈德说："一种民族主义作为一种物质性的理论，能否产生出积极的文化实践，用葛兰西的术语来说，取决于那些掌握和运用它的权力集团在建立自身霸权的过程中所表现出的政治性质。"②如何掌控民族主义，如何避免走向民族解放的反面，如何避免民族主义演变成新的文化霸权，在民族独立之后如何建设现代社会，"娜拉出走后怎么办"等等，这些是民族国家政治独立之后必然要面对的问题。法依指出，民族主义者必须非神秘化、非偶像化民族主义领袖，依据变化了的情势重新安排政治实践，以可变动的关系代替从帝国统治那里继承来的等级制度，抛弃建立在民族身份基础上的各种需要，在被帝国主义分裂的各个自治部落、文化间建立起横向的、非话语的关系。参照第三世界包括中国在内的现代民族解放运动，法侬的观点不乏真知灼见，正如萨伊德所指出："法侬是达到下述认识的第一位重要理论家：正统民族主义所追随的正是帝国主义所辟出的那条道路。帝国主义表面上将权柄让与民族资产阶级，实际上却是在扩大其霸权。因此讲述一种简单的民族故事就等于重复、助长和孕育一些新型的帝国主义。"③印度历史学家查特吉(Partha Chatterjee)对于民族主义历史和影响的认识也可诠释法侬的观点。

---

① 弗朗兹·法侬：《全世界受苦的人》，译林出版社 2005 年版，第 165～174 页。

② 罗钢、刘象愚等：《后殖民主义文化理论》，中国社会科学出版社 1999 年版，第 340 页。

③ 巴特·穆尔-吉尔伯特：《后殖民理论》，南京大学出版社 2001 年版，第 64 页。

查特吉认为，印度的民族主义思想很大程度上依赖于殖民主义制造的现实，或者完全反对它，或者肯定一种爱国的意识，这就导致了民族文化彻底再生的想象，但这只是知识分子浪漫主义的乌托邦，它必然被政治现实所粉碎。甘地对现代文明的否定树立了极端民族主义的里程碑，在认识论上，甘地是站在后启蒙思想的主旋律之外。① 那么，民族主义的认知误区何在呢？查特吉说，民族主义思想接受和采纳了以“东方”和“西方”之间的差异为基础的本质主义概念，接受和采纳了由先验的研究主体所创造的同一种类型学，并由此接受和采纳了在西方科学的后启蒙时代所建立的同一种认识的“客体化”过程。② 查特吉认为，民族主义能够成为灵丹妙药，可以不去面对经济差别、社会不公和民族主义精英窃取了新独立国家领导权这样的问题。在解殖运动中，民族主义的胜利可能导向独裁、寡头政治、一党制等专制形式，造成闭关锁国、民主生活遭到破坏、国家和党的权威与一个民族的身份相结合等弊病，这些现象在许多政治独立后的民族国家中一再出现。

对于民族主义，萨伊德的态度极其明确。在一次访谈中，萨伊德说：“与帝国主义的对抗自然导致了民族主义的兴起，民族主义包括许多东西。很显然，其一个方面就是一种反动现象，即强调认同。在这个问题上认同的或然性应当包含整个文化思潮和政治事业，这种情形往往出现在反对欧洲殖民主义的民族斗争早期……民族认同不仅成为一种迷信，同时甚至成了某种偶像，用培根的话来说，一种原始偶像和部落偶像。在我看来，它就产生并推进了我称之为的某种执著的宗教情绪的滋长。”③《东方学》的出版在东西方产生了巨大的出乎萨伊德预料的影响。其中，最大的误解就是民族主义式的解读，特别是在萨伊德所出生的中东地区，这种误解影响广泛。这种解读

---

① 汤林森：《文化帝国主义》，上海人民出版社 1999 年版，第 309 页。

② 刘健芝、许兆麟等：《庶民研究》，中央编译出版社 2005 年版，第 82 页。

③ Michael Sprinker, ed. *Edward Said: A Critical Reader*. Oxford: Blackwell Publishers, 1992, p. 231～232。

认为，既然东方主义是整个西方的隐喻或缩影，实际上应该用来代替整个西方，那么，整个西方就是遭受殖民的非西方的敌人，而且，对东方学的批评，如萨伊德所为，实际上就是对伊斯兰主义或原教旨主义的支持。① 在这种观点看来，《东方学》事实上是东西对抗的理论，萨伊德是阿拉伯世界的民族主义英雄，是东方一切被殖民者在西方的代言人。萨伊德对《东方学》所产生的民族主义误读痛心疾首，他一再表示，《东方学》的目的是进行批判性的研究，而不是对一种无可救药的对抗姿态的自我确认。在《东方学》的新版后记中，萨伊德以大篇幅的文字对这些误解予以澄清，尤其批评了《东方学》的民族主义式的解读。萨伊德声明，《东方学》的观点非常明显，是反本质主义(anti-essentialist)的，对诸如"东方"和"西方"这种类型化的概括是持强烈怀疑态度的，并且，《东方学》煞费苦心地避免对东方和伊斯兰进行"辩护"。为什么要反对本质主义呢？这与萨伊德所接受的文化建构主义有关。萨伊德认为，"人类身份不是自然形成的，稳定不变的，而是人为建构的，有时甚至是凭空生造的"。② 因此，"人类现实是不断被建构和解构的，任何诸如稳定本质之类的洞悉都会不断受到威胁"③。萨伊德指出，身份的构造是一个生死攸关的过程，它关系到"他者"和"我们"的不同特质的阐释和再阐释，而这是一个牵涉各种不同的个体和机构的竞赛，牵涉许多具体的政治问题，比如移民法、个人行为规范、正统观念的形成、暴力和反叛之合法性、教育的特点和内容以及对外政策的走向等等。概而言之，身份的建构是各种力量博弈的结果，绝不是静止不变、一劳永逸的，从而诸如稳定的文化本质就不可能存在，由此，建立在文化本质主义之上的爱国主义、极

① 爱德华·W.萨伊德:《东方学》，生活·读书·新知三联书店 1999 年版，第 425 页。

② 爱德华·W.萨伊德:《东方学》，生活·读书·新知三联书店 1999 年版，第 427 页。

③ 爱德华·W.萨伊德:《东方学》，生活·读书·新知三联书店 1999 年版，第 428 页。

端排外的民族主义以及民族沙文主义等就都是可疑的。萨伊德说，他之所以批评东方学，并非它是对东方古代文本的研究，而是因为作为一种思想体系的东方学是从一个毫无批判意识的本质主义立场出发来处理多元动态而复杂的人类现实，这就既暗示着存在一个永久不变的东方本质，也暗示着存在一个尽管与其相对立但却同样经久不变的西方本质，后者从远处、从高处观察着东方，而“东方、西方之对立既是错误的，也是为人们所深恶痛绝的”①。东方学家以东西对立的原则研究东方，而民族主义反向地延续了东方学的对立姿态。正因为主张文化的多元性和各种文化的相互影响和依赖，萨伊德强烈反对亨廷顿的文明冲突论。萨伊德一直对洋洋自得的民族主义持批评态度，在后来的著作比如《巴勒斯坦问题》中也对偏执的本土主义的民族主义表示怀疑。萨伊德的结论是，民族主义并非巴勒斯坦问题解决的方剂，只有以和平对话的方式才能缓解无休无止的战争给阿拉伯和以色列这两个民族所带来的巨大创伤。

《文化与帝国主义》一书第三章的主题是第三世界对帝国主义的反抗，其中涉及第三世界的民族主义斗争，在此，萨伊德再次谈到了自己对民族主义的看法。当代西方学界对第三世界的民族主义兴趣浓厚，像霍布斯鲍姆、厄内特斯·盖尔纳等人认为，非西方的民族主义是明显的文化与社会低劣的反映，基本上应该受到谴责。这些学者认为，民族主义来自西方，对于阿拉伯人、印度人、祖鲁人、爱尔兰人是不合适的，而且可能被他们滥用。萨伊德反对这种说法，他认为，一种思想的最初倡导者才懂得并能够利用这种思想的观点是混乱的、有局限的。一切文化的历史都是文化互相借鉴的历史，是不同文化间共享、共同经验与相互依赖的历史。② 从历史主义角度，萨伊德肯定了第三世界的民族主义斗争，但是，萨伊德又非常赞赏查特吉的民族主义观点，主张各种文化、人民和社会间更阔大更宽容的现

① 爱德华·W.萨伊德：《东方学》，生活·读书·新知三联书店 1999 年版，第 431 页。

② 汤林森：《文化帝国主义》，上海人民出版社 1999 年版，第 309 页。

实，认为这才是反帝事业所预言的真正的人类解放。萨伊德也认同法侬的观点：一旦获得独立，就需要关于社会与文化新的、富有想象力的观念，以避免旧的观念与不公的复归。萨伊德看到，第三世界妇女解放运动的兴起就是因为民族主义运动对于女性权利的忽视，如印度学者卡马拉·维斯威斯瓦兰所指出："民族主义者对妇女问题的解决方式不仅应被看做是一种对抗殖民主义统治霸权的策略，而且也是一种遏制妇女能动主体的策略，其中带有殖民主义对性别的假定因素。"①萨伊德肯定具有自我批评精神的民族主义，反对强迫性的民族主义，他欣赏 C. L. R. 詹姆士、聂达鲁、泰戈尔、法侬等人对于民族主义的看法，主张民族主义的历史限度。萨伊德意识到，第三世界的民族主义不仅压制了现实的紧张形势，而且扑灭了西方文明的最后一点影响，"民族主义仅仅是抵抗运动的一个方面，而且不是最令人感兴趣和持久的方面"②。民族主义阵营内部存在各种紧张关系，如城乡之间、领导者与被领导者之间、资产阶级与农民之间等等，所有这些都可能被帝国主义利用。事实上，在塞内加尔、印度、阿尔及利亚等国，特权为一部分人所有，帝国主义造成的等级制度和分隔政策被延续，民族主义造就了新的权威。以阿尔及利亚为例，法国人禁止阿尔及利亚把阿拉伯语作为教育和官方语言，但 1962 年以后，民族解放阵线把阿拉伯语确立为唯一的正式语言，并建立了阿拉伯伊斯兰教育制度。此后三十年，国家与党的权威致力于恢复民族身份，一个党派垄断了大部分政治实践，民主生活被完全破坏，出现了一个以《古兰经》为理论基础的好斗的穆斯林阿尔及利亚身份的主张。到 20 世纪 90 年代，阿尔及利亚处于危机之中。③

萨伊德否认本真文化存在的可能，反对纯粹的民族主义，但他后来出版的为巴勒斯坦呼吁的《最后的天空之后》一书又在客观上对巴勒斯坦的民族主义是一种支持。萨伊德的这种矛盾态度与民族主义

① 刘健芝、许兆麟等：《庶民研究》，中央编译出版社 2005 年版，第 355 页。
② 汤林森：《文化帝国主义》，上海人民出版社 1999 年版，第 380 页。
③ 汤林森：《文化帝国主义》，上海人民出版社 1999 年版，第 381 页。

在当前国际关系中的复杂处境有关,一方面在当代国际社会,民族冲突仍然激烈,民族主义仍然是民族斗争的重要武器;另一方面,在全球化时代,人口流动、民族融合急剧发展,民族主义失去了其阐释的有效性。萨伊德之所以反对纯粹的民族文化,一方面是后现代思潮的反本质主义使然;一方面是因为现代中东的民族矛盾愈演愈烈,民族主义是这一地区政治冲突的原因之一。萨伊德赞同法侬的观点,认为从抵抗帝国主义到建立新国家的意识形态时期,民族主义只是一个过渡阶段。萨伊德声明自己不是巴勒斯坦的英雄,不是阿拉伯民族的代言人,他认为知识分子不应该是民族利益的代表者,而应该是超越性的客观中立的批判者。知识分子是世界主义者,应该维护弱者的利益,履行公平和正义原则,这就不能站在某个民族集团的立场,因此,萨伊德既批评西方,也批评阿拉法特政权。作为一种动员起来的激励第三世界反西方统治的力量,民族主义对于恢复社区意识,辨明文化身份,造就新文化具有重要意义。但萨伊德认为,民族主义是有历史局限性的,非殖民化运动需要选择不同的政治命运,它充满了想象,充满了科学与反科学的斗争,我们不可能为这一运动制定时间表和工作程序。

在其出版的最后一本书中,萨伊德指出了当今世界文化的混杂状况以及这种状况对于传统民族意涵的改写。萨伊德认为,民族杂居的状况必然导致对民族身份这个概念的修正。来自非洲北部、库尔德、土耳其的穆斯林,来自中东和东西印度的阿拉伯人以及来自非洲国家的男男女女,已经永久地改变了英国、瑞典、法国、德国、意大利、西班牙以及其他欧洲国家的整体面貌。民族、种族和信仰的惊人的混杂,形成了拉丁美洲各不相同的历史。在印度、马来西亚、斯里兰卡、新加坡以及一些其他亚洲国家,就像很多非洲国家中的情形一样,它们有着极其多样的语言和文化,其中绝大多数都在和平共存,相互影响。“我要说的重点在于,从 19 世纪的政治思想中继承下来的一大堆理论中,现在受到反思最多的乃是那种统一的、清晰的、同质的民族身份观念。在社会和政治的每一个领域,都能感受到这种变化。比如,法国和德国反对伊拉克战争,在很大程度上源自这两个国家存在着相当数量的穆斯林或阿拉伯少数民族。学校课程、服装、媒体节目和大众话语全都受到了过去二三十年里出现的这种新的混杂状态的影响。”①全球化是一个文化混杂的时代，文化的混杂改写了民族主义的传统意涵，而民族主义弊端在当今时代更是彰明较著。萨伊德清醒地看到，民族主义不仅引发了例外论的确凿无疑的危害和各种类似于偏执狂的“反美主义”教义，使西方的现代历史受到了不幸的丑化；而且，它也引发了毫无节制地争强好斗的、爱国主义的主权论和隔离论、文明冲突论、命定扩张说(manifest destiny)、我们天然的优越性等各种叙述，甚至不可避免地引发了世界政治中的傲慢自大的干涉主义(interventionism)政策，以至在伊拉克等地，今天的美国等同于一种残酷无情的反人道的暴虐，等同于那些导致了特别恶毒的破坏性后果的政策。② 在全球化时代，尤其需要警惕极端民族主义及其后果。

巴巴曾主编《民族与叙事》一书，探讨民族的起源问题及其与文学之间的关系。巴巴说：“民族……在历史上是很新颖的事物。远古对其并不熟悉；埃及、中国和古查尔迪亚王国都不属于民族。他们是太阳之子或上帝之子的民众。埃及和中国都没有公民。古典时代有共和政体，有自治王国，有联邦共和国和帝国，但不能说它们有我们所说的民族。”③在《民族与叙事》一书的《序言》中，巴巴说：“民族(nation)就如叙事(narration)一样，在神话时代往往失去自己的始源，只有在心灵的目光中才能意识到自己的视阈。这样一种民族或叙事的形象似乎不可能是浪漫的并且具有隐喻性，但正是从政治思想和

① 爱德华·W.萨伊德：《人文主义与民主批评》，新星出版社2006年版，第28～29页。

② 爱德华·W.萨伊德：《人文主义与民主批评》，新星出版社2006年版，第59～60页。

③ Bill Ashcroft, Gareth Griffiths and Helen Tiffin. *Post-Colonial Studies: The Key Concepts*. London: Routledge, 2000. p. 149.

文学语言的传统中,西方才产生了作为顽强的历史观念的民族。"①巴巴认为,"民族"的起源是一个模糊不清的问题,大致来说,自罗马帝国崩溃之后,西欧就出现了很多民族。自此以后,"民族"就成了一个极其重要又极其复杂的问题,它极其重要的一面表现在它与国家融为一体,成为一种比任何宗教更具号召力的精神原则;它极其复杂的一面在于"民族"本身是一个矛盾体,征服、侵略与反征服、反侵略,正义与非正义等都可以打出"民族"的旗帜。民族产生于叙事,民族就是讲述,就是语言文化的构造。民族等同于语言,具有不确定性和构造性,这样构造产生于西方近代的殖民活动,产生于历史情境中的各种力量的博弈。通过叙事性的语言来研究民族,民族的构造性和修辞性得以呈现。文学作为一种意识形态,在民族话语的建构中突出地表现了"民族"的两面性。在"现代性"的文化表征中,"民族"更成为意识形态的一种主要结构形式,无论是帝国主义民族,还是新近独立的处于边缘地位的民族,都打着"民族"旗号,将自己的特权合理化。巴巴认为,在现代文化的发展进程中,"民族"是要加以跨越、抹杀和转变的东西。

在一次访谈中,巴巴谈到了全球化时代的民族主义问题。随着全球化导致的文化冲突的加剧,民族主义再度兴起。如何看待今天的民族主义现象呢?巴巴认为,当整个包容性或框架性的结构倒塌之后,很多国家失去了方向感。在失去方向感之后,它们试图通过所谓的"不可能的民族主义(impossible nationalisms)"来认识自己,这时的民族主义已经不再像19世纪所发生的那样具有进步性,不再具有建构国家的历史有机性。这种民族主义通常只能通过种族清洗和暴力来表达自身,通过非进步的方式来表达它们的领土本能,但实际上这些方法只不过是允许它们通过破坏他人的身份来确认它们自己的

① Homi Bhabh, ed. *Nation and Narration*. London and New York: Routledge, 1990, p. 1.

身份，于是非常狂热的、排外的、暴力的和反动的民族主义开始出现。① 巴巴赞同萨伊德的民族主义是通向世界主义的一种过渡性阶段的观点，主张对民族主义持辩证的历史的态度。民族主义是一种特殊的意识形态，是在特定时期奋斗的一个特殊平台。这段时间过后，它要么不再具有进步性，要么具有反动性。面对全球化语境中的民族文化的交融现象，巴巴创造了文化混杂这一概念。文化混杂创生了具有新的政治潜能的第三空间，巴巴说："对于我来说，杂交性的重要性不在于它能最终导致合成第三空间形成的前两次原创时刻，杂交性对我而言不如说是第三空间，这种空间使其他历程的出现成为可能。这种第三空间替代了那些构建了它的历史，并建立了还不能为现有的智慧所完全理解的新的权威结构和吸纳的政治推动力。"②

近期，斯皮瓦克也对民族主义问题有所思考。在清华大学的演讲中，斯皮瓦克围绕民族主义与情感、语言与民族主义、国家与地区等问题谈到民族主义形成的心理基础、民族主义被利用的现实、民族主义与文学想象以及比较文学与民族主义的未来等问题。斯皮瓦克认为，民族主义产生于对母语、对一方土地的爱，一个人在母语中，在一方土地中会感到舒适，这种最底层的舒适，这种只有此物、别无其他的与动物相差不远的心理基础，是民族主义产生的根源。当它被夺走时，人们就会产生一种无助的、失去方向和依赖的感觉，正是这种深刻的、基本的、共有的、失去舒适的、令人不安的情感使得人们团结起来。这种无来由的"私密"被想象成基石，民族主义就是对这种想象的重新编码，它通过对最私密之物的招呼而巩固自身。在民族主义产生的过程中，想象起着操纵作用，通过分别本族人和邪恶的外国人，民族主义得以形成。民族主义信念并非出自理性，斯皮瓦克

① 生安锋：《后殖民性、全球化和文学的表述：霍米·巴巴访谈录》，载《南方文坛》2002 年第 6 期。

② 阿雷恩·鲍尔德温等：《文化研究导论》，高等教育出版社 2004 年版，第 165 页。

说:“经由想象而拆解理性的计谋,将创新记忆的民族主义建立为身份的基础,是可以被策划准备出来的:通过个体的想象力训练,然而又总是通往集体性。”①斯皮瓦克指出,语言可以成为民族主义的巨大承载体,因为它处在公众/私人的分界线上,在公众和私人之间进行商讨。斯皮瓦克认为,在前现代和现代社会,文艺想象能够支持和促进民族主义,文学想象以获得“重新记忆”为己任,以最壮观的方式操纵无来由的私密,使它服务于私密/公众的分离。今天,“文学想象在当代的任务就是对这类形象的坚持不懈的‘去超验化过程’(de-transcendentalization)”,因为民族主义是一个具有欺骗性的范畴。所谓民族主义的去超验化,就是训练个体想象力去除民族主义的国家整体主义,将“民族”(nation)从“民族国家”中剥离出来。在一次访谈中,斯皮瓦克说:“重新记忆(rememoration)就好像所有人真的是分享同一种真正的记忆一样,而实际上却是建基于一些极为脆弱的事物上的。”②斯皮瓦克要求我们坚持训练想象,要足够强硬,以便能够测试民族主义的限度。在全球化的后殖民境况中,我们要把民族解放式的民族主义送进博物馆,把它纳入课程设置,因为它是很好的历史学科。一个多语言的国家,有一种借以交流的国家语言(anation language),在文学领域内,如果能够做出那种令人钦佩的举动,即承认多种母语的存在权利,那么,就能够破除语言对于民族主义的同一性的构造,在这个意义上,斯皮瓦克认为印度是一个很好的范例。她在接受印度国家文学院授予的英文翻译奖时说:“文字的文本珍惜其语言印记但无法忍受民族身份,翻译却因着这一悖论而越发走向繁荣。”因为翻译自由行走于不同语言之间,有效地拆解了民族主义的凝固性。比较文学在此应承担责任,对等原则(principle of equivalence)应该成为比较文学方法论的核心。所谓对等原则,斯皮

① 佳亚特里·斯皮瓦克:《民族主义与想象》,载《文艺研究》2007年第2期。

② 生安锋等:《后殖民主义、女性主义、民族主义与想象——佳亚特里·斯皮瓦克访谈录》,载《文艺研究》2007年第11期。

瓦克引用马克思的学习外语的言论，即在学习外语时要把这门语言作为思维本身，而不是把它翻译成自己的语言，在思维和情感层面不是以自己的语言和文化为本位，而是把另一种语言和文学置于与自己的文化对等的地位。“比较文学是对其他语言和文学的学习研究，目的是消抹自身，尽可能地进入另一种语言和文学的精神中去。”① 斯皮瓦克说，这不需要牺牲一个人对自己的食物、自己的语言和自己那一角世界的舒适感，它企图瓦解的是民族主义的占有性、排外性和孤立主义的扩张主义，是那种被大都会主义滋养起来的民族主义的不良信念。总之，民族主义是通过重新记忆建构起来的集体想象的产物，去除这种占有性的符咒是比较文学研究者的任务。比较文学要提倡多语言的联邦比较文学研究，使国家的公民结构远离民族主义和爱国主义，这就需要改变国家再分配方面的侧重点，要创造区域联合而非只走“国家外”或“非政府”之类的路线。但斯皮瓦克认为，除非国家重视文学教学，否则想象不会繁盛。文学语言何以承担如此重任呢？答案是，语言在运用中通过训练有素的想象力，可以消解民族认同对真理的自我声明，并以此松开文化民族主义，后者掩饰了国家的运作，比如，它以美国民族受到恐怖威胁的名义掩饰了公民自由的丧失。斯皮瓦克清醒地看到，经济增长并不会自动对正义进行再分配，忽视了这一点，单靠民族主义，就会把我们引入歧途。卸下民族主义的同一主义（nation alist identitarianism）包袱，超越民族的疆界，倾向于一种批判性的地区主义，这就是斯皮瓦克的在“地球南部重新发明公民国家”的计划，它将是民族主义的终结。

民族并非自然实体，作为社会建构的产物，民族具有不稳定性和非连续性。在意识形态塑造的民族性的神话中，独特的身份被构造成排外的一致的民族传统。但这样的独特性很难代表民族群体内部的多样性，它经常代表和巩固的是民族内部霸权阶级的利益。在现代社会，民族往往成为宰制的有效据点，民族传统不仅合法化一个社

① 生安锋等：《后殖民主义、女性主义、民族主义与想象——佳亚特里·斯皮瓦克访谈录》，载《文艺研究》2007 年第 11 期。

会群体，而且构造了现代民族政体的观念，其中，所有的国家机器比如军队、警察、法庭、信仰、教育体系、政治代表或组织等被合法化为民族历史和文化的自然表达。民族概念经常被民族主义者因为意识形态的目的赋予其难以承载的内涵。民族的观念及实践使民族主义成为当代社会最为强大的力量，也成为最有争议的领域，民族自决、自由、身份认同和统一与镇压、排斥和控制纠缠在一起。民族主义很可能成为民族国家内部的主流意识形态话语，成为权力集团维护自身既得利益的工具，广大充满民族主义情感的民众可能成为权力集团与外来势力对抗的人质和资本。对此，后殖民理论家极为明了。日裔美国学者小吉唐谷说："民族主义——在殖民化或殖民恐怖下显得具有积极意义的概念——变成了帝国主义；这并非由于这个或那个国家的特点决定，而是由于民族主义本身蕴涵的特质决定了它必然走向帝国主义。"①民族主义掩盖和延误了去殖民化之后殖民地社会文化建设中存在的问题。此外，后殖民理论家反对民族主义，也与后殖民理论推崇差异和多元的后现代思维相关，个体、性别、阶层、边缘等是差异的典型载体，这些正与民族主义的总体性相对立。唐谷总结后殖民理论的基本观点是："要对其他人，即个人，表示关注，人不仅仅是美学分析的客体；为此，我们要反对权力——不管是西方还是东方——凡是对人的压制，都应该予以反对。"②

马克思主义和民族主义是20世纪最重要的两股反殖民的政治力量。马克思主义与民族主义有一个共同的目标，即民族解放是社会主义理想的重要一环，但这并不代表民族主义就是马克思主义理想的一部分。民族主义的反抗主要集中在殖民地，无产阶级的反抗则由共产国际所领导；民族主义强调文化身份，而马克思主义强调普世共通的政治策略；马克思主义是一种政治哲学，它所许诺的是一个

① 保罗·鲍威：《向权力说真话》，中国社会科学出版社2003年版，第213页。

② 保罗·鲍威：《向权力说真话》，中国社会科学出版社2003年版，第219页。

更公正公平的社会，而民族主义没有这样的规划。“马克思主义和民族主义非常不同，因为后者被定义为自我中心，只会和自己成员对话，而马克思主义提供一个可以转译的政治和政治语言，透过这样的管道，身处不同情况中的行动派可以相互联系；马克思主义提供了一个共通的媒介，各种特殊性可以在反殖民主义这一个共同的论坛中讨论。”①大体说来，反殖运动在 1945 年已经完成，但新独立的国家陷入了新殖民主义困境，仍然被西方宰制，原因是其政治领域缺乏无产阶级反帝斗争这一环节，特别是在全球化时代，资本主义与无产阶级的对抗仍然激烈，这就仍旧需要马克思主义的普世主义，仍然需要无产阶级的反殖民主义斗争。西方资本主义既剥削本国的无产阶级，也通过世界性经济组织剥削第三世界民族国家，因此，帝国国内的被剥削的无产阶级应和第三世界殖民地人民联合起来，共同对抗西方的殖民宰制。没有社会主义调和的民族主义的解放带来的不是压迫的结束，而是压迫的新形式。就这层意义来看，列宁认为，共产革命运动在殖民地解放之后会脱离资产阶级的民族主义，因为资产阶级领导的民族解放运动并没有实现民族国家在经济乃至政治上的完全独立，而是沦为新殖民主义的依赖，这就需要社会主义的政治革命实现第二次解放。同样，后殖民主义基于资产阶级的阶级区分和性别动力(gender dynamics)反对资产阶级民族主义。后殖民主义重塑政治领域，将民族主义从协助团结人民抵抗殖民压迫，变成到了独立时的反民主能动性(anti-democratic agency)，就像三大洲主义一词显示出来的，后殖民主义一直是以国际主义的形式来操作。② 在这个问题上，后殖民主义与马克思主义达成了共识。

在反对西方帝国殖民活动的过程中，第三世界的民族资产阶级与广大劳动群众和无产阶级的利益是一致的，但是，在争取到民族自

---

① 罗伯特·杨：《后殖民主义：历史的导引》，台湾巨流图书有限公司 2006 年版，第 175 页。

② 罗伯特·杨：《后殖民主义：历史的导引》，台湾巨流图书有限公司 2006 年版，第 63 页。

决和政治独立之后，民族资产阶级夺取了反殖民斗争的果实，并以西方的政治体制重复了霸权机制，这样，广大劳动人民和无产阶级仍然没有得到解放。因此，在民族主义解放运动之后，应该引入马克思主义，一方面反抗全球化时代新的资本主义压迫，一方面消除民族内部的阶级宰制。后殖民理论应该深入了解东方各民族的差异，关注民族内部的边缘群体，从政治权力和经济分配的角度采取有效手段反抗各种新殖民主义。属下阶级的解放需分两步走，一是去殖民获得民族独立，二是以现代性的民主人权的政治实践取得本阶级的解放。反殖民不能反现代性，这是马克思主义的辩证性所在。

三、民族主义与文化帝国主义

冷战结束后，全球的民族冲突不断，民族主义运动导致了血腥的局部战争；文化的旅行以商品化的形式在无声地渗透，文化帝国主义成为新的宰制形态，这样，民族主义就再次徘徊在处于弱势地位的第三世界。但文化帝国主义真的能够宰制民族文化吗？民族主义在今天仍然是有意义的吗？汤林森对于文化帝国主义的分析不乏真知灼见。

文化帝国主义所主张的一国文化对另一国文化渗透和挤压的现象获得了广泛的认同，中国后殖民批评正是认肯了这一现象并反对西方文化霸权的。但英国学者汤林森对此问题有不同看法，他认为，文化的定义五花八门，帝国主义的定义也是歧义纷纭。一种说法强调经济权力是虚，其运作乃是服务于文化支配之实；另一种说法反其道而论，认为文化权力是虚，它服务于经济支配之实。汤林森指出，文化帝国主义者主张的一国对另一国文化殖民的说法似是而非，其原因，一是被支配的文化接受者并不是被动的，而是积极的阅读者，在其阅读实践中，他们改变了帝国主义的文化形态和意义。二是文化帝国主义的前提假定，是在帝国文化内部以及被支配的文化内部都存在着统一的民族文化，但这个前提本身是假命题，比如美国文化代表的其实只是白人文化，亚裔、非洲裔以及印第安人都不属于主流文化。① 在被殖民的文化内部，也不存在统一的民族文化，更多的情况，特别是第二次世界大战以后，民族国家内部普遍存在着文化张力，内部文化帝国主义是一个更明显更重要的问题。民族国家的产生是西方现代性的产物，当前的情况是，民族、民族文化、民族国家并不是可以等同的概念。民族文化可以跨越民族国家，如中华文化就不等于中国，而是指地域广大的中华文化圈。因此，民族国家与文化认同不是一回事，不能把文化认同与国家的政治经济利益相联系。民族国家内部也并不只有一种民族文化，如中国就包含五十六个民族。政治共同体内部的民族文化问题是当代世界政治动荡的原因之一，比如民族矛盾就是苏联解体的重要原因。在存在着多元文化的国家，统一的文化认同其实是一个政治化的权宜话语。有人认为，第三世界在面临其他文化的帝国主义入侵时，政治共同体内部有共同的一致的利益诉求，但这其实是表面的假象，是本国政治主宰者的策略。马克思说过，统治阶级倾向于把自己的利益普遍化。现实的情况是，民族国家的认同是经常的大多数的，而地域文化的认同是少量的。我们反对美国的文化入侵，经常是从中华文化而不是从湖北文化、东北文化、广东文化的立场出发，之所以如此，是因为民族国家的认同总是有强大的意识形态机器如国旗、国歌、疆土以及文化传播机构给予其支持，这就使得这种认同经常占据上风的位置，其结果是掩盖了政治共同体内部的文化霸权问题。

文化帝国主义的基本观点是强势文化对民族文化认同产生了威胁，这种观点的前提是，一个民族的文化必须是统一的。如果一个国家内存在多民族或地域文化的差异，那么文化支配就难以实现，在这种情况下宣称帝国主义对民族文化认同造成了威胁就有可能出现意想不到的情况，因为目前大多数国家都是多民族组成的共同体，如果宣称自己的文化受到了帝国主义文化的支配，那么某个民族就有可能宣称自身代表该国文化而去抵抗帝国主义，其结果就是这一民族的文化成为该国支配性的文化而造成了对其他民族的挤压。这种现

---

① 汤林森：《文化帝国主义》，上海人民出版社 1999 年版，第 142～144 页。

象在现代世界屡见不鲜，如英国的北爱尔兰问题、加拿大的魁北克问题、美国的黑人问题等等，在中国就可能出现汉民族对其他民族的排挤现象。在这个意义上，汤林森认为，帝国主义文化对民族文化认同产生了威胁这一说法是值得商榷的，其一，要在受侵略国之中辨认出一个统一的民族文化认同是非常困难的；其二，在入侵的国家中，民族国家的认同也很难说是统一的。① 所以，中国后殖民批评所说的西方文化霸权导致了中华文化的边缘化，西方文论的入侵导致了中国文论的失语等观点是可疑的。

民族国家内部的文化包含巨大差异，麦当劳并不能代表美国文化，汉民族文化传统也不能代表中华文化。那么，难道因为地域文化和多民族文化的存在，我们就不能说文化帝国主义对某一民族国家文化产生冲击了吗？如果一个总体性的民族文化不能支配另一个总体性的民族国家的文化，那么到底是谁在威胁着谁的文化呢？按照安德森的看法，民族国家其实是想象出来的社群。一个文化的某些方面威胁到另一个民族文化的实体，但这一实体充满了差异，各差异群体有其自身独特的利益诉求，从而这些群体受到威胁的程度、方面是不一样的，一切必须具体化。因此，一种文本是否是帝国主义的，是否产生了帝国主义的意识形态，要看具体的阅读状况，除非经过阅读，否则文本在文化上就没有什么意义。一般的研究者忽略了文本接受的具体情况，把文本直接等同于帝国主义控制。比如美国麦当劳，文化民族主义者往往以之为西方文化霸权的象征，这就把文化帝国主义等同于文本自身所展示的意识形态符码，忽视了文本的接受过程。事实上，消费者在享用麦当劳快餐时，并没有意识到或者根本对其帝国主义意识形态不以为然，而仅仅只是利用其快捷方便。与此类似，西方人在中国餐馆消费时，也不大可能是对东方他者的窥视，更不会认为中华文化会对其产生挤压。

季定思(Ciddens)认为，在原始部落和氏族以及村落社会也有一定的归属感，但这种情感建立在熟人的基础上，建立在面对面的交流

---

① 汤林森：《文化帝国主义》，上海人民出版社 1999 年版，第 144 页。

和与他人的直接接触中。在这种小规模的社会解体后，面对面发展起来的原始情感也随之解体，取而代之的是日常生活的习惯性行为。① 现代社会的日常生活是经济关系制约下的广泛存在的习惯性动作，因此，现代社会的民族国家认同感是很脆弱的，只有在民族国家行将崩溃之际，在战争打断了人们的日常生活的情况下，民族主义的情绪才能找到最强烈的喷发点。季定思认为，当危机到来的时候，往昔的认同形式就会出现，此时人们容易受到国家领导人的影响，把原始部落时代对部落首领的崇拜依恋情感投射到领袖以及由这些领袖唤起的民族国家符号上。群体意识的觉醒伴随着排斥那些非我族类的人。② 由此，汤林森认为，在现代社会中，大多数人对于现实的关怀与民族国家的认同相距遥远，人们在日常生活中更关心的不是文化帝国主义的侵略以及民族国家文化的认同，而是健康状况、人际关系、家庭关系、财务支出、工作状况等等，他们穿牛仔裤是为了休闲，不会想到帝国主义文化对本民族文化造成了威胁。人们在西方电视节目中获得的并不如专业知识分子所认为的那样是帝国主义意识形态，而是其本身的愉悦和快感。③ 在现代社会，媒介是造成民族认同的主要来源，不过，媒介造就的民族认同达到何种程度取决于媒介以外的因素，比如一个国家的政治、外交、经济等。1989 年，日本右翼政治家石原慎太郎和新力集团主席森田明夫合作的《日本可以说不》销售 100 万册，成为当年日本最畅销的书籍之一。现代传媒的兴盛以及大众阅读能力的提高是激发民族情感的重要原因，日本经济的发展及其在国际政治上外交上的被动地位才是激起民族情感的直接导火线。

文化帝国主义指的是“他们的生活方式”影响了“我们的生活方式”，这个说法未能意识到文化动态发展的本质：我们的生活方式从来不是静态的固定的，而是处于变动过程之中。民族文化代表的是

---

① 汤林森：《文化帝国主义》，上海人民出版社 1999 年版，第 163 页。
② 汤林森：《文化帝国主义》，上海人民出版社 1999 年版，第 165 页。
③ 汤林森：《文化帝国主义》，上海人民出版社 1999 年版，第 169 页。

一种政治话语，它要求我们将生活过程想象成固定的，这一事件的完成是通过“民族国家遗产”或“文化传统”等概念进行的，在这一行动中，文化繁复的历史过程就被遮蔽了。① 其一，我们文化的内容与形式随着时代而变化，在某个固定时刻认定是我们文化的东西，实际上是当时文化记忆的“总体化”(totalisatioon)，这一总体化又是特定的而且是具有选择性的，其间，文化机构即国家机器与媒介扮演了重要角色。其二，由于这一关系，现代世界中我们的文化从来不可能是本地生产的，它包含了先前的文化之借鉴及影响，并且在成为这个总体化的一部分之后，也仿佛变得自然而然。② 文化传统是构造出来的，这些构造出来的传统提供了一种永恒不变的感觉，在此之下，好像这些传统不是我们现在才有的，而是来自遥远的不可考察的过去，这就赋予了这些传统以权威性，但这种权威是可疑的。汤林森举例说，拉丁美洲文化是后殖民杂交文化的典型，这个地区被欧洲殖民者指称为拉丁文化，但它又有原来的土著文化即美洲印第安文化，当我们论及其正统性时，我们是选择拉丁文化还是美洲文化？③ 文化记忆是短暂的，新的文化对我们的侵略并不导致传统文化的失真，文化长期的互动和变迁才是文化的本质，所谓正统文化只是一个想象性的凝固实体，对其的捍卫也就值得怀疑了。汤林森认为，当大多数社会经验只是例行作息时，民族国家的认同就退至意识之后成为背景，这时人们对于外来文化产品的接触与他们消费其他文化商品持有相同的态度，受制于相同的需要。只有在社会情势不稳定，各地展开对地域或民族文化认同的争夺，或民族国家遭到外来威胁的时候，民族文化想象才重新浮出水面，文化帝国主义的威胁论也就出现了。④ 也就是说，在现代商业社会，群体认同被商品化所消解，私人在消费外来文化及商品的时候，帝国主义意识形态的干预是很少见的，日常的实

① 汤林森：《文化帝国主义》，上海人民出版社 1999 年版，第 174 页。

② 汤林森：《文化帝国主义》，上海人民出版社 1999 年版，第 174 页。

③ 汤林森：《文化帝国主义》，上海人民出版社 1999 年版，第 180 页。

④ 汤林森：《文化帝国主义》，上海人民出版社 1999 年版，第 170 页。

用需要是根本的，不大可能发生消费外来商品就背离了民族文化认同的现象。现代化实现于个人的生活领域，要进行文化支配是相当困难的。那么，是谁认定了文化帝国主义对民族文化认同造成了威胁呢？汤林森认为是专业知识分子，或文化评论家，“他们迫切地想要代表文化而发言，这样一来，他们也就等于是说，那些没有能够体认到文化帝国主义之存在的社会大众，心理已经被某种形式的虚假意识笼罩了”①。这么说来，文化全球化是一个假命题吗？在一定程度上回答是肯定的。比如麦当劳在美国是快餐，在中国却是家庭聚会、交朋结友的地方，是展现东方传统温情文化的场所。西方文化在不同的文化接受语境中会产生变异，接受者的“前见”是长期积淀下来的传统文化。那么，文化变异的意义何在？在历史上，文化的交流和碰撞导致了文化的变异，文化变异产生了新的文化，这在中西文化史上比比皆是，如佛教与中国文化、基督教与西方文化、禅宗与日本文化等等。但在今天，文化的变异情况又是怎样的呢？汤林森问，谁喜欢文化变异呢？文化变异对谁有好处呢？我们不难发现，喜欢文化差异的人正是那些能够行走在世界各地的西方旅行人士，特别是那些人类学家。如果从大众的角度，我们就要求文化的同一性，比如教育普及、医疗保健、科技产品的统一等等。②

在解殖运动中，民族主义者多为受过良好教育的民族精英，他们与殖民地的宗主国殖民官员很相似，与本土精英构成了联合体，而这些联合体又凌驾于土著之上。他们领导了反对宗主国争取殖民地独立的斗争，但他们在利用本土力量之后往往抛弃本土居民，仍然延续帝国主义秩序统治本土人民，这种现象在西印度群岛、牙买加、澳大利亚、南非等地区非常普遍。民族主义的局限性表现在，一个被殖民的民族的人民在阶级、性别、宗教等方面存在巨大差异，殖民地在以民族主义反抗帝国主义的时候，殖民地人民的群体差异和意愿却被忽视。按照安德森的看法，反殖民的解放运动随时可能堕落成反动

① 汤林森：《文化帝国主义》，上海人民出版社 1999 年版，第 182 页。
② 汤林森：《文化帝国主义》，上海人民出版社 1999 年版，第 188 页。

的“官方民族主义”或侵略扩张的帝国主义。这就形成了后殖民状况的一个悖论，即殖民地以西方殖民活动所传播的民族主义打倒帝国主义，但帝国主义的霸权逻辑却被保留下来。在民族独立后，殖民地人民仍然没有获得解放，其原因就是缺乏现代性这一维度。西方现代化把第三世界纳入现代体系，这是无论怎么评价都不过分的历史进步。不能因为殖民主义关联于现代性就摒弃现代性的价值观，必须在第三世界引入自由主义的西方现代法权体系，以解决“娜拉出走后怎么办”的问题，按照中国当代思想家顾准的看法，就是要从理想主义过渡到经验主义。在后殖民主义批判西方文化的殖民化，致力于重建第三世界文化独特性的同时，必须引入马克思主义和女权主义以关注前殖民地新的奴役形式，关注本民族内部的文化差异和权利机制。属下谈民族主义与本土精英谈民族主义其内涵是不同的，在联合抵抗殖民主义以后，他们所面临的问题以及自身的意愿也是不同的。在摆脱殖民主义阴影之后，如何从传统走向现代是所有第三世界国家面临的问题。

后殖民研究暴露出解殖者的困境与难堪，他们的民族主义具有狭隘性，其对于多元文化、边缘阶层、混杂文化的态度也是不成熟的。殖民主义与民族主义并不是对立的，一方面，帝国主义就是西方民族主义的扩大，而帝国主义就是殖民主义；另一方面，被殖民者的民族主义有可能移植西方帝国主义的统治秩序以实行对内的统治。殖民活动结束后，新近独立的国家并未获得真正意义上的文化独立。萨达尔指出，那些强烈认同殖民主义文化的政治家、行政官员、作家以及思想家如尼赫鲁、昂山、班达拉奈克、李光耀、恩克鲁玛、肯塔雅等成为新的文化建设者，他们的思想已经被广泛殖民化，他们认为自己的本土文化是落后的，其目标是掌握欧洲文明。① 殖民地独立后，这些社会精英对西方文化的认同加速了第三世界的西化过程，延误了本土文化的重建和民族文化的发掘。殖民主义带来的西方文化在一

① 齐亚乌丁·萨达尔：《东方主义》，吉林人民出版社 2005 年版，第 138 页。

定程度上促进了东方民族的现代化进程，但对西方文化的认同与殖民创伤的记忆又带来了情感和认知上的困惑，这就是后殖民语境中殖民地人民的复杂的生存状态。

下　　编

中 国 后 殖 民 批 评

引论　后殖民研究在中国的历程与问题

除了全球政治格局的变化、文明冲突的此起彼伏以及西方思潮的输入的原因，后殖民主义在中国的兴起还有更为具体的原因：第一，传统的帝国中心情结在近代的失落。百年中国文化面临西化大潮，要救亡就必须面对西方这一强敌，而启蒙的思想资源又来自西方，这就产生了国人对西方既爱又惧的复杂心理。后殖民理论对敏感于中西文化冲突的知识分子的阅读期待特别合宜。第二，中国学界的追新逐异。三十年来西方文论在中国轮番登场，在后现代之后西方的后殖民理论自然成为学界的先锋话题。第三，随着现代性成为学界的关键词，西方现代历程中的东西方关系问题凸显出来。作为东方人，萨伊德对西方扭曲东方、控制东方的学术批判自然会引起我们的兴趣，同时也使中国学界对西方文化的入侵格外敏感。第四，20 世纪 90 年代初文化保守主义的兴起，海外新儒家的输入和主流意识形态对传统文化的发扬也是后殖民理论在中国火热的原因。20 世纪 80 年代末期以后，中国学界出现了国学热，反思 80 年代的西学引进和“五四”对传统的批判成为学界新潮，中国经济的崛起也在一定程度上导致了学术的情绪化倾向。这些构成了中国学界接受后殖民理论的独特视阈。

回望三十年来的中国文学批评史，真可谓大潮起落，令人目眩。后殖民理论从登陆之初的火热到 21 世纪的多论域展开，似有绵延不绝的生命潜力。在此回顾后殖民主义文化批评在中国的历程并理清其所产生的问题域,检视其应用于中国语境的得失,在中国当前文学批评与文化批评的民族与世界、传统与现代的张力中,当会有一种接受西方与自我重构的自觉。作为一种文化政治学批评,后殖民主义并无统一的理论纲领而只是多种批评方法的汇集,因此理清其在中国的问题史就是一个颇为费力的难题。从历史缘起、问题发生、问题拓展以及问题的反思与展望四个方面入手,后殖民主义文化批评在中国的历程就可以被把握。

后殖民主义在中国的出场要追溯到杰姆逊。20 世纪 80 年代中期,杰姆逊以在中国引入后现代思潮而著名。1989 年的《当代电影》第 6 期发表杰姆逊的论文《处于跨国资本主义时代中的第三世界文学》。文章认为,由于有遭受殖民主义和帝国主义侵略的经验,第三世界的文学必然是民族主义的,其叙述方式必然是民族寓言式的。杰姆逊提醒,第三世界文学应该按照自己的选择和解释发展自身。这篇论文在中国学界引起了不大不小的波澜,《电影艺术》、《文艺争鸣》、《读书》等杂志随后发表了一批以"第三世界"为题的文章。在全球化语境中,在中国追求现代化而西方已发展到后现代的情况下,中国文化如何自立、如何与第一世界文化打交道、如何构造新的民族文化正是中国学界的焦虑所在,文学批评界就此问题提出了不同的解决方案。在这些文章中,张颐武的《第三世界文化与中国文学》主张以来自第三世界的本土经验建构第三世界文化理论,其中暗含以第三世界对抗第一世界的民族主义倾向。

中国学界最早介绍后殖民理论要追溯到 20 世纪 80 年代末,但在西学风潮如过眼云烟的时代,这些介绍并没有引起学界过多的关注。作为文化批评,后殖民理论在中国的接受与当时的政治文化背景相关。1989 年后,中国学界走向保守,并对 20 世纪 80 年代的西学接受提出质疑。20 世纪 90 年代初,政治学者何新的反西方言论、崔之元的制度创新说、盛洪的文明比较论以及《中国可以说不》的出版、国际关系上的银河号事件、驻南使馆被炸事件、中美撞机事件等导致民族主义潜流涌动在官方和民间,中国经济上的崛起与政治上的屈辱警醒了中国知识分子的民族国家意识，这些为中国学界对萨伊德的解读提供了现实语境。1992 年第 10 期《读书》发表刘禾的文章《黑色的雅典》，文章介绍了美国最近关于西方文明起源的论争。在文章的末尾，刘禾介绍了美国后殖民批评。1992 年 10 月 14 日《文汇报》刊登王干的文章《大红灯笼为谁挂?》，首次从东方主义视角对张艺谋提出批评，指出张艺谋电影的潜在观众不是中国人而是外国人，张艺谋是为了满足西方人的东方主义优越感而着意构造中华民族的腐朽性。王干的文章为此后中国电影批评的后殖民主义视角奠定了基础。1993 年第 3 期《当代电影》刊登的张颐武的论文《全球性后殖民语境中的张艺谋》，表明了中国后殖民批评对张艺谋的定位。张颐武认为，张艺谋电影的表达方式是神话，所谓的"民族特性"只是被排斥在现代性话语之外的闭锁空间，中国只是一个特性的代码而非具体时间的变化和更替。至此，中国后殖民电影批评已展开其视阈。但这些文章对于后殖民主义文化批评在中国的形成只能算作排练，后殖民理论在中国的正式登场是《读书》杂志的功劳。

中国后殖民主义文化批评兴起的关键是 1993 年第 9 期《读书》上发表的三篇文章。张宽的《欧美人眼中的"非我族类"》概述了萨伊德两本书的内容，梳理了西方人眼中的东方形象史，文章提到了西方主义这一概念，即中国学界对西方的非理性态度。文章还指出了中国当代一些艺术家以东方的落后丑陋去迎合西方人的文化优越感等现象。张宽的文章所涉及的诸多问题正是日后中国后殖民批评所讨论的问题。钱俊的文章专门论述萨伊德的《文化与帝国主义》一书，指出萨伊德的缺点是排斥了文化的其他维度如美感体验。潘少梅的文章《一种新的批评倾向》介绍了后殖民批评的基本要点，讨论了萨伊德的理论适用于中国文化的限度问题。在人文学者中影响甚大的思想性学术刊物《读书》在同期刊登三篇介绍西方后殖民理论的文章在中国学界掀起了巨大的声浪，此后，《读书》、《文艺争鸣》、《文艺评论》、《文艺报》、《光明日报》、《外国文学评论》等报刊对后殖民理论展开研究和讨论，推崇、否定、质疑之声皆有之。1993、1994 两年可称为中国学界的后殖民批评年，一时间，学界出现了"争说萨伊德"现象，学人争先恐后地加入"东方主义"大合唱。

中国的后殖民学术问题可以分为两个方面：一是后殖民理论在中国，二是中国的后殖民批评。前者指的是中国对来自西方的作为一种话语形态的后殖民理论的介绍、研究、批评和对话，其问题所指是西方理论；后者则是中国学者借助西方的后殖民理论回应中国的文化问题所产生的中国式的学术批评话语，其问题所指是中国的本土经验和文化现实。西方后殖民理论的介绍和接受催生了中国后殖民批评，中国后殖民批评的多方面展开又需要西方后殖民理论的思想支持。这两方面交错并行，互相关联又互相激发。

在学界对后殖民理论或大加追捧或激烈讨伐的喧哗中，中国后殖民批评出炉了，其标志性事件就是"中华性"命题的提出和"十批判书"的诞生。对"中华性"问题的理清和反思将在下文展开，此处不赘。1994 年第 1 期《钟山》"十批判书"栏目发表了陈晓明等的《东方主义和后殖民文化》一文。"十批判书"表现了阐释中国的焦虑。当前，阐释中国必须依靠西方话语，要与西方对话也必须依靠西方话语，这就是第三世界文化与第一世界交往的现实。该文涉及的大众文化中的西方主义与东方主义、中西文化碰撞中的错位、西方霸权与中国民族性的关系等都是后殖民批评的核心问题，话题的展开昭示了后殖民理论的开放性和中国后殖民批评的基本立场。至此，中国后殖民批评的问题意识和价值取向已基本确定。细读这篇文章有两点值得注意：一是萨伊德的文本和身份确实可以解读出民族主义，西方文化霸权也确实应该警惕和批判；二是中国后殖民批评出场之初就注意到后殖民理论的精神是对一切霸权的批判，从而中国本土的文化霸权也在警惕之列。学界后来对中国后殖民批评的批评忽略了这一点。

此后，后殖民理论在中国和中国的后殖民批评向纵深发展，前者表现为研究更趋深入和辩证，正读和创造性的阅读逐渐代替误读，原典的翻译和多方面的介绍也随之展开；后者表现为以后殖民理论审视中国的文化现实，借助后殖民理论开拓学术新领域。

经过最初的众声喧哗，1997 年以后中国后殖民研究走出浮躁与情绪化，走向富有建设性的学术研究。1997 年第 3 期《文艺研究》发表了罗钢、王宁和邵建三人谈后殖民的论文，标志着中国后殖民研究走向深化，论争开始平息。从 1999 年开始，罗钢、张京媛主编的后殖民文选以及萨伊德的经典文本陆续被翻译出版，后殖民研究逐渐走出最初因资料缺乏而导致误读的窘境。检索中国学术期刊网，中国后殖民问题的研究性论文，1989 年到 1995 年有 42 篇，1996 年到 2000 年为 68 篇，2001 年到 2005 年是 354 篇，2006 年到 2008 年是 387 篇。从论文数量和问题所指看，中国的后殖民研究在向各个方面纵深展开，以稳健、冷静、理性、细致概括其历程并不为过。细而察之，中国后殖民研究具体展开为七大论域，即后殖民理论研究的推进、中国现当代文学和文论的反思、翻译研究的文化转向、艺术研究的后殖民视角、西方经典文学的重读、华文文学的后殖民解读和第三世界文学的后殖民研究。下面概而论之。

一、后殖民理论研究的推进。中国学界对来自西方的后殖民理论表现出浓厚的兴趣并投入了巨大精力，研究性的论文到 2008 年近 90 篇。1997 年后，研究走出了引进之初的简单化的或反对或赞成，或望文生义的诠释阶段，而是更深入地走向理论本身，作出更符合理论实际的评述，同时客观地呈现后殖民理论的价值和局限。中国的后殖民基础理论研究具体表现在这么几个方面：第一是从总体上把握后殖民理论。学界对后殖民理论的基本概念如混杂、身份认同、第三空间、文化霸权、文化抵抗等的研究比较深入，指出其精神要旨是对抗性，其理论局限是保守性和冷战思维，其所热衷的杂交思想掩盖了文化关系中的不平等和权力差异，并指出后殖民主义是一种立足于西方文化传统的理论反思。第二是考察后殖民理论的思想来源。众多学者追溯了后殖民“他者”概念的思想渊源，研究后殖民理论前驱葛兰西和法侬与后殖民主义的关联，分析后殖民主义与民族主义的关系，介绍后殖民女性主义批评家的理论模式和阐释策略。第三是对萨伊德的认识更为深入。学界介绍了萨伊德政治性的学术活动，论述其文学叙述理论，分析了萨伊德的多重身份，破除了萨伊德是反西方的民族主义英雄的神话。第四是对后殖民理论的其他代表人物如斯皮瓦克、巴巴等人的学术思想也展开研究。一些学术杂志刊登了斯皮瓦克和巴巴的访谈。第五是对后殖民经典文本的翻译和介绍。中国学界最初对后殖民的了解多通过二手材料，许多误解由此产生，1998年后这一状况得以改变。王宁主编的中西学者的论文集《全球化与后殖民批评》和盛宁翻译的英国学者艾勒克·博埃默著的《殖民与后殖民文学》的出版，是学界以论著形式介绍后殖民学术研究的开始。1999年是中国后殖民理论翻译的重要年份，影响甚大的知识分子图书馆丛书出版了《萨伊德自选集》和罗钢、刘象愚主编的《后殖民主义文化理论》，张京媛主编的《后殖民理论与文化批评》和萨伊德的《东方学》也在这一年出版。随后，英国后殖民理论家巴特·穆尔-吉尔伯特的《后殖民批评》和《后殖民理论》也分别出版，中国后殖民批评的思想资源得以扩展。

二、中国现当代文学和文论的反思。中国曾经是个半殖民地国家，被殖民的经历给中国人民留下了创伤记忆。百年中国史是一个“别求新声于异邦”、“师夷长技以制夷”追求现代重返中心的过程，富国强兵、民主科学、民族独立、超英赶美、改革开放、民族复兴等是这一过程中的关键词，从而文化建设中的中西文化关系、传统与现代的关系成为文化领域长久论争的问题。随着经济全球化和中西文化碰撞的加剧，借助后殖民主义审视百年来中西文学关系就进入讨论的视阈。从后殖民视角看百年中国文学理论所产生的问题就是“失语症”命题的提出。“失语症”牵涉的问题众多，关系到如何认识中国20世纪的文论建设，如何看待中国古代文论的现代化，如何区分中西文论在思维方式和阐释限度上的差异，如何认识文学理论与本土经验、借鉴西方与阐释中国、传统文论与中国当代审美体验的关系等问题。

三、翻译研究的文化转向。萨伊德、斯皮瓦克和巴巴均论述过翻译问题。在后殖民主义文化理论之前，主导翻译理论的是结构主义。结构主义翻译理论倾向科学主义，强调翻译的工具性，翻译中的政治性和人文性被忽视。后殖民翻译理论是后殖民问题域之一，它从性别、族居、阶级、民族主义、殖民话语与权力反抗等视角出发，赋予翻译理论与实践以新的面貌。在后殖民理论看来，语言并不是对等的，翻译不仅仅是一个语言转换问题，它不可能在真空中进行，翻译活动必然牵涉文化政治和历史因素，它肩负着文化解殖和塑造民族文化的重任。因此，翻译实践是一个文化政治问题，其背后是文化霸权与反霸权的斗争。在西方文化殖民东方的背景下，翻译的本质、翻译的目标等问题应该重新认识，翻译的策略也必须重新选择。

目前中国学界对翻译的文化转向问题的研究多停留在对后殖民翻译理论的平面介绍。后殖民文化批评对当前的翻译实践和理论研究具有重要的学术意义。在全球化时代，民族身份的建构及其现代性追求使得民族国家对外来文化吸收的自觉更趋强烈。因此，回顾与反思翻译理论与实践对于百年来中国现代性历程的意义就是一个重要课题。比如，因为意识形态的关系，“五四”以后中国大量翻译西学，1949 年后大量翻译苏联的哲学社会科学著作，80 年代后又着力引进西方前沿理论，这些对中国现代化进程、对中国传统文化的转换等都具有积极意义，但这一过程中翻译的局限及其背后的文化政治值得思考。比如，严复、鲁迅、林纾等人的翻译理论和实践应重新评估；对于文史哲学科而言，封建、唯心、唯物、形象思维、物质、意识形态、历史规律、社会存在、本体论等西方人文学科元概念的翻译，对源始语言的变形及对中国当代学术话语乃至思维方式的影响就应该做实证性的研究。

四、艺术研究的后殖民视角。后殖民是一个包含多学科、多视角、多种批评方法的综合性文化思潮，其批评策略和理论意旨可运用于文史哲诸领域。对于中国当代艺术研究而言，后殖民理论也提供了新的批评手段，其中，运用最多的是电影批评，具体来说是对张艺谋现象的评论。

1993 年前后，张艺谋在国际电影节上连续获奖，后殖民理论此时正在中国兴起，理论思潮与批评实践一拍即合。对张艺谋电影国内评论界存在截然相反的两种意见：一种意见认为，张艺谋迎合了西方的“东方主义”的虚幻建构；另一种意见则认为，张艺谋的获奖标志着中国当代电影的日臻成熟和逐步走向世界。电影艺术有自身的独特规律，对张艺谋后殖民批评的批评将在下文展开，这里想提及的是，中国后殖民电影批评的弊端是在电影的意识形态性上大做文章，对电影艺术的文本及技巧缺乏分析；直接搬用后殖民理论批评张艺谋就无法解释其电影在中国也大受欢迎这一现象；张艺谋对中国传统文化以及当代政治的隐喻性批判被后殖民批评所忽视。

中国后殖民艺术批评主要集中在电影和绘画领域，音乐、雕塑、建筑领域里的后殖民批评还没有展开。后殖民批评对中西艺术的交流、本土化艺术的产生以及现代性历程中中国艺术的发展等问题提供了新的视野，比如音乐中的谭盾和绘画中的林风眠、徐悲鸿、常书鸿、赵无极等人对于民族化与西方化之关系的探索，当代美术中的徐冰、蔡国强、罗中立等人所表现的艺术的民族化与国际化、西方趣味与中国标准、中国传统文化与西方技巧等问题都应在后殖民语境下深入研究。中国艺术批评应把真正的吸收西方与歪曲东方以迎合西方区别开，为中国艺术在新世纪的发展作出理论说明。

五、西方经典文学的重读。目前，从后殖民视角重新审视西方近现代经典文学的工作才刚刚开始，值得注意的有如下方面：论者通过对莎士比亚《暴风雨》的后殖民主义解读展现了莎士比亚人文精神的另一面；通过对《鲁滨孙漂流记》和《鲁滨孙漂流续记》的阅读，分析笛福笔下典型的东方主义他者形象；对赛珍珠文本的细读，开掘其思想的复杂性，即反帝国主义内容和殖民主义思维方式的并存。

在后殖民理论看来，西方现代化的历史也就是其在全球殖民扩张的历史。在殖民扩张过程中，一切知识都与帝国主义权力相关联。因此，超越性的审美形式如小说、游记等在萨伊德笔下都是帝国主义意识形态的帮凶，它们共同合法化着帝国主义霸权意识。中国学界以前把西方近代文学解读为人文主义和启蒙理性精神的对神性的批判对人性的肯定，对其意识形态性的一面则极少注意。在后殖民语境下，这些经典小说呈现出另一面，即超越性的人文主义文学暗含着殖民认知暴力。后殖民理论认为，文学的超越性是有限度的，作为一种知识形式，文学与各种权力纠缠在一起。对于文学的这一面，形式主义的文本分析和文学社会学的外部研究都没有触及。后殖民理论对于西方文学研究的启示在于，应把西方文学放在西方与非西方的权力关系中予以审视，唯此，西方现代性的复杂性才能显示出来。从后殖民视角阅读西方文学在我国学界仅是起步阶段，文化政治学的解读将给西方经典的认识带来新的变化，这种变化将会导致西方文学史的重写和文学史观的变革。

六、华文文学的后殖民解读。华文文学指华裔或海外华侨以所在国语言创作的反映其异国生活的文学作品，东南亚和美国加拿大是华文文学的重要区域。在后殖民语境下，华文文学创作和研究的主题主要是文化身份问题，即海外华人与当地文化的认同和冲突以及对中华文化的再现和归属感问题。由于与性别问题和东方主义、西方主义等意识形态纠缠在一起，华文文学的创作和研究呈现复杂面貌。中国学界的华文文学的后殖民研究开始于新世纪之初，论文共10余篇，研究对象集中于美国华文文学。从19世纪60年代起，美国华文文学迅速发展，成为美国多元文化的重要组成部分。华裔作家在介绍和传播中国悠久的历史文化、争取移民的合法权利、揭露白人的种族歧视、赢得华人与主流社会的共存等方面作出了重大贡献。但由于历史和文化的多重原因，华文文学创作须仔细辨析。学界主要把目光投向汤婷婷和谭恩美等人的作品，批评其避开华人与主流社会的文化矛盾，把历史中国和现代美国并置，强化美国文化的优越地位，这实质上是一种女性主义的东方主义。在历史和现实中，华人在异国他乡的艰辛和对中华文化的仰赖铸成了一部绚烂的历史。华文文学的创作和研究应该对华人融合于异国文化、传播中华文化、建构文化身份、批判强权意识形态、思考自身命运等问题发挥重要的文化功能。从全球化后殖民语境看华文文学还有很长的路要走。

七、第三世界文学的后殖民研究。在中国现代性发生之初，中国外国文学研究的目的是向先进的西方文化学习，外国文学几乎等同于西方主流国家的文学，英语文学就等同于英国和美国文学，第三世界英语文学如非洲文学、加勒比海文学、澳大利亚文学几乎被忽略。20世纪后半期，随着殖民体系的瓦解，反映第三世界民族独立、以创建民族文化为己任、对文化殖民进行反思的后殖民文学成为世界文学的重要力量。后殖民文学是殖民地的文学,其阅读对象、创作背景、思想立场等都是第三世界殖民地,它的主题大都是解析宗主国文化与殖民地文化的关系,批判殖民统治给殖民地人民所造成的文化无根和心理创伤,表现本民族寻找自身文化、解殖民化和追求现代化的焦虑,其文学具有模仿性、戏谑性、双重性、无根性、混杂性等特点。检索文献资料,至2008年,我国从后殖民视角研究第三世界文学的论文将近40篇,论题主要集中于对诺贝尔奖获得者奈保尔的介绍,其次是对英国作家福斯特和加勒比作家乔治·拉明、塞穆尔·塞尔文、奥斯丁·克拉克等的介绍,对非洲作家塔希尔·本·杰伦、塔伊布·萨利赫、塔哈·侯赛因、沃勒·索因卡等人的后殖民创作均有所介绍。

综观学界的第三世界后殖民文学研究,其特点,一是集中于对奈保尔和福斯特的介绍,对非洲、加勒比英语作家以及法国、西班牙、葡萄牙等国的殖民地文学的研究比较少;二是文章基本出现在2000年以后,文学研究的后殖民视角的自觉还是很近的事情;三是仍然延续传统外国文学研究的思路,即多为通过作品解读作家的本意,创造性的阅读和文本分析的工作做得还不够;四是对后殖民文学的研究大都以西方后殖民理论为武器,还没有从文学作品本身提炼、重构、发展本土性的后殖民理论。第三世界后殖民文学研究对于我国外国文学研究具有重要的开拓性意义:它打开了外国文学研究的新视阈;中国曾经是个半殖民地国家,台港澳还曾完全沦为殖民地,对第三世界后殖民文学的研究必将给我国近现代文学和台港澳文学研究提供借鉴;对第三世界后殖民文学的研究可以深化我们对民族文化多样性的体认。

后殖民主义文化批评在中国的历程有如下特点:一是中国对后殖民理论的引进以及中国后殖民批评的产生具有特定的时代文化背景,这一点使其打上民族主义烙印。二是随着研究的深入,学界对后殖民理论的态度趋向理性化,强调东西方对话,反对褊狭的民族主义成为共识。后殖民理论对于民族文化的发展、民主进程的推进、西方文化霸权的警惕等问题的积极意义逐渐被学界认肯。三是中国后殖民批评问题域向多方面拓展。学界从本土经验出发，参与、重构后殖民理论，开辟了多学科多领域的学术空间。作为一种批评视角，后殖民为中国学界带来了新的生机，在现有的基础上，中国后殖民主义文化批评需要进一步推进的地方如下：

一、后殖民理论研究的深化。首先是后殖民经典文本的翻译介绍。现有的翻译还不够全面，后殖民主要理论家如斯皮瓦克、巴巴、查特吉、艾哈迈德等人以及印度、非洲等地的后殖民著作的翻译工作有待展开。其次是后殖民代表人物的研究。目前中国学界研究萨伊德的论文比较多，系统性的专著只有一部①。后殖民理论的其他代表人物还在发展自己的学术思想，对其跟踪研究甚为必要。最后是后殖民理论思想关联的拓展，如后殖民文化批评与马克思主义关系密切，但其理论主旨差异甚大，以马克思主义视角看后殖民理论的贡献和限度是一个需要研究的重要问题。

二、后殖民理论的其他问题如地域、教育、语言等还需展开。在美国学者芒吉尔编著的《当代后殖民理论读本》中，后殖民理论所关涉的人种学、区域政治、教育等问题被单列出来，这些问题还没有进入我国后殖民研究的视野。此外，后殖民知识分子问题也很重要。萨伊德受后结构主义影响，但他的知识分子观与后现代思潮的知识分子论差异很大，他仍然坚持西方自由主义知识分子传统。在中国这个后现代、现代、传统杂糅的地方，在 20 世纪 80 年代启蒙之后，知识分子的社会角色和历史使命必须重新定位，萨伊德的知识分子观具有启发意义。

三、后殖民理论的借鉴意义还需深入研究。后殖民理论把知识体系与权力、与学科背后的社会文化机制联系起来，这一点中国学界认识不足。中国现代学科建制来自西方，后殖民理论给我们学科的发生发展、学科的思想来源以及学科的对象范围等问题以清醒的认识，比如学界最近争论激烈的文艺学学科的边界问题，如果有文艺学

---

① 张冼：《萨伊德后殖民理论研究》，复旦大学出版社 2007 年版。

学科史的自觉意识，许多问题会迎刃而解。在后殖民理论之后，文学批评应关注文化交往中权力与知识的关系问题、作家和批评家的身份问题、语言与殖民问题、文学的本土性与世界性问题、民族特色与西方技巧问题、文化再现与文化过滤问题等。

四、系统总结中国后殖民批评所引起的话题。上文已总结了中国后殖民批评的七大论域，对于这些问题，现有的研究或失之简单化或停留于喊口号、定方向，具体工作还未深入。如何把后殖民视角和基本方法运用于多学科多领域的研究以推动学科的知识增长和范式转换是人文学者应重视的问题，许多细致的工作如外国文学研究、华文文学研究、艺术批评等需持久关注并投入巨大精力。

五、后殖民理论给我们在全球化和现代性语境中以意识自觉、文化建设的相关问题还需展开。随着全球化的推动，东西方文化交流更为频繁，但现代性发生在西方，西方的经济文化仍处于领先地位。中国现代性的难堪在于，借用西方现代性视阈就可能被殖民化，因此如何处理民族性与世界性、现代性与中华性的关系在21世纪有重大意义，如何发展中国文化又保持清醒的自觉意识是人文学科必须关注的问题。由于后殖民理论最早为文学界所接受，因此这种自我意识在文学研究界比较自觉，哲学、历史、社会学、人类学等学科的后殖民研究还有待深入。这种研究的推进，是借助后殖民理论来反思中国近百年来文化交流的得失，总结文化交流的意义和文化接受与文化输出的规律。在此，后殖民主义给我们的理论创新提供了契机，从中国语境和本土经验出发重构和发展后殖民理论，从而实现与西方学术的对话是中国后殖民研究的目标。

后殖民理论旅行到中国已近二十年，从最初的或欢呼或诋毁到现在的创造性阅读开辟众多学术领域，其中的复杂正如解释学所说的是自我视阈与对象视阈的融合过程。对于这一点，后殖民理论的开创者萨伊德了然于心，他的这一段话正可以给这种理论的中国之旅以生动的注解："首先，存在着出发点，或者类似于一组起始的环境，在那里思想得以降生或者进入话语之内。其次，存在着一个被穿越的距离，一个通过各种语境之压力的通道，而思想从较早一个点进入另一种时间和空间，从而获得了一种新的重要性。再次，存在着一组条件——称之为接受的条件好了，或者是抵抗（接受过程必不可少的一部分）的条件——而抵抗的条件对抗着被移植过来的理论或思想，也使得对这种理论与思想的引进和默认成为可能，无论它们显得多么疏远。最后，现在已经完全（或者部分）被接纳（或吸收）的思想，在某种程度上被其新的用法及其在新的时间与空间中的新位置所改变。"①后殖民理论在改变中国思想范式的同时也被中国思想所改变，这一过程将继续下去。

后殖民理论登陆中国后，中国学界曾欢呼雀跃，一时间东方主义、文化殖民、文化混杂等成为学术热门话题，中国后殖民批评由此产生。中国后殖民批评指的是，学界借助后殖民理论面对中国当代文学文化问题，提出的一系列理论命题。后殖民理论的核心是东西文化交流中的不平等问题，如何在全球化背景中发展建构民族文化？中华文化走向何处？寻求中华性是否可能？文论失语症是夸大其词还是一种文化真空的焦虑性表达？这些是当代中国必须面对的问题。基于后殖民理论的复杂性和中国当代文化语境的独特性，中国后殖民批评具有自身的出场背景和理论逻辑，在此检视中国后殖民批评的生成语境、分析其理论所指、考察其阐释视阈、批判其理论局限，对于正读后殖民理论，对于中国文化研究学科的发展，对于中国文学理论的创新，对于西方文论的中国化等都具有重要的学理意义。本书下编选取中国后殖民批评的典型个案，结合后殖民理论和中国当代文化语境，检视中国后殖民批评的思想来源、理论主张和伦理取向，通过反思中国当代后殖民批评以获得对于文化交流和文化过滤的理性认知，为中国当代文论建设和文化批评学科的发展提供一份思想备忘录。

---

① Edward W. Said. *The World, the Text, and the Critic*. London: Faber, 1984, p. 226～227.

第一章 西方知识与本土经验：第三世界文学理论

第一节 第三世界文学理论及其中国效应

1989年，美国后现代批评家杰姆逊的《处于跨国资本主义时代中的第三世界文学》一文被翻译成中文出版。基于特定时期的政治文化语境，这篇名文在中国学界产生了巨大影响。20世纪90年代初期中国被正式纳入全球资本主义经济体系，经济快速发展，加上此时发生的一系列外交事件，恰逢萨伊德登陆中国，中国后殖民批评开始形成，本土性、民族精神、民族文化一时间成为学界关键词。作为杰姆逊理论的中国回应和中国后殖民批评的一支，中国第三世界文学理论具有系统的理论建构并实践于中国当代文学文化批评。在此检视杰姆逊的第三世界文学理论及其对中国当代文学批评的影响，对于厘清西方后殖民理论的基本主旨以及中国当代文学批评的症候具有重要的学理意义。

第三世界文学理论是兴起于美国的文学批评理论。因战略需要，在20世纪的美国学界，区域研究兴起，对第三世界的研究是其重要的政治课题。美国是多民族多种族融合的移民国家,第三世界文化以及文化跨越、文化交流与文化过滤是学界关注的重要问题。此外,第三世界文学理论的发生还与民族主义的兴起相关。第二次世界大战以后,原西方殖民地纷纷独立,民族主义成为建构身份认同的重要力量,民族的独特性、民族精神、民族文化成为民族叙事的主要形态,以报纸为主的大众传媒以及通俗小说对于民族意识形态的构造发挥了重要作用。文学作为想象的事业,通过大众的阅读把同一语言内的社群建构成"想象的共同体",同一社群内互不熟悉的人变得息息相关。在民族解放运动中,第三世界的小说表现出不同于第一世界文学的社会使命,它发挥了团结组织统一战线、激发民众打倒帝国主义的作用,这一点在中国现代左翼文学中表现明显,毛泽东的文艺社会学思想即是对此的理论化。

为消解西方文学批评的个人化倾向,恢复文学与社会政治的关联,杰姆逊试图借助对第三世界文学的解读,为美国的文学批评寻找动力,他的出发点并非对第三世界的客观研究,而是以为我所用的态度对待第三世界文学。阅读全文,杰姆逊的基本观点可归结如下:(一)因为面临西方现代性的渗透,第三世界文化在与第一世界文化的生死搏斗中发展自身,因此,所有第三世界文化不能称为独立的或自主的文化。第三世界文学与民族国家的命运联系在一起,它是民族历史的寓言。(二)长期以来,第一世界以自己的文本规范阅读第三世界文化,其视野极其狭隘。第一世界文学的主题是弗洛伊德式的个人欲望的投射,第三世界文学的主题则是马克思主义的社会解放叙事。对第三世界文学的研究对于重新思考文学批评的政治关联具有重要意义。(三)由此,第三世界知识分子是政治斗士,而第一世界的知识分子封闭于狭隘的专业领域,在他们那里,公私是分裂的,政治和个人是分裂的,其学术无法反映和把握社会整体。① 作为马

① 全文参考《世界电影》1989 年第 1 期。对于杰姆逊的第三世界文学理论,中西学界有许多批评和看法。限于主题,本书不打算讨论其理论本身以及学界的批评。

克思主义者的杰姆逊超越某些后殖民理论家的地方是，他没有盲目乐观地呼唤文化混杂，而是在全球化语境中看到了文化渗透和文化反抗，看到了文化交流中存在的权力的不平等和文化斗争的复杂性。

第一世界的现代化实现于向第三世界的扩张，因而其民族主义并不彰显，文化现代性问题更为突出，个体与社会以及个体自身的矛盾成为西方文学表现的主题。个体是现代社会的产物，在仍然处于传统时代的第三世界中，个体是不存在的，个体臣服于民族集体，个体的生存、个体的生命意义等问题还没有凸现出来。民族身份问题是第三世界在全球化语境中的根本问题，民族文化向何处去，传统与现代的关系、东方与西方的关系如何处理等问题在个体的生存境遇中表现出来。由于中国近代以来长期的弱势地位，由于启蒙和救亡的急迫，中国现代文学中的纯粹审美维度一直处于边缘，文学的民族性被突出，文学成为构造新的民族国家意识形态的想象性符号。杰姆逊的第三世界文学理论并非西方中心论，而是看到了非西方文学的长处，其本意是试图以第三世界文学的政治关联补救西方文学及文学批评的非政治化倾向。但参照中国现代文学的经验，杰姆逊的概括是偏颇的，因为落入其视野的是那些受到政治权威话语规范的意识形态化的文学文本，而那些受西方现代派影响的个人性文本并没有得到关注，事实上，第三世界的中国现代文学史上存在着大量的这类文本。从另一方面看，第一世界文学并非只是现代性的个人异化的产物，比如在第一世界的美国也存在大量的充满国家意识形态的政治性文本，而且，把第三世界本质化以区别于第一世界，这本身就是典型的东方主义式阅读。

杰姆逊的言说对象是西方读者，其意在思考解构主义之后的西方文化如何与第三世界文化相处，试图通过对第三世界文学的阅读改变西方文学批评的面貌，改变美国知识分子与政治文化的疏离状况，这种态度与萨伊德对“业余知识分子”的呼吁具有精神上的一致性。任何概念必然是概括性的，必然过滤了特殊，我们不必指责杰姆逊的概括化，因为所有认识都必须概括，要理解杰姆逊就要看他的出发点，要评判他就要看他的理论是否可为我所用。从现代以来的中西文化关系看第三世界文学，杰姆逊的确抓住了第三世界文学的特质。我们需要思考的是，杰姆逊的理论对于我们认识中国现当代文学，对于当代中国文学文化的创造，对于重新思考文学的政治性，对于当代中国的文化批评具有什么样的启示和意义。

基于政治的、学术的、文化的原因，文化保守主义情绪弥漫于 20 世纪 90 年代初期的中国，第三世界文学理论的引进适逢其时，成为建构民族文化反对西方霸权的有力资源。杰姆逊对西方中心论的批评，对中国现代文学的解读得到了中国学人的广泛认同。20 世纪 90 年代初期，《电影艺术》、《当代电影》、《文艺争鸣》、《读书》等前卫文学批评杂志发表了一系列以第三世界、第三世界文化为题的论文。这些论文的主题，一是梳理西方主要是美国的第三世界理论的起源和演变，二是论述第三世界理论对于全球化时代文学研究的意义，三是提出中国第三世界文学理论的设想。细读这些论文，发现中国学界并没有提出相应的理论命题和操作手段，没有对第三世界文化文学理论予以系统论证，而只是从不同的学科领域如电影研究和比较文学研究阐述本学科的本土立场。在论者眼里，第三世界只是一个基点，他们以之反思西方理论在中国的接受，中国传统理论的现代化、中国第三世界文学理论的阐释方式、中国文化在未来与西方的关系等问题并没有在一个体系性的第三世界理论框架下得到阐释。在这些论文中，借助第三世界这一概念，中国与西方的对立非常明显，民族主义情绪弥漫其中。

在当代思想谱系中，杰姆逊并不是后殖民理论家，但他的《处于跨国资本主义时代中的第三世界文学》一文在 1989 年被引进中国，恰逢西方后殖民理论输入和中国后殖民批评开始形成之时，杰姆逊对中国现代文学的规定成为中国后殖民批评的思想资源，中国学界就此提出了第三世界文化命题。后殖民理论认为，西方殖民活动伴随着对非西方文化的宰制，东方主义是与东方无关的西方意识形态，东方文化在此被改写被扭曲，因此，对殖民历史反诘的逻辑必然就是呈现第三世界文化的本真状况。第三世界知识分子需要重新书写被西方涂抹的历史，重新发掘本土文化的资源以对抗西方，第三世界文化作为一个整体由此被突出。杰姆逊把第一世界与第三世界对立并把第三世界同质化,其整体主义立场忽视了各民族之间以及民族内的性别、阶级等差异,这就为中国第三世界文学文化理论的民族主义倾向埋下了伏笔。杰姆逊与中国后殖民批评家不同,前者的理论出发点是为诊治第一世界文学的个体化弊病,后者则是由于西方文学艺术及理论的入侵导致中国文化学术的严重失语,因此要创造中国文学理论以反击西方霸权。在中国学界,第三世界文学文化理论在后殖民批评家张颐武那里得到了系统的阐述并实践于文学批评,我们拟以张颐武的文学批评实践和理论建构为例,检视杰姆逊的第三世界文学理论对于中国后殖民批评的影响,并分析中国当代文学批评的理论视阈。

自20世纪90年代初期以来,张颐武系统地论证和实践了第三世界文学理论,其成果主要集中在《在边缘处追索——第三世界文化与当代中国文学》和《新新中国的形象》两书中。张颐武的第三世界理论可分为本体论和实践论,前者是其理论建构,后者以第三世界文学理论为视点展开中国当代文学批评实践。

先看其理论建构。在萨伊德和杰姆逊之后,张颐武大力倡导第三世界文学文化批评理论,他说:"第三世界文化,并不是一套确定的话语体制和方法论……它并不寻求一套超语境和文化的'元语言'式的批评理论……它是从一种独特的文化立场出发对整个文学理论的运作方式提出某种质疑,通过反思创造出富有生命力的新话语。"①第三世界文学理论是从第三世界发展中国家和民族具体的文化和语言中推导出的特具丰富人文性特点的文学批评,它把第一世界第三世界的二元对立作为一种现实存在加以考虑,并站在第三世界的文化立场上发言。张颐武指出,第三世界本土主义强调自身文化的价值,强调由本土立场出发去思考自身和世界的文化处境,在这种立场中获得新的创造和想象。第三世界理论与第三世界民族的生存处境密切相关,"第三世界文学的理论则是丰富而又多样的。它所展示的

① 张颐武:《第三世界文化与中国文学》,载《文艺争鸣》1990年第1期。

话语包含了不同第三世界民族的文化传统和经验，也包含着不同的形式和语言要素”[①]。张颐武把中国20世纪90年代以来的文化命名为“后乌托邦”，所谓“后乌托邦精神”不是一种具体的社会理想，它所包含的是对第三世界母语与文化的捍卫、对民族特性的争取和对民族被西方所压抑的“潜历史”记忆的释放。[②] 从第三世界民族文化的立场看西方文化与第三世界的关系，张颐武讨论了人民记忆问题，他认为，人民记忆是第一世界控制第三世界文化无意识的场所，是第一世界与第三世界文化争夺的场所，也是第三世界文化最后的根据。在这里，第一世界的表意策略对第三世界的控制以及第三世界的反抗是其主要问题。张颐武认为，所谓第三世界文化理论，实际上是将原来在第一世界批评中隐含着的被压抑的、被刻意忽视的第三世界变为新的中心的“颠倒”尝试，也就是说，第三世界文化理论是一种双向的运作，即借助西方理论阅读本土的文本，又借助本土文本向西方理论提出反思，并试图在这种运作中逐渐形成新的理论。[③] 延此逻辑，张颐武提出了处理本土文化与西方理论关系的质疑、重构等策略。可见，中国第三世界文化理论以中西对抗的姿态言说自身，在20世纪80年代的激进西潮之后，本土意识和本土理论的创造成为中国学界的焦虑。

再看其批评实践。在提出第三世界理论的构想之后，张颐武以之为视点展开其当代文学文化批评实践。第三世界是张颐武把握当代中国文化的总体性概念，中国当代文化因为处于全球化语境中而

---

① 张颐武：《第三世界文化与中国文学》，载《文艺争鸣》1990年第1期。

② 参看《文艺研究》1993年第1期张颐武的文章。值得注意的是，《文艺研究》同期的王岳川的文章也认为，如何将经验放回到历史中，把第三世界文化的历史经验置入整个世界文化格局的权力话语彼此起伏消长的过程中去，使“潜历史”的表达成为可能是摆在当代学者面前的艰巨任务。可见，论者均站在中西对立的立场从本土民族文化的角度看第三世界知识分子的历史使命，这刚好印证了杰姆逊的第三世界知识分子理论。

③ 张颐武：《在边缘处追索——第三世界文化与当代中国文学》，时代文艺出版社1993年版，第28页。

具有后现代性，后现代性文化如文学语言、文学批评等都在这一框架下得到论述。张颐武认为，20世纪中国的文学语言经历了文言—白话—后白话的发展阶段，新近后白话的产生是第三世界文化意识自觉的结果，它为汉语文化新的生存开辟了空间。① 在张颐武那里，中国当代女性主义作品中的男女对立被解读为第三世界与第一世界的对立，女性身体和语言方面受到的压抑和剥夺则是第三世界生存边缘化的隐喻。② 第六代批评家的语言批评对逻各斯中心主义的消解，在张颐武看来是对西方中心的解构，它具有第三世界文化新的启悟功能；王朔小说的主旨不再是对当代新传统伪崇高的批判，而是被解读为第三世界的现代性文化；当代江苏作家对历史的挪用被看做是“打捞属于人民自身的记忆，从边缘发现那些片断的、无始无终的、存在于无意识领域的第三世界的历史，乃是第三世界文学对抗第一世界文化机器无所不在的压抑、阻滞的必要的策略”③。在张颐武的批评实践中，第三世界文化对立于西方，其义等同于中国当代转型期的文化。在他看来，第一世界与第三世界的矛盾是中国当代的主要矛盾，“第一世界对第三世界的文化控制、压抑和吸引以及第三世界的认同、拒斥、逆反成了一种文化的主题”④。可见，张颐武的第三世界文化批评理论的基本主张，就是第一世界与第三世界的文化控制与反抗，一切中国当代文化文学文本在他看来都表现了这一主题，即“在全球后现代文化中，第一世界、第三世界的二元对立是任何一个

---

① 张颐武:《在边缘处追索——第三世界文化与当代中国文学》，时代文艺出版社1993年版，第74～75页。

② 张颐武:《在边缘处追索——第三世界文化与当代中国文学》，时代文艺出版社1993年版，第106页。

③ 张颐武:《在边缘处追索——第三世界文化与当代中国文学》，时代文艺出版社1993年版，第128页。

④ 张颐武:《在边缘处追索——第三世界文化与当代中国文学》，时代文艺出版社1993年版，第147页。

第三世界作者的困境的中心"①。

应该说，张颐武对第三世界文学文化理论的构想具有一定的学理意义，它去除了杰姆逊把第三世界一体化同质化的弊端，认肯了第三世界的多元丰富性，从而第三世界的中国文化获得了独特的理论审视。而且，强调本土经验，就意味着强调中国本土文化文学的现实，强调中国文学传统的独特性，这对于建设中国文学理论和文化批评具有重要意义，文论失语症命题所揭示的中国文论的西化弊端也可被消除。但从西方的后殖民理论和第三世界文学理论看，中国的后殖民批评具有明显的理论缺陷，而从中国当代文化政治的语境看，中国的第三世界批评则具有自身的理论逻辑。

第二节　中国第三世界文学理论的思想与限度

此前的第三世界一直是中国官方在国际政治中的自我定位，与文化文学批评没有什么关系。中国现代性之初，学界曾经也以中西对立为做学方式，但其目的是为了以西方对照中国从而批判中国传统文化并吸收西方以改变自身。在杰姆逊提出第三世界文学理论之后，第三世界就成为中国学界操作的文学批评策略，成为知识分子指涉自我以对抗西方的文化定位。从身份政治的角度看，杰姆逊是第一世界文化的代言人，虽然他对于第三世界保持着谦虚客观的态度，张颐武则是第三世界文化的代言人，虽然他没有明确地表述这一点。张颐武以"新新中国"这一概念界定21世纪初期中国文化的现状，他认为，当前是中国自"五四"以来追求现代性的真正实现，是中国百年现代性的最好时机，"新新中国"的形象超越了前此现代性的曲折探

① 张颐武：《在边缘处追索——第三世界文化与当代中国文学》，时代文艺出版社1993年版，第162页。

求……①张颐武的立场不是批判而是与现实和谐的肯定性阐释，其“新新中国”的批评模式，就是在全球化语境中从中国现代性文化转型的角度阐释中国当代文化现状。由于历史传统和当代政治文化语境的原因，中国的一些知识分子缺乏批判理性精神，学者不是致力于对现存社会问题的深度分析而是对转型期的文化予以阐释。从一方面看，中国当前是百年现代性历程中的最好时期，经济发展，文化转型，社会安定，现代化呈现于大众消费文化之中；但另一方面，中国的政治民主化还没有完全实现，现代社会的公共空间还没有形成，文化现代化还没有完成，社会转型期间存在着许多矛盾。对于此种现实，要么肯定中国当代文化的积极方面，要么站在萨伊德的业余知识分子立场，对中国文化矛盾予以批判性分析。显然，基于中国独特的文化现实，大多数学者选择了前者，张颐武就是如此，“新新中国”论是对新的政治权威以及新的经济文化现实的肯定。在张颐武看来，批评就是阐释，就是构造新的中国文化强大的想象性图景。在对“人民”、“和平崛起”、“脱贫”、“新中国”、“新时期”等权威话语的借用中，张颐武不自觉地制造着主流意识形态需要的文化想象，但这种对于现实的肯定性姿态与后殖民理论的批判性对抗精神相反，与萨伊德所提倡的业余知识分子的角色相背。中国的一些知识分子试图弥合主流权威和民间的裂缝，试图制造权威和大众之间的“共识”，而不是开拓知识分子的公共空间，也就是说，当代知识分子虽然不是明确地为某种权威意识形态辩护，但也并不是站在弱势群体和社会公正的立场批评权威话语，而是一方面回避权威，一方面沟通大众，致力于构造民族国家共同体的想象性的“和谐”图景。从“第三世界文化”、“后新时期”、“新新中国形象”、“中国梦”等概念的运用可以看出，张颐武关注的是中国转型期间的文化总体性，其中充溢着乐观的肯定性情绪，社会转型期间存在的问题和文化困境则被轻描淡写一笔带过。中国第三世界文学批评的文化姿态是建构的而不是解构的，是

① 参见张颐武的《新新中国的形象》(山东文艺出版社2005年版)一书中的相关论述。

弥合的而不是对抗的，批评家构造着上下和谐的伦理型文化。在整体文化的构造中，民族精神和民族凝聚力得以伸张，社会文化差异得以整合，作为批评家的知识分子充当着民族文化代言人的角色，其理论所指是中华文化在百年现代性历程中的命运。中国当代批评的这种状况的形成要归于中国百年现代性的艰难曲折，民族的积弱和存亡是中国现代文化超越一切的主题，民族文化的危机一直是中国知识分子的焦虑，这是中国传统士人忧天下情怀的现代表现，也是中国知识分子可贵的地方。在经济崛起之后，中国百年文化的屈辱终于找到了洗刷的契机，知识分子此时的喜悦之情不难理解。获得当代文化代言人的地位，占领中国和平崛起的文化领袖的制高点对于知识分子也很具有诱惑力，这些原因导致了中国第三世界文学理论的基本面貌。

转型时期的中国是大众文化而不是纯文学成为把握和表达中国崛起的新的文化形式。大众文化满足了大众的文化想象和欲望投射，其对存在深度的漠视，对现实政治的规避，对伦理和睦的歌唱，对社会矛盾的回避契合了主流意识形态的需要，而其市场逻辑又投合了资本所需。因此，大众文化在大众自身、主流权威和资本市场都赢得了生存空间。由于长期的积弱，经济社会的发展成为各个阶层和主流意识形态的共识，中华崛起的巨型想象表现在文学艺术的一系列构型中，大众文化成为弥合权力和边缘的间隙，满足各个阶层文化想象的文本，因此，分析这些文本就是当代文化批评的主要任务。①在中国，阶级阶层已经出现，但其文化主张还没有存在和发展的空间，这就在一定程度上导致了张颐武这样的批评家不可能去关注中国当代的文化分层以及阶层之间的文化矛盾，而只能以弥合社会差异的大众文化为自己的解析对象。仔细分析发现，张颐武的文学批评是中国式的文化批评，它缺乏西方后殖民理论和第三世界理论的性别、阶级、阶层、种族等基本视点和解读策。批评家带着巨大的喜

① 参见张颐武在《新新中国的形象》（山东文艺出版社 2005 年版）一书中对一系列电影和文学文本的批评。

悦肯定中国的和平崛起，为中国现代性文化在消费浪潮中的实现而激动不已，于是，都市性、中产阶级写作、青春文学等成为其关注的问题，文学所反映的时代焦虑、现代与传统的矛盾、社会阶层之间的对立、权力腐败、文化专制等中国当代的一些现实问题都被忽略。张颐武不是从“支配与从属”的西方文化研究的角度分析文化霸权与文化支配，而是从文化普遍性的角度总结当代中国文化，这种批评策略过滤掉各个阶层的文化具体性，文化研究的政治性被消弭。事实上，不可能存在超越性的文化，总体性的代表转型时期的中国当代文化很可能只是某个阶层利益的文化表达，是一种掩盖阶级分层、性别差异和边缘人利益的霸权文化。我们注意到，列宁反对民族文化这一概念，而是认为任何社会都存在着统治阶级和被统治阶级，因此任何社会中的文化都是分阶级的。列宁在《关于民族问题的批评意见》一文中写道：“每一个现代民族中，都有两个民族。每一种民族文化中，都有两种民族文化。一种是普利什凯维奇、古契柯夫和司徒卢威之流的大俄罗斯文化，但是还有一种是以车尔尼雪夫斯基和普列汉诺夫的名字为代表的大俄罗斯文化。”①“每个民族文化，都有一些民主主义的和社会主义的即使是不发达的文化成分，因为每个民族都有被剥削劳动群众，他们的生活条件必然会产生民主主义的和社会主义的意识形态。”②纯粹本土的总体性文化并不存在。与张颐武相反，在我看来，当代作家对人民记忆的打捞是对中国历史权威话语和当代新权威话语的解构，它改写了正典历史，呈现了历史的另一方面，其所指是中国文化权威而不是张颐武所说的第一世界。

张颐武第三世界文学文化理论的意旨是走出西方的现代性，解构西方话语对于第三世界的编码，寻找民族身份和民族文化记忆，在全球对话中发出自己的声音。张颐武的文化批评不是对意识形态话语的批判性分析以揭示话语背后的权力机制，而是在中国百年救亡启蒙彼此纠缠的现代性文化历程中，把中国现代文学看做是民族存

① 《列宁全集》第 24 卷，人民出版社 1990 年版，第 134 页。

② 《列宁全集》第 24 卷，人民出版社 1990 年版，第 125～126 页。

亡的寓言性表达，把中国当代文学看做中国崛起的想象性符码。我们看到，这一批评模式运用于具体文学艺术作品屡试不败，无往而不胜。在张颐武的当代文学和电影艺术的批评实践中，第一世界语言与第三世界欲望的断裂、西方意向与本土现实的分裂、本土文化与西方话语的流行等成为其分析一系列文本的基本意指，文学所表现的中国与西方、传统与现代以及当代中国崛起的自我想象成为批评的主线，文学中的性别、阶级、民族等文化矛盾被忽视。这种文化批评不同于西方盛行的文化研究，文化研究最可宝贵的批判理性精神和政治诉求在中国沦为不关痛痒的文化评说。因此，中国式的文化批评很可能因为无视现实矛盾而沦为一种意识形态或操作程序。事实上，从其思想资源和批评策略看，中国文化批评没有西方批判理论思想资源的支撑，这一点从张颐武所援引的西方理论和参考文献可以看出，西方的语言学、符号学、心理学等理论成为其批评实践的技术性支援，而文化研究、后殖民理论以及第三世界理论等具有批判性的思想资源则引用甚少。也就是说，张颐武的第三世界批评的思想来源并不是西方的第三世界理论，他是在杰姆逊提出第三世界理论之后，借此定位自我，把第三世界作为把握当代中国文化的总体性概念、一个对抗西方文化霸权的能指，以此获得第三世界知识分子民族代言人的身份。因此，一个看似矛盾但并不难理解的现象是，张颐武试图寻找中国第三世界文化的特质，试图以本土文学的批评实践产生本土性的批评理论以对抗西方话语霸权，但是，他的批评操作的又完全是西方的理论话语如能指、所指、欲望、话语、镜像、差异等。从其对萨伊德的借用看，张颐武把萨伊德误读为东方与西方的对抗，无视萨伊德对民族主义和文化本质主义的批评。从"后新时期"到"第三世界文化理论"再到"新新中国"等概念的不断转换，表明第三世界这个概念在张颐武的批评中只不过是策略性的表意手段。理论旅行之所以产生错位，最根本的原因：第一，是论者没有吸收西方后殖民理论和第三世界文化理论的要旨，而只是借用了西方当代的理论术语。第二，中国被正式纳入全球资本主义体系，西方后现代思潮的传播推动了中国的文化转型和文化混杂，这些正好就是所谓的第三世界特征，也提供了张颐武把握中国当代文化的可能性。第三，第二世界社会主义解体，第一世界与第三世界的差异和对立更为突出，这就使得中国的第三世界文化理论的出场具有国际政治格局的背景。目前，第一世界的西方仍然在经济政治乃至理论话语方面居于支配地位，在全球化语境中提出对抗性的第三世界文化理论以获得第三世界的文化主体性就是一个必然的选择，也被视为中国当代知识分子的历史使命。第四，百年中国的文化命运是知识分子关切的首要问题，这一问题在全球化时代不仅没有消失，反而更为突出。第五，基于20世纪90年代初期特殊的文化背景，文化民族主义在中国兴起，而第三世界文化理论和后殖民理论具有解读民族主义的可能性。众多因素促成了中国后殖民批评的理论逻辑和阐释缺陷。

之所以要抛弃批判理性精神，在张颐武看来，是因为“五四”以来承担社会使命的新文学终结了，新世纪的中国已不再需要启蒙。但是，中国在经济上的崛起并不代表封建主义意识形态性的消亡和现代化的实现，正如萨伊德批评利奥塔所说的，宏大叙事在第三世界还没有实现。中国的现代性工程还没有完成，中国仍然需要思想启蒙和政治民主，经济的崛起和一些政治文化的滞后是当下中国社会的基本现实，知识分子该如何面对现实，是对现实高唱赞歌还是洞悉盛世背后的危机是中国后殖民批评和西方后殖民理论的差异。中国的经济发展令中华民族的族性意识高涨，当代中国知识分子以民族崛起的代言人和阐释者身份从事文学批评，他们不是作为一个具有理性批判精神的个体在思考，他们思考的也不是个体的问题，按照杰姆逊的说法，他们思考的不是弗洛伊德的问题，而是马克思的问题，是民族文化的历史命运。对于知识分子的民族代言人角色，张颐武是自觉的，他说，第一世界的知识分子之所以有人类意识，乃是因为他们把自己想象为人类的中心，但我们不能，我们有强烈的民族意识，因为我们处在人类的边缘，受着他们的压迫。① 后殖民理论旅行到

① 张颐武：《新新中国的形象》，山东文艺出版社2005年版，第172～173页。

中国变成了民族主义的对抗西方的后殖民批评①,中国后殖民批评在某些方面歪曲了后殖民理论精神,背离了后殖民知识分子的伦理责任。从当代文化政治身份的角度看,张颐武所秉承的是本土主义身份政治。华裔学者徐贲指出,本土主义身份政治是某种以第三世界本土文化代言人的身份对来自第一世界的文化控制所持的论战和对抗姿态,本土主义理论的根本弊病是掩饰了本土环境中的政治,它把第一世界与第三世界的政治压迫看做是本土人民生存处境中的主要困境,暗示第三世界的各个阶级的人民具有相同的被压迫的地位和相同的政治利益。“本土主义理论以国际性的压迫关系来取消本土压迫关系对于第三世界人民实际生存处境的重要性和迫切性。不仅顺应了第三世界中具有压迫性的官方权力利益,而且还由于这种‘政治’话语效果,成为第三世界中官方民族主义和内政我行我素的文化阐释人。”②徐贲认为,本土知识分子向官方权力靠拢,以民族代言人的身份出现,以西方这个想象性的他者为讨伐对象,其实是摆脱自身身份边缘化的策略,是知识分子的自我增势。知识分子需要一个他能够为之代言的群体,民族顺应了这一需要,本土知识分子就在与西方对抗的为弱势群体代言的自我定位中取得了本土文化中的强势身份,他通过把自己与本土官员摆在同一的弱势地位而否认了本土中的中心/边缘关系的实际意义,其后果是掩盖了本土现实中的种种压迫关系。因此,本土批评理论在本土范围内是保守性的。③ 后殖民理论关注一切不平等和差异,如种族、性别、民族、区域、自然、性倾向等等,它的文化政治不仅仅是第一世界与第三世界,不仅仅是反西方,而是体现为对包含在任何不平等的差异关系及其权力结构之

① 学界已指出中国后殖民批评的民族主义倾向,如丰林的《后殖民主义及其在中国的反响》,载《外国文学》1998 年第 1 期;赵稀方的《中国后殖民批评的歧途》,载《文艺争鸣》2000 年第 5 期等。

② 徐贲:《走向后现代与后殖民》,中国社会科学出版社 1996 年版,第 192～193 页。

③ 徐贲:《走向后现代与后殖民》,中国社会科学出版社 1996 年版,第 200 页。

中的压迫形式的对抗，而这些正是本土主义文化理论所缺乏的。①徐贲指出，后殖民批评抽掉了它在原先社会环境中的政治伦理价值、社会改革理想以及涉及敏感的压迫关系和文化暴力形式的具体抗争内容，成为一种纯粹为了标榜差异或特殊性而与某个他者对抗的话语作秀姿态。

张颐武把当代中国文学文本中的物质贫瘠、文化焦虑、后现代景观、对第一世界又惧怕又向往的心态解读为第三世界特征，中西对抗是其理论要旨，这种解读是当前中国政治文化语境中知识分子的无奈选择。苦于无法触及中国当前的现实，知识分子只能以想象性的西方他者为反抗对象。后殖民区别反殖民的地方是，反殖民是殖民地独立运动时期的民族主义运动，其矛盾对准的是西方帝国主义，而后殖民并不是把"一切第三世界的问题皆还原为一种结构性压迫(殖民主义)，而是把对形成第三世界历史的种种力量、方面、因素和变数区分开作具体的研究"②。这就是后殖民理论独特的实践性和政治性品格。中国后殖民批评把当代中国面临的一些问题简单地还原为殖民问题，把中国当代的一些矛盾解读为第一世界与第三世界的对抗，在歪曲后殖民理论的同时掩盖了中国当代的一些问题。

萨伊德在《知识分子论》中表达的一个观点是：真正的知识分子不是民族主义者，他不属于某一集团某个民族，而应该属于全人类；知识分子是世界主义者，他超越了狭隘的集团利益，致力于反对一切不平等和等级制度，"对权力说真话"。中国知识分子应该以全人类面临的问题为自己批评的立足点，应该为边缘弱势者发声。与后殖民理论家萨伊德的"业余知识分子"形象相比，张颐武可称为"威权知识分子"。前者是西方传统文化中的权力的批评者，后者则是中国传统的士人，是济天下者；前者基于反抗意识，后者则是权力的写手(a

① 徐贲:《走向后现代与后殖民》，中国社会科学出版社 1996 年版，第 205 页。

② 徐贲:《走向后现代与后殖民》，中国社会科学出版社 1996 年版，第 214 页。

scribe of power)；按照葛兰西的说法，前者是有机知识分子（organic intellectual），后者是传统知识分子（traditional intellectual）；前者挑战主流见解，后者继承传统维持现状。张颐武不是专业性的学院化的技术型学者，不是致力于理性批判的公共人文知识分子，而是秉承中国传统士人的社会角色，试图黏合权威和从属之间的间隙，试图与主流话语合流以代民族立言。学术研究特别是关系到现实生活的文化批评并不是价值中立的科学研究，它关系到知识分子立身处世的伦理和责任。张颐武曾引用过萨伊德的一段话："在我看来，最应该指责的就是知识分子的逃避。所谓逃避就是离开明知是正确的、困难的、有原则的立场，而决定不予采取，不愿意显得太过政治化；害怕看来具有争议性；需要老板或权威人物的允许；想要保有平衡、客观、温和的美誉；希望能被求教、咨询，成为有声望的委员会的一员，以留在身负重任的主流之内；希望有朝一日能获得荣誉学位、大奖，甚至担任外交大使。"①具有反讽意味的是，当代中国的一些后殖民批评家正是因为对萨伊德所说的知识分子写作和阅读伦理的"逃避"，对边缘文化的漠视，对文化对抗精神的抛弃，使批判性的后殖民理论在中国变成保守的后殖民批评。中国后殖民批评沦为文化民族主义，它认为西方文化威胁着中国文化，西方的文化霸权导致了中国本土理论的失语，中西文化矛盾是当前中国最大的问题。参照后殖民理论家以及汤林森对民族主义和文化帝国主义的分析，中国后殖民批评的解读似是而非。在当代中国，知识分子的对抗性批评空间存在的必要性在于，中国正在实现现代化，外敌当前的危机已经过去，中国文化内部的问题开始凸显，要使知识分子在社会各种权力博弈中肩负社会良知和承担正义的使命，就要吸取西方批判知识分子的精神和方法。放弃从战争时代延续而来的民族文化的总体想象，凸现个体和文化差异面，展开对权力的制衡和批评，建立公共话语的表达空间才是中国后殖民批评应有的主题。

文学的世界性问题最初是歌德提出，然后由马克思加以发展，杰

---

① 张颐武：《新新中国的形象》，山东文艺出版社 2005 年版，第 185 页。

姆逊的民族寓言理论又赋予这一命题以新的含义。在统一世界史之前,不存在世界性,各个文化圈缺乏交流,独立于自身。随着近代启蒙运动的发生,西方的民族意识开始觉醒,民族文化逐渐形成,文学的民族性与世界性的关系问题才开始出现。在全球化时代,资本逻辑席卷全球,文化的同质化在加速进行,身份的混杂性和模糊性越来越突出,杰姆逊的第三世界理论引发我们去思考中华民族文化的特质及与其他民族特别是西方的关系。第三世界如何区别于第一世界,第一世界理论能否阐释第三世界经验,能否构造区别于第一世界的文化理论,这些问题又关系到全球化时代中华文化的传统演化和重建之路,因而成为中国后殖民批评的主要问题。

在中国第三世界文学理论中,第一世界与第三世界是对立的,这就忽视了全球化时代文化的相互影响和渗透,而这一点杰姆逊尤其重视。正是看到了第三世界文学的借鉴意义,杰姆逊才以此反思西方文学的非政治化倾向。中国的第三世界文学理论要求注意民族文化的本土性,要求创造具有中华性的文学理论,但这种理论如何创造,它与中国传统,与西方以及第三世界文化的关系如何,它的阐释策略和阐释限度何在等问题都还没有具体展开。从批评实践可以看出,张颐武并没有实现其理论构想,并没有以中国当代的文学语言和生存经验看西方理论的缝隙,也没有从当代中国文学的具体分析中创造本土理论。事实上,中国学界在后来并没有提出完整的“第三世界”的中国文学理论,原因是,随着20世纪90年代以来中国政治经济状况的改变,民族性、本土性、失语症等虽一直为学界所谈论,但这些命题不能仅停留在概念层面,而必须落实为具体的学科建设,比如古代文论的现代转化,中国当代文学理论的民族性构造,中国美学基本理论的建设等等,那种一统的第三世界文化理论就显得空泛而无意义。从这一角度看,中国第三世界文学理论命题的提出本身就是时代的产物,它反应了特定时期知识分子阐释中国的困境和重建本土文化的强烈意愿。中国第三世界批评仍然延续殖民主义的中西对抗逻辑,中国后殖民批评家一方面借用殖民者的语言再现殖民地本土文化,一方面又对西方文化心存抵抗之意;一方面对西方现代化存向往仰慕之心，一方面又对本土文化有依恋之情；一方面是对本土文化西化的忧虑，一方面又试图营造传统文化的生存空间，它表达的是后殖民语境中第三世界知识分子的复杂处境。

第三世界文化与民族主义、本土性关系密切，如何避免第三世界文化变成对抗性的民族主义，或变为本土奇观的自我东方化是一个需要具体分析的问题。第三世界是多民族的集合体，各个民族内部又有阶级、性别、宗教的差异，他们面临的问题不是作为整体与西方对立，更多的时候，他们面临的是具体的阶级、民主、性别等问题，因此，是否可能，是否必要建立区别于第一世界的统一的第三世界文化理论是需要再思考的问题。要避免东方化的被猎奇，第三世界必须强大自身，否则难以真正实现文化交流和互动。我认为，第三世界批评包括建构和解构两方面，前者以本土经验为出发点阐释和重构西方理论，后者吸取后殖民精神解构主流权威话语，关注第三世界内部的文化殖民问题。

考察百年中西文化关系，反思百年西潮对于中国本土文化的遮蔽，发掘本土文化的新的生命和生存空间，这是中国第三世界批评值得肯定的地方，也是当代中国现代性反思的一个自觉。西方近代以来的霸权、百年文化的西化、20 世纪 80 年代西方理论的引进等因素使得中国一些人文知识分子误把西方当做我们最大的敌人。中国的第三世界文化理论试图构想本土理论以反对西方，结果是以臆想的对抗回避了现实的矛盾。本土的理论创造来自本土经验，我们的本土经验是：现代性的文化建设还在路途中；传统、现代和后现代混杂；西方话语是表达本土经验的手段。理论产生于对现实的理性批判，我们只有根据本土的不同于西方的现实提出解决的方法，才可能创造新的理论。中国第三世界文学理论提出者的民族代言人角色是传统社会而不是现代社会的特征，当代中国知识分子的要务是建立公共空间并摆脱传统知识分子的幕僚身份和附庸地位。

对于中国学界来说，杰姆逊的意义在于，在建构文化现代性的路途中，借助第三世界文学理论我们可获得观看自身的他者视角，从而对中国现代文学的特质以及新世纪文学的发展方向具有新的认识。

从百年现代性历程来看，1949 年以前救亡是主题，此后中国闭关锁国，封闭的社会无法实现现代化。20 世纪 80 年代之后，中国被正式纳入全球资本主义经济体系，巨变就此发生：经济发展，文化转型，大众文化崛起，中国步入现代化旅程，以和平道路在大众文化的梦想和消费欲望中实现现代化。在中国走向现代化之时，西方现代理论在中国获得了感同身受的体验性认知，但基于中国传统以及当代的政治文化语境，西方理论的中国化并不是理论的横向移植，后殖民理论在中国的接受就是西方文论中国化的一个典型个案。后殖民理论的旅行表明，对于西方理论，中国学界有些人往往抽离其产生的文化语境，脱去其精神意旨，只剩下可供操作的知识程序，这是值得我们警惕的现象。中国第三世界文学理论是后殖民理论催生的中国式的后殖民批评，其要义是以中西对立为前提阐释中华文化的独特性以对抗西方文化霸权，但结果是以国际性的对抗遮蔽了本土的文化矛盾。因此，要真正获得第三世界文化理论的精神实质和实践意义，一是需全面研究第三世界文化理论的基本主张；二是建立中国知识分子的公共空间，为批判性人文知识分子的生长提供话语场；三是知识分子要自觉承担伦理责任，关注当代中国的文化现实和政治实践。萨伊德说："如果我用一个词与批评联系在一起(不是用作修饰语，而是对批评的强调)，那么这个词就是'对抗'。""批评必须将自己设想是为了概说人的生存，批评的社会目的是为了促进自由而产生的非强制性的知识。"①他还说："每当用上'人类'这个字眼，似乎马上就反映了使用这个字眼的人为人类代言，其实却牺牲了大多数不能发言的人类。"②我们的批评家在使用宏大概念如"新新中国"、"中国梦"、"和平崛起"的时候，是否想到了萨伊德的警示呢？

---

① Edward W. Said. *The Worad, the Text, and the Critic*. London: Faber, 1984, p. 29～30.

② 萨伊德：《权力、政治与文化——萨伊德访谈录》，生活·读书·新知三联书店 2006 年版，第 39 页。

第三节 中国后殖民批评与中华性问题

文化研究思潮在中国文学研究界已风行多年并取得了相当实绩。在后殖民语境中回顾当代中国文化批评的理路和历程，许多问题需要重新检视，其中，中华性命题的局限和意义就是一个具有重要价值的学理问题。《文艺争鸣》1994 年第 2 期发表了张法、张颐武、王一川写的《从“现代性”到“中华性”——新知识型的探寻》，该文回顾了中国现代性的发生及其五次重心转移，描述了世纪末中国文化的巨变，文末提出中国文化发展的新图式——中华性。该文气势如虹，高屋建瓴，主题鲜明，深得“五四”时期文化论战之风貌。文章发表后众说纷纭，引起了学界持久的关注。① 中华性命题是西方后殖民理论登陆后，中国学人重建中华文化的理论宣言。在 20 世纪 80 年代的西学热以及 20 世纪 90 年代的市场经济和文化转型后，这一命题的提出对于全球化语境中中华文化的处境和未来走向意义重大，因此，从新世纪中华文化的国际境遇检视这一命题就尤为必要。我们尝试从中华性命题提出的文化背景、问题所指理解其逻辑言路，并从全球化语境中中华文化的发展看其意义与局限，从而为文学批评的文化转向以及文化的民族性与世界性问题的探讨提供一些思考。

我们看中华性命题的基本内容和逻辑理路。《从“现代性”到“中华性”——新知识型的探寻》一文分为三部分。第一部分：现代性及其五次重心转移。作者认为，中华传统文化有华夏中心情结，在近代，这一中心情结被西方的坚船利炮摧毁。鸦片战争以来的一个半世纪中，中国人一次次试图重新返回中心，其中技术主导、政体主导、

① 检索中国学术期刊网，从 1994 年到 2007 年，引用评论“中华性命题”的论文达 61 篇。

科学主导、主权主导和文化主导是这期间先后有过的五次重心转移。作者认为,“中国现代变革的过程同时又显现为是一种‘他者化’的过程”,五次重心转移的失败标志“中国现代性完结的必然命运”。第二部分:现代性的转型与世纪末巨变。这一部分描述了中国20世纪90年代文化的巨变,这种变化表现为社会的市场化、审美的泛俗化和文化价值的多元化。作者认为,市场化是第三世界民族力图跨出“他者化”的新时代,它并不意味着对现代性设计的全面认同,而是面对后工业文明的新选择,“悉心关切民族文化特性和独特的文明的延展和转化”。中国现代性在世纪末正面临巨大转变和挑战,它不意味着现代性的终结,相反,“它昭示着现代性的转型”,这个转型就是第三部分的内容即中华性命题的内涵。作者认为,中华性具有容纳万有的胸怀,其根本就是中华文化圈的建构。中华圈的形成表现在语言上是新白话语言,表现在经济上是重质主义,表现在审美上是异品同韵,表现在思维方式上是超构思维,表现在伦理上是外分内合。中华圈在地域上包括中国内地、台港澳以及海外华人和受中国文化影响的东亚和东南亚国家。该文从中国百年历史合乎逻辑地推演出中华性命题,其内容,概而言之,在社会构成上是经济基础(市场经济)和上层建筑(伦理、审美、语言、思维方式),在时空结构上是中华文化圈和21世纪,作者在此建构了一个超越国家政体的中华文化中心,显示了仰观俯察、包举宇内、气吞八荒的气概。这一篇极大地激发了中华文化之崛起的雄心壮志的美文引起了学界的关注和讨论,肯定者认为这是中华文化迈进新世纪的宣言,否定者认为这是民族主义情绪的表达。

显然,批评性意见更值得关注,这里我们看看学界对中华性命题的批评。徐贲认为,在西方,后殖民批评的意义不仅在于它是第一世界的对抗性话语,更在于它与实际的社会运动联系在一起。① 赵稀方指出了中国后殖民批评的民族主义倾向,认为中国学界从西方的

---

① 徐贲:《走向后现代与后殖民》,中国社会科学出版社1996年版,第202页。

后殖民理论解读出民族主义，然后以民族主义反对中国的现代性进程，而这正是后殖民理论所反对的。实际上，民族主义与现代性是共生的，而不是相互排斥的。① 陶东风指出，中国20世纪90年代的文化批评一方面在批评西方现代性与西方中心主义的时候，诉之于后现代与后殖民理论，以中国已经置于多元化、多极化、碎片化、众声喧哗的“后现代”社会为由指斥“现代性”普遍主义话语的不合时宜；另一方面又悖论式地持有另一种本质主义的身份观念、族性观念与华夏中心主义观念，试图寻回一种本真的、绝对的、不变的“中华性”，并把它与西方“现代性”对举，构成一种新的二元对立，其潜意识里难以抹掉占领话语制高点的企图。陶东风认为，在第三世界许多国家，反西方、寻求民族本土文化的独特性已经是官方文化的一个基本政治策略。② 邵建把三位作者称为“文化民族派”，他批评说，中华性在宣告现代性终结的同时闭口不提现代化，这就使人们不知道作者对现代化的态度。现代化是我们目前最重要的事业，因此，“民族派宣告现代性的结束，不是意味着现代化的结束，就是意味着现代化的阉割，而无论哪一种后果，现代化作为我们目前最重要的问题实际上就被不动声色地取消了”。邵建称中华性命题为文化冒进主义——以后现代性取代现代性并走向文化扩张主义，张扬中华文化圈和民族文化的复兴。③ 可见，学界的批评直指问题的核心：中华性命题一是误读了西方的后殖民理论；二是误解了中国当前面临的问题；三是造成了新的中西对立，实质是文化民族主义。那么，中华性命题的理论逻辑是怎样的呢？在全球化与本土化、传统与现代冲突日益激烈的今天，我们该如何认识中华性命题的意义呢？

理解中华性命题，先要看其产生的文化背景。中华性命题是文化转型期知识分子把握民族文化走向、奠定元知识话语的尝试。20

① 赵稀方：《中国后殖民批评的歧途》，载《文艺争鸣》2000年第5期。

② 陶东风：《文化研究：西方与中国》，北京师范大学出版社2001年版，第211页。

③ 邵建：《谈后殖民理论与后殖民批评》，载《文艺研究》1997年第3期。

世纪 90 年代的中国社会及文化转型的深广度在中国历史上是前所未有的，是百年来现代性进程的质的飞跃。与前此相比，中国现代性具有新的国际和国内文化语境。国际语境一是西方后现代思潮对现代性的反思和批判，二是由美国发端席卷世界学界的后殖民理论对西方中心论和西方价值观对第三世界入侵的批判，三是由西方主导第三世界参与的全球化进程对第三世界文化的影响。国内语境一是 20 世纪 90 年代初中国一系列外交事件特别是与美国的外交摩擦，激起了中国知识分子的民族情绪；二是中国经济的发展激发了中华文化之崛起的强烈意愿。这些政治的、经济的、学理的事变对中国知识分子产生了巨大的冲击，在统一世界史中如何认识中国百年现代化进程，在全球化语境中如何阐释中华文化，在从传统到现代的演化中如何看待西方思想与本土经验的关系等等，这些正是转型期中国知识分子面临的问题。于是，回归本土文化、发掘中华文化的特质成为海内外华人学界之主潮，中华文化圈、文化中国、中华性、文论失语症等命题纷纷出笼。

理解中华性命题，还需看其问题所指。中华性的内涵在三位作者以后的文章中都有所表述，这里仅以张法为例。张法认为，现代性是现代的问题，是只有中国步入现代性后才可能提出的问题。现代性是统一世界史的普遍特征，中华性是普遍性在中国文化现代历程中的表现。在统一世界史中强调中国是中华性，强调世界则是现代性，现代性与中华性是特殊与普遍的关系，中华性不仅来自现代性，也来自轴心时代的先秦传统文化。中国文化传统是华夏中心论，就是以华夏为中心的世界等级图式。在 1840 年失去这个中心后，百年历史的主题就是要回到中心。① 可见，现代性并不与中华性构成对立，中华性的提出显然是再度返回世界中心的尝试。现代性简单说来就是现代社会的特征，西方首先步入现代性，其他地方或被动或主动进入现代性。中国被迫打开国门后主动追求现代性，这就涉及中

① 张法：《互看的灵思》，中国大百科全书出版社 2002 年版，第 127～129 页。

国传统与现代西方的关系问题。中华性命题的内涵包括：从西方文化如何看中国文化？从中国文化如何看西方文化？从西方现代化如何看第三世界的现代化？这三个问题又归结为一个问题，即如何选择中国21世纪的现代化模式。中华性就是中国的现代化，如何区别于西方和第三世界的现代化，如何吸收西方与中国传统创造自身是其核心问题。因此，检视百年来的中国现代性历程可以给我们新世纪的现代化模式提供一份参照。从现代性的演进看，中国百年来的文化形式如政治制度、意识形态、审美文化、伦理规范等都在这一视角下呈现新质。中国新世纪现代化的文化资源一是中国传统文化，二是西方现代和后现代文化，三是中国近百年来的现代性文化历程。中国的现代性不同于西方的现代性，也不同于印度、日本、土耳其的现代性，因为中国的现代性发生在中国传统文化的基础上。如果拒绝了西方现代性，中华性就纯粹是民族主义的了，但事实上，中华性没有拒绝西方的现代性，而是认为中国21世纪的现代性应该吸收西方而超越西方，因此学界批评中华性试图回归本真的传统文化是偏颇的。这种误读之所以产生，是论者完全从后殖民理论中国化的角度解释中华性，忽视了中华性命题的问题史背景。事实是，中华性包含了西方现代性，而不主张回归中国本土文化。应该说，中华性的提出与后殖民理论有关也无关，说有关是它要求我们在全球化语境中警惕西方文化霸权，对中国现代性具有自觉意识，创造不同于西方的现代；说无关是因为它是1840年以来的关于中国文化走向的老问题，是老问题表现的新形式。从统一世界史的视角看百年来中国现代化历程中中国与西方、中国与非西方的关联才能抓住中华性命题的根本。

现代性既然是一种话语，一种意识形态，而不是人类历史的必然或客观的规律，那么现代性就会呈现各种形态，中国的现代性就有不同于西方和第三世界国家的形式，这就是中华性。中华性命题提出了一系列需要思考的问题：一是在现代性历程中如何探索和保持中国自己的特色，走自己的现代性之路。中国的现代性以中国古代传统和近百年的新传统为根基，这就使之不同于西方现代性和其他后发国家的现代性。二是中国传统的实用理性精神和容纳万有的胸怀,可使我们的现代性不至于走向褊狭的中华本质主义。三是这一命题的提出使我们的文化身份在全球化语境中更为明确。中华性主张扬弃传统和西方现代性,并没有制造中华文化与西方文化的对立,它是全球化语境中对自我文化阐释权的认肯。但问题在于,在西方主导的当代国际关系中,中国文化如何能够保持自身而不被殖民?宏大的中华文化的崛起和复兴难道不是一个新的迷思?如何延续中华民族的独特性?如何吸收西方现代性进行创造性的转换?这些问题中华性或没有涉及或没有深入解释,这就需要我们在中华性结束的地方开始,而且,中华性是否仍然延续着华夏中心论的逻辑?如果回答是肯定的,那么,大中华文化的构造是否可能?这一命题是否仍然存在着中心化情结所带来的精英知识分子的阐释文化的紧张和焦虑?我以为,中华性恰巧是有这种危险的,也就是说,中华性命题仍然为中心论情结所主宰,仍然有着建构华夏中心的嫌疑,这就必须对中华性命题的局限与意义加以思考。这一问题关系到21世纪中国文化的发展,关系到中国现代性的进程与模式,关系到知识分子的基本立场,关系到文学与文化批评的意旨。我以为,从中国文化的现代转型,从文学批评的文化转向看中华性问题,其理论的阐释限度及意义才能明了。

中华性命题的要旨是阐明现代性话语的意识形态性,否定其普遍性凸现其独特性和多样性,其知识背景是中华文化圈的形成以及海外新儒家文化中国概念的提出,本身可以视为中国知识分子在文化转型期间复兴中国文化的世纪宣言。问题在于:现代性既然是一种意识形态,也就有不同于西方的各个民族的现代性,那么,中华性与西方现代性,与第三世界其他民族的现代性有什么不同?另外,中华性是一个文化身份的符码,在全球化语境下,在后殖民理论提出文化混杂、在解释学提出视阈融合(horizontverschmelzung)等概念后,重建身份认同的努力能否实现?作为在当代文化批评中曾引起巨大反响的命题,仔细分析,中华性存在多方面的疑问。

中华性命题的核心是中国现代性与西方和中国传统的关系问

题，但在这个问题上，其理论解决并不彻底，反而因其表述的歧义和模糊导致了许多理论难题。现代性是一个过程，这一过程表现在社会存在和意识形态方方面面的转型上。中国百年现代性的历程没有重返中心，但并不能由此得出结论说现代性在中国必须终结。中国不能拒绝现代性，事实上，作者所赋予的中华性内涵也不可能拒绝现代性，比如经济的市场化、价值的多元化、审美的日常化、社会的分层化等正是西方现代和后现代社会的特征，也就是说，现代性与中华性并非对立。正因为没有处理好现代性与中华性的关系，这篇文章的许多提法值得商榷，比如，“现代性作为一种现实进程正趋于完结”，“中国现代性的展开和完结是必然的”。这些论断对于中国这样的发展中国家而言是不合适的，与中国当下的现实也相差太远。现代性在中国是一项未竟的工程，西方的民主科学等启蒙现代性仍然为中国所需，而这些却被中华性忽略过去。现代性首发在西方，中国的现代性同时也是内化西方的过程，但作者认为，“中国现代变革的过程往往同时又显现为一种‘他者化’的过程”。这就否定了中国现代性历程中向西方学习的必要，其逻辑必然就是回归传统文化。知识与权力有关，但是否所有知识都没有客观性和真理性可言？西方的一切知识是否都是意识形态的共谋？如果回答是否定的，那么拒绝西方知识，新的知识的创造或许不可能。

中华性突出的是民族性，是中华民族在世界现代性大背景下的中国特色。作者所关心的仍然是民族的宏大叙事而不是个人问题，正如杰姆逊的民族寓言理论所说，第三世界文学的思想主题是民族共同体而不是个人。中华性指出中国现代百年是重返中心的历史，中华性本身就是一个追求民族文化的特殊、特色、特性的命题，是一个重返中心的宣言。但是，追求中心是必要的吗？文化的特殊性是可能的吗？这种特殊性对于今天的中国意味着什么？在当代文化语境中，我们必须明了，纯粹的本土文化已不可能，它只能是虚幻的想象。在文化全球化的今天，在文化混杂已成现实的今天，中华性必然是他者化的。在中国古代，中心的自我认肯建立在对世界其他文化的无知和对周边文化落后的定位上。今天，对中心的执著必然导致对西方以及世界其他民族文化的排拒，在这一点上，学界对中华性的批评不无道理，而且，中心化情结也与后殖民理论相背。萨伊德极力反对任何形式的中心论，因为有中心就有边缘，就有文化对抗而不是对话。中华性对多样性、差异性的标举来自后现代思维，但其对本质性的寻求又与后现代思维相背。中国和第三世界都被卷入现代性，中国在构造自己的现代性的同时需要借助西方的后现代思维反思现代性，但像中华性那样妄谈超越现代性就很容易倒退到狭隘的民族主义。

作为一种激进的对抗性批评理论，后殖民理论反对本质化的民族主义，其激进性表现在对一切导致不平等的霸权话语的批判上，而中华性却抛弃后殖民理论的意旨，变成了知识分子保守中华文化、重建华夏中心以对抗西方霸权的元话语。中华性对民族国家内的权力话语视而不见，对民族内部的文化冲突漠不关心，后殖民理论的批判性就这样被消解。民族主义是近百年中国思想的主潮，在启蒙与救亡的变奏中，因为时势紧迫，救亡为主导，这就导致了百年历史中民族主义始终是主流。在第三世界政治独立的今天，中华性仍然延续了民族主义逻辑。中华性命题的民族主义倾向表现在：秉承中西对立，延续近百年来返回中心的意图，这样，中华性命题因为一方面在形式上承续传统的华夏中心论而具有批评者所说的本质主义倾向从而与西方现代性相对立；另一方面中国的现代性不可能超越西方，中华性仍然包含西方现代性，这就导致了其理论的矛盾。

中华性的主题是反思中国百年来的现代性，认为中国现代性就是他者化的过程。我认为，首先，中国百年文化的西化倾向是中国学习西方寻求民族强大的结果，具有历史的必然性和合理性，这一点应同情性地去理解。另外，中国的有些传统文化已成为现代化的障碍，没有西方现代文化的挑战，中国现代性不可能自发产生。其次，这种定位忽视了中国百年来文化的杂糅性。中国百年是传统文化与西方文化斗争和融合的历史，中华性为了认定中国的他者化，故意把20世纪中国的封建主义回潮置于视野之外，事实是，没有西方现代文化这一他者的力量，中国封建主义可能退不出历史舞台。在后现代思潮撒播全球的时代，对于启蒙现代性我们必须持谨慎态度。现代性发源于西方，西方三百年的历程对我们具有重要的参照意义，现代性既有特殊性的一面，也有普遍性的一面，这正是现代性之所以能够在第三世界扩张的原因。我们现代性的思想资源与西方不同，面临的问题也与西方不同。西方现代性的发生是以古希腊和文艺复兴的人性论否定基督教的宗教神学，我们的文化资源是马克思主义、传统文化和西方文化，我们的障碍是封建主义，这就使得我们的现代化具有与西方不同的价值取向和实现路径。把西方的历时性理论（从现代到后现代再到后殖民）空间化地移植到中国，以这种理论在西方的批判对象为自己的对象，这种错位导致了中国后殖民批评的对抗模式，即以西方/中国、现代性/中华性对举，中国后殖民批评变成了反对西方回归本土的文化保守主义思潮。

中国现代学科的发生源自西方学术体制的输入，后殖民理论的启示之一就是反思近百年来的中国现代的学科建设与中西思想资源的关系，看具体学科建制中的中西视阈的交错及其对于学科建设的局限和意义。作为文化赖以建立的包容万有的新的知识范式，中华性显得空泛，而不如文学、美学、哲学等学科的近百年知识型的反思来得具体，这种反思的主题即是中国传统思想与西方学科体系以及新的本土经验的关系。相比中华性命题，具体学科的反思会深入细致得多，而泛化的结果要么是全盘西化，要么是重返华夏中心，这在百年来的中西文化之争中已反复出现。中华性命题之所以无法在学理上延伸下去，与其容纳万有的超越具体学科的笼统模糊之弊有关。

中华性命题是中国后殖民批评的典型代表，它是西方后现代后殖民思潮对西方中心主义批判之后，中国知识分子企图把握全球文化重振华夏文明的尝试，但它忽视了中国当代文化内部的差异性和矛盾性而沉湎于民族主义迷思。在缺乏自由的批判理性精神的社会文化中，有些知识分子做幕僚的渴望成为潜意识，他们一旦与权势阶级共谋就很容易制造意识形态神话，而神话式的意识形态论述就更需要警惕了，这也是中华性命题最需要关切的地方。

第二章　古代文论的命运：文论失语症与后殖民理论

第一节　后殖民研究与文论失语症

文论失语症命题的提出直接受美国黑人少数族理论家盖茨的启发。少数族话语理论以种族的边缘文化向白人中心的霸权文化提出挑战，失语症论者延续其逻辑以中国本土的民族意识反抗西方文化。除了直接的理论激发，后殖民理论的旅行对当代中国文化的影响构成了失语症提出的学术背景。文论失语症问题是中国后殖民批评的一支，是西方后殖民理论旅行到中国的产物。

后殖民理论主张文化融合和文化混杂，反对本质主义，反对文化民族主义，反对东西方对立。中国的后殖民批评把后殖民理论误读为第三世界对第一世界的文化反抗，但这种误读其来有自。在萨伊德的论述中，西方在殖民化东方的过程中改写了东方文化，西方的东方学是文化帝国主义的代表，是对东方的遮蔽和歪曲。这种观点的逻辑必然就是：回归本真的东方文化，发掘被压抑的民族文化是第三世界学者的使命。于是，第三世界传统文化的生命力，第三世界不同于西方文化的“异质性”（曹顺庆曾提出中国文论的“异质性”命题）就被凸显出来。在失语症论者看来，西方文化的强大使我们不得不求新声于异邦，“五四”学习西方是被动的、不得已的，西方文化的入侵导致了中国现代文论的西方化和中国古代文论的边缘化。因此，要去殖民化，去西方中心主义就必须发出自己的声音，回归本土文化，创造自己的文学理论。这就是失语症命题和古代文论现代转换论的基本主张。

在失语症命题看来，中国现当代文艺理论借用西方的一整套话语，长期处于文论表达和解读的失语状态，“我们根本没有一套自己的文论话语，一套自己特有的表达、沟通、解读的学术规则”。其原因是“五四”时期对传统文化的大破坏，文论失语症就是这种大破坏的结果。论者认为：“要重建中国文论话语，首先要接上传统文化的血脉，然后结合当代文学实践，融会吸收西方文论以及东方各民族文论之精华，才可能重新铸造一套具有自己血脉气韵，而又富有当代气息的有效的话语系统。”①因此，返回中国传统文论，界定中国文论的“异质性”，对中国古代文论予以现代转换并具体运用于文学批评实践是重建中国文论话语的基本策略，而“汉语批评”和“西方文论的中国化”则是中国文论话语重建工作的一部分。在20世纪80年代的西学热潮之后，中国文学理论的创造成为文艺学界的焦点，于是，不同于20世纪80年代的现实主义文学理论的回归和马克思主义文艺理论的建设，古代文论的现代化、西方文论的中国化等成为20世纪90年代文艺学的热点问题。应该说，以曹顺庆为代表的四川大学比较文学学科的学者对当前中国文艺学危机的分析以及重建中国文学理论的思考②，对于重新认识中国古代文论，去除以西格中的弊端，以便为新世纪文论建设提供思想借鉴是有意义的。在后殖民语境

---

① 曹顺庆：《文论失语症与文化病态》，载《文艺争鸣》1996年第2期。

② 曹顺庆及四川大学比较文学学科的学者先后提出了文论失语症、重建中国文论话语、汉语批评、中国文论的异质性、西方文论的中国化等命题，参见其近年发表在《文学评论》、《文艺研究》、《文艺理论研究》、《文艺争鸣》等刊物上的系列文章。本书所引观点均来自这些文章。

中，警惕西方文化霸权对于中华本土文化的遮蔽，创造能够阐释本土经验的当代中国文学理论，致力于中国传统文化的现代演化，重建中华文学与文化在新世纪多元文化中的生存空间等是当代文艺学的重要课题，失语症论者对此提出的诸种思路是值得注意的。文论失语症命题之所以在中国学界产生了巨大影响，是因为这一表述昭示了知识分子在文化无根时代的焦虑心态。但口号并不等于学理思辨和思想创造，中国当代文学理论危机和重建之路关涉到问题清理和学术创新的诸多方面。我们拟结合文论失语症论者的具体论述，对这一问题展开辨析，从而为中国当代文学理论的建设提供思维路径和理论视点。

失语症命题引起了许多值得思考的问题，对当代中国文艺理论的建设来说，这些问题至关重要。文论失语症所引发的问题至少包括：第一，如何认识 20 世纪中国文论？中国现代文论是否是对西方的亦步亦趋？第二，西方话语是否能够表达我们的本土经验？当文言文不能表达现代生存处境的时候，我们选择了来自西方和民族口语的现代白话文，那么，现代西方语言和白话口语的运用是否意味着传统文学和文化精神的丧失？第三，如何看待 20 世纪中国文论的转型？作为文化现代性的重要分支，中国现代文论对古代文论的扬弃是否必要？第四，中国 20 世纪对西方文论的吸收是否是自我东方化？第五，中国现代文论、西方文论和中国古代文论的异同何在？除了认知方式和精神指向的差异外，在价值论和认知水平上是否有高低之分？第六，如何评估西方文论的中国化？20 世纪中国文论在何种程度上可以说是西方化的？我们是否把西方文论的文化精神化为了己有？第七，回归传统文化与文论是否可能？如何可能？如何实践古代文论的现代化？等等。这些问题又关系到一个根本，即当代中国文学理论现状的评估和重建。下面，结合这些问题对失语症命题做具体分析。

文论失语症提出的前提是 20 世纪中国文论已完全西化，但 20 世纪中国文论到底在何种程度和什么层面上被西方化是需要讨论的。在我看来，百年西方文论的中国化大多停留在知识论和技术操作的层面，我们获得的是西方文论的具体观点和方法论程序，文论背后的文化精神还没有融入当代中国，比如当前学界对后殖民理论的误读就是一个典型案例。西方文论源于对西方现实问题的批判性思考，比如存在主义、结构主义、后结构主义、西方马克思主义文论等都不是纯粹学院性的知识演进和哲学思辨，而是对西方现实问题的理论表述，批判理性是西方现代文论的根本特点。理论的生长点是本土的现实经验和具体问题，而不是先在的理论范畴，这一点特别明显地表现在中西马克思主义美学的差异上。长期以来，中国学界以注经诠释的方法对待经典著作，考据、训诂等成为中国马克思主义美学的研究范式，而西方马克思主义者以现代资本主义文化问题为先，在现实关怀和理性批判的基础上发展马克思主义美学，因而西方马克思主义美学在世界上独树一帜，中国马克思主义美学却建树甚少。再比如，中国20世纪的文论主流是现实主义，现实主义文论在西方传统悠久，特别是经过马克思主义思想家的发展，现实主义对东西方的无产阶级文艺运动产生了巨大的影响。在经典思想家以及巴尔扎克直到西方马克思主义美学家卢卡契等人那里，现实主义文学的社会功能是认识批判资本主义的人性异化，而中国的现实主义文论主张文艺是无产阶级意识形态革命的工具，要求文艺为现实的无产阶级政治斗争服务。在西方是边缘的批判性的文学思想，在中国却变成一种排他性的权力话语。中西现实主义文学理论差异甚大，特别是联系中国古代文以载道的传统，并不能得出20世纪中国现实主义文论完全来自西方这一结论。忧思现代文化，批判现实社会，颠覆权力话语是西方现代文学理论的根本精神，但基于传统文化以及现代中国的政治语境，西方文论在中国难逃理论旅行的命运，即在文化交流的过程中，西方文论被文化过滤。在这个意义上，说20世纪中国文论完全被西化是值得商榷的。

断言我国当代文论全面失语，在一定程度上是否定了接受者的主体性。在失语症论者看来，20世纪中国的文论研究者只是被动地接受西方文论而没有自己的前见和合法的视阈。这种看法只是理论预设，比如，中国现代美学的开山祖王国维，以西方美学为视角解读中国文艺现象，但他并没有在价值观和认知范式上完全接受西方美学，其文化精神仍然属于中国传统。“五四”时期中国知识分子对西方的科学和民主表示了极大的兴趣，但并没有接受基督教。理论在传播的过程中必然会发生意义增值或变异，按照解释学的观点，历史流传物和接受者视阈的双方融合赋予了文本接受以新的意义，基于中国具体的社会实践，中国对西方文论的接受表现了强烈的主体选择性。古代文论仍然存活于当代中国，西方文论的中国化也必然发生变异，不能断定中国当代文论完全西化。

失语症论者大力批评“以西释中”，认为西方理论隔膜于本土经验，从而否定了西方理论运用于中国实践的合法性。关于这一问题，首先，任何理论都具有一定的普遍性。同是面对语言艺术，西方文学理论并不隔离于中国文学现象，事实上，当代西方的叙事学理论对于中国古代小说的解读、原型批评理论对于中国神话和文学母题的研究、新批评理论对于中国古代诗歌的批评等都取得了有效的实绩。其次，一切理论都有自己的限度，超越其限度则可能产生误读和歪曲，即使是西方理论运用于西方文学也可能出现这种情况，但这不能成为否定西方理论应用于中国文学批评实践的理由。作为对文学奥秘的揭示，多理论意味着多视角，多视角则可能赋予文学多方面的意义。再次，中国古代经史子集的知识分类无法适应现代知识生产和传播的要求。中国现代的学科建制和知识生产规则来自西方，我们不可能拒绝西方的理论话语及其生产机制，重要的是看这种理论是否能够提供新的阐释视野，是否能够赋予文学传统以新的生命。

文论失语症论者认为，20 世纪中国文学理论以西方的理念知识整体切换中国传统的经验体悟式知识，西方文学理论隔离于本土生活世界，理念知识的先在性必然导致对文学的盲见。论者指出，当代西方对这种本质论知识持批判态度，因此，我们必须回到中国传统的知识形态，钱钟书《谈艺录》的话语方式值得推崇。[①] 西方传统理念知识妄称自己为绝对陈述，这是它的弊端，但理念知识是从某一视角

① 曹顺庆、吴兴明：《替换中的失落》，载《文学评论》1999 年第 4 期。

对问题的看视，其中有洞见也有盲见，比如黑格尔和康德的美学正是理念先行，但这种理论对于文艺审美现象的解读却是深刻的。问题不在于知识形态，而在于这种知识是否包含了文学智慧，钱钟书的话语方式是很容易习得的，其价值在于这种话语方式中的文学智慧的含量。西方当代对传统理性主义知识形态的批评不能成为我们回归中国传统知识形态的理由，在我看来，当前文学理论回归传统的诗性话语方式既不可能也无必要。在西方后现代话语理论看来，西方传统理论的体系性逻辑言说是话语之一，中国的诗性言说是话语之一，禅宗的偈语也是话语之一。这就是说，东方理论西方理论都是话语，其区别在形式，关键性的差异在内容，是否能够赋予文学以新的生命力才是衡量这种文学思想价值高低的标准。

为了重建中国文论，失语症论者提出了“汉语批评”的设想，但没有提出可供操作的策略，没有落实为具体的文学文本解读。问题是，回到“汉语批评”除了回到中国传统文论的表意策略和言说方式外，还能是什么？百年现代性的文化历程已成为我们文化经验的一部分，我们不可能回到原初的汉语文化，在中华文化目前处于弱势的情形下，我认为失语是文化交流中的正常的暂时的现象。文化创造必须吸收他者，在传统文化不能适应现代化的时候，我们需以他人的语言言说自身的处境。失语症命题具有文化保守主义倾向，而保守主义将会阻碍中国现代化的进程。失语症论者还提出了中国文论的“异质性”问题，这对于强调中国文论的独特性是有意义的，但在新世纪文论建设中，中国文论与西方文论都是文论建设的思想资源，如果强调中国文论的异质性，是否意味着中国文论与西方文论是不可通约的呢？中国文学与西方文学都面临人类性问题，都要处理时空、伦理、生存、意义等形而上问题，中西文论都要解决文学生产、文学语言、文本结构、文学主题、读者接受等问题，因此中西文学、中西文论应该具有相通性。过多强调比较文学的求异思维会使中国文论封闭于自身，从而忽视了中西文论的沟通。

失语症论者所提出的“汉语批评”、“西方文论的中国化”、“中国文论的异质性”等命题均停留在文学理论本身，而文学理论的创造应根植于具体的文学批评实践和哲学美学观念的创新。古代文论的现代化之所以难以实现，就是因为古代文论没有具体化为现代文学乃至西方文学的批评实践，仅停留于理论推演是无法创新文学理论的。失语症的逻辑推论不是古代文论的现代转换，而是中国当代文论的建设，中国当代文论建设的立足点应是当代文学和文化现象，面对汉语语言文学的新现象，提炼新的概念范畴才是中国新世纪文论建设的基本途径。

失语症论者指出，我们所用的理论范畴都是别人的，我们没有自己的理论话语，没有自己解读文学的规则，中国古代文论在解读文学现象时无用武之地，因此，中国古代文论的现代转换就是当前文学理论建设的要务。失语症论者以中国学界解说“风骨”出现的“以西格中”的歪曲现象否定了西方文论阐释中国文论的合法性，这一问题本身就昭示了古代文论现代化的困境：如果不以西方文论为参照，我们还能以什么样的话语解读中国文论呢？中国古代文学以诗歌为主要形态，中国古代文论的诗性话语保留了诗歌的隽永韵味。但是，古代文论话语是模糊的、个体性的，它表达的是批评家的类似性感受，无法以理性的语言明确地传达给他人。古代文论若要转换，就只能转换为明晰的、精确的、可以普遍传达的、能够解读中国现代文学和外国文学的理性话语。从一个方面来说，文论表达的是文化精神，中国文论话语表达了中国文化精神。我们可以西方文论或中国文论解读文学现象，两套不同的解读法则获得的是不同的文化精神，它们没有价值论上的高低。但是，以中国古代文化的宇宙观时空观认识现代文化，这种思路可行吗？中国古代文论背后的整体宇宙观和循环历史观如何与西方的无限宇宙观和进化论历史观相沟通？确实，百年文论失语的根源是以西律中，那么，如何才能不失语？仅仅以中国文论传统建设当代文论是否可行？进一步论，中国文论对于文学现象的解读是否达到了西方文论那样的多面性？文学理论的背后是哲学思维方式，西方哲学走过了从主客合一到主客分离再到主客融合的历程，中国古代哲学缺乏主体性维度，仍然停留在原始的主客合一阶段。中国缺乏西方现代实验科学的理性分析精神，因此中国文论缺乏西方文论那样明晰的科学性，中国古代文论背后的哲学思维方式与现代文化精神和学术生产机制是背离的，西方文论的逻辑分析性使其更适合于解读现代文学现象，更适合现代学术的生产机制。

失语指的是没有自己的学术规则，规则不是范畴，而是深层的支配学术范畴的东西，论者认为，这就是中国文论讲的象外之象、韵外之致、言外之意、虚实相生等。古代文论的“立象尽意”、不立文字、以心传心、妙悟、兴趣、神韵等“强调意义的不可言说性，始终是中国文化的一个潜在的、深层的学术规则”①。这一观点就要具体分析了。首先，作者所列举的确实是中国文论的规则，但这些规则无法以理性的语言表达审美活动，因此无法应用于文化交流和学术传播。虚实相生是中国古代文论的一个特点，但也是一个缺陷。其次，虚实相生讲的是文学审美活动的体验性和超语言性，这并不是中国文论独有的，西方文论早就认识到了这一点。康德说，理性语言无法把握审美观念，“我所理解的审美观念是那样一种想象力的表象，这种表象能引起许多思想，但又没有任何一种确定的思想，也就是概念能够与它相适应，因此也就没有任何语言能完全达到它并把它解释清楚”②。黑格尔也说，形象大于思想。艺术审美活动的这一特点在现代西方美学家那里被明确地意识到，维特根斯坦把审美活动定位在不可说的神秘之域；海德格尔说审美活动是最自由的生存方式，是不可定义的“是本身”；柏格森以直觉把握绵延；克罗齐以审美直觉创造艺术意象等等。这些表明，西方美学对于审美活动的超语言性是非常明了的，并非中国美学所独有，只是西方传统逻各斯中心主义相信语言，相信理性的语言能够把握本体，于是就以各种方法接近审美对象。到了20世纪，西方美学家放弃了以理性语言言说审美意象的努力，转而求诸非理性的想象、体验或直觉。中国传统相信言不尽意，要“立象以尽意”，因此，古代文论不以理性语言而是以意象的方式表达审美意象本身，这就保存了审美意象的韵味，但也保持了与审美对象

① 曹顺庆：《再论文论失语症》，载《浙江大学学报》2006年第1期。

② 康德：《康德美学文集》，北京师范大学出版社2003年版，第564页。

的距离，它没有接近审美对象，也就没有穷尽审美对象。我认为，中国传统文论的规则并非所谓的象外之象、韵外之致之类，而是文论范畴背后的传统文化精神和思维方式，即中国传统儒释道的宇宙观、时空观、价值观、审美观、认知模式等文化哲学，而传统文化哲学是否可能以及如何能转换为现代文化，则是已经被反复讨论而且仍需讨论的问题。

失语症论者一再指责“五四”时期的激进主义导致了传统文化和文论的失语。延此逻辑，论者认为，中国传统文化的失语导致了中国当代无法产生学贯中西的学术大师。我认为，首先，“五四”否定传统是策略性的，不否定传统，就无法达到改造传统文化的目的。其次，中国当代没有产生学术大师，原因并非当代学人没有贯通中西，学贯中西的人完全可能是两脚书橱，学术大师在于文化创造，在于创造出反映时代精神的新的文化。自由的创造从来都是自由思考的结果，学术大师的出现有赖于意识形态的解蔽和自由的公共空间的获得，有赖于政治文化语境的变革，这在一定程度上并非学者的努力可以实现。文论失语症的病因不在学习西方或模仿西方，而是文化创造力的低下，这恰恰是封建文化的产物和当代政治文化语境的结果。

作为中国后殖民批评的理论命题，文论失语症把后殖民理论的“对抗”即对一切权力话语的批判转化为中西文化的对抗，认为是西方文化的入侵导致了中国文论的失语，中西矛盾被误认为是中国当代文化面临的主要矛盾，后殖民理论的要旨被改写，中国当代文论建设面临的问题也被简单化了。

第二节　古代文论现代化：疑难与问题

古代文论现代转换的工作已进行一百多年，这一课题的必要性、复杂性、目标所在等问题学界一直在反复讨论，百年来一直在做但没有做成，本身就说明了古代文论现代转换的难度。与古代文学的文言形态不同，现代汉语语言文学使用的是白话口语和欧化语言，它与西方文论的逻辑分析形态更为契合。因此，在解读中国现代文学时，是西方文论而不是中国古代文论处于优先地位。中国古代文学理论更适合解释中国古代的语言艺术即诗歌，抒情是诗歌艺术的特点，古代文论范畴如意象、意境、韵味、滋味、形神等都是古典格律诗的理论，自由诗兴起后，中国古代文论失去了言说对象。现代文学的主流是叙事性的小说，虚构是其特点，西方文学的传统也以叙事为主，西方文论范畴如悲剧、喜剧、崇高、优美、荒诞、性格、典型、细节等都是小说和戏剧等叙事文学的理论范畴。此外，西方文论特别是西方现代文论提供了方法论操作系统，中国古代文论多为印象式的个人感悟，没有提供文学批评的方法程序，因此，西方文论被广泛应用于中国现代文学研究。

相比中国和第三世界民族的文学理论，西方文学理论的明晰性和理论的深广度具有很大的优越性。从人类文化的发展来看，轴心时代的哲学突破发生在分散世界中，但第二次哲学突破即启蒙哲学仅发生在西方，是西方带领非西方从传统向现代演化。西方文论是西方现代性文化的一部分，西方现代文论中的语言论、文本论、读者论等对文学活动各个层面的开拓是非西方文论无法比拟的。当然我们可以找出中国古代的文本理论和读者理论，但更多的是牵强附会。人们之所以愿意以西方的理论来分析文学现象，西方文论的思辨性和深刻性是重要原因，也就是说，当我们谈文学语言时，首先想到的是西方的能指、所指、延异、补替等概念；当我们谈文艺心理时，弗洛伊德、荣格、拉康等人就会出现。比如读者接受理论，西方从古代漫长的《圣经》解释学到现代哲学解释学再到美国读者反应批评，形成了明晰的理论发展线索，给具体的文学批评实践提供了明确的知识体系和方法程序。

古代文论与西方文论面对的都是文学问题，这是它们能够对话的前提条件，也是“以西格中”或“以中格西”做学模式的基础。学界普遍反对以西格中，但是，要把传统文论范畴如风骨、韵味、气韵、意境解释为现代语言可以把握的理论形态，去除其模糊性，抽象其体验性，我们该用何种语言呢？除了西方理论话语外，我们又有何种语言可用呢？我们能以日常的白话口语赋予中国传统文论以现代意义吗？即便如此，我们日常的逻辑思维本身就被西方的科学理性精神所浸染。西方体系性的文论话语是现代学科建制的已然形态，如果拒绝这种话语方式，我们就无法表达自身。我们现有两种知识形态和两种话语体系：一是西方的，现代的，逻辑清晰的，内涵清楚、外延确定的理性语言。虽然这种语言在洞察文学时过滤了文学的情感意味。一是中国传统的，内涵不清楚、外延不确定的，体味式的，歧义性的文学理论，其本身既传达了诗歌的韵味，又保留了诗性话语的形式。如何取舍似乎难以抉择，西方的知识形态主宰了现代的学科分类，但它与中国本土经验又有一定的距离，而且，以西释中遮蔽了中国传统文论话语。但如果放弃西方话语，中国传统文论如何获得理性化明晰化？中国传统文论话语又何尝与现代文学没有距离呢？

古代文论范畴以类似性感受表达了个人的审美体验，这种言说方式使其在一定程度上隔离于公共理性语言。即使是同一范畴，个人的用法也不一样，后代很少延续前人的用法，而是不断地创造新的范畴来表达个体性的审美活动，这就使得古代文论没有形成具有延续性的含义相对固定的理论范畴和命题体系。我们看到，中国古代有大量貌似相近但又差异细微的诗品、画品、词品、书品等。古代文论范畴含义相近，但没有公共性。它们基于个体体验，既没有传承别人的用法，也不可为他人所沿用，这就使古代文论无法像西方的崇高、悲剧、喜剧等范畴那样有一个明晰的理论发展系统。比如司空图的《诗品》，基于个体审美体验的微妙差异，二十四品都以类似性感受表达诗歌的审美意象，本身韵味深长，细微难测，且难以用理性的语言传达出去。同时，这种喻象表意方式也存在释义的困难，如高古的“碧山人来，清酒深杯”，旷达的“倒酒既尽，杖藜行歌”。我们只能在这些类似性的诗意描述中去体会高古和旷达的含意，但高古也可以其他意象去描述，而且就是这种描述，不同的人的解读也不一样，也就是说，个体对于高古的体验和表述是不一样的。这就使其缺乏可传达性，我们无法把握高古的确切含意。正因为古代文论停留在个体体验而没有上升到理性的抽象层次，所以不同时代的文论家不断地提出各种品类，都以类似性感受表达自己精细的审美体验，但无法形成一个前后承继的理论传统。相反，从古希腊开始，西方的理性精神使西方文论获得了具有理论传承性的范畴体系，比如崇高，从朗加努斯开始，中经英国经验主义美学家直至康德，西方古典崇高理论形成了一个不断扬弃的理论脉络。中国文论的体悟式表意方式不适合现代知识生产和学术范式的构造原则，无法作为公共性的知识形态表达对于审美活动的理性思考。

中国现代文学是中国文化现代性的一部分。现代化发源于西方，中国现代性的制度结构、人文意涵与西方的距离比与中国古代的距离更近。西方现代文论的逻辑分析形态表现了现代的科学理性精神，中国古代文论表现的是天人合一的悟道哲学，这种哲学导致中国古代科学精神的缺乏和科学的不发达，而中国的现代化恰恰就是科学思维方式在各个领域里的实践，这种科学精神与古代文论的哲学思维相抵牾，中国古代文论是否能够阐释现代审美形态和现代文学尚存疑问。人类社会存在的问题，一是个体与社会的关系问题；二是人类与自然的关系问题；三是个体与自身的关系问题。个体的存在意义问题是现代的问题，荒诞、丑、震惊、烦等都是现代性的审美体验，中国古代追求人与自然、人与社会和谐的美学理论无法提供现代性的意义阐释。意境理论的实质是传统士大夫的人生境界，现代知识分子还会以此为最高的人生追求吗？在古代哲学思维方式和价值选择失落以后，古代文论失去了最根本的哲学依托。在传统宗法制社会消逝之后，在田园生活的乌托邦破灭之后，在士大夫作为一个阶层完结之后，作为存在之真理闪光的诗歌艺术及其理论表达也失去了其最后的思想根基。现代文学是中国现代人生存境遇的表达，是中国现代政治文化语境的产物，它与古代儒道释哲学主导的士人的审美境界大不一样。在生产方式、生活方式、宇宙观、时空观已根本改变的情况下，如何能在大而化之的继承和弘扬民族文化传统的口号下实现古代文论的现代化呢？儒道释为古代知识分子的人生处世提供了理论支持，今天仍然以古代哲学的人生境界评价和匡正现代诗歌，仍然以类似性意象表达现代诗歌的结构和精神就给人恍如隔世之感。

中国文论的诗性形态给人韵味无穷的体悟，避免了以理性的语言阐释审美对象从而切割、圈定审美对象的弊病。这是其被人一再褒奖之处，但其缺点也在此，即读者无法以明确的理性语言透视审美对象，这就给古代文论的应用带来了麻烦。古代文论的灵感妙悟本不是用于学术传播，而只是作者审美感受的表达，现代学术则要求把个人感受以理性的学术语言予以普遍传达，这一点古代文论难以达到。中国文论的模糊根源于艺术审美活动的体验性，也与中国思维本身的模糊性相关。从亚里士多德开始，西方就有了明晰的百科全书式的分门别类的知识划界，正是有了古希腊自然哲学朴素的科学理性精神，现代性才发生在西方，因为现代精神的根本是科学思维。从古希腊开始的自然哲学到经验主义、理性主义哲学，到康德的人为自然立法，到现代的逻辑经验主义、语言分析哲学、现象学哲学等都秉承科学主义思维传统。中国古代文论家满足于不明晰，他们并没有感到这种不明晰的困扰，因为模糊本身就是中国传统哲学的思维方式。中国传统哲学不相信语言，认为最高的存在是不可表达的道。中国古代文论家并没有感到失语，我们感到失语，是因为我们的日常语言以及学术建制都要求清晰的理性思维，这与中国古代文论体悟式的思维方法相矛盾。

中国古代文论的模糊性、喻象性是原始思维的遗迹，其应用于文学批评的缺点在于，我们无法获得对于作品的精确见解，而只能获得与作者类似的感受和体悟。虽然形象大于思想，对作品的见解只是一种视角，但正是这种视角透视了作品的某一方面，多种视角则呈现了文本的多维层面，而类似性感受只能给我们笼统的印象，虽然这种感受是韵味十足的。古代文论以比喻性的意象让人去体会“象外之象”、“味外之旨”，这些比喻性的意象保留了对象的审美特征，因为它仍然是形象，大于任何一种思想，但其困难也在此，比如“谢诗如芙蓉出水，颜诗如错彩镂金”，是以比喻修辞表达诗歌的审美特征。如黑格尔所言，比喻思维具有多义性，一个比喻可以表达多种思想，一个思想也可以多种比喻来表达。为了表达一个明晰的思想，中国古代文论必须借用一大串比喻，钱钟书说："说理明道而一意数喻者，所以防读者之囿于一喻而生执者也。"①西方古代哲学相信，世界存在一个本体，语言可以达到本体，于是西方理性的分析就力图找出文学艺术的审美奥秘。西方文论从社会、历史、种族、环境、作家、无意识、文本、读者等各个层面找出了很多，虽然这些都不能穷尽文学艺术最终的奥秘，无法穷极文学的多维本质，但这些层面打开了洞悉文学审美的许多大门。中国古代文论不相信语言，无意以理性的语言去寻找文学的审美本质，所以始终停留在个人的感悟层面，没有提出分析文本的理论路径。

中国文论大讲品位，对审美活动分别等级，因为表达的是个人的审美趣味，所以每个文论家都在分类，借助接受美学可以明白，这种现象表明了文学形象的多义性。在现代西方美学看来，审美活动是自由的生存方式，是无法定义的创造方式，因此，只能以绵延和直觉而非理性语言去把握审美对象。意义的延宕性、个体接受的创造性、审美活动的解释性和超越性等在当代西方美学那里被反复论说，审美活动的体验性并非中国文论独有的学术规则。古代文论讲的"以少总多"就是康德和黑格尔所说的审美意象的超语言性，"虚实相生"类似现代西方美学所说的艺术的想象性，有论者以中国古代文论中的这些范畴为例说明其生命力，实际上西方文论中也有大量与此类似的范畴，它们阐明的是艺术的基本问题。

在说明审美活动的时候，中西美学的方式很不一样，这里我们以英国经验主义美学家亨利·霍姆的宏伟理论和中国美学家姚鼐的阳刚理论为例看其差异。在论宏伟(grand)这一范畴的含义时，霍姆举阿尔卑斯山脉、英雄的长矛等为例，并以形象的语言说："巨大的物体使观察者努力扩张他的身体，在描述一个巨大的物体时，他们用尽全力吸入空气以舒展自己。"②但霍姆并没有停留在现象描述和比喻论

① 钱钟书:《管锥编》第1册，中华书局1986年版，第13页。
② 亨利·霍姆:《论美与宏伟》，载《江汉大学学报》2007年第1期。

证上，而是以明确的语言界定美与宏伟的区别。他认为，虽然比例、秩序和颜色等形式规则对于宏伟和美都是必需的，但宏伟相对美而言是在较小的程度上依赖这些形式规则，而且，宏伟所激发的情感比美所引起的单纯的快乐要庄严得多。在把宏伟与美相区别后，霍姆又以是否合乎形式美的规则把宏伟与博克的崇高区别开来。在举例说明宏伟后，霍姆以理性的语言定义美与宏伟、崇高与宏伟以及宏伟感与宏伟对象，我们就此获得了明晰的宏伟理论。再看姚鼐对阳刚之美的论述："……其得于阳与刚之美者，则其文如霆，如电，如长风之出谷，如崇山峻崖，如决大川，如奔骐骥；其光也，如杲日，如火，如金镠铁；其于人也，如冯高视远，如君而朝万众，如鼓万勇士而战之。"①全篇都是比喻性描述而无理论语言的界定，读者只能在一连串的比喻中去体会阳刚之美的韵味。因为缺乏理性的说明，阳刚之美就无法获得明确的规定。比较可见，中国文论的比喻性言说拒绝了理性的表达，相比而言，西方文论向前跨越了一大步。

第三节　思想资源与文论创新

一个值得注意的现象是，在现代学科建设中，为什么中国古代文论存在一个现代转换的问题？古代哲学、古代美学为什么没有提出这一问题？其原因大概是致用思路所致。实用主义文学观点认为，文学理论必须对文学创作有所用，古代文论不能指导现代文学的创作和欣赏，因此必须转换到如西方文论那样的逻辑体系。这种实用主义观点是褊狭的，理论的功能是解释性的而不是操作性的，我们不能要求美学指导审美欣赏，不能要求哲学指导人生的选择，它们只能对审美和人生作理性思考和解释，文学理论也一样，它致力于文学的

① 于民、孙海通等：《中国古典美学举要》，安徽教育出版社2000年版，第964页。

解释，此外无他。文学理论赋予文学作品以意义，古代文论揭示了古代文学的人文魅力，这才是其最高价值。那么，为什么古代文论这种体悟式的言说方式能够解释古代文学的意义呢？这就涉及理性语言与感性体验的关系问题。中国古代文论的诗性话语方式具有体验性、想象性、含义隽永等特点，在否定了本体论的逻辑思维方式以后，西方现代文论认同诗性话语，如柏格森所言，理性语言不能把握事物的本质，只有体验性的直觉才能深入事物内部的结构。在后现代思潮那里，哲学与诗歌的传统关系被解构，哲学也被视为修辞性文本，在此，中国体悟式的文学理论正适合与西方后现代对话。文学是丰富的，文学的丰富来源于生命所展开的意义的丰富，文论也是丰富的，文论的丰富来源于理性思维的创造性，在这个意义上，中西文论在价值论上没有高低之分，都是对文学意义的揭示。

因为文学与生活的密切关联，对于文学批评的具体操作，文论又具有指导性，由此，人们对文学及文学理论抱有实用主义要求，要求文以载道，要求文艺为政治斗争服务，要求文论指导文学创作。但文学理论的最高价值是揭示文学的魅力，因此，如果古代文论能够揭示现代文学的丰富性，我们仍然可用于文学批评实践。以古代美学为例，中国古代美学以体悟式范畴和类似性感受表达人们的审美活动，其语言运用方式本身就契合了审美活动的体验性、模糊性、多义性和感受性。古代美学范畴能够很好地阐释审美活动，因为美是一个超越经验具体性的非实体性存在。中国古代文论范畴揭示了文学审美现象的秘密，因此，在最高层面，古代文论不需要转型，它具有不同于西方文论的长处。一旦以逻辑清晰的概念去把握审美对象，其结果就是生命性的审美体验的毁灭。从某种意义来说，对古代文论的注释、训读、现代阐释等工作本身就是古代文论的现代化，这项工作已进行百年，取得了巨大成绩，为什么学界还在呼吁古代文论的现代转换呢？这一现象昭示了当前文艺学学人知识结构的巨大缺陷，即治古代文论的不通西方文论，治文学理论的不作文学批评实践，这就使其无法获得比较文化学的视野。如果把中西文论放置在一个平台上加以比较对照，看其阐释视阈的有无，古代文论就以显在的形态存在于文艺学教学和研究中，这就不存在失语问题了。在文学批评界，治现代文学者没有把古代文论作为其思想资源的一部分，而是惯于操作西方文论话语，除了前文所述的原因外，文学批评者古代文论知识的缺乏以及对于古代文论的冷漠和隔膜也是原因之一。看看宗白华、王国维、钱钟书等人的文学批评实践，他们何尝失语？他们不失语的原因是他们兼通中西，中西文论在阐释文学现象时都是其思想资源，他们并没有感到西方文论的挤压。

严羽的理论来自他对文学作品的"熟读"、"熟参"，亚里士多德的《诗学》产生于他对古希腊文学作品的科学分析，弗莱的文学理论建立在对人类文学作品的解读上，王国维的《人间词话》提炼于古代文学作品的精读，这即是刘勰所谓的"操千曲而后晓声，观千剑而后识器"。古代文论产生于古人对古代文学的鉴赏批评，中国当代文学理论应产生于当代学人对当代文学的鉴赏批评，这就需要我们打通古代文学和现代文学，打通当代文学批评与古代文学批评，在此基础上建设当代的文学理论。从这一目标看，当代大学中文系的学科分布体制的缺陷就显露出来，文学史、文学批评、文学理论的分割，中国古代文学和现代文学的分割限制了学术的知识生产。目前，中国当代文学的研究，是以西方理论解读中国文学，其弊端如陈寅恪所言，是"取外来之观念，与固有之材料互相参证"，其前提是认肯西方现代文论的普遍性，其结果是中国当代文学研究变成了西方理论的试验场。也就是说，中国当代文学研究不是致力于从文学作品的批评实践创造理论，而是以西方理论阐释中国当代文学。从事文艺学教学和研究的人员则自闭于理论，隔膜于文学现象，其结果是造成了文艺学对于文学现象的滞后性，这是当前文艺学危机的原因之一。

不论是中国、西方还是东方的文学理论，是否有智慧，是否能够洞悉文学的奥秘，对文学现象是否有真知灼见都是我们取舍的标准。钱钟书的高妙之处不是采取了中国传统的诗话方式，而是在比较文论的视野中，获得了文学理论的真知。有人认为，古代文论之所以需要转换，是因为中国古代文论没有像西方那样的理论体系，没有按照逻辑与历史相统一的原则结构范畴概念，康德和黑格尔的体系构造方法是理论创造的典范，但在后现代的反体系、反逻辑、反概念的思维之后，古代文论转换到何处？文学思想的要旨是如何更深刻地把握审美现象，西方现代的体系性理论很深刻，西方后现代思维也很深刻，中国的诗性话语包含了文学智慧，因此，不妨让多种话语共存，在解读文艺审美现象的时候，让它们共处于一个平台上。我们应立足于中国本土文学的现实，视东西方文论为解读中国文学现象的思想资源，看其是否能够提供新的阐释视角而决定取舍，然后从汉语语言文学的现状出发进行理论提炼和抽象工作，中国当代文学理论方可有新的创获。

第三章 文化传播与东方主义：张艺谋的影像与政治

新时期以来，张艺谋及其电影无疑是当代中国最令人惊异、最聚众纷纭的文化现象。在屈辱的百年文化之后，在新时期开放之时，张艺谋被推到中华文化与世界文化碰撞的焦点上，成为中国文化崛起和融入世界的象征。张艺谋对跨国资本的利用、对艺术的不倦探索、对中国传统文化和当代政治的隐喻性批判乃至其私人生活都成为媒体和学界批评的重要话题。就学术性的批评来说，张艺谋电影涉及许多问题，诸如电影与资本市场、与大众审美接受、与中国传统文化、与当代中国现实，以及电影中的民俗构造、时空设置、色彩运用、伦理禁忌等等。查阅各类研究性文字，中国学界对于张艺谋电影的态度大体可分为两类，一类是肯定性的。这类文章占大多数，学界肯定了张艺谋对传统文化扼杀女性的批判，肯定其唯美视像的营造、创新性的艺术风格和对理想化的中国人生存状态的期望，并认为张艺谋走向国际是对中国电影的重要贡献。另一类则是否定性的。这类文章数量较少，但影响却非常大。这种批评主要是从全球化时代的后殖民语境看张艺谋，其主题是从意识形态视角拆解张艺谋的电影神话。张艺谋电影的后殖民批评是否切合电影这门特殊的艺术，后殖民批评是否提供了令人信服的理论穿透力，这种批评表达了当代中国精英知识分子怎样的文化心理，这些都是检视当代中国文化批评不可回避的问题。我们拟从后殖民理论和比较文化学视野考察当代中国学界的后殖民电影批评，并分析中国当代文化批评的学理逻辑和文化症候。

第一节　中国视阈与东方主义

张艺谋电影以其特异的艺术创新和文化主题最初被中国第三和第四代导演以及观众所排斥，随后，张艺谋在西方获得广泛认同，这刚好契合了中国文化走向世界的历史主题。张艺谋的成功极大地满足了中国人走向世界、重返中心的情结，中国文化的崛起似乎一夜之间在这个曾经被忽视的电影导演身上成为现实。在中国，张艺谋是走向世界的文化英雄，在西方，张艺谋则成为中国的一个符号代码，一个中国文化的代言人。那么，张艺谋的神话是如何构造的？张艺谋神话的背后又有什么样的文化意味？张艺谋在西方的获奖是否真的标志着中国文化在走向世界？在对张艺谋现象的研究中，中国学界的后殖民批评独辟蹊径，其对张艺谋神话的拆解给予意气昂扬的中国大众一记响亮的耳光，摧毁了人们走向世界的迷梦。

中国后殖民批评认为，张艺谋电影中的当代自我与西方他者的关系可概括为求异—娱客，即张艺谋的自我东方化：以异国情调主动迎合西方的东方主义。那么，张艺谋是如何构造异国情调的呢？批评者认为，张艺谋电影是寓言型艺术，其特征是高度空间化，即故事发生在时间流之外的某个静止孤立的空间中。寓言型文本偏好抽象化，偏爱意义的含混性以及表达上的反常态，“在这种寓言性文本中，‘中国’被呈现为无时间的、高度浓缩的、零散的、朦胧的或奇异的异国情调。这种异国情调由于从中国历史连续体抽离出来，就能在中西绝对差异中体现某种普遍而相对的同一性，从而能为西方观众理解和欣赏”①。张艺谋满足了西方无尽的好奇心和不求甚解的心理，

① 王一川：《张艺谋神话的终结》，河南人民出版社1998年版，第166页。

他向西方观众提供的不是真正的历史化的中国，而只是稗史化的中国，即属于非正统或非正式的逸闻趣事、乡村野史或奇风异俗意义上的中国。西方人欣赏这类稗史，会更加满意自身正史地位的牢不可破；对照中国的愚昧、蛮荒等边缘特征，会更加感觉自己中心地位的稳如泰山。后殖民批评家认为，与第四代导演的民族危机意识不同，在张艺谋的寓言型文本中，书写并拯救中国历史的焦虑被抛诸脑后，甚至与其连带着的感伤、痛苦、忧郁、忧患意识都被抛弃，“张艺谋不言焦虑，不谈危机，不论拯救，而只想潇洒走一回，按西方大师的规范去拍片、去争取获奖”①。论者认为，西方奖励张艺谋并不意味着他已走向世界、进入中心或成为世界一流，而恰恰证明他是在边缘，因为颁奖权在西方人手中，西方人按照自己的喜好和需要颁奖，试图以此去支配中国电影的命运，张艺谋是西方在第三世界显示自己中心权威的战利品。总之，中国后殖民批评认为，张艺谋在西方获奖是因为他迎合了西方的东方主义，在中国受欢迎是因为他契合了中国的现代性想象；张艺谋是中国现代性的一个神话，这一神话随着张艺谋走向国际化的大众文化而走向消解。

电影文本的表意形式提供了多维审视的可能。在萨伊德之后，中国学界不像20世纪80年代那样欢呼现代性，不再如饥似渴地引进西方理论，而是警惕西方的文化渗透。在中国后殖民批评看来，张艺谋的寓言化方式正好投合了西方的东方主义思维，即西方满足于碎片化的、片段式的、抽象化的、静止化的东方情调。中国后殖民批评家在对张艺谋的自我东方化的认定上非常一致，他们指责张艺谋以东方异国情调的自我矮化迎合西方，而张艺谋的电影表意方式似乎提供了这种可能，于是寻找其中的修辞策略就成为后殖民电影批评的主题。在拆解张艺谋神话时，张艺谋电影艺术的形式创造，其对当代中国现实的关注，对中国人生存状态的批判和忧虑都失落于后殖民电影批评之外。联系当前中国文化现状和国际语境，中国后殖民批评似乎令人信服，原因之一是张艺谋确实运用了民俗、象征等寓

① 王一川：《张艺谋神话的终结》，河南人民出版社1998年版，第167页。

言性策略；原因之二是后殖民理论言之凿凿，提醒人们警惕西方文化霸权，而中国文化仍然处于弱势；原因之三是张艺谋在西方获奖而第三、第四代导演并没有获得这种殊荣，那么，从张艺谋文本中寻找其获奖的特征就是必然的批评策略。中国后殖民批评理论圆满，自成体系，特别是其清醒的批判精神使之区别于盲目乐观的大众，而其学术理性的表述方式使之更具有理论说服力。

但是，后殖民也只是提供了看视张艺谋的一种视角。查看中国学术期刊网，对张艺谋持正面态度的大多数文章都肯定其艺术探索和文化批判的意义。民俗是后殖民批评诟病张艺谋的地方，但在中国学界，张艺谋的民俗营造却被高度肯定，比如，被中国后殖民批评视为典型的他者化中国形象的《红高粱》民俗，肯定性的意见却完全相反。有论者认为："编导企图通过颠轿、野合、祭酒神等一系列充满阳刚之气的夸张了的民俗细节，把久蕴民族意识深处的那股子冲天浩气，尽情地抖落出来，把狂放、洒脱的自由生存心态袒露出来，并从中表达多层次的生命和艺术向力。颠轿似乎意味着艰难困苦的颠簸人生，祭酒显示了民族魂中的劳工神圣和壮美，野合散发着使民俗灵魂震颤的原始粗野味，安魂曲则顽强地证明生命是不朽的。"①可见，后殖民批评的"迎合论"仅是一家之见。就在中国，对于张艺谋在西方的被认可，学界也有不同的看法，王宁认为，张艺谋在西方受欢迎，是因为其电影契合了西方的后现代思潮②。

批评应该是互主体性的，应该在多主体的对话中呈现各种视阈，以获得解释的真理。对于中国学界的后殖民批评，事件中的关键人物张艺谋本人是怎么看的呢？张艺谋否认批评界的"迎合论"，他说，"我否定我的电影是丑化自己的民族而向洋人讨好，我相信这是狭隘思想以及自卑心态的反应。我不否认我有意识在自己的影片中从感

① 蔡贻象：《试论张艺谋电影的民俗意象》，载《温州师范学院学报》1994年第5期。

② 王宁：《全球化时代中国电影的文化分析》，载《社会科学战线》2003年第5期。

性的角度触发一些许多人怕提及的问题，可是我始终是爱自己的文化的。”①对于后殖民学者的批评，张艺谋辩解说：“我觉得我一直没有改变，因为在创作每一部影片的具体故事时，我们都会很本能地站在人的本位角度去想，而且是站在中国人理解的立场上去讲故事。我会考虑哪段戏观众会笑，或哪段戏观众会哭。我们显然不会去考虑外国人会如何理解。因为我们血管里流的是中国人的血，所以它是很本能的表现。”②他还说：“十年之后，针对我的这种所谓‘迎合西方’的说法也会很可笑。这是发展中国家的心态。提出‘迎合西方’这种论点的人没有一个是真正的西方，而恰恰是中国人自己。老说我迎合外国人，那我是迎合谁？法国人和美国人是不一样的，外国到底是指哪一国呢？不能把外国人很武断地类型化。把一百多个国家的外国人说成一种类型，还把电影观众分成内外两种。……这是假想敌。”③

也就是说，对于张艺谋，在国际和国内语境中都有不同的甚至完全相反的看法，唯独借助后殖民理论，从所谓的全球化语境看张艺谋，才发现了张艺谋的“迎合”：以东方他性迎合西方观影心理。这样，中国后殖民批评就呈现出多重疑问：第一，张艺谋的伪民俗为什么在中国语境中是反思批判传统文化的策略而到西方就是自我东方化呢？第二，西方有大量的电影揭露反思现代西方文化，许多好莱坞电影如《美国丽人》、《沉默的羔羊》、《国家敌人》、《食人鱼》等都致力于揭露美国社会的政治黑幕、官僚体制、家庭危机等，这些电影为什么没有被西方人指责为露丑和妖魔化呢？第三，运用民俗制造奇观是电影作为视觉艺术的惯常策略，中国本土观众也乐于欣赏民俗奇观，为什么西方人的欣赏就必定会有意识形态企图呢？第四，张艺谋的电影大多改编自当代文学作品。当代作家如莫言、刘恒、苏童是民

---

① 《张艺谋访谈》，载《上海文化艺术报》1991 年 9 月 27 日。

② 《张艺谋访谈》，载《上海文化艺术报》1991 年 9 月 27 日。

③ 张艺谋等：《以“小”搏“大”，坚守一方净土》，载《电影艺术》2000 年第 1 期。

俗意象和东方奇观的原创者，张艺谋不过是以视觉意象强化之而已，这些作家的作品被翻译为多种外国文字出版，为什么他们没有被指责为自我东方化呢？第五，《秋菊打官司》刻意营造的现实手法并没有张艺谋早期电影中的民俗和奇观化，以自我东方化解释其获奖就没有说服力。而且，同时期的吴子牛、张军钊等人的影片都没有所谓的奇观化，为什么他们也在西方获奖了呢？第六，张艺谋确实利用了跨国资本，这一方面与当代中国的电影体制有关，一方面是电影这门与技术联系紧密的文化工业所需要的，但利用国际资本与张艺谋迎合西方的观影心理没有因果关联。利用西方资金完全可以拍出独具艺术个性的电影，艺术个性可与资本共生而不矛盾。第七，也是最为关键的问题，西方到底为什么认可张艺谋？真的是张艺谋迎合了西方的东方主义吗？中国后殖民批评有什么理由和根据，认定张艺谋是迎合了西方的东方主义呢？没有西方人自我阐释的第一手证据，仅凭从电影文本中寻找到的所谓的"表意策略"就认定张艺谋是"迎合"，这种揣测难道不是纯粹的臆想？一个明显的事实是，中国后殖民批评在指认张艺谋的"迎合"时，没有引证一条西方文献，没有一个注释表明他们的这种"认定"是有根据的。这就涉及一个自我阐释权的问题，中国后殖民批评的这种揣测难道不是在代西方人发言吗？他们有什么资格代表西方？张艺谋为什么在西方受欢迎，西方为什么奖励张艺谋，我们必须倾听西方人自己的解释。

第二节　西方视阈与文化政治

中国后殖民批评的策略是，去除艺术修辞论，从意识形态角度寻找张艺谋电影的东方化特征。在中国后殖民批评看来，中西观众都没有意识到张艺谋构造的意识形态阴谋，都被张艺谋所塑造的幻想化的中国所蒙蔽。萨伊德的分析表明，东方学是东方学家构造的产物，东方学与东方无关，东方没有阐释权。中国后殖民批评学者延续了东方学家的逻辑，他们剥夺了西方的阐释权，想象西方对于张艺谋的看视。为了纠正非此即彼的误区，超越东方主义视阈，我们需要在多元对话中，在主体间的相互阐释中获得真理。为了证实或证伪中国的后殖民批评，为了尊重西方的阐释权，最好的也是唯一的方法就是看西方是如何看待张艺谋电影的。

搜索互联网和学术期刊网，西方关于张艺谋电影评价的资料按作者类型可分为四种：一是西方普通观众对张艺谋电影的评论。这一类观点最具有代表性，因为电影是大众艺术，普通观众的接受对于电影的市场化具有最为重要的意义，普通观众也代表了中国后殖民批评所一再认肯的西方的观影心理。二是西方电影评委的观点，这种修辞性的简短评论往往能够透漏一些信息，因为张艺谋的获奖首先是因为电影节的评委。三是报纸和杂志的评论。除了介绍剧情外，这类文章还包含一些评论，对于大众的接受，这些评论具有一定的影响力，同时这种观点也反映了大众的普遍意向。四是学术期刊的论文，代表的是西方知识界对于张艺谋电影的看法。这四类观点的整体代表了西方人眼中的张艺谋。下面，摘其要者来呈现西方人的中国电影观。

张艺谋受邀参加第25届夏威夷国际电影节并被授予终生成就奖，其受到的评价是："张导演的电影作品充分体现了作者的生活热情，从社会个体的视角表现中国的社会、政治和历史文化的发展变化，从而更加生动地从多个角度以突出人性的方式表现中国。张导演作品中的人物大多面临生活中的艰难选择，负重于伦理道德和感情挣扎。张导演的作品为电影观众们提供了在银幕故事中体会这种冲击力巨大的内心情感挣扎的机会。"①

一个名为"国际电影数据库"的影响巨大的网站拥有丰富的电影资料，其用户来自欧洲、北美、澳洲、东南亚等世界各地，其中有普通

① Louis vuitoon Hawaii International film festival. www. Hiff. Org 12 Oct. 2008.

观众对张艺谋电影的评论。[①] 绝大多数观众高度赞誉《大红灯笼高高挂》，对电影中的色彩运用、情节构造、中国音乐表示赞赏，特别是对颂莲的悲惨遭遇寄予了深切同情。一位来自 SoCal[②] 的观众在名为“妻妾婚姻中的野蛮政治”的留言中说：“《大红灯笼高高挂》是我所看到的最精彩的影片之一。舞台装饰布局得极其精美。当三姨太踢着、尖叫着被他们拖向死亡之塔时，平缓的飘扬在屋顶上的雪花加强了戏剧效果。屋内的令人惊异的炽烈的颜色和灯光反衬了屋外庭院中的灰暗和单调，表明仍在主人保护之下的生活与被踢出这种生活的强烈对比，震颤的红色灯光和阴森的蓝色灯光加强了这种对比。通过这种方式，妻妾被控制。”一个来自米德尔城（Middletown, NJ）的观众在题为《优美精彩的表演，令人难忘的戏剧》的评论中说：“我在《大红灯笼高高挂》中发现的一个吸引人之处是，电影描述了残酷的家长制体系，其中妇女非常压抑并在一切事情上依赖其主人，但它并未理想化这些妇女，没有把她们描绘成长着眼睛的雌性的甜蜜的圣洁的牺牲品。妻妾们足智多谋，非常聪明，富有竞争性，想尽一切办法改善她们的处境，为此甚至非常残忍并乐于犯罪。忘记男人热衷于权力，妇女热衷于爱情的陈词滥调吧，这些妇女对权力和地位非常热衷，虽然，获得权力和地位的唯一途径是赢得丈夫的宠爱，但她们在权力斗争中的残酷性一点也不亚于男人世界中的政治、商业或战争。”

在《纽约时报》的一篇题为《中国妇女的压抑》的文章中，作者联系当代中国的政治事件，认为优美的意象和明显的恋母情结使得《菊豆》比起观看更适合于思考和谈论：故事开始于 19 世纪 20 年代，结束于 19 世纪 30 年代，张艺谋安全地把故事展开于前共产主义时期，但他对传统的致使菊豆绝望的习俗的批判贯穿了 20 世纪的大多数

---

① http://www.imdb.com/title/tt0101640/user comments? start=30，2008 年 11 月 5 日。

② 很多留言的地名都是英文缩写，因为很多观众来自小城市，故难以知晓其具体地名。

历史。在这个意义上，作者肯定"《菊豆》是一部艺术性的充满智慧的勇敢的电影"①。在一篇题为《中国的生与死：张艺谋〈菊豆〉中的个人与政治》的文章中，作者认为："张艺谋电影中的许多寓言性内容常常得到公认：可怕的过去伫立在压迫性的当下；封建时代压抑的妇女反映的不仅是共产时代相应的人物，而且是后毛泽东时代共和国的普通公民。染坊中命定的相爱者，令人惊异的电影实验室中的情节，使人联想到张艺谋本人的处境以及他在其政权中的挣扎，整个中华民族的挣扎。"②作者引用"万恶淫为首，百德孝为先"这句中国谚语，认为是中国儒家文化制约了天青弑父，使之不敢与菊豆结合。文章以隐喻性的文化政治的方式解读出张艺谋对中国传统和当代文化的批判。

在一篇对《活着》的评论文章中，作者说："张艺谋知道他在创造情景剧并获得意义深远的效果。《活着》中的家庭悲剧展示了在毛的前进中中国政治是如何伤害被视为人质的个体的，影片充满感情地表现了在个体的痛苦中，意识形态并非慰藉。"③华裔学者周蕾在题为《我们忍受，故我们存在：生存、控制和张艺谋的〈活着〉》的文章中说："张艺谋的《活着》的表层是赞誉一个中国家庭活下去的坚韧的毅力，深层则是批判中国的极权主义社会和极左政治。通过寓言和看似偶然的情节、细节和人物，电影试图表明，中国因专注于其自身的生存问题，反而延长了其苦难的循环。张并不把中国人的忍耐力视为美德而是视为他的国家的破坏性的意识形态，正是这种意识形态

---

① Caryn James. *New York Times*. sep. 22, 1990.

② Vincent Brook. "To live and die in China: The personal and the political in Zhang Yimou's 'Judou'." Source: *Cine Action* (Winter 2003): p. 21(9). From Academic One File.

③ Caryn James. *New York Times*. sep. 30, 1994.

阻止了其真正问题的解决。”①对比中国后殖民批评把《活着》中的中国人的忍耐解读为美德式的道家文化，把电影的意指转向传统而小心翼翼地避开现实政治，西方批评的尖锐可见一斑。

在题为《中国电影导演克服压制的壁垒》的文章中，作者讲述了张艺谋和第五代电影人在中国遭受的限制和审查（包括写检查、扣护照、撤回奥斯卡委员任命、禁演等），肯定了第五代电影人在逆境中的反抗策略。文章赞誉第五代导演不仅受到了观众的欢迎，也赢得了西方一系列电影节的奖励，并赢得了批评界的认可，“中国完全代替了日本在远东地区电影业的卓越地位”。作者指出：“第五代导演赢得赞誉不仅因为他们富丽的电影技术而且因为他们新奇的甚至大胆的叙述风格，通过电影镜头赋予电影人物以同情并越过严厉的意识形态钳制，电影故事有力地讲述了人们与国内各种机制的压制作斗争的故事。”②作者认为，《菊豆》被禁演与电影对于当代中国政治的批判有关，张艺谋把电影故事的发生放置在 1949 年以前，这种策略避免人们把电影和当代现实相联系。作者指出：“相比《菊豆》和《大红灯笼高高挂》，对于官方的教条和机制的隐晦的批评在陈凯歌和张艺谋的《霸王别姬》和《活着》中更为明确，这两部影片追溯普通人挣扎于中国的连续的政治和文化革命。”作者分析了张艺谋的三部电影和陈凯歌的《霸王别姬》后指出：除了纯美和创意，有三个理由使得这些电影受欢迎。首先，他们乐于艰苦地探索人类的苦难。他们讲述的故事让我们明白，必须面对深切的人类苦难而不能堕入多愁善感和应急的暴力。其次，在他们尝试超越政府审查机构首选的刻板故事之时，这些电影工作者直面人类经验和真正的艺术而非残酷的意

① Rey Chow. “We endure, therefore we are: survival, governance, and Zhang Yimou's ‘To Live’ (analysis of Chinese filmmaker's 1994 film) (Ethical Politics).” Source: The South Atlantic Quarterly 95. n4 (Fall 1996): p. p1039 (26). From Academic One File.

② Patrick McCormick. Chinese filmmakers overcome a wall of opposition. Source: *U. S. Catholic* 60. n8 (August 1995): p. p45(4). From Academic One File.

识形态中的含混和复杂。最后，这些电影关注个人以及每一种压迫对于普通人的影响。作者认为，这些电影不像传统的中国共产主义电影，也不像大多数以俄狄浦斯情节构造的美国电影，张艺谋、陈凯歌和田壮壮投给人类苦难以同情而坚定的审视，他们不回避生活中的苦难，也不美化和浪漫化苦难，更不以暴力作为解决人类困境的手段。事实上，暴力在这些电影中是压迫者的工具或者短视的导致更多苦难的反应。

从这些评论看，西方除了肯定张艺谋电影的摄影、造型、音乐等方面外，更多的是文化政治的批评，即结合张艺谋的个人遭遇和当代中国的政治现实，把张艺谋的电影看做是对政治的隐喻性批判。对比可见，中西批评的旨趣差异甚大。中国大众以张艺谋走向世界成为一流，成为当代中国的文化英雄而欢呼；中国后殖民批评家拆解神话，认为张艺谋是按照西方的资本意图迎合了西方的东方主义而获得西方的认可；中国肯定性批评关注张艺谋的艺术手法和其对传统文化的批判，但小心避开其电影与当代中国政治的关联，而西方批评以电影直指现实，从电影分析走向政治批判。西方文化政治的批评好像句句都是对中国后殖民批评的回应与驳斥，证明中国的后殖民批评纯粹是主观的臆想。当代解释学告诉我们，文本的结构制约了解释的主观性。张艺谋电影文本的现实，一是在西方获奖，二是在中国受审查，三是被中西观众所欢迎。中国的后殖民批评忽略第二点，在没有直接证据的情况下揣测张艺谋在西方获奖的原因，以先在的后殖民理论去寻找张艺谋文本中的东方主义因素，这就过滤掉了张艺谋的现实的政治文化意义。而西方的文化政治批评把电影文本关联于当代中国政治，最为契合张艺谋的文本现实，因为，张艺谋电影文本的现实不是西方的现实，而是张艺谋本人、其文本主题以及文本的生产和传播所处的现实。张艺谋在中国的困境仍然是政治性的，西方的评论就是根据这一现实解读张艺谋的政治文化含义，而这一层面在中国肯定性的评论中是被小心释放，在后殖民电影批评中则完全阙如，相反，中国后殖民批评的肆意揣测时常令人惊骇，比如，张艺谋的出口转内销模式在中国后殖民批评看来是借西方的肯定，借中国人的崇洋媚外心理进而获得中国人的赞同，是一种功利主义的营销模式，但西方学者认为，张艺谋是因为其电影艺术的创新获得了西方的认肯，然后借此对当代中国的审查机构造成压力，在西方获奖是为了进入中国；中国后殖民批评认为，张艺谋以时空凝固化的修辞刻板化中国，其目的是为了迎合西方的东方主义认知，但在西方评论界看来，张艺谋电影中的时间的模糊化和空间的凝固化，是其意图批判当代中国现实而又成功地逃避电影审查机制所运用的有效策略。没有任何证据表明，西方接受张艺谋是在满足自己的东方主义优越感。基于政治文化语境的原因，中国当代批评家不愿意或者看不到张艺谋的文化政治意义，反而指责张艺谋的电影是在迎合西方，他们自觉地去除了后殖民理论的政治性，在自己编织的意识形态中自娱自乐，他们对权力噤若寒蝉或者故意视而不见，甚至把文本的敌对指向想象性的西方他者，这对于以理性和批判自居的知识分子也真是莫大的讽刺！当代中国的这一文化现象耐人寻味。

第三节　意识形态与批评歧途

在认定张艺谋早期电影是以自我东方化的方式表征中国之后，《秋菊打官司》的现实主义手法让一些评论家在这部影片面前成了普通观众，无法言说，其原因是，他们的阅读前见即意识形态化的后殖民批评在这部影片面前患了失语症：《秋菊打官司》既无传统民俗，又无闭锁空间，没有凝固化中国而在西方获奖。意识形态批评的症结在于，未看电影之前，已经存在着既定的批评模式，而后肆意去寻找张艺谋电影文本中暗合这种意识形态前见的因素，结果是以前见遮蔽了张艺谋艺术的全体。按照中国后殖民批评的逻辑，中国当代的文学艺术只要向西方展示本土民俗，只要在西方获奖，只要采取西方模式和风格就都是自我东方化，因为中国文化仍然处于弱势地位。问题的根本还是后殖民论者敏感的害怕被殖民的神经，那么，为什么当代中国的有些精英知识分子有着被殖民的焦虑？这种焦虑是如何形成的？它表达了当代中国文化批评什么样的症候？这些在20世纪80年代呼吁现代性、大力引进西方现代文学理论的旗手，为什么在20世纪90年代突然转变文化认知，以民族本位批评西方的现代性呢？

中国后殖民批评与“五四”时期的全盘西化或纯粹的文化本土主义不同，与1949年之后的封闭和夜郎自大不同，也相异于1979年之后的西潮，它是中国当代经济崛起、政治挫折、知识分子重新认识中国传统文化、在全球化语境中文化身份意识自觉的产物。文化崛起是百年来中国知识分子孜孜以求的梦想，在中国经济腾飞之时，中国文化的崛起成为知识分子更为自觉的意识，这样，张艺谋的国际化似乎就是中国文化走向世界的一个开端，事实上，中国大众正是这样认为的。但有后殖民理论储备、敏感于西方文化霸权的中国后殖民批评家却相反，他们认为张艺谋是在妖魔化中国以迎合西方，而张艺谋的迎合完全摧毁了知识分子的文化迷梦。这样，在否定了张艺谋之后，中国当代文化代言人的身份似乎应该落在敏感于西方文化霸权、有着清醒意识的后殖民批评家身上。中国后殖民批评家自称边缘化，但这个边缘化是相对于想象出来的西方中心，而不是处于民族文化内部的弱势。他们在民族文化内部并非边缘，而是试图获取中华崛起的民族文化代言人身份。此言非虚，我们在中国第三世界文学理论中看到了这种意向的明确表达。中国后殖民批评把张艺谋放置在国际文化语境中，而不是放置在当代中国文化内部看其文化意义，这样，张艺谋的艺术创新和文化政治的积极意义就无法呈现。后殖民批评者念念不忘跨国资本的控制性及其对于张艺谋电影的决定性，他们认为中国当下的主要矛盾来自西方，是全球化时代的西方文化霸权导致了中国文化的边缘化；中国当代经济的崛起应该提升和肯定中国文化的价值，中国没有获得诺贝尔文学奖，那是因为评奖标准和游戏规则都在西方掌握之中。但是，按照这种逻辑，如果中国真的获奖了，中国后殖民批评会说，那是西方的恩赐，是西方收编第三世界文化的策略，是西方殖民中国的新形态。中国后殖民批评就这样自说自话，前后矛盾，其深层是褊狭的民族主义的对抗心理，它以过度的敏感神经揣测西方，拒绝揭露中国的原始和丑陋，害怕伤及中国文化的强大，其背后是中国文化崛起的华夏中心文化观。在中国后殖民批评家看来，强势文化对弱势文化的欣赏必然是东方主义的窥视，弱势文化对强势文化的吸收则是自我东方化；弱势文化向强势文化输出自身是逢迎东方主义，强势文化输出自身则是文化殖民。中国后殖民批评反转了东方学家的逻辑，它抹杀了文化基于差异的交流互补，文化的一切交流都被以警惕的阴谋论的心态来看视。中国后殖民批评反映的是特殊时期中国知识分子的微妙心态，他们在中国经济崛起文化转型时期面对西方强势文化是既惧又傲：既想吸收西方文化（因为西方毕竟是强势）又惧怕强势文化的霸权（后殖民理论）；试图抗衡西方文化（中华性、重返世界中心）又对自身信心不足（中国文化处于弱势）。在中国后殖民批评家看来，西方对中国的否定是在妖魔化中国，而西方的肯定则是对妖魔化中国的掩饰，反正西方是不怀好心。这种自大又自卑的心态在张艺谋的电影批评中表露无遗。

中国当代的后殖民批评为什么要主观地臆测张艺谋在西方的接受呢？其原因：一是电影艺术本身为这种解读提供了可能。电影作为文化工业，需要国际资本投资，而国际资本的投资又以市场为导向，要获得大众的认可就必须制造视觉奇观和东方文化的他异性以满足西方人的窥视欲。二是中国当代知识分子作出"迎合论"判断有着深厚的历史和现实原因。百年文化屈辱的历史沉重地打击了知识分子对于中国文化的信心。中国在20世纪80年代打开国门后，发现了一个灿烂的世界和一个卑琐的自身，于是走向世界成为当代中国文化的情结，赢得西方文化的认可是去除边缘化身份重获民族文化自信心的最重要指标。但在后殖民主义引进中国后，当中国大众在欢呼张艺谋走向世界之时，作为批判型的知识分子似乎敏锐地发现了西方的意识形态阴谋。为什么中国知识分子耿耿于怀于张艺谋的"迎合"？按照汤林森的解释，知识分子对文化帝国主义最为敏感，他们时时在忧虑文化帝国主义对于民族文化的挤压。而在中国后殖民批评家那里，这种敏感似乎到了走火入魔的地步，我们看到，在中国后殖民电影批评的文本中，隐喻、象征、表征、想象等这些当代文学批评的时髦词汇被大量运用，后殖民批评家对于文本的肆意发挥超越了学理论证。

中国后殖民批评认为，张艺谋是以想象的他者为接受对象对于当代中国的想象性表征，张艺谋的电影无关于当代中国的文化现实，这样，中国后殖民批评在去除了张艺谋的文化政治意义的同时，暗示了本真的本土文化的在场。但是，在后现代的表征概念深入人心的当代，这些学者也无法提出如何或者谁能够表征中国，因为既然表征都是语言性的，都是镶嵌于权力之中的，那么，一切表征就都是歪曲，都不可能达到真正的中华性，这一结论又与后殖民批评家自身的民族文化代言人的意图相冲突。中国后殖民批评的解构主义难有文化建设的意义，因为，如果西方真的是在借张艺谋的电影东方化中国，那么，从中国立场赋予张艺谋电影正面的积极的意义以对抗西方才是最好的反击西方的策略，也是夺回自我阐释权和文化尊严的最好方案，但是，后殖民批评者没有这样做，而是在中西语境中对张艺谋都持否定态度，这就显示出其虚无主义缺陷。事实上，刚好相反，是西方批评界赋予了张艺谋正面的积极的文化意义。中国后殖民批评的“迎合论”纯粹是一种臆测，这种主观臆测与中国大多数对张艺谋持肯定性的看法不同，也背离了张艺谋本人的意愿，更缺乏西方的证据。如果说，一种伟大的理论都背负着一种伟大的伦理，那么，中国后殖民批评则只有巧智，相比萨伊德、霍米·巴巴、斯皮瓦克等人对底层的关注和现实的参与精神，中国后殖民批评家的凌空蹈虚、缺乏伦理关怀和现实参与意识则令人汗颜。

第三世界在现代化历程中，面临着民族主义和现代性的矛盾。基于遭受剥削的历史和当前全球化氛围中的弱势地位，民族主义幽灵一直徘徊在第三世界，但现代性文化的追求又是第三世界的宿命。在对张艺谋的评论中，中国后殖民批评家站在民族主义立场，而西方的批评则基于现代性视角。在我看来，第三世界民族国家在民族主义和现代性的交错中，应以现代性视阈为先，而中国的后殖民批评与此相反。中国的后殖民批评家没有在对话中理解西方，而是主观肆意地揣测西方，代西方发言，在这一问题上，他们类似于萨伊德所批评的西方的东方学家。中国后殖民批评家认同杰姆逊对第三世界文学的规定，他们处在东方学家的位置看中国，中国的电影文本就成为第三世界的民族寓言。被萨伊德反复批评的东方学家，却讽刺性地成为中国后殖民批评家的文化身份。中国后殖民批评家指责张艺谋迎合了西方的东方主义，但他们的批评实践本身就遵循了东方主义逻辑。中国后殖民批评把后殖民理论对现代性的反思和对西方文化的批判直接移植到中国，漠视当代中国的意识形态钳制对于电影所造成的致命影响，夸大来自西方文化的压力，把中国当代文化面临的主要矛盾说成是西方文化霸权，以民族主义的对外遮蔽了中国文化的现实困境。中国的后殖民电影批评罔顾西方的自我阐释，没有对话就没有视阈的融合。我认为，以解释学的视阈融合概念揭示后殖民时代的主体间性是不够的，因为视阈融合的客体指的是历史流传物的文本，而文本虽然也被加达默尔赋予了主体的地位，但文本毕竟不是人，它无法言说自身，在人和文本的对话中，人是矛盾的主导方面，这样的主体间性不是充分的，而东方学家与东方人之间、底层与精英之间、中国后殖民批评家与西方人之间都是人与人的关系。为了达到充分的主体间性，获得最高的解释学的真理，就必须尊重主体，让主体发声，在互主体的对话中成就新的视阈。东方学家的错误是客体化东方，中国后殖民批评家的失误是客体化西方，他们没有把西方人放置在主体的位置，在他们的批评中，西方没有说话，西方不能说话。没有听取对方的声音而妄下判断，中国后殖民电影批评必然陷入新的东西对立的窘境。

超越东方主义不是走向西方主义，不是以妖魔化回敬西方，而是真正吸收后殖民理论的精神和要义，把文化政治贯彻到本土文化的批评之中。在全球化语境中，中国知识分子特别要警惕自卑（怀疑西方在贬低自己）又自傲（本土文化优越论）的心态，要放弃知识分子的职业敏感，从普世主义立场看视文化交流，通过全球各文化主体间的对话，通过多视阈融合出新的语境和胜景。去除后殖民时代的矛盾褊狭心态，直面当代中国文化内部的差异和矛盾，为边缘人群的发声尽到知识分子的伦理责任，而不是以文化帝国主义为假想敌，这才是中国后殖民批评的正途。

第四章　文化交流与文化过滤：重建中国后殖民批评

第一节　知识生产与文论危机

长期以来，我们文学研究的重点是阐释文学经典的普遍价值，发掘其塑造人的灵魂建构民族精神的正面意义，文学的认识、审美和教育功能被无限推崇。另外，意识形态批评又把政治狭隘化为服务于阶级斗争的党派政治，把文学的意识形态性简化为文学与政治斗争的关系。在后殖民理论之后，文学研究应该揭示文学隐秘的权力构成，文学的意识形态性必须被赋予新的含义。经典文学并不是超越于具体的政治文化之上的漂浮的东西，而总是意识形态的一部分，政治也并不只是狭隘的党派政治，而是包含了性别、种族、民族、阶级、阶层于其中。文化政治关注权力运作，而“权力在形式上经常显得在我们周围无处不在，它寄居在阶级结构、种族等级或男女之间制度化的安排中”①。意识形态与阶级具有决定对应性的观点必须加以修

① 阿雷恩·鲍尔德温等：《文化研究导论》，高等教育出版社 2004 年版，第 131 页。

订，因为“阶级和意识形态之间的关系是偶然的和语境化的，不存在与阶级相适应的意识形态……意义的模式不能被还原为潜在的政治和经济结构”①。因此，应把文学与广义的微观权力联系起来，分析文学与意识形态的复杂关联，在此，萨伊德的“感情与参照的结构”的分析西方经典文学的东方主义意识形态内涵的方法是一个典型范例。在福柯的知识考古学、布迪厄的知识社会学和萨伊德的后殖民主义文化批评之后，审美主义文学批评再也不可能被坚持，文学的政治权力关联必须被揭示，因为在文化批评看来，新批评的审美主义文本分析恰恰掩盖了很多东西。作为美的艺术，文学确实具有审美的非功利性和超越性的一面，但这种审美趣味的普遍性很可能只是某一权力阶级的趣味但却冒充普遍性，这就掩盖了弱势群体的文化伸张和正义诉求。文学理论要想站在思想解放的前沿而不只是满足于提供体系性知识就应走向文化批评，文学的文化批评援引西方近半个世纪以来的思想资源，更新了文学研究的问题域、方法、立场和观点，如性别、阶层、种族、文化抵抗、自我阐释、文化混杂等文学批评的新概念就是传统文艺社会学和审美主义批评所无法提出的。曾经在中国学界风行的文艺社会学是特殊时代的文学理论，是斗争哲学和战争思维的产物，其社会背景是计划经济和集权统治，它要求文学为社会斗争服务，为无产阶级解放服务。文艺社会学按照经济基础/上层建筑的社会构成理论定义文学的社会反映性质，进而找出具体作品的阶级意识形态性。至于某一文学作品是如何构成意识形态的，这种意识形态与某一阶级的利益关系及其对于臣属阶级的影响等问题都没有得到说明。与传统文艺社会学一样，文化批评也认为文学是意识形态性的，是权力斗争的场所，但两者的差异多于相似。全球经济一体化所导致的文化冲突、社会分层、性别斗争、话语争夺、传统与现代、东方与西方等文化问题的凸现必然给文学的文化研究提出新的问题。比如被统治阶级能够发声吗？他们有自己的文学吗？不

① 阿雷恩·鲍尔德温等：《文化研究导论》，高等教育出版社 2004 年版，第 41 页。

平等仅仅是因为政治经济而无关文化吗？除了物质性的国家机器，统治阶级的权力还表现为话语权，表现为被统治阶级对这种话语权的认同而不是批判，那么统治阶级是如何运用语言符号以使自己的统治合理化的？臣属阶级在语言文学上是如何解构间离霸权话语的？这些问题是传统文艺社会学不能提出也无法解决的。如何解决这些难题，后殖民理论给了我们有益的启示。在后殖民理论看来，文化并不是附属的，文化本身就是物质性力量，在文化研究之后，文学理论不再在世界、文本、作家、读者四个维度徘徊，而是走向文化政治，走向社会批判。其实，这正好契合了20世纪80年代中国美学文学理论的优良传统，即美学文学理论应具有先锋性、思想性和社会关注性。后殖民理论强调文本的政治化，致力于寻找文本背后的政治关联，但我们必须明白，文本政治并不等于现实社会的政治，现实的政治斗争并不能在文本世界里完成。我们要通过文本政治塑造人们现实的政治感，把文本分析与政治主体的塑造结合起来，从而实现文化研究的政治诉求。

当前，中国文学理论到了求新求变的危机时刻。一方面，人们对现有的文学理论不满意，另一方面又没有找到普遍认可的文学理论书写范式。理论上，英国文化研究学派的输入，现实生活中，日常生活审美化、图像阅读、大众文化、电子媒介的兴起等等，都在冲击着原有文学理论的阐释限度。本书不打算提出新的文学本质假说，也不打算提供新的文学理论书写模式，而仅以具有代表性的中国当代文学理论文本为案例，通过对文学理论的书写体例和知识生产的考察，为文学理论的创新提供若干参考。

一、过渡时期的文学理论

文学研究的推进最终表现为文学新思想的提出。在中国，新的文学思想往往通过文学理论教材的写作表现出来。一种文学观写进了文学理论教材，在一定程度上说明这种文学观获得了体系性和成熟度而可以真理的面貌加以传授。那么如何评价一种体系性的文学理论教材呢？我以为，一是从宏观方面看其入思方式和问题构架，二是从微观方面看其具体观点和阐释视阈，三是重点分析其核心命题。从这几个方面检视，一种文学理论的意义和局限就可呈现出来。童庆炳主编的《文学理论教程》(以下简称“童本”)跨越20世纪80年代末和新世纪之初，印行量大，影响广泛，是中国文艺学界具有时代意义的代表性论著。下面试图从以上三方面分析这本标志性的文学理论教材。

首先看目录。第一编为导论：以中国化的马克思主义为思想资源按宏大叙事方式奠定文学理论的哲学基础。第二编为文学活动：在社会系统中看文学，比较文学活动与人类其他活动的差异，定义文学之本质为审美意识形态。这两编篇幅为98页，占全书的1/4，可见作者对于文学性质及其与社会系统关联的重视。在以马克思主义哲学观解决文学与世界的关系问题后，作者以经典作家的文学活动概念和艾布拉姆斯的文学活动四要素布局文学创作、文学作品和读者接受几大块，这就是第三编、第四编、第五编的内容。

从整体布局可以看出该书的思维特点：从经典作家的文学思想出发，结合文学活动的四要素说，文学理论的理论范式和问题域就此奠定，文学理论的细节就在这一体系中展开。哲学思想的逻辑起点决定了这种理论体系的基本构架，中西文学思想成为论证其基本命题和概念范畴的支援。我们看到，该书一方面放弃了前此中国学界图解经典，完全按照经典设定理论问题的做学方式，另一方面又大体继承了蔡仪主编的《文学概论》(以下简称“蔡本”)的基本模式，这就要涉及本书的问题框架。

对照蔡本，可以发现，童本目录变化不大。蔡本共九章，第一章，定义文学：文学是反映社会生活的特殊的意识形态。第二章，文学在社会生活中的地位和作用：在社会系统中看文学的功能和性质。第三章讲历史：文学的发生和发展。第四第五章讲文学作品，内容和形式、种类和体裁为核心范畴。第六第七章讲文学创作。第八第九章讲文学欣赏和批评。其总体思路是，按照经典作家的文学思想在社会大系统中从文学与世界的关系定义文学，然后讲文学创作、文学作品和文学接受。童本问题构架与此相同，第一编为导论，谈文学理论和马克思主义文学理论的基本原则；第二编为文学活动，从经典文献出发定义文学；第三编讲文学创作的性质和过程；第四编讲文学作品；第五编讲文学欣赏与批评。仍然是按照经典作家的思想在社会系统中定义文学，然后讲文学活动从创作到作品到接受的系列流程。

再看思想来源。思想来源一方面表明了作者的知识结构和思维空间，另一方面，思想资源本身也限定了作者看问题的视阈，所以思想来源一定程度上可以反映这种文学理论的思维取向、对文学理论问题的透视能力以及解决问题的可能限度。思想资源可以从宏观和微观两个层面来看。从宏观构思和目录中的关键词分析，作者的思想来源主要有三个，一是经典作家的文学思想，二是艾布拉姆斯的文学活动四要素理论，三是 20 世纪初期的俄国形式主义和英美新批评的文学审美特性理论。该书的核心范畴是审美意识形态，这一文学定义是苏联学者和 20 世纪 80 年代中国学者所得出的关于文学本质的共识，它一方面坚持经典作家的文学规定，另一方面强调文学的审美属性。从微观层面，我们可以从该书的引文看其思想构成。查看童本，全书注释共 548 个，具体分布如下：经典作家马克思、恩格斯、列宁、毛泽东共 109 个；西方古典作家（20 世纪以前）131 个，其中引用率最高的依次为黑格尔（引用 24 次，除一个注释外其他都来自《美学》）、别林斯基（17 次）、高尔基（7 次）；中国作家中引用最多的是鲁迅，27 次；20 世纪西方作家被引用 76 次，其中一部分为苏联作家；剩余大部分为中国古典作家，中国现代理论引用很少。从这一统计看，许多问题得以明了。第一，从结构看，该书以经典思想奠定理论框架。第二，考虑到前此中国特定的时代氛围，鲁迅和高尔基显然是意识形态时期的理论依据。第三，黑格尔和别林斯基是现实主义文学理论的代表，也是中国特殊时期文学观念的知识来源。考虑到现实主义曾经是中国文学理论界的权威话语，对其的特别关注也就不难理解。第四，除了经典作家，西方古典作家是理论的主要来源，其次是中国古典理论，20 世纪西方文学理论占据次要地位。西方古典理论又集中在现实主义文学理论，如黑格尔、普列汉诺夫、别林斯基、列夫·托尔斯泰等人。综上可知作者的理论支援和做学方式：以近代西方的认识论哲学和现实主义文学思想为资源按照中国传统的注经方式撰写文学理论。

最后看书写模式。书写模式指的是文学理论教材形式方面的特征。在这一方面，各类文学理论教材表现了独特的书写个性。童本按照艾布拉姆斯的文学活动四元素理论构造文学理论问题，从经典作家的思想推演出文学的基本规定，然后按照体系性文学理论的要求，结合文学作品，阐释文学理论世界一作家一文本一读者四个方面的规定性。该书中，哲学观念是先在的，理论是先行的，文学现象是附属的，理论构造遵循逻辑演绎的原则，文学现象基本上只是文学观念的印证。这种模式继承了蔡仪《文学概论》的书写体例，只是在对经典的依赖程度上有所减轻，对新思想的接纳有所增强。追求体系的完备性、逻辑的严整性、学术的创新性、理论与文学现象的结合是这一类文学理论的书写准则。童本以经典作家为依托，吸收了当代西方的部分的文学思想，这就使其摆脱前此文学理论教材的左的倾向成为可能：文学不仅仅是意识形态，还具有审美的属性。我们看到，“审美意识形态”这一规定比蔡本“反映社会生活的特殊的意识形态”更贴近文学本身，文学独特的审美属性得以呈现。

作为体系性的著作，我认为从思想来源、问题构架、观点阐释等层面，就可看出这种理论体系的阐释限度、理论意义和价值取向。从这几个方面看，我认为，这是一本过渡时期的文学理论，它体现的是从计划经济到市场经济，从民族国家到全球化语境，从文化战争到文化建设，从现实主义文学理论到文化论文学理论，从意识形态文学观到现代性文学观过渡阶段的文学思想，此前的代表性著作是斗争哲学主导下的意识形态浓厚的蔡本《文学概念》，此后则是以当代西方文学理论和中国古典文论为思想资源，致力于解释当代中国文学现象的文学理论。大体而言，该书的思维模式一方面具有明显的意识形态时代的印记，但又吸收了 20 世纪 80 年代初期的理论成果；一方面部分接受了当代西方的文学理论资源，但又没有面对 20 世纪 90 年代初期以来的中国现代性工程的巨大变化，没有解释近二十年来中国文化转型以及文学现象文学理论的新现实。具体而言，该书的过渡性表现在如下几个方面：一是其做学方式。作者的理论构造不是从文学现实出发，不是从中西文学理论的基本文献入手，而是来自对经典的阐释。作者首先构造经典作家的文学思想体系，然后以经典文献为依据布局文学理论问题域。这种做学方式是典型的中国古典注经阐释方式，在20世纪后半期曾经主宰中国学界。二是其文学思想的哲学根基是近代机械唯物主义哲学。由于时代原因，长期以来，中国马克思主义的阐释具有浓厚的西方近代机械唯物主义哲学的痕迹。这种哲学以主体客体的对立为思维前提，以主客体的认知关系为基本问题，其在文学理论上的表现就是现实主义文学理论。随着对马克思主义以及中西哲学研究的深入，这种思维方式渐为学界所摒弃，附着在文学理论上的认知迷雾也被逐渐去除。三是从文学观念看，审美意识形态这一文学规定一方面依托经典，另一方面反映的是20世纪80年代初期为了纠正左的文学观而对文学审美属性予以重视的理论氛围。随着文学现实的发展和新的理论问题的提出，这种文学观逐渐现出其阐释局限。四是从知识结构来看，西方20世纪特别是后现代文学思想没有吸收进来，中国古典文学理论的创造性运用也还没有提出。五是从文学理论的问题域停留在20世纪80年代，文学的文化性、文学媒介、文学语言等文学理论的新问题没有纳入理论体系，文学文本还遮蔽于意识形态性的论述中。

一种文学思想背后的理论根基是哲学美学观念，即人们的认知模式和世界对人们的显现图式，正是这种模式决定着人们对包括文学在内的一切文化现象的认知。因此，把握文学思想的哲学根基对于我们认识评价这种文学观至为重要，而作者的哲学美学观就表现在文学理论的核心命题、文学理论问题的组织方式、文学理论的思想来源等方面。在哲学观念上，童本坚持宏大叙事，其对马克思主义的理解反映的是20世纪80年代的思维成果，这种理解是近代哲学而不是现代哲学视野中的马克思主义，它没有依据近十多年的巨大变化重新阐释经典，甚至停留在口号和套语上。在美学观上作者认肯实践美学，认同艺术起源劳动说，坚持实践美学关于审美主客体、艺术真实、真善美的关系等思想。劳动说是实践美学的基本观点，也是一定时期神化劳动的意识形态的反映。今天看来，文艺起源问题需要更多的考古学和人类学的实证研究，劳动说只是各种假说之一，在解释艺术起源问题上它并不比其他学说有更多的说服力。

在评价体系性的理论著作的时候，关键词分析是一个有效的方法。关键词指的是论著的核心命题、范畴和概念，正是这些命题范畴概念组成了文本网络之焦点。关键词像城市的街道和大地的河流，把文本的论域贯通起来。关键词分析方法的根据是，每一时代都有自己的对文学活动的思考，这些思考以范畴概念的形式表达出来，而一定概念和范畴的含义是相对固定的，是这一时代的人们赋予的，所以从关键词就可以看出这个时代的文学思想。后一时代为了创造新的文学思想就必须创造新的关键词，原有关键词或者因为是假命题而被弃之不用，或者因为是意识形态而不是纯粹知识而被排除，或者其内涵以新的形式转化到新的范畴概念中去。下面，我们就从作者所选取的关键词对其文学思想及其阐释限度加以分析。

在第三编文学创作部分，作者拟订的问题是文学创作的主客体关系、艺术真实及其特征。在论述这些问题时，作者认肯了中西文学理论为反映论和表现论两大传统，这表明了作者在哲学观念和文学思想上的古典模式。

把中西传统文学理论界定为表现论和再现论是中国 20 世纪 80 年代的普遍认识，这种观点背后的思维方式正是西方近代认识论和列宁的反映论哲学，它以主客体的关系为问题框架，以主客体的统一为最高目标，客体的规律性、主体的能动性以及主体改造客体的可能性是其基本的哲学问题。这种哲学观表现在文学理论上就是以社会现实为先，社会的本质规律制约着文学艺术的反映，于是，文学反映的独特手段和思维过程就成为文学理论的基本问题。由于坚持主客对立和分离的思维方式，在文学理论上，以客体为本就是现实主义的再现论，从主体出发就是抒情性的表现论。在中国特定时代由于对唯心主义的恐惧，主体表现被排斥，现实主义文学被推崇。现实主义文学理论的基本主张是，艺术真实来源于高于现实真实但不可违背现实真实，而文学艺术又有自身的逻辑，这就有了文艺学家不厌其烦地对文学真实与现实真实的关系的讨论。我们看到，该书第八章就是这样思考和解决文学问题的。第八章的标题是《文学创作的审美价值追求》，第一节：艺术真实。这一问题分为三个层次：认识与艺术真实；艺术真实的主要特征；艺术概括。作者首先把文学创作定义为了解、反映和阐释对象世界的认识活动，然后在与生活真实和科学真实的区分中定位艺术真实。艺术创作的目的是作家通过个别反映社会生活的一般，因此，以个别反映一般的艺术过程成为核心问题。可以看出，这种文学观具有浓厚的现实主义文论的痕迹。现实主义文学思想只是西方文学理论思潮上的一个阶段一个流派，它是近代认识论哲学和科学理性精神影响文学的产物，其理论缺陷在于，文学活动被等同于认识活动，艺术家被等同于社会学家。现实主义文学主张严格遵循客观规律，反对主观随意性，但它忘记了一个基本事实即作品是作家写的，作家对现实的认识和情感态度决定了作品反映现实的深度和广度，因此不存在什么客观的对社会本质的反映，而该书坚持的文学观恰恰就是，艺术是对现实真实的模仿和反映，文学反映与科学反映的本质一样，其差异在于，前者具有假定性、主观性和诗艺性。

在 20 世纪西方哲学对唯物唯心的对立予以解构之后，在语言学对语言的能指和所指加以区分后，人们发现，作为修辞性的语言艺术，文学根本不指向外在世界（形式主义、新批评），文学语言在世界中并没有对应的图式（分析美学），文本之外别无他物（解构主义）。因此，文学语言只是在能指链上滑动，文学遵循自己的逻辑，文学反映客观的生活是一个假命题，文学理论不必纠缠于艺术真实与现实真实的关系问题。显然，童本的思维方式仍然是近代哲学的，这才有主体客体、个别一般、艺术真实等这些近代思维所产生的概念。在近代哲学那里，主体和客体是对立的，这就有主体对客体的介入以及主体和客体统一的要求。文学创作如何统一主客体？答案是通过个别反映一般的形象思维。由于思维方式的局限，在这种文学思想中，文学作为语言艺术的特点没有被突出。在该书中，文学语言总是指向形象或意蕴，文学语言是通达形象和意味的媒介，文学语言的独立性及其审美层面没有得到分析。这种思维具有浓厚的黑格尔主义痕迹，在黑格尔那里，文学语言是形式，形式指向作品的内在意蕴即理念。美是理念的感性显现，文学以语言形式显现背后的理念内容，理念才是根本的具有决定意义的语言形式的所指。

在真善美的关系这一哲学核心问题上，作者认肯真善美的统一，提出了历史理性、人文关怀和文体创造三个概念并论证了三者的统合。第四章在“对文学的审美意识形态属性的表现”的分析中，作者所选用的无功利与功利、形象与理性、情感与认识等概念都来自德国古典美学。真善美的统一是古典哲学命题，康德的三大批判就是致力于论证这三者的统一。近代理性主义哲学认为，理性创造了现实之真，艺术之美要反映现实之真并反作用于现实社会，从而实现善之追求。现实主义文学的表现形式是批判性，其哲学根基是理性主义，它坚信现实社会的丑陋是违背了人类理性所致，经理性批判后，人类就可以实现理想王国。但在审美现代性看来，文学作为艺术创造与现实的关系是间离的、否定的、批判的，现实生活本没有美可言，美存在于超越现实的审美活动中，艺术根本不反映现实生活的美，审美乌托邦构造了人类理想的生存图景，这就是存在主义、西方马克思主义、唯美主义等现代美学的基本主题。在现代美学那里，美与真善的关系发生了断裂，其断裂的根源就是文化现代性的发生。在这一问题上，该书表现了作者的古典主义美学思维，正因如此，该书极少引用现代主义文学作品。

第八章论形式创造部分作者借用了黑格尔的内容和形式范畴，并以黑格尔的基本思想解释文学形式问题。在黑格尔哲学里，内容是理性本质，形式是感性现象，内容决定形式，形式反作用于内容。内容形式这对范畴的局限性表现为海德格尔所批评的古典哲学的横向超越，即在本质/现象、必然/偶然、一般/个别、内容/形式的对立中，前者决定和派生后者，是事物存在的本质。在俄国形式主义和新批评之后，文学形式的存在方式和存在功能必须予以重新认识。在20世纪西方文论看来，文学作品的形式是语言，形式就是内容本身，没有超越语言以外的内容，不是先在的意义需要表达，而是语言本身构造了文学意义，形式和内容的划分不过是人为的抽象。

第十三章论述文学风格，其基本观念和解决模式来自古典作家。风格是古典文学理论范畴。为什么20世纪西方文论不再谈论这一范畴？因为风格最表面的效果以及最终的落实都在文学语言上。在20世纪西方哲学之后，人们认识到，风格实际上就是语言修辞，而20世纪西方文论正是着力于文学的语言研究，风格的这一层面的含义就转化到当代文学理论的语言论之中。传统风格概念的另一层面是风格即人，即文学风格是作家本人的映现。但在作者被宣布“死了”以后，作家不再是文本意义的来源，风格概念的这一层面就被摒弃。由于知识结构停留在古典文学思想方面，对20世纪西方文学文本理论缺乏深入的理解，作者在论文学的构成层面时只能选取风格这一范畴并延续其古典内涵。

对于体系性的论著而言，作者的知识结构、话语方式、理论命题最典型地表现在一系列概念范畴的运用上。从关键词分析，该书反映的是20世纪80年代中期的文学研究成果。作者的理论资源和知识结构主要为中国式的马克思主义和西方古典文论，当代西方和中国古典文论点缀其中，哲学美学观念具有浓厚的古典性，现代和后现代哲学美学文学理论的思维方式和理论命题还没有进入其理论视野。个别与一般、现象与本质、情感与理性等是这种文学理论的基本概念，主体和客体的关系、实践活动、认识活动和审美活动的关系、形象思维和抽象思维的关系、审美的无功利性和客观社会性的关系、表现与再现的关系等是这种文学理论的基本问题。文学被放置在世界的层极结构中予以审视，文学语言问题还没有被突出；文学依附于科学、哲学、社会物质生产等网络中，文学文本没有被呈现；新的相关学科知识如传播学、人类学、社会学、符号学等还没有被借用；当代文学新现象如文学的商品化、大众文学、文化批评、审美现代性等基本没有论及，这就使其理论价值和阐释效力具有相当的局限性。

四元素理论似乎囊括了文学活动的各个方面，但童本的问题意识现在看来比较陈旧。文学与意识形态、文学的文化研究、文学话语、文学与身份问题、性别批评等新近的文学理论问题为什么没有被纳入这一体系呢？仔细分析发现，文学活动的四个部分看似全面，但四方面只是文学活动的大原则，在这大原则之下，如何安排选定文学理论问题则具有很大的伸缩空间，是固守旧的文学理论问题还是吸纳新的理论资源，如何选取，都有赖于作者的知识结构和理论触觉。比如文学的文化研究、文学的身份问题等可放置在文学与世界的关联之下，文学话语可放在文学文本部分，文学意义可放在读者接受部分等。童本陈旧的原因在于，一是在大原则之下没有把新近的文学理论问题纳入其中，二是这种书写体例以经典思想的演绎为根本，文学观念是先在的，是内涵于经典之中的，文学作品文学现象是用来论证文学观念的，这就产生了其对于新的文学现象的疏离和冷漠的弊病。也就是说，作者不是根据变化了的文学现象，在新的文学现象的基础上提炼文学思想，而是从先在的哲学观念推演文学的一般规定，文学思想的生长点就失去了重要源头，文学理论也就失去了变革的推动力。

一种文学理论失去了对现实的文学现象的阐释效力之后，就可能成为保守的意识形态。在马克思主义那里，意识形态是一个具有巨大批判力量和深厚人文内涵的概念，马克思认为，意识形态是统治阶级的思想，它总是掩盖或扭曲社会的现实关系，它利用传统通过教化手段达到合法化自身统治的目的。在此基础上，葛兰西提出文化霸权概念，阿尔都塞则把意识形态与个人的存在联系起来。当然，童本并没有有意识地去维护某种权力话语，但它在客观上却具有意识形态性，其原因，按照语言学的二分法，是其概念和范畴只有能指没有所指，它们无法面对当下新的文学现实。比如，第三章论文学活动的发展和第六章论精神生产与物质生产部分，作者认为，文学的发展动力是劳动，是社会经济最终决定了文学的发展变化，虽然文学作为意识形态具有相对独立性。这一观念曾经被中国文艺学界普遍认同，但它无法解释西方现代艺术的发生，也就是说，西方现代经济发达，但不能以此解释现代派艺术的繁荣或衰落，只有从审美现代性的角度才可以理解现代文学。实际上，一方面经济决定文学艺术的观点与马克思所说的不平衡现象相矛盾，另一方面经济根本不能决定文学艺术的历史发展和审美价值，因此这种所谓的决定论就没有什么意义。由于没有面对新的文学现象，更没有创造新的概念范畴来表述新的文学现实，作者的许多论述在今天的文学和文化现实面前显得极其乏力，请看第118页的一段话："在我们看来，作家一旦从属于资本，一旦被他人如书商所雇佣，以赚钱为目的，他就丧失了部分主体性，就不是文学创造的完整主体了。在社会主义时代，艺术创造的根本目的不是为了资本，艺术家、作家、诗人和工人、农民都是国家的主人，不是雇佣劳动者，他们的职责是努力为人民提供真善美统一的精神产品，因而他们是真正的艺术创造的主体。"在文学已经商品化的今天，在消费已成为影响文学创造的重要因素的今天，在中国社会已经分层并充满了阶层差异和对立的今天，这一表述显得异常苍白。

审美意识形态是本书的核心命题。这一定义在坚持经典作家文学思想的同时，也与当时特定的文化语境相关，它的提出是对前此政治化的文学教条的反驳，文学的审美属性被突出。审美意识形态这一规定仍然按照传统文学理论的内容/形式二分法组接，文学形式是审美的，文学内容则划归意识形态。这一定义没有揭示文学作为审美创造的批判性和超越性，因为在它那里，审美只关系纯粹的形式即文学的外形式和内形式，它是意识形态内容的载体，这种形式观与康德的审美形式主义关系密切。但是，文学作为人文意识并不一定是某种意识形态的反映，比如现代派文学就不能说是资产阶级的意识形态，它不是维护资本主义社会，而是批判否定这种社会现实，其形式也不是审美性的修饰，而是本身就构成了反对现实的批判否定性力量。审美意识形态理论中的意识形态概念的内涵是两大阶级的对立，是左的意识形态时期斗争哲学的表现。在文学研究中，意识形态批评最终的落实是具体的文本分析，这种分析必须揭示现实社会中各种权力的博弈，这一点在主张审美意识形态的学者那里显然没有做到，他们只是以这种理论指出文学是某个阶级的意识形态，但这种研究在今天无济于事。现在的中国和西方，社会阶级阶层不是分裂而是分化又组合，对抗性的阶级斗争不是社会的主要矛盾，文化融合和阶级共存成为时代主题，意识形态理论内含着斗争意识，这显示出其对于现实的滞后性。审美意识形态没有反映今天的文学现实，它无法解释文学的文化性、文学的商品性和消费性、文学的媒介层面、电子文本的存在意义等新的文学现象，更没有阐明文学作为语言艺术所具有的最根本特点，它甚至没有把语言艺术与其他艺术形式如建筑、雕刻等区别开。文学理论的生长点是现实的变化了的文学现象，现实的阐释效力才是这种理论的合法性所在，我们不能因为自己的观点以某种神圣理论为依托就认为其自然获得了合法性。

中国 20 世纪 80 年代的文学主流观念是意识形态、学人知识结构、文学研究范式的变革、文学特性等多方势力博弈的结果。审美意识形态这一规定之所以在思想解放初期获得普遍认可，一方面是其保留了经典论述而取得了权威意识形态的支持，而且，审美意识形态突出了文学的独立性，否定了前此的工具论文艺观，这正好与政治上的拨乱反正相契合；另一方面，对文学审美特性的强调也是此时西方特别是俄国形式主义和英美新批评文学思想引进的结果，它满足了文艺学研究者摆脱政治化的文学研究模式、回归文学内部研究的要求。这样，政治意识形态和学者有限研究空间双方妥协的结果，就是审美意识形态这一规定获得了多方的认肯。审美意识形态这一文学思想在上一辈学者群中达成一致，这个现象本身就意味深长。首先，这一文学规定不是学术自由竞争的结果；其次，上辈学者在形成学术共同体的时候，本身也自觉地折服于权威意识形态，不然，对于文学这么复杂的人类生命现象，这一定义怎么能在那么长时间里获得众人的支持呢？学者的学术个性到哪里去了呢？我们看到，在 20 世纪 90 年代文艺学界争取到了相对多元化的学术空间之后，文艺学的研究模式就呈现出多样化趋势。从学术本身的演进来看，我们只有一个标准，就是看审美意识形态相比前此的文学规定是否推进了文学研究，是否给文学提供了更多的东西，是否更深刻地揭示了文学的奥秘，回答应是肯定的。审美意识形态突出了文学的艺术性，反对了前此政治性的工具论文艺观，为文学的独立性赢得了一定的空间。但是，在中国正式纳入全球资本主义体系、去除意识形态论争、致力于经济建设、文化学术深刻转型的今天，审美意识形态这一规定无法解释今天的文学艺术现象，因此，反对这种文学观点就是必要的了。

相比前此的文学工具论，审美意识形态这一命题对于文学审美属性的强调无疑是一个进步，审美意识形态的阐释背景是阶级分析方法和阶级斗争理论。事实上社会分层正是当下中国的现实，但这一命题为什么对中国现实无法言说呢？原因是其没有根据变化了的现实，没有根据西方意识形态理论的新发展更新自身。今天的中国是否还存在马克思时代的两大阶级的对立、社会各阶层是否形成了自己的文学、社会底层是否能够发出自己的文化声音等都是有待分析的问题，而意识形态分析不与具体的权力机制相结合就只能是泛泛之论。值得注意的是，意识形态理论的根据是社会阶级斗争，而作者在书中是认肯中国现代化建设的，这就在思想资源和文本现实之间产生了错位。意识形态分析是当前最为盛行的文化研究的基本方法，但在审美意识形态命题中，文学的意识形态性因为没有西方马克思主义、后现代思潮、文化研究等理论支撑而停留于静态的文学定位。更严重的是，这种文学观本身就可能沦为某种意识形态，我们看到，该书第五章对权威话语的合法性论证就是文学理论人文性失落的表现。今天的意识形态批评不去揭示现实的权力格局，不去触动文本背后的霸权机制而只满足于给文学贴标签就只能沦落为苍白的说教。

作者认为，审美意识形态论是马克思主义文学理论的基石，但按照经典作家构造的文学理论却没有现实的阐释效力，原因何在？这里涉及如何面对经典的问题。中国学术的传统是注经，就是通过对经典的阐释，在经典的面罩下曲折地表达自己的看法。我们看到，该书的做学方式，是到经典著作中寻找文艺美学的相关文句，然后从中抽绎出理论命题和概念范畴并以此作为文学理论的基本问题，正是这种构造方法造成了理论的因袭性和惰性。西方马克思主义的研究方法值得我们借鉴，与中国注经式做学方法不同，西方马克思主义者根据变化了的社会现实去重构马克思主义，并以其他思想流派发展马克思主义，在理论的生长动力上，他们以社会问题而不是经典视阈为根本，正是如此，西方马克思主义在赋予经典以生命力的同时创造了新的思想流派。在文学理论与经典的关系问题上，我的意见是：第一，文学理论的生长点是现实和历史的文学现象而不是先验的理论体系和经典文本。第二，经典是历史建构的产物，经典的视阈限制了阐释者的视阈。我们只能根据变化了的现实赋予经典以新的生命，不能把经典非历史化，经典只能为阐释文学文本服务而不能以文学文本是否符合经典去展开论证。第三，经典一旦被奉为绝对真理就变成教条和意识形态，这就失去了文学理论的人文性和批判理性精神。

在当今的批评理论界，意识形态是一个重要的美学概念。如果对审美意识形态加以改造，这一20世纪80年代的批评理论可能与新近的文化研究思潮发生关联。事实上，阶级分析方法是文化研究的一部分，传统马克思主义和西方马克思主义也被文化研究、后殖民批评等思潮所吸收。文学是意识形态这一规定并没有错，问题是，并不能仅仅说了就完事，关键要分析具体的文学是谁的意识形态，它反映了哪个阶级哪个阶层的意识形态，被统治的边缘阶级是如何被编码进这种意识形态的，是谁掌握了表达意识形态符号的权力。我们要做的工作是进一步揭示文学与意识形态的复杂关系，比如文学是如何摧毁一种意识形态的，是如何建构另一种意识形态的，这种建构是通过什么方式实现的，它与主体的心理意识乃至无意识的关系如何，在意识形态后面，文学文本与具体的权力结构是如何关联的等等，缘此，意识形态理论才可能展示其犀利的批判性和深厚的价值关怀。我认为，借鉴晚近的西方语言学和心理学以及西方马克思主义，审美意识形态理论可能会产生其现实的阐释效力。

作为对文学现象的理性思考，作为文化系统中的组成元素，作为社会生活的风向标，文学理论必须随着时代的变化而不断地重新书写。20世纪90年代后，中国被正式纳入世界性的现代化工程，中国学界对西方文化现代性的理解突然因自身的现代性处境而获得了感同身受的体认，现代性成为中国学界看视问题的基准。在学界对西方现代和后现代思潮研究的日益深入以及对中国古典文学思想的大力发掘之后，在文学现象发生深刻变化之后，我们的文学理论应该创造新的言说方式。从当代文化语境看童本《文学理论教程》，思维方式和问题意识的陈旧、对文学新现象的漠视、文学文本的被遮蔽等缺陷就突显出来。因此，一种建基于新的哲学观念、创造性地运用人类的文学智慧、重新组接文学理论基本问题、伸张文学理论的批判理性精神、致力于解释新的文学现象的文学理论读本就值得期待。

二、中国文学理论

文学评论视角的演化、文学批评理论的推进、文学理论教学和研究的成就最终表现在文学理论新说的提出上。文学现象的不断发展、哲学美学观念的演进、对文学传统的重新认识、文学研究范式的变化等构成了重写文学理论的根本动力。王一川的《文学理论》(以下简称“王本”)正是依据变化了的文学现实锐意重构文学理论的一本原理性教材，具体说来，写作这本书的学术背景有这么几点：一是反本质主义思维方式在学界的流行。随着后结构主义和后现代主义研究的深入，宏大历史叙事逐渐退出学术舞台，包括文学理论在内的理论研究再也不需要在一套社会整体叙事中言说对象。中国的本质主义思维表现为从一套关于社会结构的整体叙事出发，把研究对象放在社会系统中加以定义定性，这一运作模式往往无法解释变化了的现实，研究对象的多重属性被遮蔽。反本质主义表现在文学研究中就是反对对文学这种复杂现象的单一解释，而文学一旦从这种命定式的本质中解放出来就呈现出丰富的多重属性。二是新的文学现实。20世纪90年代初期以来的文化转型是中国现代性历程的重要界碑，文化转型给文学在内的各种文化现象以新的图景，大众文化一夜之间获得的霸主地位及其对纯文学的存在空间以及文学研究格局的冲击、文学与经济的既利用又间离的张力关系、新的传媒对文学存在方式和意义的影响、纯粹审美主义批评的困窘、视觉文化对文字阅读的挤压等文学新现象要求文学理论给予解答。三是理论新潮的涌现。经过二十多年对西方文学理论的引进、吸收和消化，西方20世纪特别是后现代学术思潮被学界所认肯，其思想观点对文学研究的影响、文化研究对文学研究思路的改变以及中国古代文论的创造性转化的多年呼吁都为文学理论的更新提供了新的理论资源。四是随着现代性成为学界热门关键词，从现代性视阈看中西近百年来的文化冲突与交融及其在文学上的表现成为文学批评的流行操作模式，这种不同于传统社会学批评和审美批评的批评模式需要从理论上给以说明和论证。五是文学理论教材的既有成果必须更新。现有的文学理论教材大多是在20世纪80年代初期对文学研究中左的意识形态纠偏的语境下产生的，这批教材反对僵化的文学研究模式，但其对宏大叙事的皈依又表现出某种过渡性的思想特征，即一方面强调文学的审美特征，另一方面仍然依靠传统的文学大叙事。整体而言，这批教材深受现实主义文学理论和反映论美学的思维模式的影响，文学观念比较陈旧，20世纪90年代以来的文学新现象也未予以关注。现有文学理论教材的主事者多为20世纪30年代和40年代出生的学人，由于历史的原因，这批学人的思想视野、知识储备、学术话题等已与20世纪50年代出生的学人存在学术上的代沟。随着时间的推移，50年代出生的学人在学术上渐趋成熟，其学术成就需要以系统理论的形式加以表达。王本《文学理论》就是在这样的语境下出场的。

如上文所述，从三个方面即写作体例、观点创新和思想资源入手可把握文学原理的整体神韵和具体细节。第一，写作体例是作者关于文学原理的问题框架。作者重点写什么，哪些问题被认为是文学原理的基本问题，与以前的文学原理相比，作者突出了哪些、回避了哪些或淡化了哪些，这些构成了文学理论的问题意识。文学理论的问题域并不是普遍性的，而是具体的历史的，也就是说，哪些问题进入了作者的论域由时代和个人对于文学研究的认识所决定，写作体例表明了作者关于文学活动的入思方式。第二，作为基本理论读本，文学原理既要有知识性也要体现学术性，文学理论既要客观介绍前人的文学思想，又要在此基础上提出新的文学观念。从与前此文学理论的比较中，我们可以看出作者对文学理论具体问题的解决以及这些解决是如何推进文学研究的，也就是说，观点创新对于文学理论的学术创造关系重大。第三，作为思想理论性的学术著作，文学理论的生长点不仅来自现实的文学现象，还来自对传统思想资源的利用和转化，同时传统思想在一定程度上也决定了这种理论的阐释视阈，因此，从思想来源的角度可以看出作者对传统思想的取舍和建构，更可以看出作者理论创造的有效性和限度。这三个方面，一为宏观审视，二为微观分析，三为历史追溯。从这三个方面看，文学原理的理论体系和阐释视阈就呈现出来。我们拟从这三个方面看作者的思维方向。

先看写作体例。该书结构是，第一章阐明文学含义，第二章讲文学属性——感兴修辞，第三章讲文学媒介，第四第五章讲文学文本，第六章讲文学创作，第七章讲文学阅读，第八章讲文学批评。可以看出，作者所列的文学理论问题与前此文学原理的四大主题基本相同，差异在于：第一章、第二章并没有用文学定义，而是讲文学属性。定义与属性，概念不同，内涵殊异。第三章讲的文学媒介是以前的文学原理所未关注的，第四第五两章以 140 页的篇幅大讲文学文本让人注目。另外，从小标题看，感兴修辞是关键词，在目录中出现过 13 次。兴是中国古典文论范畴，除了在感兴修辞里出现外，还单独出现 5 次。这些与先前文学原理有别的地方正是作者思路的独特所在，下面分而述之。

首先，放弃宏大叙事，不再从传统文艺社会学构造的社会活动的整体层级中定义文学。在第二章评价中西各种文学观点时，作者从五个方面即文学定义、创作、文学作品、读者和文学理论的基本框架来审视这种文学观，而这五个方面也正是作者文学理论的问题域。可以看出，传统文学观念中的文学与世界的关系这一问题被舍弃。传统文学理论教材把文学放在社会活动的总体中看文学的位置进而定义其性质，但在宏大叙事被质疑和抛弃之后，我们无法整体地把握这个世界，因此也就不可能从一个整体性的宏观视角定义文学，也因此，文学与世界的关系即文学在世界系统中的位置、性质和功能等问题就不再予以考虑。传统文艺学惯于从一种整体性的哲学学说出发推演出文学的本质性定义，然后以这一本质性规定去推演文学理论的其他范畴，但事实上，这种本质性定义只是从某种角度对于文学的某一属性的抽绎，文学的其他属性被遮蔽了。在放弃本质主义思维模式之后，我们能做的就是直接面对文学现象本身。在此，作者正是遵循了文学思维的新模式，作者从词源学历史地梳理出文学概念的现代内涵即文学是语言性的艺术，文学语言被突出。然后，放弃了本质主义思维方式，以属性论代替本质论，直接面对文学现实本身，文学多层面的属性就此呈现出来。文学的这些属性不是通过把文学放在社会活动的整体中而是从文学作品本身得出的，这就避免了对文学与世界、文学与其他文化形式的关系的论述，而这些正是传统文学理论的重点所在。

其次，文学的起源和语言特性被突出。作者的思路是，从中西文学定义的历史推导出文学这一概念的现代含义，然后直接面对文学文本本身，文学的鲜明特征突显出来。对于文学理论而言，最重要的是抓住和解说文学作品根本性的最具特性的层面。作者的文学定义在综合历史上六大文学规定的基础上得出，这一定义简单说来就是文学是一种感兴修辞。之所以取感兴和修辞两方面作为文学的代表性属性，是因为这两个属性可以涵盖文学的其他属性：感兴必须由形象去激发，修辞则涵盖媒介语言和产品属性。感兴是中国古典文论范畴，是文学起源论，修辞则是在当代西方语言哲学大潮的基础上对文学文本的规定，是文学作为语言艺术的最重要特点，而以前的文学定义都没有突出文学的语言性。

再次，文学媒介进入文学原理的研究。运用多学科知识和多重视野研究文学是今天文学理论的必修功课。长期以来，文学理论并没有文学媒介的意识，但文学媒介对于文学意义的产生、文学的创作、文学的修辞效果、文学文本的存在方式乃至读者的接受和文学社会功能的发挥等都产生了重要影响。作者首次把文学媒介拟作文学理论的考察对象，应用传播学理论对文学予以新的观察是对文学理论研究的重要贡献。

最后，直接面对文学现象，文学文本得到多层面的观照和分析。去除传统文学理论添加在文学上的社会关联之后，文学文本本身的特征就显现出来。取文学文本而不是传统的文学作品这一概念，是为了让文学文本独立于作者，文学与其他活动的关联被切断，文学文本的自足性被突出。对文学文本的研究体现了作者的独创新意，作者从三个角度对文学文本进行分类，一是惯例，二是媒介，三是文化类型。惯例是传统文学原理的分类方式；媒介秉承历史意识，从历史发展看文学文本的演变，关注的是文学的形式；文化类型体现文学文本的共时性和整体性，是从社会文化结构看文学类型，关注的是文学内容。作者在原有文本理论的基础上从纵横层面给文学文本以类型划分，在这种框架下，大众文化文本、电子媒介文本等新的文学类型都被纳入论题。以上可看做是文学文本的外部研究。在文学文本的内部研究方面，传统理论以形式内容二分法规定文本，而作者以兴这一范畴把文学文本分为六大层面，其对文学文本理论的推进在于，兴注重的是文学文本的体验性和意味性，文学文本的媒介、读者的阅读活动以及文学的文化内涵都被纳入其中。而内容形式两分法的缺陷在于，内容与形式的划分是人为的，形式与内容的共融性使这种划分勉为其难，二分法也使文学文本被理性化、实体化，文学文本的其他层面被遮蔽。该书文本理论的另一特点是，文学的文化性被纳入文本分类。传统文学理论侧重论述文学创作的心理层面，但作者放弃了这一论题，而是以文化类型区分文学文本，又从文学文本看作者的角色，这种安排体现了近年来文化批评的学术影响。另外，传统文艺心理学研究的难以为继使得文学活动的心理层面不得不被舍弃。

再看观点创新。作者的学术创新是在对以前文学理论体例的变更下获得的，从写作体例可以看出作者的问题意识，从具体观点则可分析这些问题是如何解决的。该书的核心观点是文学是一种感兴修辞，我们看到，感兴修辞这一范畴被贯彻于文学活动的各个层面，因此，感兴修辞最值得关注。

先说感兴。西方的表现说文论强调主体对于审美对象的主导性和情感投射，其哲学基础是主体和客体的对立，以其说明中国古代文学创作不很恰当。再现论是对文学本质的规定，这种曾经盛行中国的文学观具有作者所力图避免的本质主义思维方式之弊。感兴论指的是文学创作活动中对象与主体、人与自然融为一体的状态，它是比表现和再现更本源的文学活动层面，它来自中国古典文论，但可与西方处于支流的体验论美学相沟通。再看修辞。仅仅说文学是语言艺术还不够，文学语言与其他文化活动如神话、宗教、科学等的语言形式不一样的地方是，文学语言是修辞性的。因此，以修辞定义文学是对语言论文学观的推进，它重视文学语言的语效组合，同时综合了传统模仿论、表现论和实用论文学观，新近的文化论思潮也可与修辞论相连，其资源可包容其中。在读者问题上，修辞论并不强调作者原意，而是强调读者的创造性阅读，认为语言创造意义，而不是意义需要语言去表达。把修辞作为核心范畴表明，是文学语言而不是文学活动的其他维度成为文学理论的重点所在。可以看出，作者的理论建构与当代学界的前沿观点息息相关。

语言是当代西方文论的核心，但中国古典文学的语言推敲也有悠久的传统。西方文学的特征是比即比喻，中国文学大量运用兴即感兴，但西方也有体验论美学传统，因此，感兴修辞抓住了中西文学的根本特征。感兴说的是文学起源与其他文化形式如科学、哲学等的差异，修辞把文学与其他非语言艺术如雕塑、建筑等区别开来，作为中西文论的核心范畴，感兴修辞突出了文学作为语言艺术的特点，这一点是再现论 、表现论、教化论文学观所缺乏的。

作者的观念创新具体表现在对兴这一传统范畴的创造性运用上。兴象这一概念可比照传统文学理论中的形象，但它是对形象内涵的推进。作者以 38 页的篇幅论述兴象层，先从宏观角度讲兴象定义、兴象层面和兴象分类，然后从微观角度分析兴象层的媒介、语言修辞和读者接受。在兴象论中提出媒象这一新概念，其对语象的分析更是独创，作者以中国现当代文学作品为例，把文学的语言分为白描式语言、旧体常语式语言、间离语言、立体语言、调侃式语言、口语式语言、自为语言和跨体式语言八类，是对中国当代文学作品进行语言分析的开创性之论。兴说的是作品的起源，文学起源于作者的感兴，在论作家时，作者以兴这一范畴为焦点，抛弃了传统作家论中的心理学部分，读者阅读活动中也贯穿了兴这一范畴，突出了读者的接受主体性。兴象论关涉作家、文本和读者等文学活动的所有方面，可以说，兴象论简直就是该书整个文学理论体系的缩影。传统的形象论几乎等同于典型人物，而在作者的分类中，人物形象只是兴象类型之一。

面对文学这一极其复杂的文化现象，任何一种本质性的规定都只能是一种视角，这种视角既有洞见也有所不见，问题的关键是，这一规定与前此的文学理论相比是否推进了对文学的认识。从这一角度看，感兴修辞作为文学的定义具有重要的学理意义，它是对半个世纪以来中国文学理论因囿于宏大叙事模式遮蔽了文学最直接最根本特性之后的一个反驳，这一规定让我们回到文学文本本身，文学文本的基质得以呈现。

最后看思想资源。从文学理论的问题意识和具体解答可追溯作者的思想资源，而思想资源又在一定程度上决定了这一理论体系的阐释视阈。感兴讲作品来源，修辞讲文学语言，感兴修辞更适合于解说汉语语言文学，因为中国传统体悟式的感兴思维体现在诗歌创作中，而诗歌的最重要部分又表现在语言即炼字和修辞效果上。在西方理性主义思维传统中，史诗、戏剧和小说等叙事性文体是文学的主要类型，小说注重客观性、故事性和认知性，情节结构和人物形象更为突出；戏剧展示矛盾冲突，事件更为重要，以感兴修辞论去阐释叙事性作品就不合适。因此，我认为，感兴修辞论是中国文学理论，其思想来自中国传统，它也更适合解释中国文学。这一结论也可从如下事实得到印证：阅览全书，作者只在第 58 页间接引用了一处外国文学作品，而西方的社会学、传播学、修辞学理论在作者笔下只是解剖中国文学现象的工具。从这一角度看，该书也是中国古典文论创造性转换的一个尝试。可能的疑问是，为什么提取感兴而不用意境这一范畴呢？原因之一是，意境在中国古典文论中并不是核心范畴，意境之所以为现代学界大力阐释，是因为这一范畴表达了中国人对传统文化的现代性体认。原因之二是，意境是作品本体论而不是作品起源论，修辞比意境更接近文学文本本身。感兴突出的是中国传统诗性思维和文学创作方式，修辞也最鲜明地体现在诗歌中，而诗歌是文学这门语言艺术的典范，因此，感兴修辞论适合阐释中国文学传统。

这就涉及以下问题，即文学理论的普遍性是否只是一个伪命题？文学理论的民族性和文化性是否应该重新思考？在感兴修辞这一定义中，文学的语言特性被突出，当今的语言理论也为文学理论的民族性提供了理论依据。在我们对具体作品进行语言分析的时候，这种分析比如词法、句法、词格等等，都只能是语言学的、民族性的，进而是文化模式的，因此，文学作品建立在语言上，文学理论的差异根源于语言的差异，而语言的所指一定，能指是各种各样的，不存在完全普遍性的语言修辞和语言规律，文学的差异根源于语言本身，中西语言具有不同的表达情感和思想方式。正因为语言是民族性的、文化性的，所以语言性的艺术也具有突出的民族性，建立在特定语言基础上的、对特定语言艺术作品加以解释的文学理论也就具有民族性。中国思维的体悟性、直觉性使中国诗歌成为文学主流，西方理性主义的逻辑认识性思维使叙事类文体如史诗、小说等成为文学主流。文学理论是对文学作品的理性思考，文学类型和语言的差异导致中国和西方文学理论具有不同的形态和侧重点，也就是说，文学理论的阐释视阈有一定的限度，文学理论的普遍性是一个幻象，文学理论的民族性应该予以认肯。这么说来，我们就可以合法地建立中国的文学理论，并大胆借鉴西方的文学理论解释中国的文学现象，在王本《文学理论》中，作者正是这样做的，虽然不一定是有意识的。文学是语言的艺术，而一旦突出语言，诗歌的地位就被突出，一个民族的诗歌最能代表这个民族对于语言的艺术性运用，因此，作者的修辞论解释的全部为中国古典诗歌和现当代小说。感兴修辞论的提出建立在对汉语语言艺术的深刻体悟的基础上，这是中国的民族的文学理论。

该书的突出特点：一是面对文学文本本身，独立于作者的文学文本的形态及构成得到了多方面的深度分析；二是重点论述文学语言的修辞性；三是思想资源主要来自中国古代，文学理论的解释对象是中国文学现象，特别是作为中国古代和现代文学文类的主导形态的古典诗歌和中国现当代小说；四是注重分析文学的文化性，放弃了文学与其他意识形态如政治、宗教、哲学的关系等传统文学理论关心的问题，把文学纳入文化视野，是当代最流行的文化批评；五是面对文学的新现象，致力于对文学的商品性、媒介性等问题的理论阐释。相比前此中国的文学理论，该书从体系构架到具体观点具有多方面的创新之处。创造同时也就是探索，而探索总是有可进一步探索之处，在我看来，王本《文学理论》还存在可商榷和思考的地方，下面举数例予以说明。

感兴修辞论专注于文学文本和语言，传统文艺学的文学的世界关联性这一核心部分被放弃。从当代学术演进的角度看，对于前此的文学理论，这种思路是一个反驳，但事实上，是历史语境造就了文学本身，文学不可能拒绝历史，不可能不纠缠于作家心理和意识形态，文学语言和文本形式不能由自身获得解释，我们也不能因为前此文学理论褊狭地解决了这些问题而弃之不顾。在同时出版的陶东风主编的《文学理论基本问题》和南帆主编的《文学理论新读本》中都设专章讨论文学与文化类型如道德、历史、社会等的关系。这就涉及以下问题：什么是文学理论的基本问题？文学理论应包括哪些内容？为什么文学理论问题域各个不同？取舍文学理论问题的标准是什么？显然，这是一个有待学界探索的问题，这一问题决定了文学理论的基本构架和体系面貌，在此基础上才可能进一步解决文学理论的具体问题。

感兴修辞批评从文学的语言入手深入文学的文化层面，试图综合文学研究的各种方法如内部研究、外部研究、文化批评、审美批评等。这显得很全面但同时也很困难和无奈，但是，不这样又能怎样？在理论本身成为时髦的今天，标榜一种新理论很可能就是一种偏执。感兴修辞批评模式是中国当前非常流行的文化批评，它把文学文本放在中国当代文化语境即中国现代性体验的发生中看中国人的特殊想象和体验，其主要策略是把中国现代文化放在与西方和中国传统的冲突中去考察中国人的现代审美心理和生存境遇，把文学看成中国人在现代生存处境中的想象性认同体验的表达，现代性、中华性是其核心概念。如同第三世界文学理论在中国的变体，修辞论批评过滤掉西方文化研究的性别、阶级、民族等对抗性批评的主题，它的重点是阐释当代中国文化的总体而不是致力于文化政治的批判，文学批评的先锋性和政治性被消弭，文学理论改变世界的实践意向也就失落了。

作者首次把文学媒介引入文学理论的问题域，这显然是一个具有开创性的举措，但新理论在具体应用中存在疑问。作者引用媒介理论是要表明一个观点，即文学媒介决定了修辞效果和文本意义，并举《贫嘴张大民的幸福生活》在小说和影视中的表达的差异加以说明。但我认为媒介对于文学意义的影响是外在的，而不是决定性的，起决定性作用的不是媒介，而是利用媒介表现意义的人，也就是作家和电影电视导演。因为假如没有主导文化的钳制，假如电影导演不考虑主导文化的需要，电影完全可以延续文学文本的理性反思而不会沦为大众文化的消费性的耍贫嘴。

文学理论重新书写的现实引发了一系列需要思考的问题，这些问题主要有文学理论是否需要普遍性？文学理论应该包括哪些问题？文学理论不断书写的动力源是什么？在写作体例上，是应该偏于知识介绍还是突出学术创新？文学理论的学术性表现何在？文学理论的人文性和科学性表现何在？等等。在我看来，王本《文学理论》激发我们去思考这些问题的同时也从不同角度回答了这些问题。

王本《文学理论》中的文学定义一方面是对传统七种文学观念的综合，另一方面也是对当前文学状况的理性抽象。在作者看来，中国文学现象发生了巨大变化：文学超越纯粹审美而具有文化性，文学与大众文化和图像阅读密切相关，文学接受不再是纯粹鉴赏而是表现为消费，文学生产具有商业性。今天的文学理论必须对这些现象予以说明。我们看到，媒介论、修辞论、文化论等多层面的分析都是对这些新现象的总结，比如在文学阅读层面注意到文学的商品性和消费性，创造了文学消受这一概念。除了面对新的文学现象，王本的理论建构还来自作者对中国文学作品长期富有个性的阅读，作者把兴象分为意境、典型和流兴三类，这三个概念分别是对中国古典文学、中国现代文学和中国当代文学的理论抽象，作者进而把兴象层分为媒象、语象和心象，这是对中国文学作品语言文本的理论提炼，兴象类型中的流兴是作者新创的概念，作者从中国现代性文化演进的历程中看这一概念的内涵和文学表现，认为流兴表现的是中国人在现代性生存处境中的焦虑转而对古典传统的欣赏。这就不仅从文学本身而且是从统一世界史中中西文化交融的视野看这一概念在中国现代文学中的表达。文学理论的生长点是变化了的文学现象，借助新的思想资源解释新的文学现实，并从变化了的文学现实中提炼概括新的范畴和概念是文学理论的创新之途。我们看到，王本的许多创造性概念来自作者多年对中国现代文学的研究，而隔绝于文学现象的纯粹理论研究只能停留在理论的组接和贩卖层面而不可能提出新的文学思想。

综观中外文学理论的写作方法，一种偏重体系性，即从一种哲学观点出发推演文学的本质性定义并演绎其范畴概念，如蔡仪的《文学概论》、童庆炳的《文学理论教程》、韦勒克和沃伦编写的《文学理论》等。另一种注重知识性，作者只是对各种文学理论加以平面介绍，并不提出新的文学主张，如陶东风主编的《文学理论基本问题》和南帆主编的《文学理论新读本》。这两种写法各有优缺点，前者推进了对于文学的理性思考，但这种写法在提出新的文学观念的同时容易走向偏执，作者往往以自己的文学观和审美趣味评判文学现象裁剪文学史实，并把自己的理论主张普遍化，如蔡仪对于现实主义文论、韦勒克之于新批评等。一种美学观只是提供了看视文学这种复杂现象的一种视角，在扩大一己视角的同时必定遮蔽文学的其他层面，随着文学的发展，这种文学理论就显出某种片面性。后者客观地展现文学思想的各种形态，导引读者自主思考文学理论的复杂性，这种写法的缺陷是，作者因为没有提出新的文学观而缺乏学术性和创造性，文学理论研究的学术推进不易见出；由于偏重文学理论的客观介绍而没有联系具体作品加以解说，这种写法往往导致文本的理论化和抽象化。大体而言，王本《文学理论》没有走极端，既顾及知识性又有学术推进，新的文学观来自作者多年的文学批评实践，但这种文学观又是在综合中西文论的基础上提出的。基于对本质主义思维方式和宏大叙事的怀疑，作者没有从社会大系统出发推演出文学的本质性定义。但事实上，作者仍然提出了关于文学的新假说即文学是感兴修辞，并以此假说为主线论述了文学的一系列范畴。以感兴修辞论贯穿全书，仍然可视为一种本质主义。从一方面看，这种写法表现了该书理论的一贯性；从另一方面看，这也显示出文学理论研究的困境和无奈。在思想多元的今天，对文学的思考可以从各个方面展开，在抛弃了传统本质主义思维后，我们仍然必须给予文学一个规定，虽然这种规定只是操作性的，只是从某一个方面看文学的结果，展现的是文学的某一方面的属性，而不是超历史的终极性的文学定义。本质主义思维是否必要并不是问题的关键，关键的是这一定义是否比以往的文学定义更深刻地推进了对于文学的认识。我认为，比起审美意识形态论，感兴修辞论突出了文学的语言性，去除了遮蔽在文学现象上的意识形态陈迹，文学作为语言艺术的诗性智慧和鲜活灵性被呈现出来。

在理论纷纭、各门学科日益渗透文学思想的今天，一种逻辑严密的理论体系是否可能深刻完整地叙说复杂的文学现象？我们从什么立场给予读者关于文学的理性思考？文学理论的编写原则是什么？如何评价一种文学理论的成败得失？这些都是困扰文艺学界的问题。我认为，第一，我们应该直接面对文学现象本身，去除关于文学的先入之见，在此基础上进行理性思考。第二，学科边界虽日益模糊，文学理论也已成为跨学科的，但是社会学、人类学、政治学、哲学等理论并没有消解文学理论本身，因为文学理论的落脚点是文学现象，其他学科的理论也是用来解释文学现象的。第三，文学理论总是一定时代对于文学的理性认识，文学理论摆脱不了历史性，我们不可能一劳永逸地书写文学理论的定本。

三、反本质主义文学理论

迄今为止，人类知识的最权威形态是科学知识。20世纪关于科学是否有本质的论争此起彼伏。传统科学哲学认为，科学是对实在的正确反映，正确的方法和程序可以保证科学知识能够正确地反映实在。但科学哲学家费耶阿本德和罗蒂等人认为，为科学划界，寻找普遍的不变的科学本质的本质主义是无效的，在科学的发展历程中，不存在任何永恒的方法论、理论或者经验。费耶阿本德的无政府主义科学哲学观甚至认为，在科学领域，“怎么都行”。建构学派的科学哲学认为，科学知识必须情境化(contexualization of science)，任何科学知识都是地方性知识，都是具体情境的产物，科学知识是权力、利益、需要甚至政治事件的构造之物，离开了具体的情境，我们无法把握科学。科学认识论的反本质主义对哲学、社会学、历史学、文学等学科研究产生了深远的影响，随着后现代思潮的推进，反本质主义思维也影响到中国当前的文艺学研究，陶东风主编的《文学理论基本问题》(以下简称“陶本”)和南帆主编的《文学理论新读本》(以下简称“南本”)以反本质主义姿态出现在中国学界。中国当代文艺学的本质主义思维方式表现为从某种神圣思想出发演绎出文学的一般规定，这种文学理论无力顾及当代文学的新现象，由此导致了中国当代大学文艺学研究和教学的困境。正是基于对本质主义思维模式的反驳，文学理论新的探索出现了。

从书写体例看，陶本的写作体例简单明晰，作者先拟订问题，然后梳理古今中西文学思想对这一问题的看法，最后就中西文学思想对这一问题的论述作比较研究。在作者那里，古今中西的文学思想都是解决问题的武器，不存在对经典思想的特殊阐释和顶礼膜拜。值得注意的是，陶本很少引用文学作品，作者突出的是史而不是论，就是看历史上文学理论文献是如何表述这一问题的，作者不是试图去解决问题，提出一种新的观点，而是客观地组接历史上的观点，这就使其更像文论史，我们可以称之为“文学理论专题研究”。

南本的写作体例更为鲜明，我们可从其注释和参考文献来看。随机抽取四章为例。第三章：作家，注释共 20 个，除了亚里士多德、柏拉图、朱光潜和康德四个外，其余全部来自当代西方文学理论。第五章：文类，注释共 7 个，除了第一个即范文澜的《文心雕龙注》外全部是当代西方文献。第七章：抒情话语，注释 14 个，除了朱光潜、朱自清两个外，全部为当代西方文学理论。第十一章的 13 个注释全部为当代西方文学理论。在这几章里，作者没有引用一部文学作品。南本全书 29 万字 27 章，除了前言和后记，每一章也就一万字左右的篇幅，这样的篇幅只能是对文学理论范畴的历史和含义的梳理，可以说，该书基本上是对当代西方文学理论关键词的解释。当代西方文学理论对当代中国文学理论的转型具有重要意义，对于中国学界来说，当代西方文学理论也就是前沿文学理论。全书基本没有引用文学作品，这就与陶本一样，说明作者不是致力于文学作品的理论提炼，也不是以当代西方理论图解作品，而只是纯粹的文学理论概念和范畴的演绎，因此该书可以称作“文学理论前沿关键词研究”。

后现代思维对陶本和南本影响深刻，它们并没有给文学下一个本质性的定义，而是以历史的态度对待文学。比如陶本并不追问文学是什么，而是把问题转化为什么是文学，南本则根本不谈文学的本质，只谈文学的构成，这就避免了本质性的文学定义。此外，南本和陶本还有一点与童本不同，即它们都不是从经典作家的文学思想构造文学理论，不是注经式的做学方式，经典思想并没有因其神圣性而获得膜拜。在这两本教材中，注释和参考文献中的经典作家的引用很少，甚至可以忽略不计。当代的本质主义思维模式惯于从文学与社会的关联看文学活动，出于对这种思维模式的反对，南本和陶本避而不谈文学的社会关联。从书写模式看，两书既不是从文学现象到文学理论的经验归纳，也不是从先验哲学到具体审美现象的逻辑演绎，而只是客观地讲述前人关于文学的各种观点。在对纯粹知识的追求中，文学理论回归于自身，文学理论就是关于文学的理论，文学理论首先要提供关于文学的纯粹知识，这样，本质主义思维模式及其所带来的意识形态弊病就被克服了。

比较二者，陶本有对中西文学思想的比较研究，而南本涉及的文学理论问题更多，并且以当代西方理论作为自己的视点，因此，知识性读本也不是完全没有学术性，前者的学术性表现在中西文论的比较部分，后者表现在作者看视文学理论的“前见”中：以当代西方文论为视线表明作者认肯了西方文化的中心地位。但这种书写体例的总体特点，是致力于中西文学理论基本问题的梳理，作者没有结合文学现象审视已有的理论，也没有在新的文学现象的基础上提出新的理论。由于偏重知识性而非学术性，文学理论的理性思维的推进就无法体现，我们看不出作者对文学理论基本问题的新思考。由于没有面对文学作品，文学理论的本土性、民族性等问题也不可能被关注，比如，陶本只是梳理中西文学理论文献，但对于中西文论是否能够解释中国当前的文学现象、中国文论的现代化与本土化的关系如何、我们现在需要什么样的文论等问题，作者没有提出富于时代性的思想观点。

陶东风在中国大力推行文化研究，他认为，20世纪90年代以来，中国的文学文化现实发生了深刻的变化，突出的现象是日常生活审美化，但大学文艺学的僵化模式导致了其对于新的文化文学现象的隔膜，本质主义思维方式是文艺学危机的根本原因。在该书序言中，陶东风表达了其近年学术思考的主题："以各种关于'文学本质'的元叙事或宏大叙事为特征的、非历史的本质主义思维方式严重地束缚了文艺学研究的自我反思能力与知识创新能力，使之无法随着文艺活动的具体时空语境的变化来更新自己。这直接导致了另一个严重的后果，即文艺学研究与公共领域、社会现实以及大众的实际文化活动、文艺实践、审美活动之间曾经拥有的积极而活跃的联系正在丧失。"在该书附录中，陶东风明确指出："导致这种状况的原因主要是中国文艺学的本质主义的思维方式。本质主义是一种形而上学的思维方法，在本质论上，它不是假定事物具有一定的、可以变化的'本质'，而是假定事物具有超历史的、永恒不变的普遍/绝对本质。表现在文艺学上，就是认为中外古今的文学都具有万古不变的本质。"对于文艺学的危机，陶东风认为，解决的途径就是文学理论知识的非本质化、历史化和地方化，并把文学文化的新现象纳入文艺学的知识生产。这两点是该书最值得期待之处，也是其学术可能创新的地方。但这两点是否做到了呢？细读全书，我们发现，作者在序言中的构想没有实现，文学理论知识反而被解构为碎片。其原因，一是基于主客观原因，文学理论知识的地方化无法做到；二是限于编写体例，文学文化的新现象没有纳入文艺学的知识生产。

那么,在具体的编写过程中,这种具有冲击力的学术构思为什么难以实施呢?我们看序言中作者的编写思路:“我们打破了文艺学教材传统的四大块的通行体例,改为用中外文学理论史上反复涉及的、或者在今天的文学研究中大家集中关注的基本问题结构全书的原则,我们在认真梳理、研究中西方文学理论史的基础上,提出不同国家与民族的文学理论共同涉及的几个基本问题与重要概念。”也就是说,该书的编写程序是,根据中外文学理论的资料文献,先定地提炼文学理论的七个问题,然后到中西文学理论文献中寻找相关资料予以填充。比如第二章,文学的思维方式,包括四小节:第一节,思维与文学思维,界定文学思维;第二节,中国古代文论体系中的文学思维论;第三节,西方诗学体系中的文学思维论(二三两节分别梳理中西文学理论史上关于这一问题的言论);第四节,关于文学思维论的几个基本问题,讨论形象思维、脑半球悖论、灵感思维等问题。再如第四章,文学的语言、意义和解释,包括三小节:第一节,中国古代文论相关观念范畴的梳理及综述;第二节,西方文论相关理论的梳理与综述;第三节,中西文论语言、意义观念的对比与整合,分别是对中国和西方文论相关资料的梳理整编,最后是比较中西文论在这一问题上的共识和差异。我们发现,全书就是把中西文学理论知识按照论题加以编排整理,然后是比较中西文论对于这一问题的看法,这就使该书看上去像一部中西文学理论专题资料汇编,文学理论的地方化、历史化的宏伟目标无法实现,与福柯在《规训与惩戒》中对历史资料的发掘和情景化叙述大相径庭。为什么文学理论知识的地方化和历史化难以实现呢?其原因我认为,虽然思路可取,但这一工作相当繁难,需要作者在掌握大量历史细节的基础上以史家笔法予以呈现,但基于时间的久远和资料收集的困难,在一本教材中难以做到。我们看到,在具体阐述文学理论问题时,作者仅仅编排了中西文学理论文献资料,具体文学观点在历史上与意识形态的纠结则被过滤。也就是说,为什么在这一时期产生这种文学观点,为什么是这种而不是那种文学观点流传下来,这种文学思想与当时的权力纠葛、与权威意识形态的关联等问题是非常复杂的学术课题,它需要政治学、哲学、社会学、文献学、训诂学、考古学等各学科知识和方法的协作，这也不是一本集体编写的教材可能完成的任务。因为时间的久远，历史流传物已经脱离其生长的土壤，思想背后的利益难以呈现，流传下来的是历史所积淀的纯粹知识，作者能够做到的，就是梳理连缀历史上的文学理论知识，比如，中国古代文论的意境、意象、神韵，西方文论中的模仿、类型、典型等概念，我们现在只能考证这些术语最初的含义及其最初出现的文本，但很难分析其产生的文化权力机制。知识社会学方法可应用于近期文学思想的考察，比如"劳动创造了美"、"形象思维"等命题，由于出现在晚近，我们可以根据历史资料追溯其产生的社会文化背景，但大量流传下来的文论呈现为纯粹知识形态，在一本文学理论的知识读本里不可能实际上也不需要去分析历史上每一文学理论命题产生的权力机制。而且，反本质主义思维方式的事件化方法可能把意识形态与文学观念的关系简单化，并因过于强调文学观念的历史性而忽视了其继承性和自我衍生力，文学观念的超越性和思想性可能被忽视。

面对历史，作者试图把中西文学理论知识地方化、民族化、历史化，但基于主客观原因，这一点没有实现。面对现实，陶东风试图把文学文化的新现象纳入文学理论知识的生产，这是其近年所做的文化研究的学术目标，但这一点也没有实现在这本新锐教材中。我们看到，除了第七章文学与身份认同，对于中西文论中文学与性别、文学中的民族身份问题这一文学新现象加以梳理编排外，日常生活的审美化、图像阅读、文学的商品化、文学媒介的新变化等新的文学文化现象没有被纳入其论述视野，疾呼文艺学扩张的学者在学术实践中仍然保守文艺学的传统边界。为什么会出现理想与现实背离的现象呢？我认为问题出在编写体例上。我们看到，作者是以先在的文学理论问题为构架，然后寻找中西文献资料予以填充，因为新的文学文化现实在中西文学研究中还没有积淀为理论而无法进入作者的论题，所以文学文化的新现象就遗漏在作者的视界之外。

反本质主义者反对的是中国此前的文学主张，即文学是审美的意识形态。在反对这种文学观念的时候，他们或者把文学理论知识地方化、历史化以解构把文学观念依托于经典从而把文学规定普遍化、本质化的做学模式；或者拒绝提出文学新的本质规定而满足于当代西方文学理论关键词的解释；或者提出新的文学规定从而否定前此的文学观念。所谓本质主义就是认为事物存在着一个超越时空的亘古不变的本质，中国文学研究界的本质主义表现为从经典思想的宏大叙事出发，在社会总体中定位文学，这种思维模式因获得神圣理论的支撑而在特定时期具有合法性。但今天，这种文学思维的弊端逐渐显示出来，主要是在知识结构以及哲学观念上因仍然保留着现实主义反映论美学的特征而无力顾及 20 世纪 90 年代以来的市场化所导致的文学消费、大众文化、图像阅读、纯文学衰落等现象。但纯粹的反本质主义的弊端也是很明显的，“反本质主义”的“反”只是“破”，对于学术研究而言，更重要的是“立”，是在否定前此文学思想之后提出新的文学观念。纵观中外文学理论知识的生产方式，一是亚里士多德式的在文学现象基础上的经验归纳，二是康德、黑格尔式的在哲学美学中的逻辑演绎，三是多为中国学者采用的综合创新法即在扬弃前人的基础上提出新的见解。我们看到，陶东风的写作体例并不属于此三者之一，作者不是从具体的文学现象出发，也没有提出新的哲学美学观念，而是以先在的文学理论问题吸纳编排既有的文学理论知识，所以无法实现文学理论知识的创新。从根本上说，文学研究原创性学说的提出并不在文学理论本身，而有赖于文学批评实践或者哲学美学观念的更新。王一川之所以能够提出新的文学假说，是因为他长期致力于文学批评的实践，感兴修辞论建立在中国现当代文学的个性解读之上。

20 世纪 80 年代是中国本质主义文学研究的鼎盛时期，审美反映论、审美意识形态论、文学本体论、文学主体论、文学生产论等本质主义文学理论都是在这个时期被提出并得到了深入研究。正是在对文学的多维审视中，文学的丰富性被呈现，本质主义思维推进了文学理论的知识生产。反本质主义文艺学指出了一个事实，即文学知识不是神圣的，而是社会建构的结果。反本质主义要求我们放弃为文学立法的幻想，在此，经典的神圣性被解构，文学研究和文学本质规定的多元化就可能出现。反本质主义文艺学否定了前此中国左的意识形态及其余蓄的文学本质定义以及本质主义思维模式对于文学理论知识生产的束缚，但文学研究不能停留于此，文学研究与一切学术研究一样，创新是其目的，这就需要对新的文学现象、文学事实予以理论抽象以提炼出新的文学规定。中国当代的反本质主义文艺学在反对此前的意识形态性的文学本质规定之后，走向了后现代的解构论，放弃了对文学本质的新的界定。事实上，反本质主义者并不一般的反对文学的本质，而是反对对于文学现象永恒的单一的普遍的本质规定，认为文学的本质是动态的、多元的、多层面的，但是，有了这种认识，反本质主义者应该根据新的文化文学现象生产文学理论知识，即使这种知识是动态的短暂的片面的。虽然一种文学的新的规定是对某些文学现象的理论抽象，但这不是我们放弃定义文学的理由，因为文学在不断发展，任何人都无法把握文学的整体，从而任何对于文学的规定都不是建立在对文学的整体把握之上，只有对不断发展着的文学进行不断的界定，人类对文学这种奥秘现象的揭示才可能不断地深入。

文学研究与科学划界一样，需要不断建构又不断解构。我们在反思批评一种文学的规定之后，应该建构一种新的能够解说文学新现象的文学假说，而一种新的假说是否具有创造性，一个重要的衡量准则是看这种文学假说是否能够在学术共同体内获得共识，因此，在一种新的文学规定出现之后，学界需要经过反复的驳难辩证，这一学说才可能获得广泛的认同。但在新的文学现象出现后，在这种文学观念显出其阐释局限之后，这种学说被历史化也就是必然的了。这是文学学术研究的常态，因为文学研究与文学创作不同，它诉诸理性思维，而理性只是从某种角度对文学的某些方面作抽象思考，这种思考是历史性的、个体性的，因而是有局限的。

反本质主义思维走向极端就是绝对的相对主义，文学在这种相对主义看来没有任何固定的本质，从而文学也就无法区别于音乐、建筑、雕刻、绘画等艺术，甚至无法区别于原始森林、太阳、行星等自然实体。如果一味拆解和反本质，文学理论必然陷于碎片化而无法成为体系性的理论思考，从而无法承担提升人文精神和解说文学现象的功能。反本质主义来自西方的后现代主义，中国文艺学的反本质主义提倡差异、多元的学术创造，反对终极的一元的文学思想，对于权威意识形态的解构，对于思想的丰富化，对于学术创造力的解放，对于文学奥秘的探索，对于学术个性的提升，反本质主义都具有重要的意义。应该说，陶东风对于当前文艺学危机的根源及表现的认识是深刻的，他在《文学理论基本问题》序言中的想法也具有学理意义，他把政治学、哲学、社会学等新视阈引入文艺学的思路也推进了文艺学的学术研究。新的视阈的引进有助于消除现有文艺学研究范式的弊端，但文艺学的知识生产有赖于哲学美学观念的更新和对文学新现象的关注。我认为，反本质主义只能是方法、手段或过程，而不是目的，不是结果。思想的多元性和开放性不仅表现在学术批判中，更表现在学术创造中，就此而言，在反对前此本质性的文学理论之后，关于文学的新假说应该像百花那样绽放。

回顾百年历史，中国现代文学理论的建设之路极其坎坷。“五四”以后西学涌入，中国思想学术经历短暂复兴，此后军阀混战，紧接着是抗日战争和国内战争，学术研究举步维艰。左翼文化运动兴起后，马克思主义成为权威理论，“左”倾意识形态钳制学界一直到1979年。在这期间，文学研究经过苏联化洗礼，致力于经典演绎，中国传统和西方以及其他民族的文学思想被抛弃，文学理论成为权威意识形态政治规训的工具，文学研究偏离学术常规，文学理论的创造根本不可能。20世纪80年代以后，学术伴随社会再次走向开放，十多年时间西方理论如潮水涌入，但1989年以后，随着文化民族主义兴起，保守主义思潮涌动，反思批判西化现象成为各种学术的主题，文论失语症、古代文论的现代化、当代文艺学危机等命题就此出现。从知识社会学的角度看，20世纪30年代和40年代出生的学人的学术工作展开在20世纪80年代，他们在学术开放之初成为中国学界的中坚，但他们的学术积累是在“左”倾意识形态时期。在他们需要思想的时候，能够得到的资料却如此贫乏，除了苏联化的马克思主义和被意识形态化了的鲁迅，他们没有其他的思想资源，这就导致了他们在知识结构、思维方式、文学敏感方面存在重大缺陷。20 世纪 50 年代出生的学人与他们的师辈站在同一起跑线上，都在改革开放时期面对西方，但由于年龄的优势，他们的知识结构和学术视野迅速超越上一辈学人，在 20 世纪 80 年代的开放中他们大力推动西学，一时引领学术风潮，至今仍把握中国学界的主流话语。他们吸收西学后，在 20 世纪 90 年代开始反思自己的学术历程，试图回归本土文化，提出了文艺学重建的诸多命题，这些命题表达了学人意图弘扬中华文化、创造中国文学理论的自觉意识。

在中国，对现代性的追求与后殖民批评的民族主义产生了冲突，这也给后殖民语境中的文学理论创造带来了诸多困扰。如果极端化后殖民批评，抛开现代性的普世性一面就会走向文化本质主义，走向文化封闭，这是为萨伊德和霍米·巴巴所反对的。当代中国文艺学的困境是，借用西方话语可能遮蔽本土文化，但拒绝西方话语又无法表达自身，而且，借用西方话语可能把他者问题误认为是我们自己的问题，甚至以他者视阈看视自身，从而导致自我东方化。中国传统文论自成体系，现代中国没有产生在世界上有所影响的文论，由此产生的焦虑是巨大的。“五四”以后的半个多世纪里，中国政治权威对于文学研究的宰制是文论创造力缺失从而失语的根本原因。在去除意识形态论争之后，在学术回归学院之后，中国文学理论的生产力将得到解放，文学理论的创新将获得巨大的空间。

重建中国文论话语不能回到中国传统，也不能抛弃西方话语，而应立足中国当代的文学现实。在多元化的思想场域中，文学理论的创新才有可能，文学的丰富意义需要多元的理论观照，任何一种理论都是对文学现象的一种观看，都不是对文学奥秘的终极呈现，对于文学现象而言，所有的理论话语都是平等的。理想的普适性的文学理论应以全人类的文学现象为出发点，以共同的“文心”为看视文学理论的准则，在此，比较诗学是文学理论建设的首要课题。在这个意义上，陶东风主编的《文学理论基本问题》是一个有效的尝试，作者就同一个文学理论问题，看东西方的文学思想是如何回答这一问题的，从而把东西方的文学理论放置在一个互看的平台上。文学理论的创造应建立在当代文学批评的基础上，理论的生长点是具体的文学现象，在此，王一川的《文学理论》是一个范例，即面对当前文学文化现象，借助东西方文学思想资源，创造具有阐释有效性的文学理论。此外，文学理论的创造还依赖于哲学美学观念的更新，在文艺学危机和重建的讨论中，文学理论与哲学的关系被忽视。综观中西文论史，流派理论始终是文学理论的主流，文学理论来源于哲学美学系统，比如读者反应批评来自现象学和解释学、西方马克思主义文论来自批判理论、解构批评来自解构主义哲学等，当代中国原创性哲学思想的缺乏不能不影响到文学基本理论的建设。

从书写体例看，中国当代文学理论大体有两种模式，即体系性和导引性，前者以童本和王本为代表，后者的典型是陶本和南本。体系性文学理论是文学思想的表达，导引性文学理论则是文学理论基本知识的传达，这两类读本遵循不同的写作体例，基于这种差异，我们对其的评价标准也是不同的。对于体系性的读本，需要更新哲学美学观念，关注文学新现象，从而修正、推动、转换文学思想。引导性的读本没有提供新的文学思想，但正是如此，它才不会有因从自己的视角出发而遮蔽文学的丰富意义的弊病，引导性的读本的目标不是如学术著作那样试图建立一个体系性的逻辑圆满的理论系统，作者需要做的是把文学思想的来龙去脉和复杂性展示出来。对于这类读本因致力于理论解说而产生的抽象性问题，其解决的方法是，结合文学作品和文学现象，展现文学理论对于文学现象的穿透力。

作为理性思维，文学理论应具有普遍性，也就是能够解释具体的文学现象。但事实上，基于文学语言、思想资源、意识形态、学术兴趣、知识结构等差异，文学理论更多地具有个体性、人文性和意识形态性。那么我们如何衡量和评价一种文学理论呢？我以为如下十个方面应是理想的文学理论的书写准则：一是相比前此的文学理论，提出了新的文学思想。二是文学理论的着眼点是文学，是作为语言艺术的文学作品，文学理论要致力于揭示文学作为语言艺术的最重要特点。三是必须面对变化了的文学现象，必须根据新的文学现实和文学思想对文学理论基本问题提出新的解答。新理论既要能够解释新的文学现象，也要能够阐释文学传统。四是坚持人文性。以新的视野审视中外历史上的文学现象、文学作品，发掘文学活动的人文性，对文学所揭示的人的生存状态表达深切关怀，以审美理想维护乌托邦并批判异化的现实生存。五是创造性地运用传统文学思想，不断改变理论认知范式。除了中国和西方外，第三世界各民族的文学思想也是有益的资源。六是语言的民族性决定了文学理论的民族性，文学理论不能要求完全的普遍性，要发扬文学理论的民族特色和本土性。七是相比以前的文学理论，新文学观要尽可能远离意识形态而行走在自由思想和纯粹知识的道路上。八是作为知识读本要有趣味性和知识性。理论提炼于作品，作品要在理论视野中予以观照，文学理论与文学现象要构成互释。九是突出文学思想的个人性。文学作品是凝结着独特生命体验的个性化艺术，文学理论抽象于对文学的个性化阅读，其中凝聚着作者对文学的独特感悟。个性化构成了文学思想的多元化，文学思想的多元化塑造着丰富的生命意义。十是文学理论要具有一定的科学性和普遍性。文学理论应具有一定的稳定性和抽象性，不然就不能称为理论，普遍性和科学性保证了理论的说服力和思想深度。文学理论的问题大变不多，小变很多，这就需要我们把不断产生的文学理论话题变成文学理论问题，使之提升到具有普遍性的理论高度。

第二节　文化交流与文化过滤

随着文化一体化的到来，后殖民理论开始在全球产生影响，后殖民理论之所以能够产生世界性影响，是因为其对一系列西方传统观念的颠覆更新了我们的认知。第一，是对线性历史观的解构。线性历史观无法解释许多现象，比如当代中国是一个传统、现代、后现代杂糅的文化实体，按照线性历史观，中国这样一个正走出传统走向现代的文明怎么可能有后现代呢？线性历史观忽视了文化的横向影响和文化的空间性并置。后殖民理论破除了人们的线性历史观，因为文化是混杂的，历史文化可以互相影响而改变其自身的发展方向，中国现代化的发生是因为外来因素的影响而成为可能的。显然，后殖民理论的文化观更符合历史实际。第二，后殖民理论反对西方偏见，它让人们意识到，东方学只是想象而不是真正的知识，这种想象有赖于帝国意识形态的支撑。萨伊德认为，东方学妖魔化了东方，东方有着深厚的文化传统，在文化价值上并不存在先进落后之分，这就增加了第三世界民族文化的自信力。第三，后殖民理论提醒人们在全球化语境中注意文化差异，在文化融合中注意霸权与反霸权的斗争，从而文化主体性的建立成为可能。第四，性别批评、属下研究被引入学术视野，马克思主义被重新阐释，民族文化内的不同阶层和阶级、不同性别之间的文化不平等问题得到了新的审视，边缘话语、少数族文化的生存和自我阐释权问题、主流霸权话语的解构问题都得到了关注，这些促进了现代性语境中的民主进程。概而言之，后殖民理论的主旨是关注文化问题，反对民族主义，解构霸权文化，反对学术的权力化，主张文化渗透和交融，伸张知识分子对于权力的独立意识和对于现实的批判精神，认可身份的流变性、融合性等。

虽然存在诸多理论难题并面临严厉批评，萨伊德所开启的后殖民理论在中西方获得了广泛的关注，代表了全球化时代的理论新潮，其一系列命题切中了当代世界文化的根本问题。后殖民理论退潮后，清理后殖民论争的理论财富，发掘后殖民理论的思想意义，深化后殖民批评的可能性方向，对于新世纪中国的文学文化批评具有重要意义。在我看来，后殖民理论的学术意义，是在全球化语境中提出了许多值得思考的问题：一是让人们对真理、知识、学科、学术与权力的关系等问题予以重新思考。萨伊德否认传统的人文学科是对纯粹知识的追求，认为学者和艺术家都受到特定历史文化和体制的制约，而后者又受到处于主导地位的思想体系和政治规则的控制，因此，不追溯思想背后的权力机制就无法研究思想文化和历史本身，在呈现霸权话语的生成机制后，必须对边缘化、异端化事物予以重新认识。二是重新认识西方人文主义文学经典。萨伊德的“对位阅读”表明，超越性的文学艺术作品并不存在，伟大的文学往往是帝国主义的共谋。三是重新思考东西文化本质。纯粹本真的文化只是幻象，所有文化都是混杂的，一种文化只有放置在他者视角，只有在文化的互动中才能得到理解。在全球化日益推进的今天，对于民族性与世界性问题的思考，后殖民理论具有深刻的启示意义。四是对文化交流与文化殖民问题的思考。文化交流与文化殖民不同，后者的背后是经济和政治霸权，而前者则是理想的文化互动。如果东方学都是对东方的歪曲和妖魔化，那么他者视角是否无可借鉴？作为文化交流的知识形式，西方的汉学研究既包含霸权意识，也有西方基于其独特立场对中国的观看，如何面对他者视角是文化交流中的重要问题。五是本土文化如何再现自身的问题。萨伊德一度否认文化本真再现的可能，认为任何再现都是歪曲，因为再现需要语言，而语言镶嵌于文化机构和意识形态。但萨伊德又身体力行地再现巴勒斯坦的真实生活，因此，是自我阐释还是他者视角的观看才是认识自我的有效方法是一个值得思考的问题。六是文学研究方法的更新。既然纯粹审美的文学艺术并不存在，是否还要回归传统的文学社会学的研究方法？文化研究是如何延续和颠覆文学社会学的？七是对纯粹知识和自由思想的可能性的思考。既然知识都相关于权力，那么纯粹知识是否可能？人文知识分子如何获得自由思想并超越权力的羁绊？在后现代语境中，知识分子的社会角色和历史使命该如何表现？萨伊德的业余知识分子理论该如何实践？八是对批判、否定精神意义的认识。有论者认为，中国学者对传统文化的批判是中了西方殖民主义的诡计，但后殖民理论恰恰是对西方文化的批评，是西方文化系统内的否定性思考。今天的中国文学文化批评需要萨伊德式的“对抗”态度。九是对文化碰撞过程中如何发展自身的思考。如何在混杂中创造新的文化？如何处理传统/现代、东方/西方的关系在全球化时代更显急迫。十是对理论旅行的思考，即外来理论的本土化问题。萨伊德指出，所有理论在旅行之后都会产生变异。如何移植理论而不过滤其基本精神是理论输入大国需要思考的问题；如何检视百年来西方文论的中国化，西方文论的中国化与中国当代文论的创造具有什么样的关系，也是需要深入思考的问题。

后殖民主义的丰富性一方面表现在其所包含的理论问题的复杂性，另一方面表现在其可能引起的问题域的多样性，这些问题对于新世纪中西文化交流、中国文化创造以及中国当代文学文化研究具有重要的思想意义。下面，择其要者述而论之。

一、文化交流与文化殖民问题

他者(otherness)命题发源于黑格尔的主奴意识理论，在语言学家索绪尔那里，其理论建构得以完成。索绪尔认为，语言是一个由二元对立的要素构成的规则系统，这一系统中一个要素的改变会引起其他要素的变化，符号的意义存在于与其他符号的对立之中，从而结构的意义建立在差异之上。后殖民理论的他者概念主要来自弗洛伊德以及后弗洛伊德的精神分析学特别是拉康等人对主体的建构，拉康认为，他者预设了另一个自我以模仿自己。当婴儿在镜像阶段第一次看到镜子中的另一个类似我的时候，他就生发了一个期待性的欲望对象，这种对象将成为自我的基础。对他者的寻求是自我意识觉醒后的产物，正是有了自我身份的追问才有他者问题的提出，他者与自我一同出现。后殖民理论借此把被殖民他者定位为帝国的他者，以区别于帝国中心。由权力中心发展出来的殖民话语，将理想自我内化为自我身份，通过对异族的刻板化、一体化而东方化他者，“在广泛的意义上，他者指和自我相区别的其他人。他者的存在对于定义什么是‘正常的’和确定自我在世界中的位置是至关重要的。殖民地的人被用诸如原始主义和食人族一类的话语归纳为他者，以便建立殖民者和被殖民者之间的二元对立和确定殖民者的文化和世界观为自然的、根本的”①。西方总是想让东方保持特殊性，成为西方的异己以满足西方先进东方落后的传统意识，非西方他者是西方自我的镜像。某些后殖民批评家认为东方文化传统的消失是东方被殖民

① Bill Ashcroft, Gareth Griffiths and Helen Tiffin. *Post-Colonial Studies*: *The Key Concepts*. London: Routledge, 2002, p. 169.

的结果，是与文化差异的精神相背离的，东方应该保持自己的文化独特性。这种论调在客观上维护了西方的优越性和文化等级制度，契合了西方对东方的凝视。一种文化如何发展必须以自己的本土经验和需要为出发点，在某些极端的后殖民批评者看来，非洲某些部落废除妇女割礼、中国废除妇女缠足等是自我的他者化，这就走向事情的反面了。在我看来，应有超越地域文化的更高的更普遍的标准，这个标准就是现代性的价值观。

东方主义是殖民者对东方居高临下的“凝视”。“凝视所依赖的条件是殖民者处于控制驾驭整个系统的位置，但是凝视也在同一程度上成为强有力地表现那个位置的符号。”①凝视意味着优越的身份和地位，其背后是帝国的权威，是西方对东方的控制，而西方文化中的个人就依赖这一权威获得了凝视东方的权利，这种凝视表现在许多方面，如对世界知识的分类，对殖民地的调查、窥探和整理。西方的科学考察、人种学、民俗学、语言学等是这些凝视的主体，被殖民者则是被凝视的对象。凝视本身就是无形的压力，文明的落后就像先天的原罪，文化差异就这样被转变成价值上的优劣，殖民地的被损害就被合法化了。殖民主义的文化观可以追溯到启蒙运动，启蒙运动确立了理性至上的观念，欧洲是这种科学理性的代表，欧洲自我的确立有其对立面即东方才得以可能。东方人不可能欧洲化，这是人类学的结论，哪怕像法侬家乡人那样无所不用其极的漂白仍然是低人一等，“东方就是东方，西方就是西方”，东方是黑暗之心、蛮荒之地，是需要拯救但因自身原因却无法拯救的劣等种族。在学者对世界的知识分类和等级区分中，欧洲人占据着这一等级的最高位置。文化的共时性差异被历时性阶段所代替，文化的多样化被等级制遮蔽。

在西方东方化东方的时候，东方不是消极被动地接受这种论述，而是以多种方式在文化上做出回应或反抗。台湾学者李英明把东方对西方的态度总结为三种：一是采取“自我西方化”方式，即以西方的

① 艾勒克·博埃默：《殖民与后殖民文学》，辽宁教育出版社 1998 年版，第 81 页。

现代化模式为自己的理想或进化目标。这种态度认肯了西方的东方论述，预设了西方中心主义的立场。二是采取“自我东方化”的途径，即东方通过经济或商业操作方式强调东方的自我特色，强调文化古迹、文化传统与西方的差异性，并落实在社会文化建构的制度层面，同时在政治上强调本土性和传统文化的复兴，官方以此合法地压制人民或团体对国家机器的反抗。这种文化民族主义容易走向保守，成为既得利益者或权力拥有者保护权力的操作策略。三是采取“西方论述”的方法，即东方通过想象与认知建构一套关于西方的论述。这种论述的逻辑与东方主义相同，就是把西方一体化、本质化成为东方便于认知的图像，把西方某些特征固定化、突出化，取消其文化的内部差异和发展的内涵。这种建构以否定性的论述构造西方形象，容易走上文化民族主义或意识形态立场的道路。① 自我东方化是以西方他者的眼光看视自己，把西方的东方论述内在化，但它并不等同于西方的东方论述，因为后者的背后是西方对东方的政治经济控制。那种泛泛之论的东方特性、民族特性、文化传统等都是富有欺骗性的意识形态。事实上，两个中国人的差异可能比一个中国人与一个美国人的差异更大，抹杀了个人和文化系统内部群体的差异是这种意识形态的虚假性所在。通过化约历史，通过与他者的类比，通过把历史共时化就能得出诸如中国文化本质、中国文化传统、中国人特性之类的本质主义论述。

自我东方化是想象的结果，它与西方的东方论述其实是一体两面。为了反对这种认知迷雾，必须从民族文化身份的本质论述中解放出来，拆解那种认为其他社群也是单一实体的构想，转而认肯身份的多元性质。“如果身份并非固定的事物，而是经常在进行朝向的过程(becoming)中，我们应该去认可这种身份的多元纷杂性，以超越封闭僵化的国族文化界限，从人与人的层面而不是从国族对国族的层

① 李英明:《全球化下的后殖民省思》，台北生智文化事业有限公司 2003 年版，第 95～96 页。

面出发，互相交流谈话，而非只是在谈论自我和他者。”①反对东方论述就必须走出本质主义。民族是构想出来的共同体，这种共同体在传统社会提供给人们以“本体论上的安稳感觉（ontological security）”，但这种情绪可能被排他主义的民族主义所利用。有论者指出：“18 世纪时，欧洲为了适应其关注点的变化，建构(made)和重构了亚洲，而不是说由于有关亚洲的新知识的增加，从而使得欧洲的偏见发生了根本性的变化。”②19 世纪西方哲学学者提出了种族主义的历史进化观。斯宾塞和孔德将种族主义观念“科学化”，从而产生了社会发展的各个阶段的理论；达尔文将他们的思想“生物化”，从而不自觉地奠定了社会达尔文主义的基础。在黑格尔哲学演讲录中，日耳曼世界被视为文明的典型，它把自由作为国家的基础，理性成为绝对的主宰。在其世界发展体系中，伊斯兰教属于东方世界，它的唯一的用途是创建日耳曼世界的垫脚石。“东方主义幻想所派生的假想知识，并不以精确性和效用为基础，而是基于其能满足西方人自大心理的程度。……因此，东方主义是一种建构的无知，是有意的自欺，这种无知与自欺，最终投射到了东方。”③

殖民主义主导着对殖民地的阐释，殖民地以西方的阐释给自身的存在以意义。到现代性产生危机，西方开始转向东方，无意识心理学、原始文化研究、人类文化学等的兴起无不与西方转向东方有关。法国的意象派诗歌与中国诗歌、毕加索和马帝斯与非洲绘画、高更与塔西提岛的关系表明，现代主义运动是文化混杂的产物。解殖活动对于被殖民者来说是一种解放，对于殖民者来说未尝不是一种解放，解殖运动把殖民者从殖民主义、帝国主义和种族主义意识形态的束缚中解放出来，使得殖民者能够摆脱与被殖民者的主客体关系，进而

① 许宝强、罗永生等：《解殖与民族主义》，中央编译出版社 2004 年版，第 203 页。

② Marshall, P. G. and Williams, G.. *The Great Map of Mankind*. London: Dent, 1982, p. 87.

③ 齐亚乌丁・萨达尔：《东方主义》，吉林人民出版社 2005 年版，第 6 页。

重新认识自身，重新认识被殖民者的文化，文化的交流和互渗就此可以展开。

东西方的文化关系是后殖民理论的核心问题。在全球化后殖民语境中，如何保存文化的民族性？面对西方的殖民，我们该如何应对？如何表达真实的东方？中国近代历史经验表明，西方化与民族化的矛盾始终伴随着中国文化的现代性转换。萨伊德理论的输入时逢中国学习西方又到了一个需要反思的关节点，中国后殖民批评的民族主义重复了百年文化论争的基本逻辑：学习西方必须警惕全盘西化，必须警惕文化被西方殖民。有些论者借用后殖民理论，认为新时期西方文学理论和艺术思潮的输入是后殖民现象，因此必须予以警惕，这一看法似乎有几分道理，但这就引发了一个问题，即如何看待文化交流，在中国历史上，大唐文化对东亚和南亚的影响可以看做是对这些地区的文化殖民吗？在如何认识文化交流这一问题上，中国的后殖民批评显得褊狭而尖刻。文化殖民区别于文化交流，后者是在主权独立后文化互通中的互释和对话，前者则是以经济政治压迫和军事占领为前提的文化单方面的输入。新时期西学热是中国追求现代化之需要，不可与历史上的文化帝国主义相提并论。与此相关，还有论者借助后殖民理论批评中国“五四”的西化思潮，得出“五四”是自我殖民化的结论，他们认为，“五四”以来学习西方创造新的语言，新的语言意味着新的理想、新的道德和新的文化，西方的价值观、审美观借助语言传播过来，我们的文化被殖民了。这就偏离了历史评价的原则。“五四”的主题一是反帝，二是学习西方，反对的是西方的政治霸权，学习的是西方的优秀文化。“五四”先知意识到，西方之所以强大就是因为他们有现代的科学和民主，我们之所以贫弱就是缺乏科学和民主，我们必须学习西方的“长技”。这种历史的主动选择怎么能够等同于自我殖民化？另外，谈文化殖民也有一个语境问题，比如鲁迅对中国文化的批评不能与东方主义相提并论，因为前者是为了改造中国的国民性使之获得现代性，而东方学对东方的批判则是西方为了论证其文化的优越性从而赋予其殖民侵略以合法性。胡适在西方讲中国文化，在中国则讲西方文化，前者是为了反驳西方对中国的歪曲，后者则是为了中国文化自身的更新，这本是文化交流中的应有之义。东方主义一方面是西方的霸权思想，另一方面又确实揭示了东方文明的落后，因此，西方对东方的看视就不能说全部都是有野心的，而清醒的意识应该借助西方视角反思自身，他者应该是一面镜子。“五四”新文化对中国传统的批评就是借助西方近代的民主和科学反思中国文化，可以说，没有西方这一他者的参照，新文化运动不可能产生。面对西方的东方主义，明智的态度是批评其“主义”的成分，借鉴其“学”理的视角，以开放的胸襟进行文化交流。

中国的后殖民批评一方面认肯后殖民理论的西方来源，另一方面又惧怕自己被殖民化，于是，在引进后殖民理论和西方话语的同时就有了焦虑和恐惧，产生这种无谓纠缠的根源是没有区分文化渗透和文化交流。东方主义话语服务于西方对东方的宰制，而我们主动学习西方的依据是我们的本土经验，如果对文化殖民过于敏感，就只能退回到民族主义，民族主义是一种变相的西方主义即东方主义的对应物，它与自我东方主义不同，是东方在与西方打交道的过程中随着东西力量对比的变化出现的对于西方的想象性的情感态度。文化过滤、文化误读是不可避免的，我们无法超越自己的主观性，人们总是从自己的文化、自己的需要和视阈出发理解对方，而在中西文化交往日益频繁和深入的今天，正确处理文化交流，准确认识他者以便更好地认识自身是一个重要问题。

二、现代性的选择问题

在文化解殖运动中，返回没有被西方殖民化的本土文化，寻找本真文化成为第三世界文化重建的主题，于是，后殖民知识分子发掘被压抑的民族历史和人民记忆，强调文化的独特性否定文化的共通性。这样，“东方主义论争的后果是有害的西方主义(occidentalism)，即反对一切与西方有关的事物，并绝对地反对现代化的遗产”①。前文普

① Bryan S. Turner. *Orientalism, postmodernism and Globalism*. London and New York: Routledge, 1994, p. 7.

拉卡什也指出,后殖民摒弃了现代叙事。在中国,后殖民理论引起了对百年中国现代性文化的质疑。这就带来一个问题,即如何面对西方启蒙现代性的价值观,如果西方现代文化都是帝国主义的意识形态,那么,是否还有超越本土知识之上的普遍价值观和历史观?

随着后现代对现代社会的反思,现代性在西方成为关键词,但现代性在后发现代国家是不可也不必反对的。现代性的核心是理性,理性包括科学理性和人文理性即科学与民主,前者把传统社会的非理性宗教信仰、原始思维转化为现代的实验科学理性精神,后者把个体从传统社会的人身依附中解放出来,人的发展潜能被释放。现代性首先意味着物质丰富和科技便利,这对于传统社会是巨大的诱惑。西方渗透第三世界依靠的是资本力量,资本的逻辑就是增值,这就必须在全球扩张自己,因此,第三世界或被动或主动转入现代性。后殖民理论从文化角度解构西方现代性,但这一逻辑不能直接搬到中国,这就是后发现代性国家文化处境的难堪之处。西方需要对现代性的弊端有清醒的意识,要对现代性的牢笼加以拆解,但我们如何对待现代性,我们需要什么样的现代化,本土经验的不同导致我们的回答也是不同的。

启蒙运动把世界纳入资本主义体系,从一个方面来说,世界其他地方被殖民化了,但是启蒙运动的基本精神如民主、人权、个体主义、自由等观念却给世界包括中国文化现代化以新的动力,因此不能否认有普遍伦理的存在,不能否认启蒙运动的世界性意义。中国后殖民批评的危害在于,拒绝西方的启蒙运动的现代精神,可能以新的保守阻碍现代化进程。文化具有相当的延续性和惰性,我们只要看看近百年现代化的曲折历程就可明白,封建主义仍然是中国现代化的大敌。中国文论在20世纪的主导仍然是传统的文以载道论,西方的文艺自律论以及审美现代性对现实的批判意识始终没有成为中国文论的主流。一种文化能否被殖民,这取决于其自身的生命力和其背后的物质力量,不能适应现代化的发展而走向衰落,是文化发展的历史必然,但一种文化衰落了,人们会创造新的文化。后殖民理论的精神是反霸权而不是反现代化。许多第三世界国家在反帝国主义之后重新回到原有的压迫和等级状态，新的统治者延续了帝国主义的统治秩序，其原因就是没有引入西方现代的法权制度。思想具有超越性，思想作为思想是对人类自身存在的自觉。对于任何一种西方理论，我们都要从中国语境出发看这种理论是否具有适应性。文化可分为制度性文化和形而上的超越文化，对于前者我们应该吸收西方启蒙现代性奠定的制度性设置如市场经济、法权体系等，它是社会的整合力量，后者即价值观、审美观则奠定在个体本位，它应该是个体性的、多元化的；前者保证社会性的理性共在，后者则给个体以安身立命的家园。西方中心论与文化普遍主义、历史进化论相关，文化普遍主义认为，文化存在着超越地方文化条件的人类经验和生活特征。普遍主义认同文化的普遍性，否认文化的差异性和多样性，这就为帝国殖民活动所借助的优越、进步等话语提供了合法性。西方中心论认为，西方是世界的中心，是社会发展的模式，其历史进程是世界其他民族的必经之路。这就把西方与非西方的空间关系时间化，非西方成为西方曾经的过去。在我看来，纠缠于文化普遍与特殊的关系以及对西方中心论的批评都不是当前中国面临的主要问题，我们需要现代化，虽然现代化是以西方语言表述出来的，但现代化又是一种意识形态，现代性是可以选择的，因此可以有东亚的现代性，也可以有西方的现代性。

西方殖民东方，东方反殖民的过程也就是东方走向现代性的过程，就是认同西方民族国家组织形式的过程，也就是民族意识觉醒的过程。第三世界反殖民运动的结果是资本的逻辑横贯全球，殖民主义不存在了，但历史终结了，资本主义统一了全球，西方的文化普遍主义实现了其意图，而那些不反抗西方的传统文化却很好地保存了自己的形态，这一历史悖论增加了后殖民理论在中国的复杂性。西方后现代思潮反思现代性基于西方现代社会的弊端。在全球化时代，中国也具有后现代的文化特征，但中国的后现代显然不是反对现代性，中国后现代消解的是新老传统的集权话语，这就涉及传统文化的再认识、本土文化的重建以及学习西方又如何保持自身等问题。当后殖民与现代性相冲突的时候，应以现代性为价值准则，这是我们不得不为之的选择。

三、学科反思问题

影响巨大的五卷本《后殖民主义:文学和文化研究的关键概念》的编者布莱顿强调,后殖民主义是一种跨文化现象,它关涉的主要问题是,知识是如何构成、评价和保存的。布莱顿认为,后殖民主义给学科投射了一道新的亮光,它鼓励学科之间的对话,引起了对传统学科边界的重新思考。当前,大量专门的学科杂志开始审问后殖民主义对其专业领域的影响,好几个学术杂志专门投身于后殖民研究,包括《干预:后殖民研究国际学刊》(*Interventions: International Journal of Postcolonial Studies*)、《打开》(*J'Ouvert*)、《英联邦和后殖民研究学刊》(*Journal of Commonwealth and Postcolonial Studies*)等。在英语学界,现在有数十个后殖民理论的介绍性读本,两三个有关这一领域的当代选本,成百上千的跨学科研究应用了后殖民主义这一术语。① 在中国,后殖民主义的跨学科影响也开始出现。前文梳理了后殖民研究在中国的历程和问题,我们看到,仅在文学和文化研究领域,后殖民思潮就产生了多方面的影响,这一影响在哲学、历史、建筑、绘画等领域也越来越明显。

对于中国当代的文化建设,后殖民理论的启示意义之一,就是反思近百年来中国的西潮涌入历程。从百年来的历史中检视文化建设的经验和教训,以便为在全球化语境中与西方文化打交道提供一份意识自觉,这一问题的具体化就是对各知识门类自现代以来的成败得失进行检讨。反思西学东来各个学科在获得体制化的过程中我们自觉不自觉地按照西方的现代学科范式组接中国思想资料所产生的利弊,这对于中国百年学科的反思和现代建制具有重要意义。后殖民理论的这种方法论目前只在文学领域有所涉及,而从文化思潮、法权制度、经济结构等方面对中国现代性的反思还不够。萨伊德《东方

---

① Diana Brydon. *Postcolonialism: Critical Concepts in Literary and Cultural Studies*. London and New York: Rouledge, 2000, p. 7.

学》的启示是:作为知识体系的学科与权力相关,学科是权力纠集的产物;自由思想和纯粹知识的获得有赖于文化的平等交流;阐释视阈的有效性来自对自身偏见的去除和直面他者本身等等,这些对我们当前的学术史的反思极有意义。人文学科的目的是尽可能获得纯粹知识以使我们能够在自由思想的道路上前行,但基于社会生产机制,自由知识必然会遭到各种权力的制约而使学科的纯粹性面临极大的困难。在《东方学》之后,学科反思必须考虑这些问题:如果知识不可避免地牵涉权力,真理性知识的获得如何可能?如何摆脱权力对知识的钳制?在学科的建制过程中,如何看待思想与意识形态的关联?如果我们对事物的理解,进而我们获得的体系性的学科知识是被我们所处的社会环境建构的,那么我们对事物和世界的理解就有可能是偏颇的,也就是说,在《东方学》之后,我们意识到人文学科知识取决于我们的视角,因此,为了接近自由思想,我们必须经常地保持警惕,必须不断地追问我们是谁,我们思考的位置何在,只有对自己的立场具有清醒的意识,才有可能使学科尽量远离意识形态。

我们以具体学科为例,看《东方学》的方法论意义。中国古代有美无学,有美学思想但无美学学科。百年来中国学人以西方的体系性、逻辑性学科原则整合中国美学思想资料,作为一门严格意义上的美学学科在中国才得以出现,中国美学史也才有了专门的研究对象。也就是说,中国美学的现代化,中西美学思想的互释是以西方美学的研究范式、体系结构看视中国才成为可能的,但这并不表明西方美学的绝对权威性。随着研究的深入,中国美学思想的特点呈现出来。中国传统美学的体验性及其对生存的关注、对生命的有限与无限等问题的讨论恰是西方古代美学所没有而为西方现代美学所追求的。因此,中西美学的会通发明是在摆脱东方主义或西方主义视角之后才成为可能的。在后殖民理论之后,人们意识到,20 世纪西方思想的反体系性、非逻辑化倾向正与东方思想具有同构性。把学科放置在权力结构中看,中国当代美学将呈现历史的另一面,与在西方是边缘学科不同,美学在中国曾经居于显赫地位,其与政治主流话语的关联使得这门思辨性极强的学科在中国的命运异乎寻常。在 20 世纪五六十年代的美学大讨论中，实践美学崛起，实践美学以马克思主义阐释者的姿态出现于学界，这自然就获得了主流话语的支持，而其“劳动创造了美”的核心命题也与当时的主流意识形态即“劳动人民当家做主”相契合。在劳动被推崇乃至被圣化的时代，劳动取代中世纪的上帝和近代哲学中的理性而成为美的根源，美的集体性、社会性被推崇，精神性、体验性和个体性则被否定。实践美学之所以缺乏中国古代美学和西方现代美学的思想资源也与文化政治相关，在实践美学发轫之初，西方现代思想被认为是腐朽的，中国传统思想则是封建主义的，这就导致了实践美学思想来源的先天不足。新时期西方当代思想传入中国后，后实践美学借助新的思想支撑轻易颠覆了实践美学。实践美学与后实践美学的论战是西方现代思想对启蒙思想的批判性否定在中国的回应。

再比如当前的文艺学边界之争。20世纪中国文艺学学科的许多命题本身就是历史性的，是各种权力斗争和妥协的产物。现实主义思潮独霸文坛、文艺为政治服务、文艺的自律性等命题的提出都有特定的历史语境，因此，对当代中国文艺思想的研究离不开对文艺与政治甚至政治人物的关系的研究，这种研究揭示出文学正统观念的形成及对文学的积极和消极影响。通过揭示某种文艺思想、某种文学观念是如何获得权威性的，提示其与出版机构、权威人物、政治事件、意识形态国家机器的操作等的复杂关系，这种文学思想的历史逻辑性和阐释有限性就显示了出来。也就是说，文艺学的命题和研究对象并不是一贯性的，而是历史的建构的。今天，社会环境的变化要求文学思想产生变化，文学理论要保持其理论的先锋性和批判性就必须扩大边界。在世界性的文化研究大潮之后，在中国面临前所未有的文化转型之时，文学研究再也不能固守传统的研究方法和批评视野。在福柯之后，人们意识到，文学文本是社会性的存在，审美主义的批评会过滤掉一些重要层面，文学研究必须走向文化研究，文化研究经过学界大力推动后在中国成为显学。除了中国特定的文化语境的原因，文化研究深层的学理性弊端也开始显现。在后现代之后，现代性的宏伟叙事不可能，人类解放不可能，反抗资本主义也不可能，在1968年以后，反抗只能走向书斋，后现代是书斋里的革命，是语言与哲学的革命。我们只能走向微观政治，只能展开对政治的文化批判，这多少反映了人文学科的无奈。这一点对我国文化研究有很大影响，也就是说，在关键性问题无法解决的情况下，只能以小规模的政治抵抗权力宰制，最后是以身体政治代替民主政治。

哲学这一术语经日本翻译过来后，中国学人以西方的思维模式组接中国古代思想并撰写中国哲学史。随着研究的深入，人们发现只有古希腊才产生了哲学这种独特的思维方式，中国乃至东方都没有由范畴概念演绎而成的体系性思维方式。西方的本体论思维方式与中国古代的非体系非逻辑的思维不同，以西方哲学的问题域书写中国哲学史的结果是遮蔽了东方思想的独特性。这种做学方式的前提是认肯西方思维方式的普遍性。在西方思维看来，中国非体系性的直觉思维是前现代的，但有人反对，说中国哲学是有范畴体系的，于是产生了研究中国哲学范畴体系之类的书，这就仍然没有摆脱甚至巩固着西方思维方式。在后殖民主义看来，中西古典和西方现代以及阿拉伯伊斯兰、印度等文化模式都不过是人的存在方式而已，并无高下优劣之分。中国学界曾经有过的如以现实主义与浪漫主义的斗争书写中国文学史、以唯心主义和唯物主义的斗争书写中国哲学史，其弊端之源正是自我东方化。

我们要创造现代性的文化，我们的本土现实需要现代化，在创造现代文化的路途中，所有的文化包括东方文化都是我们的有益资源。解释如何达到解释学的真理，面对古人时如何既不勉强古人又让古人焕发新的生命，如何面对西方这一他者是需要不断思考的问题。借助后殖民理论，我们可以看到中国文化现代性历程中的学术思想，哪些是对东方主义意识形态的迎合，哪些是对中国文化的理性批判，哪些是对西方的吸收。在按照西方现代学术体制发展的中国学术里，中国古代哪些思想被遮蔽，哪些得到了新的阐释，西方学科范式对于我们的学科建设有什么意义和局限等，这些其实是西学东渐过程中被不断思考的问题，只是后殖民理论给这些问题的解决提供了新的视界，而我们正可以利用这一契机进行回顾和检讨，从而在新世纪的学科建设中获得清醒的认识。

四、自我阐释权问题

在《东方学》的扉页，萨伊德引用了马克思的话：“他们无法表述自己；他们必须被表述。”萨伊德借此阐明在西方殖民东方的过程中，西方占领了阐释的主动权，关于东方的一切言说必须借助西方的视角这一现象。在第三世界的解殖过程中，自我阐释关系到自我形象的重新塑造。梅米认为，被殖民者在文化心理上处于两难境地，要么仿效殖民者，要么反抗殖民者，但仿效殖民者不可能进入殖民者的文化价值体系中，反抗殖民者是为了追求自身的民族身份，但被殖民者对民族身份的塑造仍然是以殖民者构造的被殖民者的形象为摹本，不过是将原来的负面形象转变为正面形象。由此，如何塑造完整的自由人形象仍然是今天解殖活动的重要议题。① 这一点在曾经长期沦为西方殖民地的国家和地区尤其重要。在既往历史中，西方一直在妖魔化东方，真正的东方没有自己的解释权，东方无法表达自身，只能由他人去表达，而表达就是歪曲。西方学者阐释看待东方的视野和前见是西方的文化立场和其自身的需要。真实的东方在东方学那里不可能获得，只有东方自己才能呈现其存在本身，东方要获得主体地位只有发出自己的声音，只有获得自我阐释权以后，主体间的交往才是可能的，从文化融合和交流的角度看，不仅要有西方眼中的东方还要有东方眼中的东方。一切文化史都是接受史，同时也是文化变异的历史，文化总是在交流中异质化对象和自身，对于当代中西文化交流而言，我们要分辨西方的中国形象，看哪些是歪曲的，哪些是对中国人的深刻批评，并不是所有的东方学都歪曲了东方，他者的眼光往往能够洞察我们的盲见，而面对妖魔化，我们要夺回自我阐释权。后殖民理论并不只是关注国际间、民族间的弱势文化与强势文化的关系问题，还关涉一切少数人话语与权力话语的关系问题，也就

---

① 许宝强、罗永生等：《解殖与民族主义》(导言)，中央编译出版社 2004 年版，第 2 页。

是民族文化内部的殖民问题。因此，后殖民理论应该为边缘人、为弱势群体反抗权力话语，夺回自我阐释权提供理论依据。萨伊德认为，真正的知识分子不是某门学科的专家，而是业余知识分子。在一次访谈中，萨伊德曾说："写作以一种直接的方式使我觉得自己正在参与这个世界。……我觉得自己至少可以去做一名历史见证人，并尝试着为改变这一不幸命运去作些努力。"①

中西交流中的文化阐释与过度阐释问题，具体表现为西方文化中的中国形象演变史以及中国的西方形象的历史发展。面对西方的东方主义和妖魔化，自我阐释是对抗的手段之一，但也不可迷信自我阐释。自我论述很容易沦为自我东方主义或想象性的乌托邦。日本学者指出，一方面，美国出于利益需要以东方主义表述日本，另一方面这种表述也被日本延续下来成为日本的自我阐释。"当东方论述沉迷于他者的神秘异国情调时，自我东方论述则利用东方论述的凝视(Orientalist gaze)把自己转化为他者。"②在这种论述中，日本不再是低等的东方国家，对于日本人自己来说，她反而具有令人愉快的异国情调。日本学者指出，日本民族特性的建构是一种意识形态，它是美国论述以及国际政治经济情势和日本政治经济在国际社会中的地位合力影响的结果，它以压制日本国内的不同声音、抹杀不平等和文化差异为代价，这种自我东方论述很容易流为自大的民族主义论述。在中国经济迅速发展、国际地位得到提升时，自我意识形态化尤其需要警惕。如何摆脱自我阐释的意识形态化？我认为：一是需要萨伊德所说的批判性知识分子的参与。与各种权势保持距离的世俗知识分子的自我反思和批判是获得自明意识的途径之一。二是以民主制保证各种声音的复调演奏，差异性群体的众声喧哗是消弭霸权意识的有效手段。

---

① 参见保罗·鲍威：《向权力说真话》，中国社会科学出版社 2003 年版，第 14～15 页。

② 许宝强、罗永生等：《解殖与民族主义》，中央编译出版社 2004 年版，第 192 页。

五、全球化与本土化问题

全球化时代与帝国主义时代不同的地方，按照汤林森的解释，帝国主义是以国家为中心价值，而全球化则缺乏一个明确的中心，但全球化仍然延续帝国主义逻辑。现代性开始于西方民族国家的形成。1648 年英国威斯特法利亚条约的签订，宣告了三十年战争的结束，现代主权的民族国家就此诞生，政教分离的世俗化国家从此踏上现代化旅程。统治者不再需要宗教信仰而是通过民族国家建立身份认同。在全球化时代，社会问题超越了民族国家的界限和能力而必须诉诸全球的努力，比如环境问题、犯罪问题、经济规则问题等等，这就需要建构全球认同，全球的普适伦理问题就出现了。全球化对民族国家的认同造成了冲击，许多人到宗教和种族中去寻求认同，于是宗教冲突、种族冲突、文明冲突成为新的矛盾表现形式，这也就是亨廷顿文明冲突论的由来。这些冲突的出现与保守的族性意识相关，这种意识认为，存在着本真的传统文化，西方文化冲击了传统民族文化，于是冲突特别是针对西方文明的冲突就发生了。

全球化的复杂性部分来源于看待全球化的不同方式。有些人热情地拥抱全球化，认为全球化使世界朝好的方面发展：获取技术、信息、服务和市场，这些对于地方社会是有利的；居主导地位的社会组织形式将带来全球的繁荣、和平及自由；全球环境的观点也将带来全球的生态关注。另一些人则拒绝全球化，认为它是“第一世界国家”对“第三世界国家”的控制，全球文化日益变得同一会使文化和社会丧失地方性特征；地方经济也被牢牢地吸纳进全球资本体系。① 问题的根源在于，经济和文化的全球化并不是自发形成的，而是起源于资本主义权力中心并由之不断推广。资本主义在全球化时代的经济主体是跨国公司，跨国公司并不隶属于某一国家，而是机动灵活地在世界各地出击，它可以世界任何地方为中心，剥削世界上任何一个国

---

① Bill Ashcroft, Gareth Griffiths and Helen Tiffin. *Post-Colonial Studies: The Key Concepts*. London: Routledge, 2002, p. 111.

家甚至本国，它为资本增值服务而不为某一政权某一国家服务，它把世界最偏远的地区都纳入资本主义体系，成为资本主义的消费主体，消费主义成为新的全球性的意识形态。全球资本主义可能跟世界任何一个政权勾结以获取利益，而政党和政权也可能与他们勾结以获得支持，这就必然威胁到民族文化的认同：当第三世界人民消费跨国公司提供的产品，跨国公司的所谓企业文化精神其实背后是资本主义的商业精神或西方精神影响到其民族文化的时候，民族文化认同的问题就出现了。民族文化这一概念的提出基于民族文化的独特性，民族文化在与其他民族文化的区别中界定自身。虽然没有永恒的固定的民族传统文化，但一个民族在一定时空中仍然存在着相对稳定的价值观、生命观和时空观，这些相对稳定的文化价值就是一个民族区别于其他民族的标志性的东西。跨国资本主义以其全球行走改变着民族文化，使之成为一个个相似的没有个性的社群文化。因此，在一定程度上，全球化的资本主义会改变一个民族的文化认同，甚至模糊文明的文化身份。

发源于西方的启蒙现代性以民族国家的地域形态出现，而全球化超越了传统的民族和国家形态，资本逻辑把全球联为一个整体。全球化改变了现代性的时空观，线性历史发展观被空间化，地域性空间被整合到全球空间中去。全球化的空间不是由地域和本土经验主宰，而是由科技、资本、市场甚至文化力量主宰。时空观的改变对传统的因果观造成了巨大的冲击，直线的因果观被结构的因果观所替代，网络式的因果观将成为分析现象或事件的基础。台湾学者李英明把现代化分为第一个现代化和第二个现代化，第一个现代化以领土和民族国家为取向，第二个现代化则以跨国或全球为取向。第一个现代化是以领土或民族国家内的政教分离，凸现科技理性或工具理性的重要性、功能分化等世俗操作实现的，这种操作被认为可以跨越个人、族群、阶级、阶层而具有普遍意义。从这种具有普遍意义的现代化出发，在西方出现了以西方为中心的现代化理论，它要求西方垂范非西方以形成一体化或一元化的现代化世界，这是西方世俗化运动从特殊到普遍的发展过程。但非西方世界都以各具特色的方式，即以多元化、后现代的方式在进行着现代化。也就是说，现代化在从特殊发展到普遍的过程中被多元化和特殊化，而这些多元化和特殊化的现代化又表现为互相渗透和交叉。① 从政治角度看，一种多元中心主义替代了传统的民族国家的单一的身份认同，认同超越了民族国家而走向文化，甚至是以全球当做认同的对象与实体。正是西方的普遍主义要求把非西方纳入西方主宰的现代化进程中，这种以西方的文化和经济制度改造第三世界，不顾非西方文化差异的做法带来了非西方世界对西方的后殖民批评。

《后殖民研究：关键词》一书给出的全球化的定义是："全球化指个体的生活和地方社会被在全球范围运作的经济和文化力量影响的过程，其实质就是世界变成一个地方的过程。"②文化混杂作为后殖民理论的概念，更能够阐明全球化时代文化的状况，也就是不再以静止的民族文化本位为视点，而是把多元文化看做社会进步的产物。文化混杂指的是在两种或多种文化相遇时，文化会产生相互渗透、相互交融的现象，文化混杂的结果是不再有纯粹本真的文化存在，文化彼此吸收对方于自身。文化混杂应该视为任何文化存在的常态，而不仅仅是后殖民理论的所指。在后殖民理论家指出这一现象以前，在殖民主义发生以前，人类文化早已存在这种状况。从历史或世界范围看，任何一种有生命力的文化都是杂交的结果，那些纯粹的本真的文化要么湮没在历史烟尘中，要么因拒绝现代化不能融入世界潮流而成为博物馆文化被展览。在这个意义上，民族文化身份认同就是一个需要仔细分析的问题，没有一种文化是纯粹的，因此，建立在民族文化基础上的身份也没有纯粹的不变的本质，文化身份是变动的、被建构的。民族文化身份认同只能在特定的时空中以策略性的方式存在，因特定时期的政治现实的需要而存在。

---

① 李英明：《全球化下的后殖民省思》，台北生智文化事业有限公司 2003 年版，第 19 页。

② Bill Ashcroft, Gareth Griffiths and Helen Tiffin. *Post-Colonial Studies: The Key Concepts*. London: Routledge, 2002, p. 110.

殖民主义认为，西方是普遍性的，非西方是特殊性的，必须消除这种特殊性非西方才能进入统一的世界历史，必须把非西方纳入西方发展的历史中来，传播基督教就是传播民主和平等的理念，离上帝有多远就离民主有多远。黑格尔是普遍主义的集大成者，在黑格尔哲学里，西方历史达到了人类文明的顶点，东方文明只是文化的初级阶段，还没有进入世界史的范围。在殖民主义者看来，“殖民主义过程虽然有一些副作用，但本质上是一种发展的趋势，是一种对世界人民的解放过程，让他们进入到世界中来”①。文化普遍主义与文化相对主义并不是决然对立的，比如普遍主义（马克斯·韦伯）认为西方的历史是现代的，中国传统不可能发展出现代化，儒家文明与现代化无关，因此，西方的现代化模式既是独特的，也是世界性的，只有按照西方的模式发展现代化，中国才可能走出历史。文化普遍主义坚持文化优劣论和等级论，这就与文化相对主义相通了。中国当代的国际化、世界化的追赶心态也是文化普遍主义的表现，其前提是西方的一切是先进的，中国则是走向这个先进。

在殖民解放运动之后，在冷战结束以后，西方对东方的入侵已经不再是赤裸裸的军事政治行为，而是合法的经济活动，文化也在温和地旅行，文化殖民采取了新的形式。文化与帝国主义有着天然的关联，萨伊德在《东方学》中分析了大量的西方经典文学的帝国主义意识形态，杰姆逊也说：“帝国主义的结构也在人们泛称为现代主义的文学和艺术语言的新转型中的内在形式和结构上留下了痕迹。”②文化殖民的背后是政治殖民，政治殖民的背后是经济殖民，是资本的扩张本性催生了新的殖民形式。恢复传统文化是反西方话语霸权的一个必然的选择，但狭隘的民族主义不可取。实际上，消费主义时代并不一定涉及文化认同的问题，大众只是消费了跨国公司提供的便利

① 李杨、白培德：《文化与文学：世纪之交的凝望》，国际文化出版公司1993年版，第16页。

② 张京媛等：《后殖民理论与文化批评》，北京大学出版社1999年版，第2页。

服务，而民族文化的历史更为悠久和稳定。在全球化时代，在民族文化认同淡化的今天，文化的选择应落实在个体层面，个人可以选择自己所归属的文化，如伊斯兰文化、印度文化、中国道家文化、儒家文化、西方个人主义等。因此，在民族文化认同消退以后，以一定的信仰、价值观、语言交流为中介的社群就会代替民族成为新的认同形式。

第三节　重建中国后殖民批评

民族这一虚构的共同体存在于民族的每一个个体的心中，共同的祖先、传统、语言、文化、历史、信仰等提供了个体的情感归依和身份认同，而在殖民时期，殖民地文化被抹杀被扭曲，因此文化寻根，打捞历史就成为民族主义运动的重要内容。对于殖民地人民来说，把握过去就是把握未来，就是重塑自我新的生命。民族历史是民族共同体形成的关键纽带，小说以具体的形象再现了民族历史的动态过程。民族主义运动需要民族英雄也制造了民族英雄，民族主义意识形态需要个人崇拜也制造了个人崇拜。民族文学的类型之一就是民族主义英雄的个人传记，民族英雄见证了民族命运的苦难与辉煌，对于民族的历史和独立具有象征意义，但是，英雄主义又带来了另外的问题，由于个人崇拜，“个人传记和民族历史的合一，无形之中就会把一些社团群体，例如妇女、农民、庶民以及那些早就边缘化了的、没有田地的族群等，排除在理想国之外”①。在最初的抵抗运动开展起来以后，民族主义政党开始形成，一些传统的男性活动如纳妾、多妻制等逐渐复苏。庶民阶级在与民族精英联合推翻帝国统治之后，自身并未获得解放，解放还没有完成，自由的获得还需要斗争，后殖民批

① 艾勒克·博埃默：《殖民与后殖民文学》，辽宁教育出版社 1998 年版，第 220 页。

评的主题就是关注殖民之后的新的奴役状况。后殖民批评是后殖民理论的地方化、本土化和民族化，后殖民批评反抗殖民文化，关注本土文化在政治解殖之后的问题，性别、教育、语言、阶级、种族等是其分析全球化时代第三世界文化的切入点，因此，后殖民理论在广大殖民地成为文化研究的思想武器，后殖民批评以其实践性和本土性为前殖民地的文化解殖和文化重建提供了新的思想动力。

民族主义一词内涵丰富，具有历史流变性。① 现代中国的民族主义延续了孙中山提出的以武力建立国家为旨归的内涵，具有政治意味极强的排外倾向。民族主义对于激发中华民族一体意识，凝聚中华大众的力量以去除殖民主义建立现代主权国家具有重要意义。中华民族这一概念尤其意味深长，因为中国的多民族是以自然力按照王道形成的，中华民族这一概念是为了建立多民族的政治联合体而提出的，其中的政治诉求极为明显，中华民族并不是原初意义上的民族，它们没有统一的语言、文化、宗教信仰、风俗习惯，为了打倒帝国主义建立现代意义的自立国家，各个自然状态的民族联合起来形成了想象性的政治共同体，这便是中华民族，中华民族这一概念承载了艰辛屈辱和浴血斗争的悲壮历史，附着了太多的民族创伤记忆，同时又包含崇洋媚外与盲目排外。长期曲折的斗争使民族主义情感积淀为中国现代的集体无意识，并依据国际国内政治经济外交局势的变化而沉浮潜显，成为当代中国身份意识和固化传统的一个符码。

中国后殖民批评是在西方后殖民理论登陆后，中国学界借助其理论视角和方法考察中国当代文化文学问题提出的理论命题。中国后殖民批评的要旨，一是强调民族文化的本位性；二是把文化批判的对象指向西方文化霸权；三是从总体性角度把握中国当代文化，贯穿其中的是民族主义情绪。除了民族主义情绪的理论化，中国后殖民批评似乎并无多少理论建树。中国后殖民批评走向文化民族主义，它延续了近代以来的民族主义的基本主旨，即认为当代中国虽然在

---

① 参见许宝强、罗永生等的《解殖与民族主义》（中央编译出版社 2004 年版）一书的附录中对 nation 一词的解释。

政治上独立，经济上参与世界资本主义体系，但在文化上仍然受到西方文化霸权的压迫，因此，发掘不同于西方的第三世界文化，重构华夏中心的文化崛起的蓝图，创造不同于西方的文论体系就成为中国后殖民批评的基本主张。民族主义以民族国家的利益受到威胁从而把民族内部的矛盾转向想象性的他者，这就掩盖了民族内部的社会问题。民族主义意识形态盛行于当代集权国家，集权国家中的特殊阶层为了维护自身利益，以专制主义对抗民主化，以民族主义转移国内矛盾，这是后殖民批评需要警惕的。正如特纳(Bryan S. Turner)所言，对殖民主义的批判有可能使我们面临两种危机：一是相信作为一种人性形式的民族和前现代中有一种不容现代主义和西方主义毁灭的自然本真，一是把本土保守主义作为一种进步的反西方主义的特殊形式。① 中国后殖民批评的学理缺陷在于，歪曲了后殖民理论的要义，失却了后殖民知识分子的伦理责任，错误地解读了当代中国文化的矛盾，延误了中国现代性的进程。后殖民理论在西方是具有批判性的解构性的理论话语，在中国却演变成对外封闭的国家型话语。中国后殖民批评只是从中国看世界，缺乏从世界、从西方看中国的视角，中国后殖民批评的尴尬在于，在中国走向现代化、呼唤现代性的时候却以民族主义拒绝了西方的现代性，重提百年中西文化论争的老问题，后殖民理论的真精神如对性别、阶级、阶层、权力等问题的文化政治学分析却被过滤。缺乏本土批判意识和现实关怀，没有把后殖民理论运用于中国文化结构的分析是中国后殖民批评最根本的缺陷。由于对本土文化现实的回避，中国后殖民批评没有在本土文化的基础上提出富有创造性的理论命题，反而成为主流意识形态的共谋。

萨伊德的文本的世俗性观点强调文本与世界的关联。文本是世界性的，它的使用和后果与作者、权力以及强制使用的外力紧密相关。批评的现世性是为了消除宗教的来世观念和理想的乌托邦，伸

① Bryan S. Turner. *Orientalism*, *Postmodernism and Globalism*. London and New York: Routledge, 1994, p. 19.

张人类所具有的现实的力量和应该承担的义务。萨伊德强调知识分子要对权力说真话，并选择最适合这种目的的方法、风格和批评。知识分子的主要目标，不是表达一时的时尚，而是表达真正的思想和价值。中国后殖民批评误读了萨伊德，萨伊德并没有站在非西方的立场对抗西方文化，而是以西方后结构主义解构西方文化，他仍然属于西方文化传统。萨伊德曾经在《理论的旅行》一文中以卢卡契在西方的传播为例，说明理论在旅行之后必然改变其初始含义的现象，萨伊德指出，卢卡契的从社会主义激进变革的理论演变为戈德曼、阿尔都塞等人的学院性思辨，是“从一种激进的、反叛性的敌对意识演变成一种可融合的、关于对应和类同的意识”①。对照中国后殖民批评，不得不叹服萨伊德的睿智。

后殖民理论是后结构主义的延续，是书斋里的革命，而非真正的政治经济斗争。后殖民理论的主题和意义：一是批判性，批判一切话语霸权是后殖民理论的根本主张。二是揭示了学术的话语性，一切学科特别是人文学科的真理性需要警惕，学术与权力密切相关。三是提供了文学批评的新视角，文化政治学批评秉承宏大叙事，延续解放、民主、正义等理念。四是反对本质主义思维，主张文化身份的混杂和文化沟通。五是提供了学科考古、学科分界和学科融合的方法。六是关注边缘文化和沉默群体。从全球化时代的政治文化现实看，后殖民理论存在着诸多缺陷：一是对经济结构重视不够。二是文化相对主义，抹杀了文化进化的可能。后殖民忽视了文化的普遍性和文化在价值论上的可对比性，从而延误了第三世界的现代化进程，并可能为第三世界保守的民族主义政权所利用。三是对文明冲突没有提出有效的解决方案。四是反霸权策略缺乏实绩。五是后殖民强调差异，可能导致冷战的对抗思维被延续。六是后殖民理论在西方可能被跨国资本主义所利用，在中国可能被各种分裂的政治势力所利用。事实上，台湾后殖民研究者宋国诚就以后殖民理论作为文化台

---

① Edward W. Said. *The World, the Text, and the Critic*. London: Faber, 1984, p. 236.

独的理论依据。后殖民理论在全球化时代面临的课题：一是资本主义的发展要求全球一体化甚至是西方化，但第三世界在承受资本主义世界体系的过程中因有独特传统文化而必然产生个别化的现代性模式。后殖民理论既要坚守世界各民族的文化差异性，又要坚持现代性的文化价值。二是不仅关注西方国家与本土民族文化的关系问题，还要关注西方文化内部以及非西方文化内部的不平等权力与文化殖民问题。边缘群体的文化声音、文化资源的争夺、阶层文化、知识分子立场等都是后殖民的问题域。三是理论旅行问题。文化在旅行的过程中会产生过滤现象，文化不可能复制式地移植，而必须经过一个阐释的中介，关注文化旅行进而考察外来理论的本土化是后殖民批评的议题之一。四是在身份认同复杂化的时代，研究文化融合和冲突以及移民流散文化问题。五是分析全球资本主义的经济势力，研究跨国公司对本土经济、政治制度、文化趋向等方面的积极和消极影响，研究跨文化交流中的文化误读与创新问题。当代知识分子如何在全球化后殖民语境中，如何在世界主义、本土主义、民族主义、现代与后现代主义错综复杂的情境中坚持话语立场，我认为需要做的：一是坚持人文主义。在把握全球文化的现实动向时，需要站在人文主义立场，对人类的现实和命运持深切的关怀，这也是萨伊德的东方学论述和知识分子理论的基本精神。二是民族文化立场。人文学者都属于具体的民族国家，在民族还没有成为历史，在民族问题还是国际矛盾存在的根源的时候，我们不可能超越民族。在全球化时代，民族主义有利于控制资本，有利于建构跨国民族身份，特别是在文化冲突和交融的时代，人文学科的地域性、价值性、文化性都要求我们坚持民族性，以保持我们的文化认同以及民族向心力，但我们需要的是批判性的民族主义而不是总体性的意识形态化的民族主义。三是理性批判精神。这是知识分子的天职，也是萨伊德一再坚持的知识分子伦理。知识分子应该对权势说真话，对大众说真相，在此，再次引述萨伊德的夫子自道似乎不无益处。萨伊德说，进入公共领域便意味着不惧怕争议或采取自己的立场，活跃在公共领域里的知识分子要以一种公共记忆的身份发挥作用，去召唤被人们忘却或忽视了的东西，去联系那些似乎是固定了的真理的东西，并将其语境化和概括化；知识分子要做“共识和正统的反对者”，“知识分子的作用并不是巩固权威，而是理解它，阐释它并对它进行质疑：这实际上是向权力讲述真理的另一种形式”。萨伊德还说：“对公共领域里的知识分子来说，最为重要的是超越学术界限的某种独立意识，也即你真正是在用自己的声音并从你自己的信仰意识出发来发言，你可以尽最大努力去不与我们社会的极权者合作。我所说的实在是这一特定的时刻，因为我们此时很容易加入那些权力集团并成为其中的一员，只要政府在某种程度上提供关于已必然成形的社会政策或外交政策方面的辩论。”①萨伊德的话似乎都是针对中国后殖民批评而说。四是自我批判精神。人文学者必须对自我在后现代语境中的使命有着清醒的意识，是从立法者过渡到阐释者，还是进入具体的现实操作层面继续自己的人文理想，或是甘于对社会作理性的分析和阐释而不作权势的幕僚等，需要个体性的知识分子做出选择，但任何一种社会角色都需要知识分子意识到自身的局限以及人文学科的社会价值。我认为，把握这么几个方面，中国后殖民批评方可走出民族主义意识形态，在去除民族主义意识形态的困扰之后，中国后殖民批评需要做的，是走向实证性的研究。在电影领域里的后殖民研究，除了看西方人是如何看待中国电影的，张艺谋为什么能够获得西方的肯定，张艺谋电影是否有迎合东方主义的倾向之外，还要以具体的经济数据说明问题，比如中国电影在世界电影市场中所占有的份额，美国电影及其他外国电影输入中国的比例和在中国市场中所占有的份额；在文学研究中，比较中国每年翻译西方文学作品的数量和中国翻译出口的文学作品的数量并分析其背后的文化发展走向；在文化交流方面，调查研究中国在海外的孔子学院的经营状况，海外的汉语学习和中国文化在海外的发展状况，海外留学生在中国的数量和学习状况等等。中国后殖民批评的弊病，是以意识形态编织的假想敌虚化了中国文化面临的矛盾。为了克服凌空蹈虚的自我幻象，以具体的数据

① 萨伊德：《论反抗和坚持自己的立场》，载《南方文坛》2001年第4期。

说明全球化时代文化交流中强势文化与弱势文化之间的互动以及宰制的状况，应是中国后殖民批评发展的方向。今天，一个民族的文化传统以文化产业的形式输入和输出，而文化产业是可以量化的经济数据，这些数据能够反映一个民族的文化在全球化时代的生存状况。

中国百年现代性历程艰难曲折，真正的现代化建设只有三十年的时间。在经济发展以后，大国崛起、文化复兴等漂浮话语导致民族主义在集体无意识中涌现。西方理论的输入和本土理论的创造应建立在现实的基础之上。中国当前还存在一些问题，如市场经济秩序还未完善，官本位滋生腐败，意识形态远未终结，社会阶层分化，贫富差距拉大，生态环境日益恶化，现代、后现代、传统文化杂糅，精英知识分子批判意识减弱，文化理想主义消退，功利主义、拜金主义盛行，消费主义兴起，大众政治参与意识冷淡，市民社会、公共领域还有待建立等等。中国后殖民批评应着眼于这一现实。后殖民理论的根本精神是对抗，是对一切权力话语的批判和社会正义的坚守。后殖民理论对于西方文化霸权的警惕，对于文化身份重建的自觉，对于民族内部殖民的警觉，对于知识分子责任伦理的强调，对于中国现代性的重新思考，对于新世纪中国文化与西方文化关系的认识等问题的思考具有重要的借鉴意义。在中国，后殖民批评要为不同群体的利益诉求从而为社会公正的实现提供思想武器，当前应继续后殖民理论对文化控制、文化权力以及文化优劣论和文化等级制的批评，发扬其文化解构的策略，从而夺回文化的自我阐释权并给拥有不同政治身份的异质文化群体反抗集权话语提供思想方法。中国后殖民批评的建设要在吸收后殖民理论精神的基础上，直面本土现实问题，以业余知识分子态度关注文化政治，去除意识形态蔽障，行走在自由思想和纯粹知识的道路上，从而推动中国社会的变革。

参考文献

中文著作

1. 爱德华·W. 萨伊德:《萨伊德自选集》,中国社会科学出版社1999年版。

2. 爱德华·W. 萨伊德:《东方学》,生活·读书·新知三联书店1999年版。

3. 爱德华·W. 萨伊德:《知识分子论》,生活·读书·新知三联书店2002年版。

4. 爱德华·W. 萨伊德:《文化与帝国主义》,生活·读书·新知三联书店2003年版。

5. 爱德华·W. 萨伊德:《最后的天空之后》,新星出版社2006年版。

6. 爱德华·W. 萨伊德:《格格不入:萨伊德回忆录》,生活·读书·新知三联书店2004年版。

7. 爱德华·W. 萨伊德:《人文主义与民主批评》,新星出版社2006年版。

8. 阿里夫·德里克:《后革命氛围》,中国社会科学出版社1999年版。

9. 阿里夫·德里克:《跨国资本时代的后殖民批评》,北京大学出版社2004年版。

10. 弗朗兹·法侬:《黑皮肤,白面具》,译林出版社 2005 年版。

11. 弗朗兹·法侬:《全世界受苦的人》,译林出版社 2005 年版。

12. 罗钢、刘象愚等:《后殖民主义文化理论》,中国社会科学出版社 1999 年版。

13. 张京媛等:《后殖民理论与文化批评》,北京大学出版社 1999 年版。

14. 巴特·穆尔-吉尔伯特等:《后殖民批评》,北京大学出版社 2001 年版。

15. 詹明信:《晚期资本主义文化逻辑》,生活·读书·新知三联书店 1997 年版。

16. 刘健芝、许兆麟等:《庶民研究》,中央编译出版社 2005 年版。

17. 陈永国等:《斯皮瓦克读本》,北京大学出版社 2007 年版。

18. 保罗·鲍威:《向权力说真话》,中国社会科学出版社 2003 年版。

19. 艾勒克·博埃默:《殖民与后殖民文学》,辽宁教育出版社 1998 年版。

20. 王宁、薛晓源等:《全球化与后殖民批评》,中央编译出版社 1998 年版。

21. 尤尔根·哈贝马斯:《后民族结构》,上海人民出版社 2002 年版。

22. 刘东等:《中国学术》总第十三辑,商务印书馆 2003 年版。

23. 比尔·阿希克洛夫特、嘉雷斯·格里菲斯、凯伦·蒂芬:《逆写帝国:后殖民文学的理论与实践》,台湾骆驼出版社 1998 年版。

24. 瓦莱丽·肯尼迪:《萨伊德》,江苏人民出版社 2006 年版。

25. 许宝强、罗永生等:《解殖与民族主义》,中央编译出版社 2004 年版。

26. 齐亚乌丁·萨达尔:《东方主义》,吉林人民出版社 2005 年版。

27. 汤林森:《文化帝国主义》,上海人民出版社 1999 年版。

28. 埃里克·霍布斯鲍姆:《民族与民族主义》，上海人民出版社 2000 年版。

29. 本尼迪克特·安德森:《想象的共同体:民族主义的起源与散布》,上海世纪出版集团 2005 年版。

30. 安东尼奥·葛兰西:《狱中札记》,中国社会科学出版社 2000 年版。

31. 罗伯特·杨:《后殖民主义:历史的导引》,台湾巨流图书有限公司 2006 年版。

32. 谢少波、王逢振等:《文化研究访谈录》,中国社会科学出版社 2003 年版。

33. 宋国诚:《后殖民论述:从法侬到萨依德》,台北擎松图书出版有限公司 2003 年版。

34. 巴特·穆尔-吉尔伯特:《后殖民理论》,南京大学出版社 2001 年版。

35. 徐贲:《走向后现代与后殖民》,中国社会科学出版社 1996 年版。

36. 李英明:《全球化下的后殖民省思》,台北生智文化事业有限公司 2003 年版。

37. 侯立朝:《后殖民主义典范与美国中国图像》,台北博学出版社 1997 年版。

38. 哈佛燕京学社:《全球化与文明对话》,江苏教育出版社 2004 年版。

39. 刘康:《全球化/民族化》,天津人民出版社 2002 年版。

40. 乐山等:《潜流:对狭隘民族主义的批判与反思》,华东师范大学出版社 2004 年版。

41. 俞可平等:《全球化:西方化还是中国化》,社会科学文献出版社 2002 年版。

42. 张颐武:《在边缘外追索——第三世界文化与当代中国文学》,时代文艺出版社 1993 年版。

43. 张颐武:《新新中国的形象》,山东文艺出版社 2005 年版。

44. 陶东风:《文化研究:西方与中国》,北京师范大学出版社2001年版。

45. 陶东风、徐艳蕊:《当代中国的文化批评》,北京大学出版社2006年版。

46. 姜飞:《跨文化传播的后殖民语境》,中国人民大学出版社2005年版。

47. 朱耀伟:《当代西方批评论述的中国图像》,中国人民大学出版社2006年版。

48. 张隆溪:《走出文化封闭圈》,生活·读书·新知三联书店2004年版。

49. 廖炳惠:《回顾现代:后现代与后殖民论文集》,台北麦田出版公司1994年版。

50. 廖炳惠:《关键词200:文学与批评研究的通用词汇编》,江苏教育出版社2006年版。

51. 胡大平:《后革命氛围与全球资本主义》,南京大学出版社2002年版。

52. 王一川:《张艺谋神话的终结》,河南人民出版社1998年版。

53. 王一川:《文学理论》,四川人民出版社2003年版。

54. 陶东风等:《文学理论基本问题》,北京大学出版社2004年版。

55. 南帆等:《文学理论新读本》,浙江文艺出版社2002年版。

56. 童庆炳等:《文学理论教程》,高等教育出版社2004年版。

57. 阿雷恩·鲍尔德温等:《文化研究导论》,高等教育出版社2004年版。

英文著作

1. Edward W. Said. *Culture and Imperialism*. London: Chatto & Windus, 1993.

2. Edward W. Said. *The World, the Text, and the Critic*. London: Faber, 1984.

3. Cayatri Chakravorty Spivak. *In Other Worlds: Essays in Cultural Politics*. New York: London: Methuen, 1987.

4. Cayatri Chakravorty Spivak. *Outside in the Teaching Machine*. New York and London: Routledge, 1993.

5. Gayatri Chakravorty Spivak. *A Critique of Post-Colonial Reason*. Cambridge, Mass.: London: Harvard University Press, 1999.

6. Cayatri Chakravorty Spivak. *The Post-Colonial Critic, Interviews, Strategies, Dialogues.* New York and London: Routledge, 1990.

7. Bill Ashcroft, Gareth Griffiths and Helen Tiffin. *The Post-Colonial Studies Reader*. New York and London: Routledge, 1994.

8. H. K. Bhabha. *The Location of Culture*. London and New York: Routledge, 1994.

9. Homi Bhabh, ed. *Nation and Narration*. London and New York: Routledge, 1990.

10. Diana Brydon. *Postcolonialism: Critical Concepts in Literary and Cultural Studies*. London and New York: Rouledge, 2000.

11. Patrick Williams and Laura Chrisman, ed. *Colonial Discource and Post-Colonial Theory: A Reader*. New York: Colombia University Press, 1994.

12. Arif Dirlik. *After the Revolution : Waking to Global Apitalism*. Hanover, NH, London: Wesleyan University Press, 1994.

13. Bryan S. Turner. *Orientalism, Postmodernism and Globalism*. London and New York: Routledge, 1994.

14. D. P. S. Ahluwalia, Paul Nursey-Bray. *Post-Colonialism: Culture and Identity in Africa*. Nova Science Publishers, Inc. 1997.

15. Laura E. Donaldson and Kwok Pui-lan. ed. *Post-Colonialism, Feminism and Religious Discourse*. New York and London: Routledge, 2002.

16. Laura Chrisman and Benita Parry, ed. *Postcolonial Theory and Critisism*. Woodbridge: D. S. Brewer, 2000.

17. Richard King. *Orientalism and Religion Postcolonial Theory, India and 'The Mystic East'*. New York and London: Routledge, 1999.

18. Ato Quayson. *Postcolonialism: Theory, Practice or Process?* Malden, Mass. : Polity Press, 2000.

19. Bill Ashcroft and Pal Ahluwalia. *Edward Said*. London and New York: Rouledge, 2001.

20. Crystal Bartolovich and Neil Lazarus, ed. *Marxism, Modernity and Postcolonial Studies*. Beijing: Peking University Press, 2007.

21. Keith Ansed Pearson, Benita Parry and Judith Squires, ed. *Cultural Readings of Imperialism: Edward Said and The Gravity of History*. New York: St. Martin's Press, 1997.

22. Michael Sprinker, ed. *Edward Said: A Critical Reader*. Oxford: Blackwell Publishers, 1992.

23. Bill Ashcroft, Gareth Griffiths and Helen Tiffin. *Post-Colonial Studies: The Key Concepts*. London: Routledge, 2000.

后　记

20 世纪 90 年代到新世纪之初，后殖民理论特别是其代表人物萨伊德在中国学界被火热追捧。当我对照阅读萨伊德的文本和中国后殖民批评的论著时，发现其中存在着诸多问题，理论接受的错位极为明显，遂萌生系统清理这一西方前沿理论在中国旅行的想法。2004 年秋天，我到中国社会科学院文学研究所从事博士后研究，我提交的“后殖民理论与当代中国文化批评”的研究提纲得到了党圣元先生的认肯，在开题报告会上，高建平先生和金惠敏先生都给出了极好的学理建议。在随后的阅读中，我发现后殖民理论在英美学界几成显学，在政治学、社会学、历史学、文学批评、文化研究等领域对这一理论予以拓展的著作极其丰富，而要在一本篇幅有限的著作中呈现后殖民理论的要旨，把握其问题域，提炼其与中国当代文学研究和文化批评相关联的理论命题就需要阅读大量的论著，并涵泳其中品味后殖民理论的奥义。在查阅中西文献的过程中，我逐渐明确了本书的轮廓，把它定位为理论思潮的跨文化个案研究，即以西方后殖民理论在中国的旅行检视中国当代文化批评的研究，这一研究历时四年有余。书稿完成后，心中除了历经一段心路的艰辛与喜悦外，更升起无限的感慨和悲凉。在西方是激进的批判性的后殖民理论旅行到中国却变成保守性的意识形态话语，其中当代一些知识分子由无意识中呈现的理性辨别力的扭曲和批判精神的减弱让人惊心！后殖民理论在中国的旅行不仅仅是单纯的文化交流和文化过滤问题，更值得玩味的，是当代一些知识分子在有意无意的误读中所呈现出来的文化心理。由传统文化延续而来的做幕僚的心态以及由此导致的批判理性的缺失，使得西学在中国异化为学院性知识和操作性程序，西方文论的文化精神被过滤，这就是百年西方文论在中国的命运，批判现实主义文学思潮在中国变成威权文学话语就是典型个例，后殖民理论在中国的演变不过是延续了这一逻辑。在回顾西方文论中国化的历程时，需要警惕和反思的，除了政治文化语境的外部制约，还有知识分子在权力话语实施自身的过程中与其的共谋。可怕的是，这种共谋已深入到无意识层面，也就是说，当代中国知识分子并非有意去迎合权力，但其批评实践却表露了这种无意识并在事实上去除了批判理性精神。

本书是在2007年度国家社会科学基金资助的课题研究的基础上修改而成的，四川外语学院科研处给本课题的研究提供了诸多帮助，马驰研究员在学术上一直给予我莫大的鼓励和支持，这次又慨然应允把书稿纳入其主编的“国外文化理论研究丛书”中，河南大学出版社的张珊女士和责任编辑李景奇女士热情细致的工作让人铭记，在此一并表示感谢！

章　辉

2009年10月29日于重庆歌乐山下